法兰克福学派：
历史、理论及政治影响
（下册）

北京世纪文景文化传播有限责任公司　出品

法兰克福学派：
历史、理论及政治影响

（下册）

[德] 罗尔夫·魏格豪斯 著

孟登迎 赵文 刘凯 译

世纪出版集团 上海人民出版社

目 录

[下]

第六章　重建社会里的批判性装饰

参与战后重建—对于西德公众政治意识的研究

当霍克海默、阿多诺、波洛克和他们的夫人在法兰克福安顿下来，并且开始扩展"德国前哨阵地"的时候，他们将自己看作是犹太人、左派知识分子和批判社会学家，身处于一种差不多已经完全清除了他们这种人的环境当中，而且，这种环境中的所有的迹象一直以来都明确地指向对旧秩序的恢复。德国—犹太人文化所显现的那种独特的共生性（symbiosis）已经被无可挽回地摧毁了。除了霍克海默和阿多诺之外，法兰克福大学全盛时期——魏玛共和国最后时期——非常有名的讲师和教授中，没有一位重返法兰克福。霍克海默、阿多诺和波洛克之所以怀着耐心和良好的愿望期待着被迎接，恰恰是因为他们曾经是，而且依然是几个特殊的例外。

与沃尔夫冈·阿本德洛特——他是极少数公开承认自己是社会主义者的教授之一——不同，[1] 阿多诺不是在劳工运动或反对派，而是在统治权力本身当中寻求支持。正如霍克海默在写给黑森州的总理格奥尔格—奥古斯特·齐恩（Georg-August Zinn）的感谢信当中所说的，他们在寻找"那些身居高位的朋友，那类时常只能在理论上徒然地盼望，依然追求纯正教育之实践目标的朋友"。[2]

霍克海默在其教授职位恢复之后，不久就被选为哲学系主任，从

1950 年秋到 1951 年秋，他一直担任这个职务。在这个职位上，他对法兰克福大学的重建做出了贡献，这一点明显体现在他与神学的关系在侧重点上已经有了变化。他不但为重新建立起来的新教和天主教神学保证了教授席位，随后也为犹太教研究提供了一个教授席位。

这再一次显示了霍克海默在交际和组织方面的才能。这个研究机构，一度被认为不能专心于他们真正应该干的工作而早已被人们所遗弃，现在却从霍克海默和阿多诺那里吸收了丰富的精神滋养，一次又一次地保持了他们的活力，使他们的严肃性得到了广泛的认同。

为了赢得经费和官方的补助，霍克海默甚至准备强调这个机构对于战后重建的参与。在一封他写给那些有可能赞助的人的便笺中，他把这个研究机构赞美为：不但能提供先进的社会学研究路线，能将"德国社会哲学和人文学科传统的扩展"与"现代美国社会学提供的最先进的经验研究方法"结合起来，而且是为国家紧迫问题提供学术建议的中心。[3]

对于研究所新近历史和研究计划的这些陈述，旨在向预期的赞助者提供信息，包括如下一些评论：

> 社会研究在各个方面，尤其在研究社会结构和研究生产过程里面的人际关系和行为模式等领域，以及在舆论研究和社会学、心理学知识的实际应用方面，最近几十年里都取得了非常大的进展。由于政治上的事件，德国还不能在人们渴望达到的程度上参与这项研究。如果说其他工业国家的经验还能为德国提供一些可供遵照的东西的话，那么这些学科对德国公共生活和对德国经济合理化所起的作用，怎么高估也不算过分。
>
> 社会分析可以解释战后的许多至关重要的政治问题和社会问题，比如难民问题。它们能为城市和工业区的重建提供重要的认知基础。社会研究方法方面的训练，可以帮助年轻人更深入地理解在我们自己的人民当中以及各民族之间出现的关系紧张，并因此可以帮助他们为克服这些困难提出独立自主的见解……
>
> 最后一点，也是相当重要的一点，社会研究可以为各种新职业

开辟道路。这些新方法对于科学家的训练要求，并不亚于对工程师、化学家或医生的要求，对于它们的评价也不应该比其他这些职业低。不仅有政府行政部门和所有形成观念的传媒，诸如新闻出版、电影和广播等，而且有商业部门也都在支持着很多的社会研究团体。社会研究可以在他们的工厂中创造出最佳的社会状态，可以预先确定和计算出公众对他们的商业部门有什么需求，还可以监控和改善他们广告的影响力。人们在德国也可以期待类似的发展过程。[4]

1950 年夏天，《法兰克福新报》（*Frankfurter Neue Zeitung*）在霍克 433
海默的合作下发表了一篇文章，谈到"社会学进行反对偏见的斗争：美国驻德高级特派员办事处（HICOG）支持法兰克福大学社会研究所"。[5] 文章声明社会研究的目标并不仅限于教育和知识领域（像研究所对偏见的研究），更希望有可能解决诸如此类的问题："为了让工人们可以获得最高的生产力，应该在何地、以何种方式恰当地建立一个工厂"。

这是不是一种非常大胆的欺骗？是不是霍克海默为了通过异常危险的违禁交易来筹资，就对研究所在资本主义生产条件现代化理性重建方面所能发挥的作用进行了明显的吹捧？难道他真的想要把研究所变成一个由政府和企业资助的、可以在重建过程中充当矫正角色的机构吗？难道，它是一个事业问题，就像稍后的学生运动被描述的那样，是一次"经由制度的长征"？或者，是研究所的领导人在自欺欺人？他们想把研究所变成一种将重建（reconstruction）转变为复兴（restoration）的工具吗？或者，由于研究所要求超越专断主义（principle of self-assertion）以及个人的、集体的利己主义，要求建立更人道的社会环境，它只能用那些听起来比别人陈旧的贺辞更少空洞感的语词来粉饰自己罢了？由于研究所得仰赖于财政赞助，为了维持它的存在，这会不会成为他们更加谨慎地去进行研究的理由，而不是依照他们的学者气质和学术才能所必需的那样去做，会不会不给批判理论家提供支持？

对于这些问题，他们显然没有进行过任何真诚的和公开的讨论。谁会在这里讨论呢？返回法兰克福的人是研究所的残部：只有霍克海默、阿多诺和波洛克。按说现在已经实现了原来的目标：摆脱重负。但霍克海默和阿多诺、霍克海默和波洛克之间是一种日常化和共生的关系，使得他们的讨论绝不可能唤起对所谓的习惯策略的质疑，或者对那些有关他们自身行为之意义和目标的思想——后者已经退化为纯粹的客套话——的置疑。

霍克海默没有认识到，一个在财政上不再独立的研究所迟早会被迫承担研究合同，而在此情况下他就重建了研究所。同样，他也没有注意到，批判理论家在恢复时期很难不陷入道德上的困境。研究所不能期望从费利克斯·韦尔那里再得到金钱上的资助。他的生意早已不兴隆了，再说他已经留在了美国。在这里所能做的选择，难道就是那位被批判理论家们看不上眼的拉萨斯菲尔德采用的策略，即利用研究合同，甚至是令人讨厌的合同，为研究所提供完成其自身计划的机会？同时，它又不能为了自身的计划而引发太大的混乱，因为这可能会导致研究合同不被批准。

434

在新研究所成立的最初阶段，有一件事是富有象征意味的。彼得·冯·哈塞尔贝格 1933 年之前曾是阿多诺的学生，1950 年后与研究所保持着松散的联系，为阿多诺和油漆制造商霍伊彻斯特（Hoechst）公司的生产经理安排了一次会面。哈塞尔贝格设法让生产经理对研究所的工作产生兴趣，但是阿多诺却给这个人上了一堂有关研究所工作方法和目标的课，最终使此人确信：这样的研究所对霍伊彻斯特公司没有任何作用。在这里，阿多诺显示出他在"管理社会研究"方面或多或少存在的能力缺欠，就像他以前在做普林斯顿广播研究项目时那样。但是哈塞尔贝格并不想就此放弃。他转而去求助霍克海默。霍克海默的意见是：我不适宜做工业社会学的研究；难道我们现在也应该支持它？在这段时期，霍克海默一方面以一个批判理论家的身份出现，另一方面试图让研究所的工作合乎商业和行政部门的口味。他也许认为，在建立新研究所期间，这依然是一种可靠的伪装形式，但似乎没有必要把这种事看得太过认真。

就建立研究所这一点来说，霍克海默的策略是非常成功的。社会研究所 1950 年春天的备忘录中包含一个五年预算，其中 50000 美元留作建筑新研究所和置办新装备的费用，109800 美元作为每年的运转费用。(年薪从搬运工和秘书的 1000 美元到研究所领导，如霍克海默本人的 7000 美元不等。) 研究所仍然有临时的住所，一部分利用已被炸为废墟的旧研究所建筑，一部分利用法兰克福大学评议会的几间办公室。1950 年，有一位叫约翰·麦克洛伊 (John McCloy) 的美国高级特派员，把 200000 德国马克交给研究所自由支配，还了 235000 马克作为重建费用。这种强有力的支持源于那些负责美国对德政策的人的信仰——社会学，尤其是美国公民所描述的那种强调经验研究的社会学，是促进民主政治的因素。(1949 年在达姆施塔特 [Darmstadt] 建立的社会—科学研究所 [Institut für sozialwissenschaftliche Forschung] 也得到了美国驻德高级特派员办事处的财政资助，但它只坚持了没几年。洛克菲勒基金会在明斯特大学资助建立了多特蒙德社会学研究机构 [Sozialforschungsstelle Dortmund]。美国人对政治科学的赞助甚至超过了对社会学的支持。)

法兰克福市政府希望用旧研究所的位置来扩充法兰克福大学，就将紧邻大学的另一处地方换给了研究所。他们支付给社会研究协会 100000 马克的弥补差价，并且清理了新地点上的废墟。在霍克海默的请求下，法兰克福大学也为研究所的重建捐助了其余的 55000 马克。1950 年 10 月底，这些资金全部被集中起来。除了美国驻德高级特派员办事处和法兰克福市政府所提供的资金以外，社会研究协会和某些私人捐赠者也提供了资金。建筑工程在 11 月之前破土动工。

霍克海默通过将联合国教科文组织 (UNESCO) 的社会学机构设在同一座大楼内，差不多成功地完成了重建社会研究所的工作。虽然当时还无法确定他能否实现这个目标，但他请求市政府允许将这座大楼增高到四层。这个要求很容易地被批准了，他们希望这个城市将会以拥有联合国教科文组织的机构而自豪。附加的第四层楼最终建起来了，但

435

联合国的那个机构却设在了科隆，并在那儿持续了 7 年（从 1951 到 1958 年）。

由于美国驻德高级特派员办事处的资助，研究所得以在 1950 年夏天开始实施第一次大规模的研究计划：对西德人政治意识的研究。研究结果后来结成《组群实验》（*Gruppenexperiment*）一书出版。[6] 这个舆论研究项目旨在调查德国人对外国、对占领德国的军事力量、对（纳粹统治下的）第三帝国及其所犯罪行带来的连带责任问题、民主问题和德国在全世界的地位等问题的态度。这种舆论研究是一种显而易见的选择，不仅因为舆论研究是一种美国进口货，在西德引起了强烈的兴趣，还因为民主教育一直是美国对德政策的核心内容。同时，研究所可以将 1949-1950 年出版的《偏见研究》（*Studies in Prejudice*）展现为他们的代表性成果。它将自身看作是半美国化的研究机构，而且，最初研究的大部分资金就来自美国驻德高级特派员办事处。

忠诚于老研究所的学术传统，霍克海默和阿多诺对那种浮泛的意见统计并不感兴趣。就像他们在《权威主义人格》中所指出的，他们试图穿透和超越观念的表面，并最终识别出民众当中存在的法西斯主义的、反民主的潜能。在这种情况下，这种研究意味着什么，他们又该怎样进行呢？在伯克利大学的反犹太主义研究当中，已经发展出了一种运用性格结构（character structure）的方法。通过间接的和反射的方法可以显示性格结构，但是，用这种方法来揭示人们对具体政治话题的态度时，就不可行了。在实际上没有讨论这些主题的情况下，无法揭示人们对于具体话题的看法。因此，必须要达到的是，被测试的人应该公开表达他们对于此类具体话题的意见。

提出最终将这种研究方法用于研究计划，是一种富有霍克海默特色的想法。甚至在反犹主义的研究计划期间，摄影研究计划也是最合他心意的部分，因为它是一种与我们的日常生活状态没有太多脱离的研究手段，因此可以真正洞察那些对参与研究实验的人起作用的社会机制。现在霍克海默提议采用一种不同于平常的、更现实的提问方式，以人们处在列车车厢中的情形为模型，来研究德国人对待政治话题的态

436

度。在车厢中，讨论常常是在一群陌生人之间展开的，他们甚至以令人惊异的开放性来讨论那些最微妙的话题。这种模型在此刻是显而易见的，因为共同经受的苦楚或对于痛苦的共同记忆会使大家比平时更快地联系起来。

对于霍克海默来说，定出一个由公众舆论研究的最重要成果组成的目录，应该是很自然的事。他肯定看到过马克·艾布拉姆斯（Mark Abrams）讨论团体访谈之利弊的文章，此文发表在 1949 年的《舆论季刊》（Public Opinion Quarterly）上。艾布拉姆斯是受商业资助的伦敦舆论研究所的主管，他采用这种还不合常规的办法来考查广告活动。他指出，组群访谈的优点之一，是在长达两个小时的时间里，受访者不适应正规提问方式的前意识（pre-conscious）观念就会显露出来；组群的气氛引导受访者表达他们感觉偏狭的、并因此会在正规访谈中压抑的思想和情感；组群访谈中表达的东西呈现在一种可认识的语境中；日常生活特有的矛盾观点并置现象，在组群访谈中再次出现了；组群中的成员趋向表达与个人会谈中的"私人"观点不同的"公共"观点，而后者更容易为他们的实际行为提供证明；而且，在一群有相近意向的人，甚至在同一组群当中，受访者在表达自己的感受时会比在正规的访谈情境中少一些谨慎和防御。艾布拉姆斯把这些看作是分析数据时最重要的问题。对他来说，只要关注的不是各种不同意见的累积，而是各种态度构成的结构和动力，那么这一问题就似乎不成其为严重的障碍——组群只能困难地依照随机抽样或比例抽样原则建立起来。甚至连弗洛伊德和他的学生在研究他们的病人时，也没有注意到从普遍的人群当中进行随机抽样的问题，不过他们还是发展出了一套解释人心灵的普遍理论。

无论艾布拉姆斯的文章是否对霍克海默和阿多诺的计划观念产生过影响，它为那些对定性分析感兴趣的研究者们提供了一种非常有用的、原创性的和新颖的观念。霍克海默一如既往地对这类新奇思想持开放态度。有关组群动力学的话题自 1940 年代以来显著增加，而且他对此非常熟悉；至少，他可以通过他的同事、流亡者库尔特·黎文的研究熟知这一点，他在纽约反犹主义研究期间曾把库尔特·黎文视为自己的竞争对手。研究所 1944 年研究劳动时采用的参与性访谈的方法，就是一个典范，运用这种方法可以将日常情境中的讨论引向那些还没有被注意到的特定话题。霍克海默和阿多诺从他们在这一领域获得的印象、经验和想法中，推导出组群讨论的程序，作为一种新修正、新发展的"现实的舆论研究"方法，服务于研究所自身的计划。根据 1952 年新建的研究所准备的第一份章程，组群讨论的程序就是从"问卷调查、心理投射技术和组群访谈"当中发展起来的。(研究所的同仁们喜欢用"组群讨论"(group discussion)，而不喜欢用在英语世界当中用得更普遍的"组群访谈"(group interview) 一词，是为了明确，这不是对一群个体同时进行面试的问题，而是确认能从组群讨论的框架中引发出什么意见的问题。)

法兰克福的同仁们最早在德国使用的这种程序，在 1950 年代得到进一步的发展并成为公认的科学研究方法。它大体上是按如下步骤进行的。大约十个参加者组成的一群人聚集在人们通常愿意聚集的随便一个什么地方，针对某个话题讨论大约两个小时。为了保持匿名性，如果有必要，可以给参加者一些写有假名的卡片。还可以为引发讨论提供一些"基本刺激"(basic stimulus)。(在研究所的组群研究中，可以播放一封虚构的公开信的录音，这封信是由一位在联军队伍中服役五年之后的士兵写给当地报纸的。"基本刺激"以与研究《权威主义人格》的问卷调查表相同的方式汇集起来，它依据的不但是人们说出的直接经验或常识，而且还有诸如种族优越感、忏悔情结和权威情结等分析范畴。)做现场调查的研究者配有一台录音机，并配有一名助手记录未被磁带录下的所有反应或事件，而研究者则发挥着中立主持人的作用，他最重要的任务是确保讨论能尽可能自由地展开并引发自然而然的陈述。在讨论的第二部分，现场调查者会根据具体情境，介绍关于讨论话题的某个具体领域的定型化的论点和反论点。通过填充一张简短的调查问卷表，提供出基本的统计信息。

在测试阶段，所用的基本刺激会改变数次——人们认为可以提供心理刺激，但不能提供过度刺激。经验的收集围绕如何避免组群构成中的错误、最有效地使讨论进行而展开。我们知道，霍克海默和阿多诺的同事也没有这方面的经验。例如，他们当中最为投入的蒂德利希·奥斯默尔（Diedrich Osmer），他是研究所一个部门的领导，接受过正规的训练，达到了学士学位的同等要求。而且，他除了在研究所工作以外，还到一家钢琴商店兼职。还有一位来自弗莱堡的学心理学的学生路德维希·冯·弗里德贝格，有一天途经法兰克福的时候，停留下来参观了研究所，随后就去贯彻实践课的一部分内容——1951 年在研究所攻读心理学学位。因此，这项计划同时体现了在经验社会学研究方面对新一代社会学家进行的实实在在的训练。这代表了社会研究在战后第一个十年刚开始时的特点。

438

1950 至 1951 年冬天，研究所开始在汉堡、法兰克福、慕尼黑及奥格斯堡等城市的市区和乡村中开展初步调查研究，调查德国人政治意识的一些重要方面。在人群自发聚集和相互谈话的地方——小酒吧侧房、旅店、难民营、大工厂的食堂、燃料库、俱乐部会所，大约有 1,800 名来自社会各阶层的人们通常以 8–16 人为一组群，在一块儿讨论那位联军士兵的公开信中所提到的各种政治话题。在这项计划的调查阶段，有 20 多个研究助手以及新闻界的速记员参与，后者负责将那些从录音带记录下来的内容打出来。而分析阶段要处理由 1,635 个参加者所进行的总共 121 组讨论，或者更确切地说，要处理多达 6,392 页的讨论抄本，其中包括人们在组群讨论中谈到的话，以及讨论主持人和助手的评述。

在实践中，霍克海默所说的那种诱人的列车车厢模型存在的误导性，不久就变得显著起来。由于这些组群是任意组合的，成员之间完全不认识，在职业、兴趣和生活阅历等方面没有丝毫共通的地方，因此通常无法为讨论创造一种自由的气氛。对于 121 个讨论组群中的绝大多数来说，法兰克福组群——其组成方式类似于艾布拉姆斯在他的文章中所提议的那样——利用了预先设定的（pre-structured）、在社会学或意识形态方面相对比较同质的多个组群。比如，他们集合起来的人群，要么来自同一村庄的农民，要么是一个俱乐部中彼此认识的成员，不然就不过是一群有着相同职业、相同政治信念或相同生活阅历的陌生人(比如像年轻的教师、青年社会主义者或逃亡者),而讨论的气氛很快就显现出类似于那些熟识好久的人们期盼的情形。

霍克海默的列车车厢模型,在他五年之后出版的成果中被说成一个对这种研究方法提供了灵感的概念,显示出一个在分析材料过程当中也明显存在的问题。霍克海默的模型假定,吸收公共舆论而形成的支配个体的思想以及个体对公共舆论的态度,将会在易于沟通的组群气氛当中全部呈现出来。尽管此处采用的手段不同于柏克利研究中的方法,但关键的思想还是要让自我稽查的机制失效。但是,在预先设定的组群中进行的、研究进而要仔细考察的各种讨论当中,会出现一种明显的情形,即,组群讨论越容易产生支配性意见,就越能证明有必要去分析组群的动力学和个体的性格结构。即便舆论在个体参与者心灵状态中所扮演的角色得到了充分说明,即使能产生有效的意见表达的真正交流环境得到了充分说明,组群动力学和个体的性格结构也绝不是那么容易能得到解释的。

组群访谈后四到五周,会对参加过组群会面者当中四分之一的人进行单独访谈。这些接受访谈者不需要做充分的准备,在分析中也不用考虑他们。要对单个会面的结果和组群讨论中表达的意见作比较,也是不容易、不可能的,因为在讨论中会有大量的人保持沉默,还因为很少有发言能对每个话题都发表他们的看法。平均看来,完全沉默的人超过了发言的人,构成了占61%的多数。另外,由于无法系统地记录每个组群的特性,也就无法对每个组群的动力学结构进行分析。

因此,从可用的材料中,几乎找不到任何确定性的证据,能说明个人意见的原动力是在组群条件下产生的。为什么霍克海默和阿多诺不满足于将这项研究仅仅看作是对西德人就某些具体政治话题发表的"民意"的研究?难道没有充足的理由将组群讨论程序看作培育微型集体气氛的方法,看作是对可以表达民意的情境的模仿?难道有理由将这项研究的目标看作是在揭示《权威主义人格》中描述为"文化气候"的东西——个体不是或多或少地受它感染,就是或多或少可以免除它;

揭示萨特在他的《对犹太人问题的思考》当中描述为"无形的、弥散性的、无所不在的社会"另外的社群；揭示阿多诺用黑格尔的术语"客观精神"所描述的东西？在进一步的分析阶段，阿多诺在为他的一名助手所写的研究草案当中，有如下的陈述：

> 我们的研究更多关注于知识的供给而不是知识的要求。然而，它对知识存在于"大众传播"当中的制度形式并不感兴趣，而更关注人们在其社会存在中直接碰到的、更为模糊的但却无处不在的形式：他们呼吸的知识空气。因此，研究的关注点绝不是直接指向主观的意见，而是指向那些已经在客观上预先确立或指定的、在社会上广泛散播的意识因素；它明确指向"客观精神"，即"德意志意识形态"。[7]

但霍克海默和阿多诺并不满足于这类目标。通过组织组群讨论唤起的客观精神，即便与唯物主义的社会理论、与对客观因素的分析毫不相关，那么至少能为研究各个"活"人提供社会心理学依据。对他们来说，呈现"客观精神"而使它与任何客观因素无关，那么就意味着要放弃他们宣称的唯物主义；这意味着他们在从社会结构或社会结构赋予了个性特征的个体当中制造某种抽象化的东西。

因此，调查和对于调查的分析都因持续缺乏明晰性而出现了缺陷。尽管首要的目标是通过组群讨论来确认客观精神，但每个说话者的态度构成了定量和定性分析的共同基础。这些态度并不被看作相关组群各个方面，而被看作由参与者构成的总体因素。除此之外，虽然考察了客观精神对个人精神状态所起的作用，但是，试图发展出一种可以如此进行考察的程序的种种努力，从未超越最初阶段而有所进展。而且，既然推进的目标是要为一种在理论上有重要性和代表性的调查（曾经计划用这种方法拓宽柏克利的研究）准备基础，组群研究也就呈现为一种暂时性的和实验性的特征。

尽管有些助手也对此持怀疑态度，但从一开始就有一点是确定无

440

疑的：他们获得的材料有极为重要的意义。这涉及其他社会科学家不愿意接触的事情。用描述性和解释性的范畴来加工手抄本，很像在1930年代后半期调查工人阶级时收集的那种材料，尽管在这两个课题之间并没有显而易见的关联。在紧张进行的十个星期的集体工作当中，完成了一个对讨论手抄本进行编号的"记分手册"。在进行定量分析时，将所有的个人而不是讨论组群当作统计单位，并在独立于讨论组群的统计组群——比如以20到30岁的人，小学生或农民各为一组——的归类下加以比较。结果是令人沮丧的。

定量分析人们对于民主的态度时设置了七个"测试话题"：对民主政治（波恩和战后德国的国家类型）的态度，对罪行（共同承担战争暴行和纳粹主义的责任）的态度，对犹太人的态度，对西方占领国（美国、英国、法国）的态度，对东部的态度，对重整军备的态度，对德国人自身的态度。

441　　　那些参与了讨论的人（或者更确切地说，那些在讨论中发言的人），无论对苏联还是对西方列强的态度都主要是否定性的。大约三分之二的发言者表达了对于民主政治的矛盾态度。对于民主政治明确持反对意见的人是对民主无任何保留意见的人的两倍，甚至更多。同时，有一半的发言者拒绝为第三帝国的暴行分担任何的罪责。有两个统计组群——农民和大学师生（academics）——尤其凸显出他们的否定性态度。所有农民都无一例外地拒绝分担国家的罪责；大学师生事实上也一律拒绝这一点。在对犹太人问题发表见解的农民当中，超过四分之三的人证明具有激烈的或相当强烈的反犹倾向。而参与讨论的大学师生，尽管他们在参与其他话题的讨论时远远超出了一般人，但显然在回避有关犹太人的话题。事实上，对这一话题表达意见的人当中，有90%以上的人显示出激烈或相当强的反犹倾向。

整个数量统计的结果，并不能说广泛代表了西德民众的态度，而且，这一结果还受限于发表过意见的参与者。结果呈现的具体数字比例如下：（涉及东德问题之外的所有话题时）16%的人持肯定态度，40%的人持矛盾态度，44%的人持否定态度。在谈到东部的话题时，持拒绝态度的人——被归入到持积极态度的一类——占了压倒性的多数。尽管做了一些努力去保留这种评价态度的不明朗性（non-committal），并且对以这种方式所标示的态度是否可以被视为对民主政治或讨论话题的态度这一问题未作定论，但是，人们一直接受的解释——甚至在原文当中——却是：被调查的态度就是看待民主价值的态度。因此，对于民主制度的支持者来说，这个调查结果几乎没有给他们的信心提供依据。

　　研究所的 18 位同事促成了总共 11 本有关定性分析的专著。其中包括阿多诺对罪疚和防御的研究；对于怀疑民主政治的研究，试图阐明出现普遍"非政治化（depoliticization）"现象的动机和原因；以及另一项研究，即对人们面对重整军备的复杂态度进行社会—理论的阐释。（后面一项研究在定量分析中被给予特别奇特的对待：接受重整军备通常被评价为积极的态度，而反对重整军备通常被评估为消极的态度，因为阿多诺和他的助手们似乎把当时依然非常流行的"没有我们！"这句口号，看成与反对后希特勒政府有关的事情。这项研究没有考虑到其中涉及的极端复杂的原因和动机，尤其是那些反对重整军备的人的动机。古斯塔夫·海涅曼 [Gustav Heinemann] 就是其中的一位，他于 1950 年 10 月 11 日辞去了联邦政府内阁部长的职务，以抗议阿登纳 [Adenauer] 的重整军备计划，并在 1951 年 11 月创建了欧洲和平紧急委员会。[8]）

　　这就是刚刚建立的社会研究所在 1950 年代初开展第一个研究项目442时的情形：遵循研究所早期在调查权威和偏见时所采用的相同路线，实施较大规模的集体研究项目。研究所在初期阶段的其他研究项目被遮蔽了。在其他这些项目中，产生了考察德国处境的《偏见研究》的译本。这本书不久即被有比例地压缩，成了一部只包括德语版《权威主义人格》的作品。但是，即便是这个小规模的版本，尽管费了数年之功，也根本没有超出《权威主义人格》的节译本；霍克海默本人对后者很不满意，因而留下来没有发表，只有很少一些油印复写本在流通。[9] 另外一个项目是由列奥·洛文塔尔商定的，他留在了美国，1949 年以来一直担任美国之音的研究部主任。研究所与拉萨斯菲尔德主持的哥伦比亚大学应用社会学研究部（Bureau of Applied Social Research at Columbia University）合作，考察美国之音和英国广播公司全球服务节目中的德国广播和东欧电台（莫斯科广播电台和东德广播电台）的德语广播产生的不同效果。广播研究项目——社会研究所有史以来第一次开展的纯粹的合同研究——是以专家会见听众的方式进行的。但获得的成果是贫乏的。这些成果没有让美国之音有丝毫的长进。但在这一点上，也没有给批判理论家带来良心上的烦恼。

从整体上来看，研究所在重建后的最初 18 个月内所做的全部工作，都是在各方面尚处于暂时状况下进行的，应当说是相当显著的。位于森肯贝尔格公园（Senckenberg Park）的新研究所大楼，在 1951 年 11 月 14 日正式开放，霍克海默此时应当为取得的成功而感到自豪。

霍克海默——一夜之间的功成名就

正式的开幕仪式在研究所演讲厅举行，参加开幕式的有来自州政府和市政府的官员代表，有美国高级特派员委员会、法兰克福大学和其他大学的代表，还有商业界和文学界以及学者代表团的著名人物。在开幕式上发言的来宾，有黑森州的教育部长路德维希·麦茨格尔（Ludwig Metzger），法兰克福市长瓦尔特·科尔布（Walter Kolb），美国驻德高级特派员办事处的代表，德国社会学协会主席列奥波特·冯·维泽和科隆大学社会学系主任勒内·柯尼希（René König）。代表研究所发言的是研究所主任和他的三个年轻助手，他们以热情洋溢的声明结束了演讲。霍克海默此前正好当选为法兰克福大学校长。他发表了一个丝毫不会触犯别人、不会让所有在场的州府、市府和学术机构的代表们产生误解的演讲。

443　　这是个政治味极浓的时代，不同于霍克海默于 1931 年作为社会哲学教授和社会研究所所长发表就任演讲时的情形。自 1950 年以来，朝鲜战争一直在持续进行。麦卡锡主义在美国达到了极致。1951 年 3 月，德怀特·D. 艾森豪威尔（Dwight D. Eisenhower）将军——他在下一年当选为美国总统——公开宣布使用原子弹合乎道义，因为美国并没有发动战争的意图。西德总理康拉德·阿登纳（Konrad Adenauer）从朝鲜战争中发现了一个提高德意志联邦共和国地位的机会，于是在 1950 年提议建立西欧武装力量，包括德国分遣队。他采取的第一个步骤就是重整军备。同时还在"殖民地"西德推行反共产主义。1950 年 9 月 19 日，联邦政府宣布了一个针对"公务员的反民主政治活动"的规定。[10] 这个规定将对于各种组织的支持定义为"与公务职责冲突"的事情，还特别提到了 13 个组织，其中包括德国民主复兴文化联盟，[11] 后者为了避开这道禁令，解散自身并建立了一个以出版商恩斯特·罗沃尔特(Ernst Rowohlt) 为首的继承性组织；这些组织还包括纳粹政权受害者协会。[12] 设在黑森州的这个组织的领导层在 1948 年鼓动法兰克福市市长瓦尔特·科尔布实现了他的意图，即邀请霍克海默出席在法兰克福圣保罗教堂（Paulskirche）举行的德国国民议会百年庆典。甚至，那些公开承认他们不反共的人会招致诽谤和歧视。天主教作家赖因霍尔德·施奈德(Reinhold Schneider) 支持就重整军备的问题进行公开辩论，并支持认真地去尝试与东德达成一种理解，但因为在西部德国没有发表自己意见的机会，他的两篇论文均是在东部德国发表的。结果，从那时起，许多西德的杂志、报纸和广播机构就拒绝出版施奈德的任何著作。

政府和官方机构动用警察，试图阻止西德和东德之间的政治接触。西德警察拘捕了正从东柏林圣灵降临节（Whitsun）集会上返回的 10,000 名西德青年，并且在东西边界将他们扣留了 24 小时之久，直到他们同意登记自己的姓名并忍受所谓"健康"检查为止。1951 年 5 月，大约另外 10,000 名西德青年在从东柏林"德国会议"返回的途中，又被警察拘捕，由于他们拒绝登记自己的姓名，竟被在东西德边界上的海伦贝格（Herrenburg）扣留了两天之久。为了阻止人们参加于 1951 年 8 月 5 日到 9 日在东柏林举行的"第三届青年和学生世界和平节"，数量众多的西德军警强行关闭了那时还开放着的两个德国之间的边境。1952 年 5 月，青年自由德国 [13] 的成员，年仅 21 岁的菲利普·缪勒（Philip Müller）在埃森(Essen) 举行的一次被禁止的示威中，被西德警察射杀身亡。

444

与此相比，由多数选民投票选为总理的阿登纳，在其就职演讲中却要求尽可能快地废止对"两类德国人"——在政治上完美无瑕的德国人和不完美的德国人——进行的区分。与西德宪法——基本法——相关的第131条法律条款，1951年5月得到社会民主党的承认和通过，确认了先前被认为"有罪的"那些人所应享有的种种社会保障权，他们在第三帝国覆灭的时候已经是文职公务员了。法律为那些仍然被控有罪的人重返文职公务员职位提供了可能。甚至有空缺岗位时，"有罪的"人会予以优先考虑。在德国由于大学教授也是公务员，每当准备指定一个教授职位的时候，就必须对照内务部提供的职位清单来进行检查，看看在受"131条款"保护的那些教授当中，是不是有优先适合这一职位的候选人。1952年通过的"忠诚法"（*Treuepflichtgesetz*），又确保把纳粹政权受害者协会的成员排除在文职之外。

这些例子显示出当时占主导地位的政治和文化气候。研究所重新开放之前一个月，马尔库塞从美国写信给霍克海默，"这儿的气氛变得越来越沉闷"。那年夏天他去欧洲旅行期间，曾在法兰克福逗留过几天，还与霍克海默谈过话。"但我想这里的沉闷与德国的沉闷之间可能只有相对的时间距离。此刻，那里的空气肯定还是比较自由一些（虽然算不上清新）。"[14]

这就是霍克海默发表就职演讲的背景。他没有利用新职位给自己带来的机会而跨出学术界限半步。他指出，社会科学有助于消除偏见带来的罪恶和预设的种种限制，有助于使世界结构更切近和符合人们的真正需求。如果没有某种与支配不相干的自由思想——后者是哲学和社会学所关心的，那么，就永远无法打开一条通向更自由、更人性的社会的道路，而且世界会从一场大灾难摇摇晃晃地走向下一场灾难，尽管会有周期性的重建。谈论自由思想对于一个更自由的世界的重要性，与当时占支配地位的行话并没有多大差别，这些行话将"自由 ＝西方"和"专制＝东方"这两种价值作对比。霍克海默指出，人类的未来——从流行的演说和政治当中吸取的另一个流行语，取决于能否发展出对于人道主义的现代解释。霍克海默在提到纳粹主义时甚至用了一个传统的、神话性的隐喻:"恶魔般的力量"将他和他的同事从法兰克福驱赶出去;"恐怖"不幸发生了。

他在谈到研究所的目标和任务时说,他在1931年的就任演讲中提到的许多话依然有效,比如,需要哲学家、社会学家、经济学家以及其他理论家之间的通力合作。"我们今天也许可以加一条,即必须摘掉有色眼镜,无论是由单个学科还是由某个民族和学派的传统所构造的有色眼镜。"在研究所的教学计划中,无论是倾向于更理论化的早期德国社会学,还是在美国发展起来的最新的、最有效的经验主义社会科学方法,都会受到同等的重视。这扩展了他对自己工作的描述——对于欧洲思想和美国方法的结合,这种描述早前已经退化为纯粹的套话,而且适用于研究所及其领导作为连接美国和德国之桥梁的角色。霍克海默现在恰恰以他从前的同一种方式开展工作。他用《社会研究学刊》的名称取代了格吕恩堡的《社会主义和工人运动历史文献》。在就职演讲中,他用对德国唯心主义哲学所做的外观上很中立的唯物主义改造,来取代格吕恩堡对于马克思主义理论的诉求。而且,他用跨学科和将哲学与各类科学学科结合起来的要求,来取代卢卡奇提出的要求——应该超越资产阶级科学对劳动的划分,后者是从卡尔·马克思和罗莎·卢森堡那里接过的论题。因此,他现在也用了流行的托辞,与僵化的和教条的左派理论立场相较,这种表述打开了一条不受阻碍的通道,同时也让那些权威人士听起来悦耳又含糊。

在结束演讲的时候,霍克海默表达了批判理论的基本意图,采用的方式是将社会变化转变为对社会学家的道德要求,就像希波克拉底誓约 (Hippocratic Oath)* 对医生的要求:

> 当我说到那些必须联系单个研究的更广博的观点时,我的意思是,在出现的每个问题当中,甚至在社会学的态度本身当中,通

---

* 由刚开始行医的医生向希波克拉底 (Hippocrates) 进行的宣誓,内容是涉及医生职业道德。希波克拉底 (约公元前460—约公元前370),古希腊的名医,被称为医药之父。——中译者注

常也存在一种超越现存社会的隐含的意图。如果没有这种意图(尽管几乎不可能详尽描述它),我们既不能将这些问题纳入到正确的轨道,也不能引发一丁点的社会学思考。人不是成为证据过多的牺牲品,就是成为纯粹观念的牺牲品。对现实的某种批判态度,可以说是社会理论家工作的一部分,而且这种批判元素正好是从现有的最积极的东西——希望——当中发展出来的,它使得社会学家成了不受欢迎的人。培养学生们去承受这种与现实的张力,后者是我们学科的精髓之所在,让学生成为真正意义上有"社会性的"人——这也包括能够忍受孤独,在我们看来,这也许是教育最重要的和最终的目标。[15]

1931年,霍克海默就提到过一些大规模的研究项目,有些正在展开,有些随即就要展开。但他在重开典礼上一点也没有提到这些事情。在关于德国人政治意识的最初研究成果当中,他甚至也没有提到这一点,尽管他对这方面决不会有隔膜。比如说,美国驻德高级特派员办事处在1951年出版了一部德国各研究机构有关民意调查的成果,其中问到的一个问题就是:哪些人群最需要援助。"公众舆论"形成了一个显示那个时代症候的阶层体系:首先是战争造成的寡妇和孤儿;其次是那些曾遭受轰炸的人;第三类,是那些被从东部驱逐出来的人;第四类,则是1944年7月20日的反抗斗士,当时有一个试图暗杀希特勒的行动。在此之后才是犹太人。

霍克海默在1931年曾提到过一种新的、有挑战性的重大任务,即运用庞大的经验研究机构解决社会哲学问题。与此相反,他现在却称赞他的年轻同事,甚至说,"我们只能盼望这些新鲜的血液很快地安排我们这些在这里显得多余的老家伙,并将我们送回到哲学当中。"

欧洲思想与美国方法应该相融合的原则,依然是空洞的套话。甚至与反犹太研究计划时期相比,霍克海默显然不再设想在研究所还会出现这样一种研究——既能推动理论,又能充分地唤起他的雄心,推动他去完成一项值得尊敬的研究。

然而，他为自己的哲学研究设想了什么样的前景呢？他可以设计出一个能够带来灵感的研究计划吗？在研究所开幕式一周之后，即1951年11月20日，他发表了出任法兰克福大学校长的就职演讲，我们在这个演讲中可以找到这些问题的答案。在这些到场的荣耀的客人当中，有林堡（Limburg）的主教和外交使团的成员。《法兰克福汇报》(*Frankfurter Allgemeine Zeitung*) 在第二天的报道中写道："在讲台上，院长们礼服上的垂布都显得很绚丽。但新任校长马克斯·霍克海默教授那身暗红色礼服上的金色绣花图案，在所有人当中显得最为耀眼。"校长职位移交仪式的气氛比研究所开幕式似乎显得更正式一些。穿上职位礼服，佩带上职位勋章，凸显出德国大学远离大众习俗的程度。在这些演讲中，总会出现一些令人困窘的片断。法兰克福镇镇长莱斯克（Leiske）代表市长大人致辞时用这样的话来赞美"您（也就是霍克海默）的崇高"："您以一种值得效仿的和解姿态回到了您的祖国，而且再一次在这所大学里拥有了您的职位。这样的忠诚需要忠诚来回报。因此，我们都觉得，您当选为我们约翰·沃尔夫冈·歌德大学* 的最高学术职位，乃是我们应尽归还和补偿之职责的最高表现。"

447

霍克海默就是在这些情境中，身穿校长职位的礼袍，发表了"论理性概念"的演讲。《理性之蚀》经阿多诺压缩之后，已经成了《启蒙辩证法》的普及本，校长的演讲是从《理性之蚀》(此书已由海茵茨·毛斯译成德语，但还未在德国出版) 中节选的。人们并不想把校长就职仪式上的演讲当作衡量一个人学术著作的期待标准；但是，在随后的几年里，人们看到的只是自己非常期待的一个人所作的一系列演讲、演说和其他应景的篇章，而且，这些东西通常依据的都是阿多诺拟写的草稿。

值得注意的是，霍克海默的演讲不但丝毫没有超越《理性之蚀》中所提到的观点，甚至不打算把此处所言与德国的处境联系起来。这种演讲在纽约或洛杉矶发表似乎也无不可。《法兰克福汇报》对其所做的令

---

* 法兰克福大学这一时期的正式名称是约翰·沃尔夫冈·歌德大学 (Johann Wolfgang Goethe University)。——中译者注

人困惑但确切的报道，显示出它最终听起来是多么富有学术气。德国的"新日历"上并没有"解放前——解放后"之类的日子，有的是"货币改革前——货币改革后"（就像彼得·林姆考尔夫（Peter Rühmkorf）指出的）。德国正在将自己融入西方阵营并忙于重建——霍克海默非常渴望为这一进程贡献力量。德国此时急于抑制记忆，西方各战胜国在强迫德国向前政权受害者提供财产归还和补偿，在这一方面也出现了许多勉强和不足。在这样一个国家中，明确谈论理性这一概念的危机，并呼吁用理性去完成对总体性的自我反思，这听起来肯定是十分抽象且不着边际的。这样的谈论的确已经减轻了墨守成规者和"在政治上被控有罪的人"的痛苦，他们不必再捂起耳朵以免听到那些指责。而且，能不能鼓励学生去思考不同于矫饰的知性主义的思想？阿多诺于1950年在《法兰克福杂志》上发表了题为"德国文化的复兴？"的文章，其中就提到了这一点。

然而，用霍克海默和阿多诺自己的习惯标准和他们自己的要求，以及用魏玛共和国时期批判理论思想的标准和坚决性来衡量他们是一回事；而用联邦共和国时代的语境，尤其用他们所依仗的学术背景来衡量他们，则是另一回事。霍克海默和阿多诺在1950年代说的话和发表的言论尽管不着边际且含糊不清，也不令人反感，但其中依旧潜伏着批判理论，依然带有左派社会批判鲜明风格的痕迹。

对于学哲学的学生来说，在那个时候能听到人们提及社会或与社会相关的事情，就很不一般了。例如，1947年战后第一次于加米施—帕滕基兴（Garmisch- Partenkirchen）举行的德国哲学家讨论会上有两位权威性的人物，一位是海德格尔——他并未出席，直到1951年，他由于政治上受控告一直被法国主管当局禁止授课；另一位是尼科莱·哈特曼（Nicolai Hartmann）——他致了开幕词。哈特曼无视人们将"时事话题哲学化（topical philosophizing）"的种种愿望，只一味地谈论他永恒的"范畴研究"，这项研究已经开展了数十年之久，甚至没有受到第三帝国的干扰。但社会学家也没有提出具有解放性的任何思想，虽然这门学科非常严重地遭受了纳粹的清除整肃，而且人们还期待受信任的民主党人转向旧职位或占据新职位。当重建的社会研究所开放时，西德共有八个社会学席位，其中有些还是与其他学科联系在一起的跨学科席位。[16]只有三个席位由流亡者或反法西斯主义者控制。霍克海默就是这两个流亡者当中的一位。另一位是勒内·柯尼希，他于1949年继承了列奥波特·冯·维泽在科隆的席位。柯尼希在第三帝国时期被迫流亡到瑞士居住并在那里任教，他在政治上是保守民主派，而在学术上却是德国社会学最坚定的先驱，认为社会学是一门一贯依据经验的、独立的和非哲学的学科。奥托·施塔默尔（Otto Stammer）于1951在柏林自由大学的经济和社会科学系获得了一个社会学教授职位。施塔默尔曾是一名忠诚的社会民主党党员、新闻工作者、教师和积极参与竞选的人，在纳粹党接管政权之后他被禁止教书和发表文章。他的学术生涯是在第三帝国的末期才开始的。他曾在赫尔曼·黑勒的指导下做研究，[17]就像弗朗茨·诺伊曼和奥托·基希海默那样，属于与劳工运动有密切关系的社会科学家的传统。另外五位社会学教授在纳粹主义保护下都有一个比较正式的职位，他们是阿诺德·盖伦（Arnold Gehlen）、赫尔穆特·薛尔斯基（Helmut Schelsky）、格尔哈德·马肯洛特（Gerhard Mackenroth）、麦克斯·格拉夫·佐尔姆斯（Max Graf Solms）和维尔纳·齐根福斯（Werner Ziegenfuss）。

确立和任命社会学教授席位的方式，总体上典型地体现了大学里的状况：教授们全部来自比较保守的社会阶层，与魏玛共和国时期的情况正好相似。即使像海德格尔这样的人，尽管在纳粹时期让自己卷入了犯罪，当时没有给他教授席位，但这并未减损他的声誉；相反，在他的禁令期满之后，他的声誉无论在学术界还是非学术界却日益上升。海德格尔直到1958年以荣誉教授的身份退休之前，依然作为一名高校教师活跃于学术界，甚至在1951年之前他还发表过一些耸人听闻的演讲。他被解除教授席位，并没有影响到那些拥有教授席位的人捍卫他的思想方式。无论霍克海默和阿多诺如何掩饰自己，在许多学生看来，他们依然代表了一束亮光，即便只是因为他们所做的事不同寻常，因为霍克海默在开幕典礼上的讲话——感谢有新功能的研究所大楼的建筑师

449

们——也合乎他们自己的想法：从外面看它时，你不会感到单调乏味。

但实际上，他们在那里依然显得默默无闻。这儿没有批判理论，也没有法兰克福学派。海因茨·毛斯（此时已经是霍克海默的助手）在为《法兰克福评论》(*Frankfurter Rundschau*) 所写的报告中所表达的愿望，依然无法实现："霍克海默的著作……主要发表在《社会学研究学刊》上。至少，像"利己主义和自由运动"、"对形而上学的最新抨击"和"传统理论和批判理论"这几篇文章，是很值得重新刊发的。" 霍克海默和阿多诺的教学也不能替代它们。1950 年夏天，霍克海默作完"自圣西门以来的社会理论和社会批评"的演讲之后，只做了一些哲学演讲，如"现代哲学问题"、"17 世纪的哲学"等。而且，自 1951 年夏天起，他开始主持关于社会学研究方法的研讨班，紧接着又举办了一些附加的研讨班，讨论社会学和社会科学训练的基本概念。与霍克海默一样，阿多诺在很长一段时间里也并不很受学生欢迎。自 1950 年夏天重返自主的教学工作以后，他在几年间只上过哲学课。他先讲了两个学期的美学课，然后讲了"胡塞尔和当代认识论问题"、"柏格森"、"政治哲学史"和"唯心主义问题"等课程。霍克海默和阿多诺联合主持的研讨班，成了魏玛共和国末期、法兰克福大学全盛时期曾给人留下深刻印象的合作教学的苍白之影，也是关于哲学的，而且主要集中于康德和黑格尔的哲学。霍克海默和阿多诺所写的几本书在德国随处可以找到。《启蒙辩证法》、《新音乐哲学》和《伦理随想录》等书，在联邦共和国的情境中，已经与它们所处的传统切断了联系，而且也无法有效地融入到两位作者当前从事的活动当中，因此，几乎不能把它们看作是对社会批判理论的修正和扩展。在发表于报纸和杂志的文章当中，阿多诺是以一名有社会学背景的音乐批评家和文化批评家出现的。

尽管他们取得了成功，但他们会因此抛弃了那些最好的著作吗？难道阿多诺曾经的担心——他曾经认为自己和霍克海默在德国除了安全之外不会有更多的奢望，因为那儿的思想氛围还处在存在论批判 (the critique of ontology) 的反面，德国的殖民地位也不适宜进行社会分析，而且有太强的诱惑会促使他们充当知识领路人的角色——已经证

明是真的了吗？难道他们俩部分因为迫不得已，部分因为要响应德国
弥补失去时间的巨大需求（尤其是在社会科学和社会心理学领域的需
求），都得完全依靠以前的著作吗？或者，他们倾向于这么做也是由于
受到了令人悲伤的事实的激励，即他们实际上是仅有的两位能够成功
重塑自身形象的魏玛共和国时期的左翼理论家？新建立的研究所，难
道从一开始就不适合去贯彻霍克海默和阿多诺在美国最终认为最关键
的要求：对客观因素进行专题的和具体的分析？研究所重新开放之时，
霍克海默说他希望自己能够再一次全身心地献身于哲学研究，这难道
正好是对他个人提出的日常约束吗？这个人抱怨自己没有专心于自己
渴望的哲学研究工作（分心是他自己造成），并且显然不想让一群与他
自己有同等资格的成员聚集成一班人马——确切地说，组成一个理论家
的群体，并以此种方式指定研究所去开展那些不连贯的经验研究项目。
但从实际研究的方面来看，事情又会如何呢？阿多诺在他临终的最后
几年强调说，尽管人们容易责备批判社会学家只满足于书面工作，实际
上他们也觉得必须进行所谓的田野调查。他在实践方面都做了哪些事
情？在两人当中，他的年纪较轻而且更多产一些，是不是他给整个研究
计划提出了与他自己的严格标准相一致的方向？或者他至少在尝试那
样做？

450

阿多诺关于批判的经验社会研究的构想—研究所的危机—马尔库塞的梦想

霍克海默在 11 月 14 日的研究所重开仪式上，后又在 11 月 20 日的
法兰克福大学校长就职仪式上均发表了演讲。阿多诺则于 12 月 14 日在
首届德国舆论研究研讨会上发表了一个介绍性的演讲："经验的社会研
究的当前状况"[18]，这个讨论会是由设在贝格施特拉塞之魏恩海姆
（Weinheim an der Bergstrasse）的法兰克福促进公民事务协会[19]组织
的。这种分工显示了一种迹象，表明《启蒙辩证法》的两位作者在未来

所充当的角色的分化。霍克海默除了继续在教学方面取得很高的成就之外，最终充当了纯粹仪式性的角色。而就阿多诺来说，他在教书的同时还充当社会学家的角色，尽管这一角色在 1950 年代还并不是很引人注目，但作为音乐批评家和美学家，他依然在学术界之外具有很高知名度，并且获得了文化和文学批评家的新头衔。

阿多诺在两方面成了社会学家。一方面，他就像自己曾在反犹太主义研究项目中所做的那样，是一名积极从事社会研究的实践者。1950 年代，他有时还非常认真地参加了研究所的经验研究项目。在从 1950 年末到 1952 年初这段时间里，他还帮助当时陷入困境的达姆施塔特社会科学研究所（Darmstadt Institute of Social Science Research）[20] 出版了由 9 本专论组成的内容广泛的组群研究成果。(达姆施塔特研究所是由美国驻德高级特派员办事处的一位官员于 1949 年创立的，旨在为年轻的德国社会科学家提供学习社会科学研究方法的机会。)

另一方面，他也是一名研究社会科学的活跃的理论家。这里要强调的是经验的社会研究与社会学的理论化之间的关系问题——理论化最终依据的是批判的经验社会研究大纲。阿多诺在联邦共和国生活的 20 年当中，完成了一系列此类的研究，包括 1951 年 2 月在马堡（Marburg）的研讨会上就政治社会学发表的"社会学的当前状况"的演讲，[21] 他与研究所的助手们为 1954 年出版的《社会科学词典》撰写的"经验的社会研究"，[22] 以及在他临终前一年以广播演讲稿为底本写成的那篇"社会理论和经验研究"。

魏恩海姆会议——其全称是"经验的社会研究"，尽管是阿多诺帮助组织的，或许是他坚持的——主要讨论舆论和市场研究的方法和问题。一百多人参加了这次会议。他们分别来自商业的舆论研究机构，各大学和大学研究机构，统计部门，广播机构，美国驻德高级特派员办事处和其他组织。这次会议是由美国驻德高级特派员办事处所属的反应分析部、美国高级特派团所属的舆论研究部提议召开的。现代舆论研究的先驱之一乔治·盖洛普（George Gallup），在 1936 就抽取小规模但有代表性的 6,000 个选民作为标本，正确地预测出了美国总统的选举结果，这使抽样统计方法一夜成名，他给模仿他的调查方法的德国倡导者发来了贺电。

75 岁高龄的德国社会学老前辈列奥波特·冯·维泽答应主持这次会议。他的开场白表现出一种抽象的味道，面对经验的社会研究，超脱地保留了前德国的社会学。研讨会就一些专门化的社会科学方法、问题和机构议题举办了 24 场演讲。来自美国高级特派团舆论研究部的列奥·P.克雷斯皮 (Leo P. Crespi) 教授——他的问卷调查结果通常是"绝顶机密"，在发言中强调了舆论研究对于促使社会机构以真正民主的方式发挥作用所起的重要意义。来自米兰舆论研究所 (Milan DOXA Institute) 的 P. L. 费齐兹 (P. L. Fegiz) 教授，则概括地描绘出一个在欧洲联盟内部出现的图景，其中有关欧洲消费者习惯和趣味的调查表，会让大规模的商品生产最大限度地满足顾客的需要，并尽可能的便宜。然而，在所有这些演讲开始之前，阿多诺就在他的介绍性演讲中试图将经验的社会研究从"研究系统"中抢回来，并使其服务于对德国社会学人文传统有坚定批判性的社会理论。

阿多诺指出，在唯心主义时期，哲学思想能够掌握所有当时可知的真实材料。在各种唯心主义体系坍塌之后，它们的核心概念已经远离它们的理论语境和物质关系，在人文主义社会理论的控制下，成了蒙昧主义的工具。

> 德国人文主义社会学的残余迫切需要用经验方法作为矫正措施。经验方法的真正重要性就在于它们所包含的批判动机当中。经验的社会研究一定不能让这种动机枯萎，也不能在考察社会关系中欺骗自身。科学不能通过借助于某些意识形态概念为自己粉饰出一种调和的社会现实图景，然后心满意足地接受现存的社会状况来作为自己的立足点，它必须提出对于现存事物之严酷性的意识。社会学不是一门人文学科。它自身必须关注的问题，在本质上或根本上不是意识问题，甚至不是潜意识问题，也不是构成社会的人类的问题。这些问题主要涉及人与自然的冲突以及社会化的各

种客观形式，它们决不可能产生于精神当中，不能被看作一种人类内部的内在状态。德国的经验研究必须以严谨的、毫不做作的态度去揭示社会事实的客观性，远远超越于对个体意识甚至集体意识的揭示。[23]

这是从宽泛意义上对经验研究做出的详尽阐述，与受意识形态激发的思考形成了对照。但它同时也是对舆论研究的一种批评，在这一点上，舆论研究并不能揭示社会事实的客观性。阿多诺为此举了一个实例：

> 如果依照某些所谓的人文社会学权威的观点，我们要面对这样的陈述——所谓的农村人对技术革新和社会变革之所以抗拒，是因为他们本质上具有保守精神，那么，我们将不会满足于这样的解释……我们要……举例来说吧，将那些熟悉农民的调查者送入乡村，当农民们说自己留守农场是出于对故土的热爱和对父辈习俗的忠诚时，鼓励这些调查者继续提出更深一层的问题。我们要用经济因素来比照他们的保守性，并且要研究各种技术革新是不是并不会给一定规模之下的经营带来利润，是不是这类革新需要一定规模的投资，技术上的合理化为这种经营提供的条件，会变成不合理的东西。[24]

阿多诺所举的这个例子，依据的是达姆施塔特的社群研究（community study）。由于他参与了部分的合作研究，他已经比较熟悉研究达姆施塔特周围的乡下社区的材料，而且还给一本研究《处在城乡生活交叉地带的兼职农民及其家庭》(*The Part-Time Farmer and his Family at the Intersection of Rural and Urban Life*)的专著写过导言。[25] 达姆施塔特研究的一大特点，就是既搜集大量结构性的、客观体制性的数据，也搜集大量主观的和社会心理学的数据。阿多诺所举例子似乎意味着，一种意识形态理论必须接受主观研究方式和客观研究方式的共同检验。在主观研究中额外再问一些不满足于接受那些显然认可意识形态的表面事实的问题，并且，将这些信息与从客观研究中获得的论据结合起来，就可以描绘出一种超越了调查者自身意识——后者与占支配地位的意识形式一致——的社会存在图景。显然，阿多诺在这里关注的概念，是弗洛姆和霍克海默在社会研究所早年的霍克海默时期发展起来的。这些概念曾被用于阐释正统马克思主义关于上层建筑与经济基础的理论公式，在弗洛伊德心理分析学说的影响下，这种阐释转为对经济过程、精神和文化诸因素之间关系的分析。只有在这种语境中，舆论研究对于阿多诺似乎才有一些意义。

但是，他在所举例子的末尾处又补充说，当然并不是所有经验社会学的调查都有批判功能时，这时他又想说什么呢？

> 无可否认，我相信，即使那些有明确限定话题的市场分析，如果真正想取得它们需要的成果，也必须与这种长见识的、非意识形态的精神相结合。这种客观的联系，关系到信息的供给和对盲目的、教条的、任意的论题的分解，正是它把作为哲学家的我与经验的社会研究联系在一起。[26]

市场调查除了提供可被用来为更有效的广告、更成功的包装和更好的销售计划作依据的相关数据之外，它还能提供什么呢？在市场调查中，除了顾客之外还对谁做了调查呢？阿多诺随后在讨论舆论研究规范时说，"研究可以受私人资助但要面对最严格的科学标准"[27]，这其实是不充分的。大会在发表了有关经验的社会研究适用的诸多领域——政治和社会舆论研究、市场调查、工厂调查、受众研究等——的演讲之后，进行了一般讨论，一些与会者在此时提出了异端性的评论。哥廷根大学社会学系的蒂特里希·高尔德施密特（Dietrich Goldschmidt）说，"如果一个企业家允许在他的工厂中进行意见调查，人们肯定会说，他需要操纵工人的手段。但是如果人们牢记这种舆论研究的真正目的——即要根除恶劣条件并改善人际关系，那么显而易见，公司主管应该同工人一起接受质询。"[28] 来自阿伦斯巴赫（Allensbach）舆论研究所的 E. P. 诺伊曼 (E. P. Neumann)，在热情地谈论盖洛普研究所的调查结果——每周一次发表在一百多份报纸上——之时，对这一观点做了进一步的逻辑推演，而且说，国会议员作为人民的代表，最终会从舆论研究中受益。

阿多诺激动地强调说：每一个愿意将人们看成是有理性的、有人性的人，都在促成对于人们经受的事情的颂扬；每一个认为经验的社会研究太过机械、太过粗糙、太过愚蠢的人，都是把社会学对象的这些特征转移到了社会学自身上；经验方法倍受嘲笑的不人道性 (inhumanity)，仍然要比对野蛮 (inhuman) 的教化 (humanization) 更人道 (humane) 一些。当他这么说的时候，又想传达什么意图呢？或者是要说，接受调查的人依然作为客体，甚至稍后依据研究及其应用中收集的信息，仅仅被假充为客体；在这种情况下，所用的方法是"不人道的"，而且这种受奴役状态在持续。或者，另一方面是在说，接受调查的人，至少可以在稍后的某个时刻得到一次查看调查结果的机会，并将其当作教育过程的一部分，以显示直到此刻为止对他们自身来说还相当模糊的联系。只有在这种情况下，阿多诺在他的演讲开头所做的陈述，才不会成为一句空话："我们知道我们自己关注的人依然是人类，即使他们卷入到那些对他们自己来说甚至还很模糊的关系当中，他们也有做自由的自我决断的机会和自发性；而且我们知道，正是这种自发因素和意识限定着数字规则。"[29]

阿多诺从揭露经验的社会研究与人文社会学的矛盾当中受益，反击了对经验的社会研究的讽刺和偏见，他认为自己根本不需要特别强调如下事实：即他并没有运用意识形态，去把社会科学转变成商业或公共管理的纯粹附属物。但是，在他以批判社会学的名义解救市场研究的努力中，不正犯了这样一个错误吗？在被调查者的客体地位是持续还是中断对他来说还不成其为方法论问题的时候，他自己难道在经验层面上看不到"批判的社会研究"与"行政的社会研究"——阿多诺审慎地使用拉萨斯菲尔德在《哲学和社会科学研究》第一期上引入的这些术语——有哪些最重要的不同吗？

455

阿多诺显然在犯这样的错误。他认为经验的社会研究乃是通向严谨的批判的社会研究的必经之路，并加以捍卫。但他的这种捍卫只集中在两点上。他强调经验的社会研究不只是一套复杂的调查技术，认为经验的社会研究"早前就形成了自己的一套方法，并在很大程度上受了精神分析学的影响，能够抵消提问的表面性"：间接询问、测试、详细深入的访谈、组群讨论程序——所有这些都是社会研究所曾经引以为荣地使用过、且现在仍在使用的方法。

他还强调了诸如拉萨斯菲尔德曾重点提到过的"舆论领导者"的角色以及美国日益增强的要求定性分析的意识，目的是想把社会理论描述为经验的社会研究的构成要素。"显而易见，如果这种社会学不是停留在软弱的梦想——其软弱性恰恰对当局者有利——当中的话，那么对它来说词语的变化就绝不是纯粹的陈词滥调，它必定会统合棘手的真实性的全部力量。"[30]

阿多诺在结束演讲的时候，由此已经到达了一种代表着霍克海默早期规划的阿多诺式变体的立场。实际上，阿多诺在魏恩海姆的演讲，差不多就是人们期望霍克海默在研究所的开幕式上要讲的东西。这是否意味着阿多诺准备接管霍克海默——他现在只充当纯粹仪式性的角色——的工作，以确保研究所从现在起，至少在另一个人领导之下，将实施那些有助于推进唯物主义社会理论的方案吗？他没有强烈地意识到迫切需要扩展"批判的社会研究"，使之超越那些原本渗透于深层结构中的方法，超越理论研究与经验研究的结合吗？他没有强烈地意识到至少需要把经验研究的某些长期反馈纳入到为受调查者和被分析者提供的信息之中吗？由于这一点看起来不切实际，就可能出现如下情况：批判理论家们愿意进行那些受调查者和被分析者从长远看来也不能理解的深奥的"批判的社会研究"。但是，当他们的研究结果不仅能为批判理论家们所利用，而且也能为那些来自商业、公共行政部门和学术机构的客户或赞助人所利用之时，批判理论家的知识最终会不会变成一种统治工具，而不会促成普遍的启蒙呢？怎样才能避免这一点呢？

而且，如果阿多诺可以不带任何批判限定地谈论经验实证的自然科学的胜利，并去描述被新医学当作理所当然的东西被普遍接受的状况，那么这种社会理论将处在哪种状态？理论真的能处理基本的研究问题吗？它能够先进到和具体到足以清晰阐释形形色色的数据吗？至少，社会研究所开展的那些项目，起码在部分上是受社会理论指导的吗？

456 　　这些问题在此时依然是未决的。重建后的社会研究所失去了自己真正的成员，几乎没有开始运转。霍克海默被选为法兰克福大学的校长，一年后又再次当选，这意味着他在履行教学任务和校长职责时，几乎没有时间顾及研究所的工作。阿多诺尽管比霍克海默担任的教学任务少一些，但由于他本人参与了达姆施塔特的组群研究项目，承担了额外的工作量。即便如此，他还是接管了霍克海默的许多工作，并热情地投身于研究所的事务。作为一名已经拥有美国国籍的公民，到 1952 年，他已经用完了法律所允许的可以连续在自己出生国生活三年的时间。如果他再不去第三国旅行或者回美国住一段时间的话，将会失掉美国国籍。霍克海默作为法兰克福大学的校长，已经设法通过了一种"个人法（individual law）"的允许，他可以在他的出生国连续居住五年。而阿多诺作为一名普通公民，不享有这样的特许权。

　　霍克海默、波洛克和阿多诺三人，看起来都得在某个大约相同的时刻返回美国，研究所的领导们与弗里德里希·哈克尔（Friedrich Hacker）签署了一份实施一项或多项研究计划的合同，以确保他们的收入来源。哈克尔是出生于维也纳的一名精神病医师，移居美国并以自己对攻击行为的一流研究，在 1970 年代成了知名人物。他在比华利山庄酒店（Beverly Hills）开设了一个精神治疗的诊所，并且希望通过与社会研究所主要人物的合作，获得学术声誉和广告效应。

　　"我怀着一种无比沉重的心情在旅行，"阿多诺 1952 年 10 月从他旅行的第一站巴黎写信给霍克海默。"Ceterum censeo [另外我认为]，我们只属于大西洋的这一边。"而且他还断言："马克斯：绝对是这样。别无其他！"[31] 第二天，他和他的妻子在勒阿弗尔坐上了开往纽约的轮船，并在纽约见到了洛文塔尔和马尔库塞。随后继续到洛杉矶旅行。

现在要做的就是满足哈克尔的要求，他正指望霍克海默和阿多诺的一同到来（但他对他们签署研究合同的真正原因，对研究所履行合同的特殊方式毫无所知），并要付全部费用。如果有必要的话，在霍克海默不去那里的情况下由阿多诺全权代理，直到阿多诺保住他的国籍返回德国。阿多诺在抵达洛杉矶的时候写道："让人感到难受的是，我不知道何时才能拿回我的护照，当然不是六个月，我感觉起码至少得一年时间"。[32] 他觉得自己为哈克尔基金所做的工作是一种牺牲，并认为哈克尔这个人是个令人讨厌的家伙，他的美国之旅痛苦地证明了如下事实——他们回归德国还不彻底。在到达目的地之后，他立刻重复了他的"另外我认为 [Ceterum censeo] "："我的基本观点是，我们应该将我们的努力集中在那边——这里面临落空的危险，从各种意义上讲都是非常严峻的，这种想法须臾也未离开过我……如果一个人在对于妄想狂现实的妄想狂式幻想和具有健康共识的愚蠢性之间作选择，妄想狂依然具有更强的生产力。"四个月后，他甚至更为迫切地写道：

457

鉴于这一事实……我们几乎不能期望成为可以避开邪恶的实践的主体，所有依赖于保持连续性的事物都会给我们带来希望，并不是所有支撑我们精神的东西都失去了。但是从各方面来看，只有我们可以在字面上或比喻意义上谈论这一点的时候，它才可能存在……尽管我们有很棒的可以存活的运气，但是产生那种运气的条件已经随风而逝，我们决不允许我们自己把它们变成拜物教偶像。返回的流亡者应该环顾四周，去发现他可以完成什么工作。这条老规则对我来说，要比今天这些制度化的对相反事物的需求更明智。那种需求是小资产阶级所拥护的，他们只会把自己备受创伤的尊严滥用为最恶劣的盲从守旧的借口。

阿多诺以他独特却充满感情的戏谑方式继续写道："甚至施拉格鲍姆（Schlagbaum）酒吧里的所有樱桃酒与我们哲学的共通点，都多于我们哲学与美国社会学家里斯曼文集的共通点。"[33] 然后，他的情绪进入了高度兴奋的状态：

> 我不知道我可以代表我们两人对那些真正与生和死相关的事
> 情说些什么，尽管我认为我可以；我宁愿在欧洲冒着被打死的风
> 险，也不愿意到其他任何地方去"建立"什么伟业，或者退缩到私
> 人生活当中，即使这些发展……几乎不能给人提供拥有私人生活
> 的机会。

接着，是简单而严肃的语气：

> 但是，如果我们可以依照自己的本能去安排各种事情，当你把
> 校长的事务置之脑后的时候，我们就会有时间去思考和生活，而这
> 两者是同一件事情。我从根本上确信（尽管这听起来有点自相矛
> 盾），尽管在法兰克福也要承担各种责任、承受生活中的各种纠
> 缠，但与那种只包含孤独（隔绝）的消极面的生存方式相比，我们
> 会找到更多的和平和宁静。[34]

458　　阿多诺答应哈克尔将会开展一项对于占星术的社会心理作用的研
究。对阿多诺来说，这代表着对《偏见研究》的扩展，扩展到一个介于
两个研究领域——洛文塔尔和古特曼对于法西斯煽动者的演讲和文章
的分析与伯克利大学对于《权威主义人格》的研究——之间的那个领
域。阿多诺曾在"反神秘主义"一文（《伦理随想录》中的文章）中提
到过占星术，[35] 而且他原有的看法——可以通过文化工业产品和大众传
媒研究刻板守旧的、反民主的思想——至少在一定程度上被用来观察这
种趋向于强化法西斯主义控制的复杂现象。此外，阿多诺已经以这样一
种方式——只要有需要，他自己本人就可以实施——拟出了计划，因为
他无法确定霍克海默会不会在可见的将来到美国与他合作。

　　对于阿多诺和哈克尔双方来说，这种情形都显然是令人不快的；而
且这种情形在 1953 年 5 月达到了极点。阿多诺收到了一封由哈克尔诊

所执行委员会全体成员签署的信件，其中要求他放弃一半的薪水，承担一半的工作量，以便他可以免除那些对他来说显然是一种负担的行政职责和社交关系——他因此而辞职。但即使在这种情况下，阿多诺还是成功完成了一个单人研究项目：对右派共和党报纸《洛杉矶时报》"占星术专栏"三个月以来的材料内容进行纯粹的定性分析。阿多诺在逗留美国将近一年的时间里，继续从事这项研究，成果发表在 1957 年德国出版的《美国研究年鉴》(*Jahrbuch für Amerikastudien*) 上，标题为"降到地球的群星：《洛杉矶时报》占星术专栏——对于次等迷信 (Secondary Superstition) 的研究"。[36]

阿多诺本人没有提到占星术专栏的读者或作者。他没有提到任何客观数据。对占星术专栏的"纯粹"阐释，成了一个可以运用阿多诺和霍克海默整体思想的经典个案。这个"栏目直接用于指导那些有依赖性的或者感觉有依赖性的读者。它预先假定了自我的软弱以及真实社会的无力"。"占星术……隐瞒、供养并开掘……普遍的和疏离的依赖性。"[37]

阿多诺自己将这种研究设想为定性分析方法的模型。对孤立的文本进行的这次定性分析，最后证明是不成功的。在这项研究中，星星所引发的联想被解释为一种实际上未被意识到但因而也是被默认的掩饰，它要掩饰的是与全能的父亲形象相关的禁忌关系。这又一次反映出，阿多诺的这种解释方法很像心理深层分析那种预见和千篇一律的方法。"微观逻辑"方法，以及他所声称的使自己完全沉浸在材料之中，所有这些都依然是无根据的自吹自擂。他的这种解释过于宽泛，因此解释本身抑制了有限的证据案例，在某种程度上证据几乎提供不出反抗。459 真正缺乏的，是将阿多诺定性分析的才能嵌入到具有伯克利研究特征的那样工作环境之中的机会。

当阿多诺在洛杉矶以占星术研究项目维持生计的时候，霍克海默在法兰克福研究所也遇到了越来越大的困难。赫尔穆特·普勒斯纳 (Helmuth Plessner) 每周抽出两到三天从哥廷根旅行到法兰克福，来代替阿多诺做一部分工作。普勒斯纳比霍克海默长三岁，因为自己是犹太人而于 1933 年失去了在科隆大学的哲学教职，并于 1934 年移居荷兰。

1939 年他成为荷兰一所州立大学的第一位社会学教授，得到了格罗宁根 (the University of Groningen) 大学授予的教授席位。在德国入侵时，他因躲藏在地道中而得以活命，最终，在他 60 岁的时候，哥廷根大学委任了他一个社会学和哲学的教席。普勒斯纳由于 1928 年出版了他的《有机生活的各个阶段和人》(*The Stages of Organic Life and Man*)[38]，随后就与舍勒一道，成为现代哲学人类学的奠基人之一。但与舍勒不同，他从社会历史的观点来进行社会分析。在普勒斯纳的指导下，哥廷根大学社会学系从 1952 年开始，已经对德国大学教师的地位进行经验的和统计学的研究，该项研究成果于 1957－1958 年分三册出版。但普勒斯纳认为自己首先是社会哲学家和文化社会学家，并且很看重社会学哲学的重要意义。赫尔穆特·薛尔斯基后来称他为"德国的怀恨者"，他因此与霍克海默和阿多诺有许多相通之处。但这两个人都以相当保留的态度看待他，而且一直如此——这是他们对待任何与他们关系密切的第三方的一贯态度。

由于阿多诺的缺席，又由于霍克海默要履行校长职责，要毫不松懈地完成教学任务，他几乎没有时间为研究所工作。普勒斯纳的半职帮忙甚至也不能完成那些绝对必需做的事。霍克海默认为，社会研究所最需要的是出版成果，可是这些成果在某种程度上当然应该能维持研究所辉煌历史中确立的水准。他们可以出版的两项最重要的研究成果——《偏见研究》的德文版和对于西德政治舆论的组群研究，都远没有作好出版的准备，而且没有人持续关注它们。

由于面临所有这些问题，霍克海默又得再次承受在两种计划当中作选择的考验：要么不失面子赶快隐退，要么拖着荣耀慢慢隐退。为了让有关西德政治意识的组群研究最终能得出一个结论，他在 1953 年 4 月底组织了一个研讨会，向那些主要由黑森州和法兰克福市的公务员组成的听众提交有关这一项目研究成果的论文。霍克海默认为，可以将这些论文作为一本书出版，而不需要对收录的文章负太大的学术责任，同时将完整的油印本送给选定的个人和机构。但他对这些论文非常不满意，因此抛弃了出书的计划，转而启动重出学刊的计划，想通过这个

460

刊物中其他高质量的投稿来平衡研究报告的不足。

就像以前一样，这份学刊每年最多出三期。霍克海默这样告诉阿多诺，每期出四部分组成：

(1)论文。有我们写的（如有必要也可以改写以前学刊中的资料），或者由我们约请的研究所的朋友们写的具有代表性的文章，像阿尔波特（Allport）、坎特尔（Cantril）、柯林纳贝尔格（Klineberg）、乔治·弗里德曼（Georges Friedmann）（或你为我们争取到的其他人）。

(2)原文。我这里考虑的主要是从18世纪和19世纪的文献中节选的东西，它们要么没有被完全、要么根本没有被译成德语。我们不必限于至关重要的资料，相反地……

(3)研究所所作的经验研究的摘要。我们可以考虑来自实践训练课程、广播研究、专家调查、学生项目的研究成果，以及最后进行的组群研究的成果，如果它们不能结成一本小书出版的话。

(4)评论。

霍克海默还补充说："如果我们办不起来这个学刊，我担心我们处理不了出版的问题；而且，从另一方面来说，学刊意味着以一种在我们看来非常理想的方式整理研究所的成果。如果你已经解决了这一问题，那该多好！"[39]阿多诺作出了热情的回应。他允诺"即使不重印旧的原文，也不会缺乏资料，尽管那样也可能很好。"无论如何，第一期必须能"真正代表我们的风格"。[40]

霍克海默最后也发现了似乎有望解决人员问题的办法。他最早在1953年1月向阿多诺表达了他的短期退隐计划。普勒斯纳和研究所的两个年轻助教蒂德利希·奥斯默尔和埃贡·贝克尔（Egon Becker）组成了三头执政，如果霍克海默和阿多诺退隐后，他们就来领导研究所的工作。退隐计划再次引发了旧有的争论。然而，这次的争论不是发生在霍克海默与洛文塔尔以及波洛克之间，而发生在霍克海默与阿多诺之间。阿多诺对此持保留意见——他认为如果他们放弃研究所,他们就会丢掉一项重要的安全因素,另外,普勒斯纳写给他的一封有关组群研究的信表明,普勒斯纳已经将整个事情当成了负担;这使得霍克海默转向更为谨慎的计划。"我现在的想法是我们可以将研究所委托给社会学协会之类的组织,也就是说可以将它委托冯·维泽的名誉职位。给冯·维泽一些适当的酬劳,可以照料我们的人员,直到你返回来。如果这样可行,我可以充当首席顾问之类的角色,而且我们稍后可以决定你是否可以做同样的事情或者接管实际的领导职务。"[41] 阿多诺对这种建议和对冯·维泽都持保留态度,但在给霍克海默的回信中写道:

> 然而,我没有更好的建议,原因是在于缺乏合适的人。因此我的建议是:在我回来之前姑且应付局面,且不要作任何组织上的改变。我们必须看到我们那时所做的事;如果你那时成了首席顾问,接管实际的主管事务对我来说也许是个好主意,至少暂时是这样。我越来越清楚地认识到,在与现实进行的艰难斗争当中,研究所和大学都是我们的主要资源,当我们不再掌管行政权力的时候,各个方面都会立刻联合起来反对我们。我们必须接受这些缺陷以及未来几个月里研究所的工作甚至会拖延的事实;我认为我可以向你保证,我会很快理顺各项事务,不会让你劳神。[42]

在霍克海默还没有收到这封信之前,他已经向法兰克福大学评议会展示了他的心电图,以显示他承受着多么大的压力,并且,被允许与冯·维泽展开谈判。但他预先又将此告知了普勒斯纳。最后,他和普勒斯纳达成一致,让普勒斯纳在下一个学期暂时以代理主任的角色接管研究所,以代替阿多诺的职务。霍克海默刚一恢复精力,就向冯·维泽付酬 1,000 马克,条件是后者能在夏季学期为研究所每两周上一次普通社会学课程或作一次讲演。"所有这一切都要表明研究所是德国社会学教学的中心。"[43]

在这样的时刻,霍克海默那种甚至不惜舍弃不墨守成规(nonconformist)的研究、教学和行动来获得社会承认的野心,以及他对于自身能够达到顶峰和创造超凡成就的自信，再一次取得了胜利。这种态度的一种典型后果是随后发生的一系列的事件。亚历山大·米切利希（Alexander Mitscherlich），作为后纳粹时期极少数坚定地支持弗洛伊德的人之一，招来了同事们的敌意——以及欺骗和背叛的指控，在纽伦堡审判期间，他作为观察员和专家证人行事，也是《没有人性的科学》（Science without Humanity）这一文集的编辑之一。[44] 依照霍克海默的说法，他"在所有地方，在教师当中甚至在研究组群中，均被视为新的古姆贝尔"。[45]（统计学家和数学家爱弥儿·尤利乌斯·古姆贝尔[Emil Julius Gumbel]，曾在 1920 年代招来同事、学生和更广泛的社会群体的敌意，就因为他出示了有关政治谋杀的文献和对有政治动机的罪过的有罪起诉，并且揭露了右翼及其被授予优惠待遇的途径。）然而，当米切利希于 1953 年初请求正式加入研究所的时候，霍克海默和阿多诺并不想要他。与心理分析学家合作与他们的传统是相符的，也符合研究所对于跨学科、尤其是胜任社会心理学的要求——在研究所重新开张时，就重申过这些要求。但是，除了霍克海默原本就不情愿给那些多少已经确立了影响、基本上必须被视为对手的学者们提供正式的职位而外，还因为他害怕让米切利希加入研究所"可能会引发我们一直在避免的公开的攻击"。民族主义者（die Rachsucht der Völkischen，也就是法西斯主义的拥护者）的报复性"是真正的《旧约全书》，会持续至第三和第四代人"。[46] 但是，如果研究所的主任们不准备保护这类事件的某个人，难道这个保护性的机构因此只顾自身吗？霍克海默另外还有一个理由——米切利希之前为研究所做的演讲，虽然"对我们关于反犹主义的第五个论题有非常认真的分析性说明"，但他事实上并没有说出什么独创性的见解，这个理由看来只是此后所作的合理化解释而已。由于研究所的两位领导派米切利希去洛杉矶哈克尔的诊所替代阿多诺的努力没有成功，就以拖延的方式来应付他的聘用问题。

然而，与普勒斯纳达成的协议几乎不能缓解研究所的种种问题。与此同时，当重开学刊的旧计划被重新唤醒的时刻，霍克海默采取了另一个看起来会让奇迹变为现实的办法：他询问赫伯特·马尔库塞是否愿

462

意回到法兰克福来。

霍克海默和马尔库塞之间的联络从未中断过。马尔库塞对霍克海默的忠诚依然如故，在他看来霍克海默依然代表着进行理论研究的惟一机遇。这使得霍克海默很容易以这样一种方式款待马尔库塞，让他的前任助手保持希望，并成为研究所的友好扩展。

1950 年春天，人们除了尚不清楚谁会接任霍克海默在法兰克福大学的社会哲学教席之外，也不清楚谁将接任伽达默尔的哲学教席，而且，那个最适合的候选人卡尔·洛威特（Karl Löwith）已经决定改去海德堡大学，就在这个时候，霍克海默给马尔库塞写信说，"（我）自然……竭力要求任命你本人来接替伽达默尔的教席"。将阿多诺安排到这个教席上困难会更大一些，因为他与霍克海默合写过《启蒙辩证法》，会被认为与霍克海默的关系太过亲近。"或许"，霍克海默继续写道，"两个人都没有可能，我们将聘到一个二流或三流的存在主义者"，进而他提到了一些海德格尔的支持者。"你会对这样的任命采取什么样的态度？"[47] 马尔库塞非常肯定地回答——"如果只为了让我们能再次在一块工作这个期待。可是，如果我认为应该让霍克海默、阿多诺和马尔库塞都聚在同一所大学里工作，那我对世界精神的基本判断就是非常错误的。"[48] 但他在此时收到了霍克海默的来信："在此期间我已经成功地（秘密确定人员！）将泰迪列入了名单。"[49] 然而，如果阿多诺得到了教席，经费就可以投给"更宏大的计划"——西德政治意识研究，这就有了获得第二个社会哲学教席的美好前景。这当然（霍克海默当然没有明说）是为马尔库塞设立的。然而，到 1953 年的时候，伽达默尔的继承人不是阿多诺而是格尔哈德·克吕格尔（Gerhard Krüger），后者自 1946年以来一直是图宾根大学的教授，并且与阿多诺同龄。克吕格尔的主要兴趣在柏拉图和康德，而且对研究这些古典作家的著作感兴趣，还为出版家克勒讷（Kröner）编辑过莱布尼茨的著作选。

当马尔库塞的妻子在 1951 年春天去世之时，他曾问过霍克海默有什么计划，得到的却是一个模棱两可的和令人困惑的答复。他的计划是"我们想恢复适当的工作"。"究竟会在这边还是在那边，过几个月就会知道。如果你可以写出你自己的计划，那也是很好的。你会更愿意在德国担任教授职务还是在哥伦比亚研究所供职，或者有可能将这两者最终结合在一起吗？你是如何看待这边和那边的总体发展的？万一我们决定中断这里的事务，你认为在那边会有一个在经济和政治方面适合隐居的、谦逊的生存的环境吗？[50] 马尔库塞自己的一些表白促成了整个事情的悬而未决，处在一种尽管炽热但听天由命的愿望当中。他有一种观点，认为适当的哲学工作对他来说比教授职位更重要。1951 年 8 月他在法兰克福拜访了霍克海默，这更强化了这种态度。他在法兰克福的几天再次表明，"我们之间半个小时的讨论，比我用几个星期进行单独的或专业的研究所取得的东西还要多。"

> 我希望在没有现实物质烦恼的情况下献身于我们固有的工作，并以这种方式度完我的余生。在你那里最适合做这些工作——如果你有时间的话。定位问题取决于我们也取决于上帝……如果你乐意当着上帝的面说出来，我非常乐于帮助你——但必须是值得说的东西。在这期间，我肯定能够在明年夏天过来工作更长一段时间。我希望能预先准备好研究弗洛伊德的手稿（《爱欲与文明》于 1955 年出版），并能和你一同完成它，我正在集中精力干这些事情：采用明显的非政治的架构，是为了尽最大可能说得更清晰一些。[51]

六个月之后，他们二人又在纽约会面，而且在此之后马尔库塞引用了他们之间相互熟悉的称谓："亲爱的 Max （如果我可以）"（虽然他保留了 Sie 的形式，即正式的"您"，但这也是霍克海默和阿多诺之间的习惯称谓）。马尔库塞在 1952 夏天到欧洲进行了一段较长时间的访问。7 月底他从希尔斯—玛利亚写信给霍克海默，感谢他对弗洛伊德研究手稿花费的时间。

此后，霍克海默在 1953 年春天问马尔库塞是否准备回法兰克福，好像情况确实相当严峻。马尔库塞比以前更坚定地想完全放弃他在美国国务院的工作。经过在哥伦比亚大学俄国研究所的一年带薪工作，他对于哈佛俄国研究中心提供的类似资助已没有多大热情，因为那将意味着"需要再花一年的时间去研究俄国的事情，而我已经对此感到十分厌倦。"[52] 他原则上同意回来。霍克海默给他写信说，"对于你非常心甘情愿来，我的感激无以言表。"

> 主要的原因是研究所没有帮助简直无法继续维系下去了。波洛克将在夏天离开，而我正在争取泰迪能回来，但他还不得不在那儿停留至少几个月。但即使他在这里，我们还需要一个我们自己的人。
>
> 最重要的事情是我们打算再次创办一份学刊，以作为研究所开展各种活动的核心。一旦这件事情到位了，就将建立起一项可靠的行动方针，以保证在我们都离开的时候这里的助手依然可以跟上来。你会满意这些助手，但他们都还太过年轻还无法独立做事。[53]

马尔库塞在战后初期的梦想——与霍克海默一道工作并再次重办学刊——看起来马上就要成为现实了。这个梦想就是在一位管理型学者霍克海默的保护和领导下从事自由的、清晰的思考，它曾经将本雅明、弗洛姆、诺伊曼、基希海默、洛文塔尔和阿多诺与霍克海默联系在一起，而且至少在一段时间里，对于他们当中的一些人来说，这个梦想已经实现了。

继续这种合作的机会这时依然是一个残存的梦想。这个梦想没有成真，事实上丝毫不是上帝的过错。而是因为，当霍克海默和马尔库塞正准备认真考虑这件事的时候，从马尔库塞离别霍克海默之时就有的旧关系模式再一次出现了。另一方面，霍克海默和研究所并不想对马尔库塞提供任何的经费承诺，尽管在他的妻子长期患病期间，他们曾经通过提供信用的方式帮助过他；马尔库塞现在已经 55 岁了，并不想在机会奇缺的时候去德国；再说阿多诺也表现出了毫不掩饰的妒忌之意。为马尔库塞提供旅行经费并通过研究项目资助他与社会研究所进行合作

465

的努力，以失败告终。马尔库塞设计的以社会研究所为基地，在德国和美国开展关于"哲学人类学和文化人类学的"跨学科研究计划，并没有成功获得洛克菲勒基金的资助。

这件事因此就拖延了，而且由于阿多诺的返回已经是可以预见的事，对于霍克海默也就失去了紧迫性。来自哈克尔诊所执委会的信告知阿多诺可以待到 1953 年 7 月 31 日。他和他的妻子在 7 月中旬就收到了两年有效期的护照。他于 8 月 6 日完成了占星术研究。于 8 月 19 日与他的夫人坐上了从纽约开往瑟堡的航船。阿多诺感到了三重的放松：首先，哈克尔的计划可以抛之脑后了；第二，他能够回到霍克海默和法兰克福那边了；第三，他正在离开那个对他来说变得过于激烈的美国。麦卡锡主义仍然盛行，尽管已经不如前几年那样引人注目。在这个春天，对于"美国之家"*图书馆的检查开始了，而这些图书馆都藏有《偏见研究》的复本。"假如你怀着敌意去读它，你可以在它里面发现任何重要的东西，尽管，丛书的自由主义——在各方面都是反极权主义的——的精神，对于任何一位没有偏见的人来说都是显而易见的。"[54] 在未来的几个月里，阿多诺通读了由玛丽·雅胡达和里查德·克里斯蒂(Richard Christie) 收集的投给《〈权威主义人格〉的范围和方法研究》一书的稿件，这本书计划在 9 月出版，但是他在这项成功上所感受到的快乐不久就变成了痛恨。"希尔斯先生 [55] 的稿子或许是我们所能见到的最粗糙的东西"，他写信给霍克海默。几天之后他又写道："我有一种明确的感觉，在亲爱的米茨（Mitzi）编辑的书尚未出版之前，我很可能就离开这里了"。[56]

阿多诺从此再没有到美国旅行过。当他和他妻子的护照在 1955 年届满时，他们就成了德国公民。

因此，马尔库塞并没有回到法兰克福。无论他怎么想，他对于霍克海默的热爱，对于与他一同工作并合办学刊的梦想，还依然保持着。整

---

* "美国之家"(America Houses) 是美德文化交流机构，其前身是 1948 年在慕尼黑成立的"美国图书馆"。——中译者注

整一年之后，他还在给霍克海默的一封信中写道，"在此之际，你将会听到……"

> 我已经接受了布兰代斯大学（Brandeis University）提供的教职：在政治科学系担任全职教授。这至少给我提供了做最终决定的财政基础——我当然不想在那儿耗费掉我余下的职业生涯。但我现在可以坐等你那边情况的发展。一旦你写信来：我随时会从那里脱身。

> 请尽快写信告诉我，我们可以在今年夏天什么时候会面。因为你知道，我还想与你谈谈其他的事情……

> 泰迪已经写信告诉过我有关学刊的事宜。研究弗洛伊德的手稿现在已经完成——我现在必须干完这项工作。如果我们决定将其中的一部分放入学刊，还有充足的时间吗？这对我来说是最好的事了。[57]

研究所的稳固——返回法兰克福后最先出版的两本书：《社会学》(*Sociologica*)、《组群实验》

第二届西德联邦议院，即德国国会下议院的选举，就在阿多诺返回联邦共和国之后的那个月——1953 年 9 月——进行。货币改革和"社会市场经济"的政策，赋予资本占有者不公正的利益——这些政策 1930 年代就由"弗莱堡学派"（以瓦尔特·奥伊肯 [Walter Eucken]，威廉·勒普克 [Wilhelm Röpke] 和阿尔弗雷德·米勒－阿马科 [Alfred Müller-Armack] 为核心）的新自由主义者们提出来，自 1948 年以来又由康拉德·阿登纳的经济部长路德维希·艾哈德 [Ludwig Erhard] 坚定地实践过。但是价格的稳定、失业人数的下降以及大众购买力的持续增长，使得这种复兴的资本主义秩序也对其他人产生了吸引力。甚至那些从"社会市场经济"政策中还没有得到任何实惠的人也希望有朝一日自己能从中受益。当所有其他党派的选票都在 1953 年减少的时候，投给基督教民主联盟和基督教社会联盟（CDU/CSU）的共同选票却在大幅增加。基督教社会联盟（CDU/CSU）拥有 45.2% 的选票，虽然不是彻底压倒、但也远远超过了社会民主党所拥有的 28.8% 的票数。而且这种趋势还在持续发展。四年之后，路德维希·艾哈德的书《全体富裕》出版，[58] 在这一年基督教社会联盟（CDU/CSU）在第三届德国联邦议会选举中获得了 50.2% 的选票。

当阿多诺还在美国的时候，黑森州的文化部长收到了哲学系主任写来的一封申请信，要求以阿多诺的名义设立一个有终身教职的"特设"教授席位。"系里提出这个申请考虑到如下事实，即设立这样一个席位纯粹是出于归还和赔偿的理由，当阿多诺教授离开这所大学时此席位将会废止，因此……将不会影响设立其他席位的计划。"[59] 在 9 月底，部长任命阿多诺就任法兰克福大学哲学系"哲学和社会学特设教席"。这个席位被称之为"赔偿席位（Wiedergutmachungslehrstuhl）"，即使在正式的用法中，这也是一个易遭中伤的术语。

对纳粹政权受害人进行归还和赔偿，是由西方同盟国强迫联邦共和国提供的。盟国在要求联邦政府做出提供归还和赔偿的保证，并将此与它们对占有法令的撤回、对新的国家主权的承认相挂钩。有些公众人物，如库尔特·舒马赫（Kurt Schumacher），卡洛·施密德（Carlo Schmid）和西奥多·豪斯（Theodor Heuss）等人支持归还和赔偿。[60] 但这绝不是普遍现象。这一点通过问卷调查表可以显示出来，也可以从许多政客的行为中显示出来。在联邦议会执政联盟的 208 名成员中，只有 106 名投票赞成德意志联邦共和国与以色列在 1953 年达成的归还协议。甚至到 1950 年代中期，"Aryanizers"（那些已经购买了犹太人财产的人）和联邦议会、州议会的执政联盟的成员们，仍然竭力反对美国军政府在 1947 年制定的赔偿法；此法公开宣告：那些因其所有人在受迫害的压力下被转手的可查的财产，应当以同等的售价返还给它先前的所有人。(被迫将他们的财产返还给财产原主人的那些人，以及那些坚持自己要求的人，他们自己会作为"归还的受害人"，在 1969 年用公共费用获得了赔偿。)[61]

阿多诺希望由哲学系为他提出一个任命他为全职教授的申请，这一申请纯粹依据他的客观资格而无关乎归还的请求，他凭借这一申请获得教授职位，但是这个愿望没有实现。1956 年 2 月，他感觉到必须提醒哲学系主任考虑他对全职教授职位的合法要求。在 1956 年 5 月的一次委任会议上，讨论了阿多诺的"归还诉讼案"，以及他依据国家社会主义不公赔偿法第三修正案提出的恢复全职教授职位的要求，一些参加这次会议的人表达了保留意见。从事东方研究的赫尔穆特·里特尔 (Hellmut Ritter) 教授提到了阴谋操纵问题。他说，所有想在法兰克福大学谋职的人，都有霍克海默先生的保护，而且都是犹太人。里特尔后来以书面形式向霍克海默作了道歉，并在系主任的坚持下也向阿多诺道过歉，系主任被激怒了。但是，这既不是里特尔第一次也不是最后一次对此事所作的评论，他也不是这所大学里惟一一位做出这样评论的职员。

因此，当阿多诺在 1957 年 7 月 1 日被授予哲学和社会学的全职教授席位之时，他并不感到非常的快乐。他从未收到其他大学提供的教席邀请，如果有的话，还可以以此来巩固自己在法兰克福的地位。他以后也没有接到这样的邀请。阿多诺又一次经受了犹太人旧有的体验：在被赋予特权的同时又受到诬蔑和伤害。（相较于其他受纳粹迫害、不得不比他还要更久地等待归还和赔偿的、数不尽的流亡者和受害者，或者相较于在最终忍辱获得少量赔偿或一点也没有获得赔偿之前就受够了侮辱性手续之苦的人，他算是受到了特别的优待。）"作为一个内阁大臣，他将是一个犹太内阁大臣——既是尊贵的'阁下'同时又是贱民"，萨特在他的《对犹太人问题的思考》中已经描写过这种体验。[62] 就像以前一样，阿多诺因此会感觉到自己在依赖霍克海默的保护和指点。

由于有一名同事屡次表达"对犹太人的仇恨"(Jew-hatred)，霍克海默在 1956 年 5 月以名誉教授身份申请提前退休。系主任强力挽留他"不要在此刻离开我们"，而且正式要求文化部长为霍克海默提供一个特殊的职位；依照这一要求，到 65 岁生日之前他的教学量可以减半，但会继续付给他全额薪水。霍克海默曾经当过一年的系主任和两年的校长，而且他不仅履行了自己职位的管理职责，还为克吕格尔教授履行了三年职责，除此之外他还领导着哲学系；他在 1954 年已经被芝加哥大学任命为教授，由于国家社会主义的迫害他失去了十年可以用于自己的研究和调查的时间。1956 年 12 月 6 日颁布的一条部长法令，实际上奖励给霍克海默足以持续到他退休的许多年休假。然而，他只有一次使用了这项特权，因为他不想放弃讲课费，在年休假里讲课费将被停发。

"当然，我非常关心研究所的研究项目，当我们最终又一次一块回来的时候，我希望能够为你提出合理的建议，"阿多诺 1953 年 6 月从洛杉矶写信给霍克海默。但是，甚至在他返回之后，也看不到任何长远的计划，可以服务于他们建立在明确的社会理论之上的研究项目。然而，他们要求拥有这样一个计划的主张，实际上并没有被放弃也没有被推迟，只是因为在恢复时期以及研究所失去财政独立性之后，这项计划不可能被付诸实施。相反，在霍克海默任校长的时期，身在美国的阿多诺所推荐的一种可以应付的改良策略变种出现了。

1955 年出版的成果展现了批判理论、霍克海默的圈子和社会研究所在 1950 年代的情况。"法兰克福社会学文丛"(Frankfurter Beiträge zur Soziologie) 丛书的最初三卷出版了：论文集《社会学》(*Sociologica*) 在霍克海默 60 岁生日那天呈现在他的面前；《组群实验》[63] 是一项研究西德人政治意识的研究报告；而《企业内部氛围》[64] 是一项研究曼内斯曼 (Mannesmann) 公司工人的研究报告。除此之外，阿多诺出版了一本社会和文化批评文集《棱镜》；[65] 马尔库塞出版了《爱欲与文明》；[66] 还出现了由西奥多·阿多诺、格蕾特尔·阿多诺和弗里德里希·普兹泽斯 (Friedrich Podszus) 合编的瓦特尔·本雅明的两卷本《文集》。[67]

在所有这些出版物中，霍克海默作为一名作者并不占有特殊地位。但是他更显然是作为一名受人尊敬的作者而出现的。《社会学》作为研究所重建后出版的第一部出版物，如同它的献辞所指出的，是为了纪念"一位对研究所做出了决定性贡献的人"而出版的，他"充满智慧的领导、不屈不挠的开创精神和对于客观情况的熟练把握，使得研究所能

469

在艰难中存活下来"。[68] 这篇献辞——显然是阿多诺所写——的结尾希望霍克海默能找到空闲时间，去"阐明所有那些在他心中亟待阐明的哲学和理论。他本人唤醒的研究在很大程度上已经为此创造了材料上的先决条件。我们知道他有能力从他的著作中得出所有的结论，毫无疑问这正是今天的世界所真正需要的"。阿多诺希望自己有朝一日会能与霍克海默一块继续研究《启蒙辩证法》，并且推进唯物主义的社会理论，这种愿望依然如此强烈，以至于他要在这篇献辞中公开宣布出来。

这本书几乎完全包含了最初为新学刊第一期合刊或第一卷所准备的文章。霍克海默一直在努力让他的朋友弗里德里希·波洛克参与到他们的研究工作当中来。［这做得很成功，他们授予了波洛克组群研究合作者的荣誉，并将他的《自动化：评价其经济和社会效果的材料》(*Automation：Materials to Evaluate its Economic and Social Consequences*)[69] 一书作为"法兰克福社会学文丛"第 5 册出版。］同样，阿多诺也一直在努力让霍克海默参与他们的研究。阿多诺的"社会学与心理学的关系"作为《社会学》的首篇文章，就是献给霍克海默的，而且最初打算作为阿多诺和霍克海默为学刊第一期所写的合作稿。然而，霍克海默的合作不过是提了一些补充性的说明和修改意见。另外，如阿多诺所指出的，他已经写出了一个有关《理性与自我持存》的"审查版"，即《理性的终结》。甚至在 1940 年代后期，霍克海默也不想看到这篇文章在没有经过修改的情况下在德国出版。[70] 阿多诺已经安排瓦尔特·迪尔科斯——他从 1920 年就认识，是左翼天主教刊物《法兰克福杂志》的编辑，他也在一段时间里共同编辑"法兰克福社会学文丛"，参与调查最近出版的有关工人课题的成果。因此，新学刊几乎被设计成是对老学刊不间断的继续。

霍克海默和阿多诺在 1954 底放弃了出版学刊的计划。《社会学》的序言强调，研究所收集的诸多研究资料在一篇期刊论文中得不到充分讨论，但是这几乎不能成为取消这份学刊的主要理由。甚至在收集投给第一期合刊的稿件之时，就已经决定了要以书籍的方式去独立出版对于西德人政治意识的合作研究成果，以及对于曼内斯曼公司工作气氛的研究成果。收到的投稿质量较差也不会是取消办刊的决定性因素。霍克海默对于马尔库塞研究弗洛伊德的书《爱欲与文明》格外满意，从中精选了一篇讨论"自由和本能理论"的文章，此文就是本书最后一章的缩写。霍克海默希望无论如何应该将此书的完整德译本作为研究所的一本出版物出版。阿多诺对瓦尔特·迪尔科斯有关"消除纳粹化的成果"的研究报告有很高的评价。霍克海默在他对于新学刊的最初想法中，就提议将诸如格奥尔格·弗里德曼或哈德莱·坎特尔这样的作家看作是可以写出"代表性文章"的研究所的朋友作家。布鲁诺·贝特尔海姆得到了研究所两位领导的共同尊重。

但是这些人当中没有一个人能够代表他们自己的理论。《社会学》中的一位作者瓦尔特·本雅明最有可能满足这种期待，但他已经过世了。弗朗茨·诺伊曼也去世了。自从诺伊曼离开美国国务院后，1948年又成了哥伦比亚大学的客座教授，并于1950年成为公法和政府法的正教授。在联邦共和国早期，他作为顾问和客座讲师曾经发挥了一定的作用，而且参与了柏林自由大学的建立工作。他于1954年9月2日在瑞士死于意外的车祸。计划将他的论文集作为"法兰克福社会学文丛"出版的事，最终没有实现，原因"仅仅"在于这部书的序言引发了阿多诺和马尔库塞之间的争执。阿多诺的看法是，诺伊曼的书如果由马尔库塞而不是由他本人来写序言，就将与研究所毫无关系。除了马尔库塞之外，适合写序的其他理论家就只有奥托·基希海默了，他投了一篇名为"政治公正"的文章，后者就是他稍后出版的重要著作的题目。阿多诺与基希海默的关系并不是特别亲近，而且他1949年刚回到法兰克福与基希海默见面后，知道基希海默还去拜访他以前的老师卡尔·施米特（Carl Schmitt）——名曾经挖空心思使用统治权力、早已被统治权力冷置一旁的法律教授，自此之后对他可能就更疏远了。施米特在1936年举办的一次学术研讨会上说，"我们要将德国精神从所有的犹太化歪曲中解放出来，对于精神概念的歪曲可以让犹太移民把尤利乌斯·施特莱歇尔*主任的伟大斗争称为非精神性的事情。"[71] 可以将基希海默与马尔库塞作比较：马尔库塞在 1947 年拜访过海德格尔，之后再也没有去过，[72] 而基希海默却屡次去拜访施米特。因为马尔库塞过去与海德格尔有过交往，研究所都对他一直持保留态度；而基希海默却继续尊敬施米特——一位像海德格尔那样从未表明自己对于纳粹主义观点有丝毫改变的人，研究所当然要对基希海默持更为谨慎的态度。

因此，影响研究所放弃恢复学刊计划——霍克海默曾经希望这能标示"理性研究的开始"——的决定性原因，可能是担心（尤其在霍克海默本人看来）从长远来看它可能得不到充足的稿源来适当地显现自己的地位。他在 1954 年 8 月从美国写信给阿多诺：

471

> 与旧学刊作比较似乎不会对新学刊产生太多的不利因素。我考虑的不仅仅是文章，还有评论部分。困难在于，在早期我们大家基本上都能以同样的精神全身心地投入到学刊当中。但除了我们自己之外，现在只有迪尔科斯和达伦道夫（Dahrendorf）两个人。当然，我们最终必须在其中发表与我们自身彼此相关的文章，但是首先，我回来以后需要一些拖延的休假，其次，我想要的不是这些文章，而是一个更宽泛的出版物。无论如何，我们都不能让学刊对研究依然散发的光亮投下阴影。[73]

霍克海默寄望于两位研究所的同事。一位是瓦尔特·迪尔科斯，他于 1956 年离开科隆并成了西德广播公司文化部的领导。另一位则是 25 岁的拉尔夫·达伦道夫（Ralf Dahrendorf），在霍克海默的信到达的时候，他刚好拿到了邀请自己的通知，这让阿多诺感到很吃惊。阿多诺告诉霍克海默，达伦道夫已经接受了萨尔布吕肯大学（the University of Saarbrücken）提供的一个绝佳的工作，并且说他感觉自己并不属于霍

---

* 尤利乌斯·施特莱歇尔（Julius Streicher），1930 年代以恶毒地提倡对犹太人进行迫害而臭名昭著的纳粹煽动家。"二战"结束后被逮捕并受纽伦堡战争法庭审判，以反人类罪的罪名被判处绞刑。——中译者注

克海默和阿多诺的研究领域，以此强调他的决定是不可撤回的。对于达伦道夫来说，他们的思想太过"历史化"，而他希望沿着正规的社会学和知识社会学的思路来开展研究。阿多诺写道，"他可能最有力地证明了我们的论点，即从严格的意义上讲，我们的思想不会有继承者了。"[74]

可能还有别的原因促使霍克海默收回了出版学刊的计划：担心研究所即使有了阿多诺的协作也不会再有充沛的创造力，而且感觉他在自己最为关注的社会哲学领域，在揭露社会冲突和攻击贬低他们重要性的学术联合体方面，也无法再度展现足够的敏锐性。他好像在掩饰自己对于阿多诺的提议——应该出版孔多塞的《人类精神进步史表纲要》的译本，并将阿贝·麦斯利埃（Abbé Meslier）的文章放在研究所的文丛中出版——的反应："阿贝·麦斯利埃的文章可能不适合。如果我们从整体上或至少用其中关键的章节出版，可能还有一点意义；但其中关于社会和政治的说法甚至比萨德侯爵还要冷酷。"[75] 在霍克海默心中，很难说清哪一种担心更重一些：担心会产生对启蒙进行自我破坏的时髦解释，却不能用一种积极的启蒙概念来取代它；担心对于社会的批判性分析所产生的攻击性效果不是深思的和平静的，而是冷酷无情的。总之，最终导致他在越来越多的方面呈现出保守态度——比如，他 1960 年代批驳阿尔及利亚争取解放的斗争，批驳那些批判美国对越战争的观点。

对于西德政治意识的组群研究，最终只是作为"法兰克福社会学文丛"第二卷发表，该书用了一个很慎重的——考虑到它具有易被误解的重要主题——名称：《组群实验》。阿多诺在 1954 年 8 月写信给霍克海默，此时他在美国联系芝加哥大学的教席，"在与弗雷德（Fred）通信之后，我彻底重写了介绍组群研究的绪论，顺便说一句，我认为它现在已经相当完善了。在这项研究中争论的惟一焦点是我们是否想包括抄本，对此这是我非常赞同的，而弗雷德却反对，但我们仍然可以在稍后再决定这件事。"[76] 阿多诺并不能完成将一系列完善的抄本包括在此书中的任务。虽然如此，这本书仍然厚达 550 页。阿多诺在为定性研究部分所写的绪论中写道：

472

实际上，我们想在此逐字逐句地重写一些典范的抄本。只有空间因素阻挠着这一意图的实现。定性调查结果所具有的实际说服力，以及它们的确定性结论，至少在分析这些调查结果的方法的发展还没有远远超过目前阶段之前，还只能通过对原始材料的认识来传达。解释单个证据片断时出现的任意性表象，只不过消溶在对整体的、连贯的讨论的活生生的体验里边了。[77]

这与阿多诺在伯克利研究期间曾经捍卫的思想是一致的，他那时要求有一系列的"描绘"，换句话说，对于实验中的个人的详细说明，应以收集有关他们的材料为基础。

　　阿多诺的愿望既没有在《权威主义人格》也没有在《组群实验》中得到实现。然而，尽管这本书的标题及其对于这种研究的先锋性和与此相关的不足性的再三提及，显示出对于自身不足的某种谦逊和洞察，但还是提出了骄傲的宣告：

　　经验的社会研究面临着某种悖论。它运用的方法越精确，这些方法在用"操作术语"限定的对象代替真正接受调查的对象方面所冒的风险就越大。换句话说，问题本身被限定在可以通过调查表发现的范围，而忽略了它与社会相关的方面……另一方面，社会学的历史显示出充足的证据，可以证明存在相反的危险，即容易出现任意性和未经检验的教条判断。我们不能要求科学拒绝那些从其研究中"发现事实"的现代方法。然而与此同时，从新方法发现的喜悦并不能掩饰如下事实，即，在寻求对社会知识来说非常重要的客体的过程当中，方法正好容易攻击它自己引以为荣的地方——客观性和对于真实客体的认识……经验的社会研究面临一项任务：即运用它自身发展起来的诸种方法去克服造成它自身不足的深层原因，并将社会研究磨砺成一种获取真正的社会知识的手段……这是一件将科学的客观性同对本质的深刻洞察结合起来的事，它一直试图在规避精确的测量。

下述报告中描述的社会研究所开展的工作，就是对这种努力的一个试验性的贡献……长期以来，在访谈中应用深度心理学、投射测试、详尽的个案研究和其他纠正、补充惯常调查方法的技巧，已经成为家常便饭。这里所描述的我们研究所采用的组群方法，与所有这些计划的不同之处主要在于，它并不满足于到稍后的阶段去增补和修正，而是在早期就开始不断增补和调整，同时使观点得到 in statu nascendi（即时地）确立。[78]

我们在前面已经讨论过由这类舆论研究所产生的一些问题。这项研究的书籍出版物包含了一则附录，对这十一本专著中的两本进行了定性分析。这两本书是福尔克尔·冯·哈根（Volker von Hagen)对"讨论组群中的整合现象"的研究，以及阿多诺关于"自责与防御"的研究。[79]阿多诺的研究紧承他在《权威主义人格》当中对于访谈材料的定性分析。通过运用弗洛伊德的范畴，经过对原始材料进行阐释才能使社会现象得到解释。对原始材料的这种阐释往往会遇到这样的指责：由于紧紧依靠大量引用的理论而纯属武断，过于自信地宣布它与正统社会研究的区分，以及通过制造类型学来下结论。

阿多诺的分析依据的主要是 25 个抄本，其中 20 本包含的大量论述，涉及为法西斯主义、战争、集中营和战争罪行分担责任，以及以何种态度看待犹太人和被迫离国者的问题。将分析限制在 25 个抄本之内似乎是一种明智的精练节约的方法，因为定量分析和抽样分析均已表明，这 25 本抄本中显现的反应类型，一次又一次地以僵化和单调的面目出现在所有的讨论材料当中，这种僵化和单调正是整个政治意识形态领域的特征。

阿多诺在介绍他的"自责与防御"研究的序言中写道：

被压抑的自责观念不应该太过狭窄地被理解为一种心理学的感受：防御机制只有在一个人所干的侵权行为被有意识地看成侵

474

权行为的情况下才会发挥作用。几乎没有 位参与此类实验并发现他们自身处于防御状态当中的人会说，"他们的确应该被杀。" 相反，是这样一种情况，即个体通常会过分认同集体，而且在对于犯罪的认识方面与之一致。人们会拒绝或最大限度地减少对于犯罪的认识，目的在于不要失去认同集体的机会，集体在心理上能够让无数的人战胜他们自己那种不堪承受的无力感。人们从中可以得出结论：那些发觉自己处于防御状态的人，即使他们支持纳粹意识形态的基本观念，也决不赞成已经发生的事情重演。防御本身就是他们感受到了震惊的征兆，因此展现出令人鼓舞的前景。[80]

然而，在研究的其余部分，这些令人鼓舞的前景却由于阿多诺的假设而被消除了实现的基础。阿多诺的假设是，依然存在操纵大众心理的"人类学环境"和易受极权制度感染的可能性，这些条件和可能性是整个社会的科技和经济发展趋势所引起的。希望的征兆也被他的相关陈述——"道德防御引发的鉴别力可能与人们不得不压抑的无意识自责的程度相符"[81]——给削弱了。

阿多诺把对后自由主义社会状况的这种"人类学"反应称为"集体性的自恋"。霍克海默、弗洛姆和阿多诺等人在1930年代和1940年代曾试图把这一反应归属于施虐—受虐、权威主义人格、个体的毁灭和无助、对自由的恐惧以及纷乱的社会阶段等概念之下。这一反应在战后继续存在。这一观点通过阿多诺于1959年发表的演讲而得到广泛传播，这次演讲中有一段后来被多次引用的陈述——"'重新评价过去'意味着什么？"："我认为，民主当中潜在的纳粹主义残余，与残留的反对（against）民主的法西斯主义趋向相比，具有更大的危险性。"[82]

各种各样的防御机制都在阿多诺的研究视野当中。其中包括：试图计算和量化罪行；声明在一个已被分化为国家和权力集团、胜利者和被征服者的世界上，不可能对罪和无罪做出毫无偏见的审判；对于一个习惯于奴性地顺从权威、根本不适应民主政治、患有"德国神经官能症"——那些参与讨论的人们总喜欢如此称呼——的民族来说，应该考虑他们要求减轻环境压力的愿望。其中一项最具煽动性的辩护，就是阿多诺简洁称之为"将事实转变成意识形态"的东西：

> 我们知道陈腐的、僵化的因而是错误的概括方式在极权主义思维方面发挥的作用。反犹主义就是将许多否定性的套话转到一个整体的群体身上，而不考虑其中涉及的诸多个体，如果不是运用了错误的概括方法，这是不可思议的。甚至到今天，在提到外国民族时还继续用这种集体的单数……如俄国人、美国人、法国人这样的用法，已经从军队进入了我们的日常语言，就是明显的例证。法西斯主义及其错误的概括方法的崩溃，已经为许多人打开了认识这种习惯的视野——就涉及他们自身而论。这似乎成了当今社会心理学的规律，人们施行于自身的事情通常是让他感到最愤恨的事情。这种情况的无意识动机与投射机制密切相关，在此不需要讨论；只是想说一点：人们一谴责错误的概括，就很容易使自身与国家社会主义拉开距离，而且，一旦不需要付出多大的代价就可以实现这种谴责，人们就很容易将自身置于正义的一边，并使昔日的施虐者变成今日的受害者。[83]

道德同事实一起，也被转变成意识形态。一种用于反对归还和赔偿的论点就是：鉴于罪行的严重性，归还无论怎样都是不可能的。有人为了替种族主义手段辩护，就争辩说他们至少是真诚的，并且也帮助过犹太人去建立以色列。

决定不出版完整的手抄本丛书，这对阿多诺的研究所具有的说服力及其作为一种整体的方法论模型所具有的分析价值不会产生太大的影响。在定量分析部分，没有给出对各种态度之间相互关系的分析，而且，在研究"罪责与赔偿"的部分，也没有提供估价或解释特定个体的依据。毫无疑问，此处缺少的就是阿多诺关注的客观精神。但是，如果我们尽可能深入地通过特定的个人作陈述，然后将这些个人归入某种意识形态症候群（syndrome）或其他特征当中，那么，我们就不能完全忽视客观精神要素的构成问题——阐释者在单个个体身上要考查的问题，也不能忽视这些要素的出现频率问题。让人无法感到满意的还有，即使那些定量和定性分析已经勾画出了各自相应的类型特征（定量分析方面是"否定性的"、"矛盾的"和"肯定性的"，定性分析方面是"怀偏见的"、"矛盾的"和"乐意达成和解的"），但还不能相互吻合。有人指责组群研究夸大了反民主态度的重要性，对此，这里有好几种回应方式。例如，对诸如民主、犯罪、犹太人以及与西方盟友的关系之类的话题所作的赞同或部分赞同的陈述，主要是在讨论开始之时进行的；此时，无法确定讨论主持人（他起先被认为具有官方地位）的反应，无法确定其他参与者的观点，这使得人们更多地关注民主的信条。因此，在估价和解释中混入这些陈述，导致了对于结果的实际歪曲。然而，这最后也指向了一个尚未解决的核心问题：如何评估这些观点对每位说话者及其所属的阶级或组群的影响，评估它们在交谈情境中所起的作用。

用个体的、鲜活的经验代替不同的人对材料的系统采集和整理，这使得大量的材料在变得更加清晰的同时，也变得更加模糊。一台庞大的学术机器，虽然有它的创业目标来为它辩护，但仍像一道令人生畏的屏障，强行隔开了潜在的听众和研究，这种研究应当被公正地称作是对后希特勒时代德国人不会哀悼所作的最初的、在1950年代又是最敏锐的分析。

对于西德政治意识的组群研究很快招致了右翼对研究所的批评。这些批评发表在一个显眼的地方——《科隆社会学和社会心理学杂志》（*Kölner Zeitschrift für Soziologie und Sozialpsychologie*）上。作者是受人尊敬的心理学家R.霍夫施泰特尔（R. Hofstätter），《组群实验》中提到过他本人。霍夫施泰特尔1913年出生在维也纳，曾受到心理学家卡尔和夏洛特·比勒尔夫妇以及哲学家罗伯特·赖宁格（Robert Reininger）和莫里茨·施利克（Moritz Schlick）的影响。1937年到1943年，他曾是一名军队心理学家，先在奥地利军队后到德国军队当中当差。他已经取得了任教资格并被提升到高级文职岗位。战后他曾在奥地利东南部的格拉茨大学（the University of Graz）、稍后又在美国教心理学。

1956 年以后，他一直在威廉港（Wilhelmshaven）的社会科学院担任心理学教授。

他的批评带有很强烈的优越感。这一批评打趣地断言，组群实验只是"酒后吐真言"(in vino veritas) 这一主题的变种，也就是说只是"激怒吐真言"(in ira veritas) (通过"基本刺激"让参与者产生所谓过度刺激的一种游戏)。在霍夫施泰特尔看来，这与运用人所共知的方法一样可疑。当他还是心理学军医的时候就有人建议他运用人所共知的方法来替代他本人的方法，因为他的研究方法被讥笑为"脱离生活"。尽管霍夫施泰特尔的批评相当准确地瞄准了几个重要之点，但却也忽视了这项研究整体的方法论意图。组群实验在讨论正统研究的局限性和正统的研究当前对自身方法的自我批评的那部分使用了"实证原子论"这一表述（用来描述把公众意见看作个人观点的总和这一惯用程序），霍夫施泰特尔抓住这一表述，并讽刺地评论说，"实证原子论"是一种否定的评价，按照作者的标准，的确应该被理解为测定法西斯主义思想的指标。

霍夫施泰特尔用了组群实验中的数字，但将那些沉默者归为没有消极态度的一类，忽略了那些为数不少的有矛盾态度的个案，并且由此得出如下结论：依据组群研究自身的标准，一般只有 15% 的参与者可算作是支持独裁主义和不民主政治的人。他继续写道，"依据德国的这些调查结果，我不知道我们是否比其他的西方国家更有理由来谈论'法西斯主义意识形态的遗产'或'持续的人类学意义上的性格倾向'"——好像在一个恐怖和谋杀横行了 12 年之久的国家（在其他国家都是以潜在状态存在）与破坏力量仍然主要以潜在状态存在的国家之间没有什么差别似的。他用这种方式低估了来自右翼的威胁，并且宣称这是正常情况，从而使自己获得论证上的胜利，随后"附带地"提到他担心"那种专注客观精神的思想会处于屈从极权主义专制的危险当中"。[84] 他将"多达 150 页的定性分析"形容为"只不过是一种控诉或者一种对于真诚的精神自责的愿望"，而且反驳说"根本没有任何的个人感情可以真正满足持续考查百万人被灭绝这一事实"。正因为如此，"社会学分析学者的义愤"似乎是"错位的或无意义的"。霍夫施泰特尔认为，这些巴伐利亚贵人们的反应使他们采取了对罪行问题的这种解决办法，也造成了组群实验的局限性——他们仅仅抓住忏悔而忽视了这个问题的道德方面。最终导致了一种与集体犯罪论题相同的免罪效果。所有人都是有罪的——于是没有人是有罪的，而且所有事情都是命中注定的和存在的命运；这样一来，每个人必须对此采取将就的态度，谁也没有权力谴责他人，一切都只能依赖私人生活的疗救作用。

霍夫施泰特尔运用的是一套现在流行的、经过试验和测试过的程序：淡化来自右翼的危险，将"揭露"这些危险的"人士"描述为极权主义的道德家和理想主义者，并将对危险的真诚反思断言为私人事务。

大概因为霍夫施泰特尔的批评具有拙劣伪装式的论辩性，使得阿多诺有机会就同一论题做出回应。阿多诺在他的结论中，清楚指明了争论的核心之所在："通过宣称这种方法无用，以此否认这种现象的存在"。[85] 他揭露道，霍夫施泰特尔对于"揭露者"和"谴责"的讨论是一种集体自恋的诉求：把对已经灌输到人们内心的种种机制和意识形态的谴责表述为对个体的谴责，从而煽动人们反对这种谴责。

478

> 霍夫施泰特尔认为"单个的人不可能为奥斯威辛的恐怖承担罪责"。是那些自身被迫承受了奥斯威辛恐怖的受害者，而不是那些给自己和自己国家带来耻辱的人，更不愿意相信这种恐怖。"罪责问题"对受害者来说"充满绝望"，而对幸存者来说则不尽然。用存在主义的绝望范畴模糊这种区别是个不小的成就，这一范畴的流行看来不是没道理。我们不应该在刽子手的房间里提及绞刑；不然有人可能会怀疑我们心存怨恨。[86]

霍夫施泰特尔和阿多诺之间的这场争论作为"实证主义争论"在联邦共和国内第一次使得某种现象明朗化了，这种现象在后来的社会学史上一直存在：科学方法论和科学哲学之间的争论就是社会理论和社会政策之间对抗的竞技场。

许多有益的计划在 1950 年代就被考虑到了，这些计划在重建社会的条件下仍坚定地反映着研究所的传统。然而，这些计划从未得到实现。其中有一项就是出版一套美国社会学著作的德文译本。阿多诺在 1954 年 8 月所写的一份备忘录中有这样的话：

> 战后德国出现了对于社会科学的兴趣的明显复兴……很大程度上从美国发展并提炼出来的社会研究技巧，对德国社会学产生的影响已经相当可观……然而，包括学生和非专业人士在内的大多数人，并没有注意到美国社会学家对社会思想和社会理论的贡献，而且也没有看到，美国的社会理论和社会研究如同其他各国一样，在发展过程中也是相互依赖和彼此影响的。当前的计划通过向德国公众展现中立派思想家们——虽然他们从经验主义和实用主义那里得到发启发，但试图清晰地理解他们生活于其中的社会总体性——的著作……旨在结束这种隔阂。

初步拟定的书目有六种：威廉·萨姆纳（William Sumner）的《社会习俗》（*Folkways*）；托尔斯坦因·凡勃伦（Thorstein Veblen）的《有闲阶级理论》（*The Theory of the Leisure Class*）；罗伯特和海伦·林德夫妇（Robert and Helen Lynd）的《中型城镇和转变中的中型城镇》（*Middletown and Middletown in Transition*）；约翰·杜威（John Dewey）还未译成德文的著作选集；阿多诺等人撰写的《偏见研究》；以及罗伯特·默顿（Robert Merton）的《社会理论和社会结构》（*Social Theory and Social Structure*）。[87]

这项计划可以利用美国社会学来帮助德国加强那种倾向于将社会作为一个整体来进行的理论的、唯物主义的社会研究。与此同时，还有助于填补西德战后社会学无法系统应对社会科学新思潮的巨大缺陷。但是，反对出版这套丛书的力量似乎很大，人们对此好像不感兴趣。迄今为止，凡勃伦的书是所列著作中惟一被译成德语的作品。

告别独立自主：对曼内斯曼公司的研究 —— 阿多诺退出经验研究

正当他们依然计划重版学术期刊，准备为西德政治意识的组群研究增补最后的润色之时，却发生了第一件对社会研究所来说可称为严重失误的事情：它接受了曼内斯曼公司提供的一份研究合同。在 1940 年代，研究所的几位领导差不多都坦率地断言，由于在物质方面和心理方面缺乏独立性，在一些其他的流亡者当中出现了搞腐败的人，并且宣称研究基金在区分墨守成规的学者与反对墨守成规的学者方面有成熟的辨别力 (developed capacity)。当他们自己寻求赠款时，他们是幸运的：他们得到了美国犹太人委员会的赞助。尽管接受此次赞助的研究进行得十分谨慎，但人们还是容易发现：研究所在不丧失自己完整性的情况下在观点上表现出了与美国犹太人委员会的当前利益之间的共同点。1950 年，研究所的一个好心的朋友试图与霍伊彻斯特 (Hoechst) 化学公司商议合同，曾被霍克海默愤怒地拒绝了。1954 年，一直在研究所担任行政主管的波洛克，再次描述了研究所即将面临关闭的情况，霍克海默又接到了一个相似的提议。由于认识了赫尔穆特·贝克尔 (Helmutt Becker)，霍克海默的观念发生了转变；赫尔穆特·贝克尔当时是一名律师，也是许多组织和机构的顾问，后来成为设在柏林的麦克·斯普朗克 (Max Planck) 教育研究所的主任。

曼内斯曼绝不仅仅是一个公司。它曾经是反布尔什维克联盟的创立成员之一，并且资助过纳粹党。二次大战期间它还接管过被占领国家的工厂。1945 年之后，它成为一个非卡特尔化 (decartelized) 的联合工业集团。在盟国看来，被少数人操纵的德国重工业的集中是德国具有发动战争的巨大潜能的前提条件，因此，对德国重工业进行非卡特尔化是波茨坦协定中最为重要的条款之一。然而，美国军政府从一开始就确保了非卡特尔化是为国有化 (socialization) 提供的替代性选择。迫于美国的压力，曾经对自己的煤炭和钢铁工业进行过国有化改造的英国工党政府，也禁止北莱茵河—威斯特伐利亚地区的议会贯彻国有化政策，尽

480

管这些政策不仅是德国社会民主党和德国共产党（KPD）的要求，而且也是基督教民主联盟（CDU）工人派的愿望。无论哪个州通过的劳资联合委员会法赋予劳资联合委员会在商业事务中的发言权，军政府都会暂缓整个法律或其中相关条款的执行。此外，以前的公司代表被委托去解散卡特尔企业联合，这样做的目的是尽可能地减少对正常商务规程的干扰。

曼内斯曼集团的情况也是如此。威廉·赞根（Wilhelm Zangen）作为"战时经济的领导人"，作为战后曾被划归有罪并被判刑入狱的一类人，却于1949年初成了他自己以前的一个曼内斯曼下属工厂的董事会主席，托管部门不顾劳资联合委员会的抗议，还让他负责清算旧曼内斯曼集团的工作。他立刻开始将旧的公司重新联合起来。到1960年前已经完成了曼内斯曼有限公司的"重建"。[88]当霍克海默与曼内斯曼签订合同的时候，在劳资联合委员会与曼内斯曼控股公司董事会之间正进行着一场法律争论：这个由多家被盟国拆分的小公司组成的控股公司是否受工人参与法的影响。工人参与法赋予工人代表和公司业主代表以平等的董事会代表权，这也意味着应有一名工人代表成为其中一位执行董事。

尽管研究所的同仁们在工业社会学方面没有丝毫的经验，但在这个极端时期的压力下，霍克海默还是接受了合同。然而他对这项研究很少过问。事实上，这次研究的顺利完成完全是个偶然。早期最富有牺牲精神的研究助手蒂德利希·奥斯默尔，因为要研究那些从问卷调查和组群讨论中搜集的超负荷的材料，以致劳累过度而病倒，就在此时，路德维希·冯·弗里德贝格出场了。1950年代初期，他曾在研究所接受过训练，随后作为伊丽莎白·诺尔－诺伊曼（Elizabeth Noelle-Neumann）的研究助手在阿伦施巴赫（Allensbach）的舆论研究所工作。他现在回到社会研究所是为了获取洛克菲勒津贴；只要他能在一个学术机构获得研究助手职位，就会提供给他这项资助。31岁的弗里德贝格曾经从事过问卷调查，甚至还从事过工业社会学的调查，因此，当霍克海默为他提供研究所经验研究部的管理职位时，他很快就接受了。他所做第一项工作，就是成功完成了这项曼内斯曼研究课题。

曼内斯曼公司执行董事会想要的是如下一些问题的答案："我们公司的职工都在想什么、他们想要什么、以及他们为什么会这样想而且为什么想要这些？"他们想知道与他们工作场所的社会气氛有关的资讯，想知道对创造这种气氛起决定性作用的因素都有哪些。依照赫尔曼·温克豪斯（Hermann Winkhaus）——1955年初是曼内斯曼有限公司执行董事会的成员——在一次公司研讨会上的演讲，真正对管理起关键作用的是与更深层的原因——根植于观念和情感深处——有关的资讯；后者隐藏在舆论形态背后，因为只有以此为基础，研究成果才能被有效地用于解决公司的问题。正是在这一点上，社会研究所因为具有调查经验，具有成熟的组群讨论的技巧，并且其规划目标能够穿透表面的舆论，所以就成为最有希望的选择。[89]

研究所起草了一份研究计划，这份计划只涉及雇员而不包括管理者，只涉及雇员们的主观意见和行为而不涉及客观情况，考察他们自身在工厂中的具体情况而不理会他们在工厂之外的各种社会关系。与先前那些研究一样，访谈和组群讨论的方法被结合在一起使用。

1954年7月，在曼内斯曼下属两所工厂开始进行初步的研究。在管理者和工人代表广泛讨论的基础上设计出调查表初稿，进行试验性的运用，同时用于试验的还有那些曾用于组群讨论的基本选项。基本选项的初稿遭到了霍克海默的反对，之后由阿多诺作了修改。当阿多诺将自己完成的第二稿送给霍克海默的时候，试图平息霍克海默的担忧：

> 在汤姆、迪克和哈里之间发生的这种讨论是完全正常的和常见的，他们在其中所持的立场也是如此；这里根本不存在由于提供了对雇主的苛刻评论而让我们受到指责的危险。此外，我们已经确保让这份报告清楚地透露出，这些陈述和立场是直接从汤姆、迪克、哈里已发表在公司小报上的那些文章中总结出来的。[90]

7月和8月，主体研究工作在曼内斯曼的5个主要工厂中进行，其中在 4 个工厂的研究是在工人参与主持之下进行的。单个的口头访谈平均要持续 50 分钟，并附有一张问卷调查表，来自法兰克福德国人口调查机构（Deutsches Institut für Volksumfragen）的 15 名有经验的采访者对 1176 名工人进行了访谈。

从公司的大约 35000 名员工中任意选择一部分人，在访谈前不久，482由他们的老板、领班或工人代表去告知他们每一个人，并把他们叫到访谈的房间，这种房间是在工厂里面单独分离出来的。另外，总共有 539 个参加者由社会研究所的助手引导，分为 55 个组进行讨论，这些讨论通常也是在工厂之内进行的。在预备性研究当中表明能有效地激发工人对工厂的满足感和不满的所有那些问题项，全部保留在主体研究所运用的新近修改的基础刺激当中。在被取消的问题项当中，有一段可以提供具体历史回顾的重要提问，这个问题是这样提出的："想想 1945 年，那时情况是怎样的呢？正是我们工人在重建一切。老板们束缚了他们的手脚。许多工人被抛入兵营或因为其他的种种原因被剥夺了权利。工人们依靠自身让世界继续。当工人拥有了发言权并能提出他们的建议的时候，证明我们能够参与管理——证明对经济是有益的。这就是我们现在为什么希望工人参与的原因。"

阿多诺在 8 月中旬写信给身在芝加哥的霍克海默，"曼内斯曼研究的相关调查工作已经完成，研究的进展很令人满意，许多讨论已经誊写好了，是非常有趣味的材料。我预料我们会对这项研究留下非常美好的印象。"[91]

1955 年 1 月，社会研究所给处在杜塞尔多夫（Düsseldorf）的曼内斯曼控股公司提供了一个报告草稿，随后在 6 月提供了长达 410 页的主体报告。几个月之后，研究成果大纲作为"法兰克福社会学文丛"第三卷出版，这个大纲由主体报告的各部分组成，包括"问题"和"工作场所气氛的要素"两篇，还有一篇"概要综述"。

问卷中直接问题的设计吸取了由工人们列举出来的他们认为具有普遍重要性的八个要点。对这些问题的回答当中，关于工资、工作稳定性和对于工作的认可等方面的内容显然处于领先的位置，而与直接管理自己的上司处好关系和工作安全等方面则紧随其后。

与之相比，由于调查者并不认为受询问者能够依据自己的见识去直接指明影响他们与工厂之间关系的决定性因素，因此将那些影响工人看待工厂的态度、影响工作场所交往气氛的特定因素所起的作用，放在了间接评价的位置。工人们对于具体细节问题——例如，就劳动场所的质量而言，"你有没有更想干的另一份工作？"——所做的肯定的或否定的回答，都呈现了工厂当中某个特定领域的状况；这类问题的回答被当作衡量对各个领域满意或不满意的尺度。5个细节问题被用来评估5个领域，"从以前的经验出发而做出的判断是其中最重要的"领域。运用这种程序可以断定，在对自己工作是否稳定的肯定或否定的判断与对工厂持肯定或否定态度这两项之间，存在着非常牢固的联系。由此得出的结论是，对自身工作是否有安全感是决定工人对工厂之态度的最重要因素。紧随其后的因素，是对直接管理自己的上司对自己的态度以及对劳动条件的满意或不满。与之相较，对于薪水和晋升机会的看法倒显得无关紧要了。

如果人们接受这种程序及其得出的成果——它们在很大程度上与其他的工业调查相符——就会导致一种自相矛盾的结论：即在回答那些对于雇员来说通常最重要、对于管理最抱怨的直接问题时，工资得放在第一位。但是，在关于影响工作场所气氛的最重要的间接评定因素时，工资只被排在第四位。对于工人的思想及其行为之间存在的矛盾，这项研究既没有提供也没有提出任何的解释，倒是其他的调查结果强调了这种矛盾的存在。

在这项研究中，有关个人与工厂的关系的补充信息包含着一些事实，例如，将近3/4的受访者认为他们自己非常了解厂里的事情。也有3/4的人认为直接管理他们的老板的做法是正确的；对于大部分受访者来说，更高一级的老板属于另一个不同的世界。研究所的助手们从组群讨论中得出结论，工人"并不抵制老板，但是他们抵制坏老板。因此，与此同时出现的批评提供了一个好老板的轮廓：他首先应该是公平的，他应该肯定好的工作，待人有礼貌，而且努力与工人维持一定程度的私人接触。[92] 在组群讨论过程当中，工人们再三表达出对仓促紧张、加班和星期天工作以及产品需求、目标及机械的至高无上性的不满，同时还渗入了另一种欲望的表达，希望把他们当人而不仅仅是当工人来看待。

虽然有（或因为有）这些即朴实又不切实际的愿望，而且有战后初期唤起的那些残存的希望，如劳资委员会和工人参与的观念，但是，这些受访者也没有获得自觉的主导性角色。劳资委员会在经济领域无能为力，一般只能产生有限的影响，另一方面又远离日常的工作环境；这意味着，尽管相当多的受访者认为它能充分体现自己的利益，但这种所谓的多在绝对意义上只能代表 1/3 的人，在数量上紧随这部分人的另外一部分人，却将工人代表或领班视为他们的最佳代表。

就工人参与这一点来说，这项研究显示出多数受访者既提不出明确的合法要求，也不知道如何实现这些要求。这些回答表达出参与的期待和希望，而且涉及与每位工人自身工作相关、或者至多与他们自己的工厂或公司相关的事情。只有 1/10 的受访者认为工人的参与同整体的经济或管理水平相关。当他们被直接问到雇员在哪些方面应该有发言权时，59% 的人提到了工资，36% 的人提到了社会问题，而 26% 的人提到了与工作本身相关的问题。分别只有 9%、5% 和 4% 的人提到了利润的分配、交易和投资问题。这个报告只做了慎重地陈述，但对如何分析和评估这种问询方法对调查结果所产生的影响，并没有给出任何的结论：

> 我们并不能得出一个结论：工人们认为离他们"更近"的领域更重要，他们就不准备参与离他们"更远"的领域。相反，这种讨论显示出，一旦那些训练有素的工人代表向工人们说明：正是那些上层机构具有发布指示的最高权威，而且，只有实现了在这些上层机构当中的平等参与才能实现最紧迫的要求，那么，工人们就会支持在离他们较远的领域争取平等参与权的要求。[93]

主体报告中更详尽的部分和一张单独的图表，显示出与出版的书稍微不同的描述。在 1176 个受访者当中，59 人是领薪金的办事人员，110 人是领班，他们一般比体力工人对公司抱有更肯定的态度，这就极大地夸大了"肯定"的结果——依据这个结果，有 3/4 的受访者对公司持肯定或非常肯定的态度。70% 的领薪职员（salaried employees），60% 的领班，但只有 45% 的工人认为他们的工作得到了足够多的报酬。

主体报告还提供了其他的细节。例如这样一个事实，在钢铁生产和加工厂工作的工人，到那里还不到 3 年时间，他们是从东德的省份被赶出来的，而且年龄在 20 到和 40 岁之间，他们对公司持非常保守的态度。这类信息对管理是有用的，但对于工人自己来说，即使他们知道这些信息，也绝不可能利用它们。

在对于组群讨论的分析上，报告主体部分也比概要部分要充分一些。虽然这一报告中既没有定量分析，也没有那种特别精深的定性分析，但是主体报告中的分析却使对受访者态度的描述更具深度。

各种因素可能会让曼内斯曼公司相信，或者促使他们相信，诸如更好的管理训练之类完全可以进一步改进业已良好的工作氛围、促进工业的平稳提高并增加生产力，后者反过来可以给职员增加工作的安全感。报告当中那些促使这种观念形成的因素，就是它所提供的有关工人态度的细节；它再三强调研究会受制于主观反应，而丝毫不会考虑客观的事实；整个结果及其包含的最为显著的特性在于：工人完全满足于现状；对工人委员会没有丝毫明显的兴趣，在许多人看来后者是非常遥远的事情；几乎一点也不关注在离他们较远的董事会和经理层当中是不是有工人的代表；在公司方面看来，工人的希望主要集中在那些明显与个人相关的事情上。

毫无疑问，曼内斯曼就是以这种方式看待此项研究的。曼内斯曼的行政主管赫尔曼·温克豪斯在前面提到的演讲中指出：

> 我们订立的合同，让曼内斯曼内外的人们对于其后的动机感到有些迷惑。这相当不公平！公司主管一直将关爱雇员当作公司

工作的组成部分,并将其与科技的、商业的竞争相提并论。它不是,而且依然不是一个带有空想色彩的社会理念问题,而是如何才能更好地实现公司作为社群中的经济和社会组织必须履行的所有职能的问题。这包括对公司职员应负的责任,关注他们如何成功地将自身整合到公司工作的结构当中,并以多样化的方式确保他们工作的安全。

在我们的工厂中,我们今天面对的是被战争及战后的经验和要求打上了独特印记的一代年轻人。我们面对的是东德的难民,他们通常不但丧失了自己的家园和财产,也失掉了自己选择的职业。从各个方面来看,我们面对的都是这样一群人,他们不再相信自己在社会中有确定的地位,因此他们期望他们的工厂不仅能给他们提供面包和工作,而且能够提供归属社会的道路……

任何时候都没有像现在这样依赖于工厂内部的社会稳定,依赖于职工对他们工作的喜爱并在公司感受到的归属感。讨论优良的领导问题以及对解决这一问题的原则进行有计划的研究,在今 486 天比在任何时候都显得更为紧迫。所有的这些考虑促使我们运用最现代的科学的舆论研究方法,对隶属于我们公司不同工厂的车间的工作气氛进行研究。我们的劳动大军要告诉我们他们自己对他们工作于其中的工厂的看法和期待。研究结果能够让我们发现该如何促进社会安定,如何在管理层和雇员之间创造更为密切的合作关系,如何为公司取得令人满意的成果,从而履行公司在社会当中承担的各种责任。

这种惯常的、严肃的、文雅的思维方式和说话方式,体现出高级管理人员和雇主代表的典型特征。这种利用研究的方式,正好与工会对一种研究——提供工人对于工人参与没有多大兴趣的证据——的抗议一样,被寄予了同等热烈的期望。研究所的领导试图通过一次小型的新闻宣传活动来让人们容易接受这类研究。霍克海默在 1955 年 2 月 19 日的《德意志报》(*Deutsche Zeitung*) 和《经济报》(*Deutsche Zeitung*) 上发表了一篇题为"大工厂中的人们：工业中的舆论研究"，瓦尔特·迪尔科斯在3月5日的《新鲁尔报》（*Neue Ruhrzeitung*）上发表了题为"工人想要什么？工资、稳定还是'良好的氛围'"的短文，两者采用了同样的论点。这是关系到科学和真理的一件事；基于科学性和精确性而得出的研究成果是为了每个人公平地拥有利益；工人们对参与切近自己的事务表现出比参与公司高层事务更大的兴趣，这一事实只能说明，对于大多数人来说，仁爱先自家中始，然后才推及别人；而人性化的工厂条件对于每位参与者都是有益的。

霍克海默在他长达四页的报纸文章中这么说道：

> 尽管有人会对这种研究方法的理论价值有所保留，但是，关于公司以至最小的工人团体的信息，在这个国家也必须受到与它们在其他国家——尤其是美国——同等程度的鼓励。激励公司业主为这种研究提供机会的动机并不重要：他可以认为人际因素会为人们所最渴望的生产力和利润率的增长创造条件或者认为人际因素限制了增长，或者他可以认为人际因素自身即是目的；他可以将这一问题看作是"领导"问题或"合作"的问题。工人们对于发展科学方法的兴趣与管理人员一样强烈。尽管工人们对此抱有一种可以理解的不信任态度，但他们也需要有关他们自身工作生活和如何改善影响工作生活的因素的清晰的信息。工厂与他们密切相关。在这里，与公司的组织形式结合，事情或多或少还有一些公正性。

487　诸如此类表达整个论文主旨的句子，说得非常明确。工人们被描述成能根据这种研究改良他们自身工作生活的人，似乎他们运用和奉行这种研究的机会略微类似于管理人员；似乎这种研究并不是很明确地关注和留意主观反应，也不注意揭示客观关系；似乎它提供的能够说明管理者（包括管理代表们）的意见和行为的证据，与说明工人们的意见和行为的证据是相符的；似乎它已经为工人们提供了一份适合的主体报告稿，而这实际上这只是给曼内斯曼公司的执行委员会提供的，最多也只是给极少数工会专家提供的；似乎那些迫切需要从历史的、政治和社会心理学的角度做出说明的数据未呈现出的解释（uninterpreted presentation），将会有助于工人的解放；似乎代表工人利益开展的研究，不可能以一种完全不同的方式——不同于为曼内斯曼董事会设计和实施的那种方式——来计划并付诸实施。霍克海默在他的文章中宣称，曼内斯曼研究已经填补了德国社会学版图中的一块空白，并且，工人总数（实际上不详）和"工人阶级的意识"由于在第一次世界大战前后发生了变化而第一次被人发现。当他说出这样的判断的时候，人们几乎会以为自己是在听一位企业家表达对于自己职员的准外在生活世界（semi-exotic world）的理解和关注。

阿多诺说曼内斯曼的研究将会留下一个真正美好的印象，此时他或许正在思考其中采用的一种方法——将访谈成果中的定量分析与组群讨论抄本中大量的定性分析相结合，即，将典型性与依据精神分析学所做的分析成功地结合起来，将定量评价与定性评价结合起来。这种结合在有关西德政治意识的组群研究中一直比较缺乏，但却一直是《权威主义人格》和弗洛姆领导的魏玛德国工人阶级研究的显著特性。

然而，从这种研究当中显现出的却是另外的东西：对于访谈的定量分析，是由对组群讨论材料所做的浮浅分析补充而成的。因此，"法兰克福社会学文丛"第三卷不同于社会研究所以前出版的所有研究：它是令人难忘的专业的、纯粹定量的问卷分析。这项成果呈现出的专业主义应归功于研究所的一位新同事路德维希·冯·弗里德贝格，他或许更适合霍克海默的要求，因为在霍克海默看来，他似乎是一位与批判理论没有丝毫联系的纯粹的经验主义者。

批判理论只在以"问题"为标题的导言部分有所体现，这显然打上了阿多诺的印记。这篇导言指出，还缺少对那些对车间气氛负有主要责任的人——工厂经理和分区的领导——和他们观点的分析。进一步讲：488 构成公司气氛的那些行为模式的性质，只有具体地联系起激发了这些行为反应的刺激的性质来看，才能得到理解。在下面的从句中隐藏着一个观点，隐约暗示了报告里所没有的那种社会历史维度：由有资格的人表述的、已经出现在与工人参与相关的话题当中的意见，以及冷漠的基本态度，两者"在没有出现基本民主条件"的许多方面都有了发展。[94] 在为已经接近完成的这项合同研究项目的因循守旧做特别辩护过程中，报告也指出，这种研究避开了提高生产力与公司内部关系人性化之间的关系问题，回避了工人们通常在多大程度上会关心改善他们车间气氛的问题，以及他们在多大程度上会意识到自己仅仅被作为提高生产力的工具而受操纵的问题，这些全是因为展现这些问题的方式会影响到有关车间气氛的研究结果。"社会学要尽可能地脱离幻想的束缚，它陈述的是事例（即使与人们希望听到的东西有矛盾），这样社会学越严格，就越能更好地实现人性的目标"，[95] 在这个阿多诺式口号的掩盖之下，实际上出现了一种混乱的观点，它更接近于薛尔斯基的观点及其社会学口号——社会学是"探寻事实"的，是对社会事实的所作的反意识形态的（anti-ideological）研究。这种观点是混乱而危险的，因为它无法确定提出根本性问题的权利，也不能为认识阐释所具有的更广泛的意义提供洞见，不能为那些既没有权力也没有特权的人提供理论。

几年之后，路德维希·冯·弗里德贝格在他 1963 年写成的大学授课资格论文——作为"法兰克福社会学文丛"第 13 卷出版——当中，专门强调有必要"依据有关工厂、工厂里工作条件和权力结构的各种主要的、客观的事实"来评估车间的工作气氛。他指出，必须将工作场所的气氛看作是冲突——产生于职工在交际中形成的种种主观期待与工厂主观性调节的客观情况之间的冲突——的产物，而不能只记录工作场所内部的各种气氛要素，而必须根据社会整体过程来解释这些要素。这种观点也有可能澄清在两个事实，即工人通常视高工资为最重要的目标与工人在工作场所直接接触到的情况，先在地构成了工人对待工厂的态度之间存在的矛盾。在曼内斯曼研究当中，就能观测到这一矛盾。"在这两个事实中，管理者和职工之间的利害冲突同时以一种掩盖这种冲突的方式显现出来。"[96] 在这两个事实当中，都存在对雇主和雇员利益间矛盾的某种歪曲。此次工作场所氛围研究把自己严格限制在雇员主观反应——必须承认这确是一个重要指标，但只是众多重要指标中的一项——上，并谨小慎微地对这些反应加以分析阐释，但事实上此次研究不管愿意还是不愿意都造成了对根本利益冲突的掩盖，而仅仅专注于根本利益冲突的那些症状。

尽管曼内斯曼研究并非为了给工人提供了解他们处境的认识而设计，但它也绝没有反映商业意识形态，例如在关注如何在工厂里制造团结和谐氛围的问题上就没有反映那种商业意识形态。社会学家支持商业意识形态——例如奥托·纽洛（Otto Neuloh）和他的同事的著作所表现的那样——而得出的成果也是显著的。纽洛属于阿多诺那一代的人，他从 1927 到 1945 年担任政府职业介绍所的学术顾问，1946 年是明斯特大学多特蒙德社会研究部的创立者之一，并从 1947 年以后担任该大学工业社会学系的学术主管和主任。在《支配德国劳资关系的工厂规章及其包括工人参与在内的表现形式》(1956) 和《新型工厂》(1960)[97] 这两本书当中，纽洛及其合作者把一项研究计划的成果发表了出来，这些成果正是以商业意识形态为基础的。拉尔夫·达伦道夫在自己关于工业和工厂社会学的专著中认为这项研究乃是"对工人参与，更一般地说，对现代（钢铁）产业工人态度的四个伟大分析"之一。纽洛和他的同事将工厂视作"欢宴（convivium）"，并将"生活过程"从"工作过程"当中分离开来。他们想让社会学家首先把工厂里的各种工作看作是人们的参与协作，这大致相当于美国社会学家埃尔顿·梅奥(Elton Mayo) 所发现的那种非正式团体所发挥的重要社会角色。梅奥一直在西部电气公司的霍索恩工厂（Western Electric Company's Hawthorne works）寻找提高工人生产力的方法，从那时起，他所说的"非正式团体"就成为工厂社会学家关注的焦点之一。

在这一时期进行的四个研究工业社会学的主要项目当中，还有另外一项研究。这就是由泰奥·皮尔克尔（Theo Pirker）、西格弗里德·布劳恩（Siegfried Braun）、布尔卡尔特·路茨（Burkart Lutz）和弗洛·汉摩尔拉特（Fro Hammelrath）组成的研究小组在 1952—1953 年为贸易联盟的经济科学研究所（Wirtschaftswissenschaftliche Institut）所进行的工厂问卷调查。他们的成果于 1955 年以《工人、管理和工人参与》[98]为标题出版。还有一项与曼内斯曼研究相当且在许多方面都很出众的研究，是由海因里希·波比茨 (Heinrich Popitz)、汉斯·保罗·巴尔特 (Hans Paul Bahrdt)、恩斯特·奥古斯特·尤勒斯 (Ernst August Jüres) 和汉诺·柯斯廷 (Hanno Kesting) 于 1953-1954 年开展的，他们研究的是社会和科技对于钢铁工业中的工业劳动的影响。他们的成果在 1957 年以《科技和工业劳动》及《社会中的工人形象》[99]两本书出版。四位作者都是纽洛创立的多特蒙德社会研究部的同事，像弗里德贝格一样属于更年轻一代的社会学家。这项研究是由波比茨领导的，他的哲学论文《异化的人：青年马克思的当代论题批判和历史哲学》[100]是德国战后第一波马克思阐释浪潮的组成部分，这一浪潮是由《1844 年经济学—哲学手稿》的重新发现所引发的。

490

他们的研究得到了洛克菲勒基金的资助，其中第二部分依据与鲁尔钢铁厂 600 名工人的访谈，探讨工人对于自己的工作、科技的进步、经济的和政治的问题、工人参与和社会整体等的印象。这种研究的独特性首先在于，与曼内斯曼研究中的那种情形相比，研究者们与他们的研究"对象"之间的关系要亲密许多。四位作者自身也是访谈组群成员，他们详细了解每一个车间，并在旅馆里花了九个月的时间了解参加这项研究的每个工作者。其他的六个访谈者，也很熟悉他们要面见的工人的工作车间。由讨论组成的访谈至少要持续两个小时，而且通常要更长一些。根据在车间、旅馆、私人家里和酒吧的众多交谈，组织起种种提问的模式。大部分访谈都是在车间进行的，而且通常都是在为此特意留出的房间中进行的。

诸如此类方法非常适合社会研究所的规划目标。曼内斯曼研究就在其"关于方法的评论"部分指出，通过与这些被访者进行直接接触，访谈者获得了一系列超出了答案本身的总体印象。在记录这些印象的同时，又要排除掉访谈者的主观因素是很难的。这种研究带有明显的阿多诺式理念，宣称"访谈者"完善的主观反应能力在此成为最适合于这种对象的"研究工具"，它的动力学和复杂性是无法估量的。[101]然而这种访谈——实际的田野调查——由 15 名来自德国舆论研究所的、富有经验的访谈者来进行的时候，就成了一场乏味的竞赛，他们只是在问卷结束部分增加了他们对于那些受访者所表现的合作程度的总体印象，如接触的品质、人的真诚性、他如何依恋工厂、他在多大的程度上参与工会的活动。从研究报告来看，不可能判断出这一结果在多大程度上得益于社会研究所"助手"们的"完善的主观反应能力"，尽管这些人被委托来进行组群讨论。此外曼内斯曼研究还决定部队组群讨论材料作任何定性分析。

《社会中的工人形象》的内容，也比曼内斯曼研究在语言的使用 491 上、在引用语的公布上以及在对有争议的讨论话题的详细表述方式等方面要自然得多。波比茨主持的研究对于资本与劳工之间斗争的话题给予了广泛的关注，后者显然已经被毫无理由地排除在社会研究所的关注之外。无论我们怎样只想把关注点集中在每个特殊工作场所的氛围上，那种氛围毕竟同时还代表着由每个工厂特殊境遇所决定的劳资利益矛盾冲突的特殊形式。然而，波比茨的研究所具有的自然性（naturalness）和公正性（impartiality），显然是研究者们确信自己毋庸置疑地持有社会主义的或类似左派的态度的结果。而在介绍曼内斯曼的文章和霍克海默的报纸文章当中，对劳资关系的谨慎涉及被搞成了一些更明晰的话题：只有顽固的教条主义才会否认"自此灾难时期始，也就是自四十年前开始，劳动大军的性质、地位以及在整体社会内部所起的作用已经发生了很大的变化"；毫无疑问，"劳工运动的许多旧观念"已经"被俄国专制主义降格为权力的工具，从而被剥夺了它们原有的意义"；但是"像我们所进行的这种经验研究决不妄想"去辨别"这是否已经影响到它们的真实内容，影响到这个概念本身"。[102] 相反，波比茨和他的同事在他们的成果陈述中公开拒绝社会主义的阶级理论，并乐意直言不讳地声明：

　　雇主不仅是工人参与问题的反对者，而且通常是工人的对手。大多数人都以为雇主和职员之间的关系是一种两极的关系，而不是一个无所不包的系统。面对这样一个敌手，人们可能会经过相互让步而达到妥协；很可能有人为了最终达成某种事情不得不使出自己浑身的力气。但是很多的工人甚至已经抛弃了这种期望。他们认为"高层"和"底层"之间的两极性是不能改变的。[103]

在波比茨的研究中，众多工人面对那些看来不可抗拒的对手而辞职，表现为一种松懈感和沮丧感。

在许多谚语——比如，"金钱让世界运转"——的表达方式背后，实际上有一种意识形态传统。财产、占据发号施令的地位以及知识，三者以相互决定和不能分离的方式呈现出来；在许多工人眼中，这些依然是资本主义权力的标志。人们在今天仍然可以感觉到好几代工人被反复灌输的一种观念，即对手的力量就在于这种暴力的三位一体当中，要想战胜这样的强敌必须付出巨大的努力。[104]

对于雇主来说，要直接熟悉并亲近工人不是变得更容易了，而是比以往更困难了。因此，一些旧规则就继续存留下来，雇主仍被描述为"资本家"。"出于教育目的，雇主被夸大描述并被塑造成警告性的对立形象，对当今持怀疑态度的工人还产生着恐吓效应，在这种事实当中存在着某种反讽"。[105]

曼内斯曼研究在（对待阶级理论方面）显得很奇特。在它的导论部分还为阶级理论的持续有效性留有可能，可到了本文当中所有阶级理论的残余形式或其他替代思想都不再被提起。与之相反，波比茨的研究无条件地拒绝阶级理论，这构成了一个基础，使得研究能够深入细致地考察工人们的思想和观点，考察这些思想和观点中的那些固定形式，进而考察这些形式属于何种社会"理论"。这项研究以从汇报——即由四名工人就他们工作所做的汇报——当中选取的四段长篇引文开始。这是活生生的记录。研究的结尾则是通过广泛的定性分析，按照在被访工人中形成的社会印象的不同类型，或者说按照具有不同社会印象的工人类型，分类引用了大量精炼的访谈实录。这是工人对自己生存状况——"condition ouvrière"——做出反应的各种方式的现象学，它完全建基于经验之上，给人以深刻的印象，并且在 1950 年代的西德确属独一无二。[106]

曼内斯曼研究随后引发的一个后果是，德国工业合理化委员会（Rationalisierungs-Kuratorium der Deutschen Wirtschaft）开始为社会研究所提供工业社会学助研基金。在此之前，它已经为勒内·柯尼希领导的科隆社会学研究所和管理研究所及赫尔穆特·薛尔斯基领导的汉堡大学社会学系提供了这种资助。这使阿多诺感到非常不安。他看到了即将成为效忠于"一种我们对之抱有相当保留态度的工业研究的"危险，可能导致"与薛尔斯基和柯尼希在他们那种水准上的竞争"。[107] 但是，研究所 1958 年发表的下一个计划书却骄傲地宣称——这显然是霍克海默的话，在曼内斯曼有限公司开展的有关工作场所气氛的研究，以及为了说明采矿业的波动及工人对于旧时代的看法而进行的两个进一步的研究计划，均"服务于德国工业和政府管理的实际目标。"该计划书还宣称社会研究所已成为第一所引入文凭资格考试的研究机构，这里的学生熟悉那些其他德国大学可能无法匹敌的社会研究方法。这份文本为霍克海默早先提出的跨学科研究项目和将社会当成一个整体的有关思想提供了一个实际的注解——这个提法在霍克海默在研究所重开典礼的演讲中已经出现过，此文继续写道：

> 拥有文凭资格的社会学家并不是目光短浅的专家，而是能够将专家扎实的知识与对当今社会问题和社会整体相互联系的洞见结合起来的人。他们将满足官方机构持续增多的需要，满足诸如董事会和工会等工业团体，以及诸如广播和新闻媒体等机构的需要。这种考试需要的高标准，旨在为选拔出真正有才能的学生提供可能。

我们可以对研究所的两种研究进行区分。一方面，有一些纯粹是合同项目，旨在确保资金的持续，如广播研究、对于工作场所气氛的研究以及其他为曼内斯曼进行的合同研究，包括对采煤业波动状况的研究。另一方面，又有一些与研究所自身的兴趣点相关的项目。在 1950 年代，这样的例子有对于西德政治意识的研究，对于大学和社会的研究，而且在某种程度上还包括对组群讨论程序的进一步考察。到 1960 年代，进一步的例子有，对与 F 量表（法西斯主义量表）相应的 A 量表，或权威主义量表的完善，以及对联邦共和国政治意识和政治教育所做的研究。为了扩展第二组的研究主题——它们也部分地得到了外界的资助，如德国科研协会（Deutsche Forschungsgemeinschaft）——阿多诺搞出了一个长期研究"德意志意识形态"的系列研究计划。(1964 年，这成为他的《本真性的行话》(*Jargon of Authenticity*) 一书的副标题，该书对严肃的德语表达进行了内容上的定性分析。[108]）但对于霍克海默来说，至少从开展曼内斯曼研究的时候起，这种区别显然变得越来越无关紧要。相反，他的目标是利用这个机构的显赫历史所留下的模糊图像建立起一个受人尊敬的研究机构，吸引那些有人道主义信念、在社会上有作为的社会学家们，使他们在工业和管理部门找工作时有一个美好的前景。

沿着这些方向来拓展研究对于霍克海默一定是一种安慰，他有一种与诸多有影响力的人物结成友善关系的强烈渴望。他已经申请了芝加哥大学的一个职位，因为他将此看作保留他的美国国籍的一种办法。在 1950 年代中期，他想尽一切办法让另外一条"个人法"得到通过，以便恢复他终究被剥夺了的美国国籍。他也希望拥有被允许在美国和德国可以终身生活的双重国籍的权利。在德国，他争取到了像黑森州总理格奥尔格—奥古斯特·齐恩以及联邦总统西奥多·豪斯等人，他们参与了他的活动。诸如此类的要求必然会减弱他在推进唯物主义和批判社会理论方面的努力。霍克海默仍然暧昧地生活着，而且他仍然蔑视他那个时代的社会，尽管比早年显得更加隐蔽。作为老师和演说者，作为煽动者和协调者，他首先做的就是宣扬自由主义—资产阶级的文化传统，无论这种传统的轨迹变得如何暗淡和虚弱，将它解救出来并传递给

494

这个被管控的世界都是非常重要的。[109]

阿多诺也没有认真对待他曾经计划的经验的、批判的社会研究。他在进入工作时带入了很猛的势头和关于批判的、经验的社会研究方式的思想，因此，自从对西德政治意识进行组群研究之后，他从未潜心于任何一种对于社会研究所的各种项目具有决定性意义的方法。他仅仅加工了研究报告并为它们写写导言或序言——他做这些事并不是为了读者，而只是因为《组群实验》和《企业内部氛围》在整整十年当中是研究所"法兰克福社会学文丛"系列的仅有出版物。一本在他死后出版的手稿，"社会研究中的协同工作"——注明是 1957 年，可以帮助我们对阿多诺有限地参与研究所工作的原因做出一些结论。他在参与方面的缺乏部分应归因于霍克海默所持的麻痹态度，直到 1960 年代他依然对研究所的事务具有最终的发言权，阿多诺自己无法摆脱霍克海默的束缚；另外也应归因于阿多诺本人的其他兴趣，后者根本归不到他的社会学工作之下。

"社会研究中的协同工作"是对阿多诺所宣称的那种对经验的社会研究进行的自我批评的激进化表述，在《组群实验》中他说自己将会对这种研究进行更具创造力的发展。他现在将批判和经验看成是对实践中无法协调的两种成分的划分。"任何从自身工作中懂得社会研究的实践一面的人，就必然会注意到，在被讨论到的研究领域，旧式单个学者进行研究的方式是不能替代协同工作的。'一个人的研究'总是可疑的，且大都是业余的。"[110] 举例来说，仅仅为了采集样品开展访谈，就不是单个人所能完成的。而且，任何人要想得到他或她的同等人的重视，任何人要想获得研究合同，都免不了要运用调控，这种调控只有通过协同工作才可能进行，协同工作通常被用来抵消那些以特定范畴对数据进行评价和分类时出现的主观歪曲。

495

但是，我们必须为这种"流水线式的"社会科学付出高昂的代价……这种消除的过程不但牺牲了个人的武断，而且牺牲了反省性个体提供的各种形式的客观洞见。这些洞见消失在抽象过程当中，后者引导几位个体去公式化地阐明一种清除他们的一切具体差异的共通意识。也许，社会研究者那些非常令人担忧的经验，以及最终导致近年的自我批评激增的东西，是这样一个事实，即，一项有广阔前景、包含了基本的相互关系观念且提出了敏锐问题的研究，在从草案到施行的进展过程当中，尤其是经历了预备测验的瓶颈筛选之后，它最好的东西都被剥夺掉了。这些充满坚实内容和活力的研究事业就这样失去了自身的力量，原因不是由参与研究的个体的任何过失、恶意或心胸狭隘所造成的，而是研究机制自身在运作中的客观限制所带来的后果。[111]

在协同工作中，每个人必须从别人停止的地方继续开展工作。如果每一位研究人员能够表明他或她自己的态度，客观的规则就一定会奏效。如果研究主管试图在最后补正对于他们在开始时引入的个人因素的研究，而这些人格因素在研究流程中已经沦为这种研究过程的体制化形式的牺牲品——阿多诺在这里显然指的是他自己作为研究结果的推荐者和研究程序导论的作者的经验，那么，他们就会发现，这种研究与数据的联系已经无可挽回地丧失了。他们的观念依然是含糊的，充其量只能寄望于被当成假设来接受，寄望于在今后那些通常从不会开展的调查中被检验。

经常有人议论说，缺乏能为研究写"应景文章"的人，但这不能被说成是因为文学才能的缺乏所致。这类报告的写作并不只是文学实践的事情，而需要对于这种研究的完整理解。相反，这种解释存在如下的难点：这种总结报告必须提供一种连贯的意义，但报告所完全依赖的这种方法的内在意义正好是对内在意义的否定，内在意义会被分解为纯粹的真实性。理论因此只是既定的应酬话，因为这种研究的内在倾向一点也没有把从事实中获取理论作为它的目标。[112]

从阿多诺对于他自己在经验的社会研究中的经历所持的看法当中，可以得出如下暗含的结论：在未来可以一个人独自做研究，但同时又免于让自己受到业余的或纯粹闲聊的指责——即继续从事理论工作。但又是哪一种理论呢？这种理论如何能防止自身堕落为单纯的思索呢？两年之后，阿多诺开始写作他的《否定的辩证法》，后者可以说已经替代了他打算与霍克海默继续合作《启蒙辩证法》的计划。在将近二十年——阿多诺在此期间一直不情愿被安排到经验的社会研究项目当中，以一种成长的、但绝不是无限的热情参与了这些研究——之后，他现在终于回到了他在普林斯顿广播项目从事研究工作时期的立场；重要的问题不可能完全根据经验来解决。

然而是不是一直没有伯克利那种项目？阿多诺已经达成了将心理分析理论与社会研究方法、弗洛伊德与定量分析相结合的目标，难道他还不为此感到骄傲吗？难道他与伯克利舆论研究小组的合作也只不过是"流水线的协作"吗？难道不是正如阿多诺所指出的，批判经验主义那些决定性的试验没有能够以"客观激励他们的事业"的名义而开展，没有能够出于一种对太过脱离一个"彼此之间相互联系的知识分子群体"的担忧而开展吗？阿多诺的批评提到了既定的研究制度，但没有提到可以创造批判的经验主义的社会研究形式的计划。他的批评使得自己更容易专注于哲学理论，但也使他之后一直能够坚持在批判社会学中开展现场调研的必要性，尽管他不能确切地说明这种研究包含什么意义。

马尔库塞的"启蒙辩证法"：《爱欲与文明》

当出版社或潜在的赞助者对研究所的出版计划还没有多少兴趣之时，或者还没有出现合适的译者之时；当研究所的主管已经向体制化的研究制度妥协之时；当他们仅为运转自己陷入其中的制度就耗尽了他们的大部分精力的时候，是不是他们依然至少尽可能地保全了知识共同体的遗产？而人际之间结成的这种共同体与一个可以激发他们动机的原因有关联，它被阿多诺看作是惟一可以替代"协同合作"和"单个人研究"的选择。纵然马尔库塞没有能回到法兰克福是因为阿多诺的妒忌，是因为霍克海默不情愿承担长期的财政承诺，是因为马尔库塞自己想获得经济保障这一正常的需求，除此之外，在批判理论的代表人物霍克海默、阿多诺与马尔库塞相对疏远的关系之间，是不是至少还存在某种一致性？马尔库塞的《爱欲与文明：对于弗洛伊德思想的哲学探讨》（曾用过的标题是"超越现实原则：精神分析的哲学"和"精神分析的哲学：走向没有压抑的文明"）在德国出版的经历，呈现出了一种不同的情景。

　　这本写弗洛伊德的书，源自马尔库塞于 1950－1951 年之间在华盛顿精神病学校所做的一系列演讲。1951 年 11 月马尔库塞写信给他于 8 月份在法兰克福新近拜访过的霍克海默："你问到过我关于弗洛伊德那本书的计划。因为我想冒险进入一个无论从个人方面还是从客观上看都非常危险的领域当中去试一试，我就决定先写下我首先想到的所有东西，然后再重写它。因此，除了我在法兰克福向你提到的想法而外，我还毫无计划。"[113] 霍克海默看到过初期阶段的手稿，而且马尔库塞一直告知他此书的进展情况。1954 年夏天的晚期，霍克海默去美国处理他的芝加哥教授职务的相关事宜的时候，碰到过马尔库塞。他在写给阿多诺的信中说，"顺便提一句，我觉得赫伯特（即马尔库塞）的著作相当不错。尽管我们对心理学方法没有太大的兴趣，但我们应该完全接受这本书当中的许多精彩论述。除了在学刊上发表一系列的摘要之外，再出版一个完整的译本肯定就可以作为最重要的著作列入计划中的'德译作品系列'。"[114] 几天之后，面对翻译丛书出版资金可预见的困难，他写道，"我的观点是，我们应该将赫伯特的书作为我们研究所的出版物而出版，无论是出英语版还是德语版。这并不妨碍将其中的一些内容先在学刊上发表。"[115] 霍克海默回到法兰克福之后，马尔库塞写信给他说，"如果这本书能作为研究所的著作并以德文面世，那就太好了，它属于研究所及其领导者。"[116]

在这套献给霍克海默 60 岁生日的《社会学》文丛当中，马尔库塞这本书的最后一章的节译被排在第二位，紧随阿多诺的文章之后。然而，甚至在这本书的英文版还未问世之前，出版德文版的计划就蒙上了阴影。阿多诺在 1955 年 8 月写信给霍克海默：

> 《异议》(*Dissent*) 当中有赫伯特所写的一篇批驳精神分析修正主义者的长文，基本上包含了我们对于此事的看法，虽然文中只字未提我们，我觉得这一点很奇怪。我坚决反对单方面的团结，说到他这本书，其中有一章就是由此文构成的。我强烈建议，我们对这本书绝对不要做任何事情！[117]

一年之后，将马尔库塞研究弗洛伊德的这本书的德文版作为研究所丛书出版的计划彻底化为泡影。阿多诺在 1957 年夏天写给马尔库塞的一封信中说：

498

> 说实在的，我对你研究弗洛伊德的英文版著作表现出来的某种直率和"直接"（就我们现在对和解 [mediation] 这一概念含糊不清的理解来说）有所担心，尽管它并没有影响你所持的基本立场。正是因为这一点我才希望你能写出德语版。这只是一个在语言的不同标准之间出现的差异问题。你只需要用德语阐明你的想法，留意令我不安的那类事情，而且以一种我们所有人都会完全支持你的方式去改变它们……就我这方面来说，根本不存在不愿意出版此书的问题。相反，我从一开始就认为，将此书作为我们丛书出版是再自然不过的事，而且我的看法到现在也没有一丁点的改变。[118]

但马尔库塞毕竟不是本雅明，也与本雅明的处境不同。也许为了满足阿多诺的要求而修改的版本在某些方面会取得一些改进——就像本雅明为了适应《社会研究学刊》的需要对他讨论波德莱尔的文章做过改动一样。但是，从马尔库塞的要求来看，这样做会有改进吗？马尔库塞研究弗洛伊德的这本书的德文版，被冠以《爱欲与文化》的标题，由出版人恩斯特·克莱特（Ernst Klett）于 1957 年出版。(在随后的版本中，标题被改为《本能结构和社会》[*Triebstruktur und Gesellschaft*]。) 马尔库塞与研究所主管之间的关系变得更加脆弱了。

现在看来，关于弗洛伊德的这本书可以被视为马尔库塞主要的理论著作。而且，与本章早先提到的 1955 年发表的文章相比，甚至与他在此前和此后几年发表的著作相比，此书都是最有资格被认为延续了批判理论的成果。在《理性和革命》(1941) 一书中，马尔库塞试图系统地将黑格尔从极端保守主义和法西斯主义手中夺回来，并试图证明马克思的社会理论继承了黑格尔哲学当中的批判倾向。他在 1946 年就提议在已经计划好的新学刊上出一期专刊，对战后德国的政治思想、经济思想和文化思想，以及各重要党派的纲领进行系统评价。1947 年，正是他，也只有他，为新学刊的定位草拟了一些相关的讨论话题。稍后，他在哥伦比亚大学俄国学会和哈佛大学俄国研究中心的伙伴们出版了他们的研究成果《苏联的马克思主义》(1958)，对以马克思的理论为准绳的苏联马克思主义意识形态进行了系统的批判。他试图在《单向度的人》(1964) 当中对发达工业社会的意识形态进行系统的批判。与之类似，他在《爱欲与文明》中运用了本能动力学，试图为批判理论提供同样的基础。

《爱欲与文明》就是马尔库塞的"启蒙辩证法"。霍克海默和阿多诺的书留有一个片断，仅仅宣称要为积极的启蒙概念铺设地基，而在马尔库塞这本书里，第二部分"超越现实原则"紧随第一部分"在现实原则的支配下"。马尔库塞试图驳倒弗洛伊德的那个广为接受的命题：没有对本能的放弃或抑制，没有对现实原则的承认，文明就是不可思议的。他用弗洛伊德自己理论当中的元心理学（metapsychological）因素，试图说明一种没有压抑的文化的确是可能的，而且这种文化是可以利用早先的压抑文化构成的客观条件的。他谴责新弗洛伊德主义者，尤其是弗洛姆通过将他们的关注点由潜意识转向意识、从生物学因素转向文

499

化因素，从而切断了本能动力学的社会根基。他们将社会看成一种制度性地确立起来并与个体对抗的文化环境，在他们的理论配置中没有超越统治制度的任何概念基础。相反，马尔库塞自己却宣称，得益于弗洛伊德的元心理学，他将本能层次观念确认为一种独立的批判标准，依靠它可以来评判社会并探讨如何塑造个人。

马尔库塞对"文明辩证法"所做的分析如下。我们以前的整个文化进程均受到如下事实的影响，即对于生活必需品的获得并不以尽最大可能来满足个体的需要为目标，而依据的是这样一种方式——"对短缺的逐步征服也不可避免地牵涉到统治利益，并深受这种统治利益所影响。"除了基本的压抑，除了"为使人类在文明中永久生存下去而对本能所作的必要'变更'"之外，[119] 还有一种"额外压抑"(surplus repression)。文化的进步都带有额外压抑的印记，而且实际上，由于对自然的控制范围不断增大，这种额外压抑也在相应增强，从而削弱了本能力量当中的性欲成分并增强了毁灭性的因素。

> 必须加强对攻击的防御；但为了使这种对日益扩大的攻击进行卓有成效的防御，就必须加强性本能，因为惟有强大的爱欲才能有效地"约束"破坏本能。但这恰恰是发达文明所无法做到的，因为文明的存在正是依赖于对爱欲的广泛的、强化的管制和控制。[120]

凭借这种诊断，马尔库塞认为，在快乐原则和现实原则之间、在性行为和文化之间具有不可避免的"生物学"冲突的思想，已经被下面这种思想所取代：

> 在病态文明中受到束缚、感到困乏的爱欲具有统一力量和满足力量。这种思想意味着自由的爱欲并不排斥文明的持久的社会关系，它所拒绝的只是在一个否定了快乐原则的原则所指导下的超压抑的 (supra-repressive) 社会关系组织。[121]

他这本书的第二部分，包括"空想和乌托邦"、替代普罗米修斯*的"俄耳甫斯**和那西索斯***的形象"以及"审美之维"和"由性转向爱欲"等章节。因而，马尔库塞在一个很小的范围内提供着一本类似于布洛赫《希望原则》的书。布洛赫此书第一卷由"小白日梦"、"期待意识"和"镜中理想"组成，已经于 1954 年出版；第二卷"更好世界之轮廓"出版于 1955 年，而第三卷"圆满时刻之种种构想"，则在 1959 出版。[122] 马尔库塞此书的最后一章"爱欲与死欲"，试图从对手那里抢来死亡的话题，甚至视死亡为可以改变的东西——而以往关于死亡的话题都教导人们，所有的愉悦都是短暂的，并且会在社会强迫人进入死亡之前就引导人去顺从死亡。哲学应该以"大拒绝"——马尔库塞从 A. N. 怀特海（A. N. Whitehead）那里借用了这个引人注目的套语，怀特海曾打算用它来界定艺术的主要特性——的姿态来回应死亡，并坚持人类全面实现自我的要求和本能。[123]

> 在真正的人类生存条件下，在十岁、三十岁、五十岁或七十岁时的病死与生命得到实现之后的"自然死亡"之间的差别，很可能是一种值得竭尽全部本能能量去争取的差别。对文明提出巨大控告的，不是那些死去的人，而是那些在他们必须死亡或愿意死亡之前就死去的人，那些痛苦地死去的人……人们会动用压抑性秩序的所有机构和价值标准来平复这种罪恶产生的内疚感。[124]

（马尔库塞在这里兜了一个圈子，回到了他为自己研究弗洛伊德的这本书确立起点时的境况。献辞页上写着："以此纪念索菲·马尔库塞(So-

---

* 普罗米修斯 (Prometheus)，古希腊神话人物，因从天上盗取火种给人类而触怒主神宙斯，被锁在高加索山崖受神鹰折磨，但他始终坚毅不屈。——中译者注

** 俄耳甫斯 (Orpheus)，古希腊神话人物，太阳神阿波罗之子，善弹竖琴，其琴声能感动草木、禽兽和顽石。——中译者注

*** 那西索斯 (Narcissus)，古希腊神话人物，是一位美少年，因自恋自己在水中的美影以致憔悴而死，化为水仙花。——中译者注

phie Marcuse），1901—1951。"马尔库塞在 1951 年已经开始本书的写作，正是在这一年，他的第一任妻子死于癌症，在此之前她与死亡有过一年半的面对面斗争。）

马尔库塞在他早期的文章中，曾以马克思主义的方式运用过海德格尔的存在主义本体论，并且谈到"全面革命"和"认识整个人类"的问题，又在《爱欲与文明》中起草了一份介绍弗洛伊德和马克思主义思想的文化—革命的绪论。此书的名称意味着诉诸爱欲（eros），以之作为反击不必要的压抑文明的手段，当作将文明从压抑中解放出来的从不会失去目标的担保。（马尔库塞通常在提及这一点的时候并不涉及任何的讨论，诸如，一旦额外压抑被废除，依据以前的文明成就，基本压抑的特征将会变成一种不再有任何压抑方式。他并未讨论这将意味着什么。）

> 现实原则必须在人的发展中不断地得到重建。这就表明它对快乐原则的征服一开始就是不完全、不稳固的……文明所欲控制和压抑的东西即快乐原则的要求，在文明本身中仍然继续存在。无意识中保存着受挫的快乐原则的追求目标……被压抑物的这种回归构成了文明的禁忌史和隐蔽史……而且过去仍然在对未来提出要求，因为它使人产生了以文明成就为基础重建天堂的愿望。[125]

马尔库塞论证说，持续不断的隐秘的快乐史所构成的连续性，每个人在孩童时期以及人类在其童年阶段拥有的早期的快乐记忆，不但保证了对于快乐的需要是不能被毁灭的，而且是一种对全部快乐的需要。

压抑过程是如何形成的；基本的压抑和额外的压抑之间的区别是否意味着没有额外压抑的文明化进程曾经有可能存在过；带有支配和额外压抑印记的各种文明成就，是否应该受到批判性考察和根本性的修正；那些被宣判应该去忍受隐秘的、禁忌的历史的东西，是不是不应该成为各种歪曲的牺牲品，而这些歪曲不可能在某一天像脱掉那讨厌的镣铐那样很容易地被扔掉——诸如此类的紧迫问题，有些根本不是由马尔库塞提出的，有些完全可由从弗洛伊德那里承继的系统发育学的 (phylogenetic) 思考来回答，有些可以用一些流行的口号来回答，比如需要"对巨大的工业设施进行合理的组织"，将性欲转变为爱欲，在条件可能的情况下用"'力比多'劳动"来替代"异化劳动"等等。[126]

马尔库塞的著作最终是否与霍克海默和阿多诺的研究所依赖的那些资源产生了冲突呢？阿多诺曾经在《新音乐哲学》中将"某人返回的姿态"看作是"所有音乐，甚至在一个该死的世界中的音乐的表达"。[127] 在《启蒙辩证法》中，霍克海默和阿多诺认为，精神把自己视为不顺从的天性 (unreconciled nature)，这正是从启蒙的辩证法中生发出来的方式。霍克海默在《理性之蚀》当中将旧的生活方式依然潜伏在现代文明的表面之下，看作是出于自身目的去热爱某种事物的力量之源。霍克海默和阿多诺为恩斯特·西美尔写了讣告，捍卫弗洛伊德的"生物学唯物主义"，阿多诺的"修正了的精神分析"一文也是如此。[128] 所有这些论述不是被马尔库塞都扼要地概括为他的立论前提，即本能结构，或者更确切地说，"好的"本能结构即爱欲自身当中就包含着一种理性吗？马尔库塞不正是由此坦率地断定了霍克海默和阿多诺自身的立论前提吗——尽管那只是他们两人间接地、羞怯地、格言式地陈述过的论点？他们的观点是，自然中积极的方面——从神话直到启蒙和理性时代——最终依赖于对公正、善良和真实产生的一种自发的、在那种程度上可以称之为天然的感觉。霍克海默和阿多诺反复强调只有自反性思考才可能表达被压抑的自然（天性）；对自然的支持只有一种可能方式，即解放表面上与它对立、独立于它的思想。那么，能不能把思想的贡献想像成是对自然中"好"的形式所给定的某些东西的另一种实现和表达？霍克海默和阿多诺以他们的谨慎，难道不只是在避免与他们所面临的两难处境的公开对峙吗？一方面，需要一种不受一种可能带有误导性的是非感 (senseof what was right and wrong) 所左右的标准，以便对自然的"善"和"恶"进行区分。另一方面，同样需要一种不受同样可能带有欺骗性的合理性形式所左右的标准，以便某些对启蒙辩证法、对根本压抑与额外压抑在文明之中的融合有着清晰洞察的人做出

502

合理的判断。霍克海默和阿多诺对涉及批判理论基础的那些问题慎之又慎，他们只把重点放在确定性否定的作用上，而且强调只在表达事实，因而他们强调的重点是唯物主义的社会理论并为此观点辩护。但如果围绕唯物主义的社会理论而展开的工作没有进展，批判理论的基础问题不就会不可避免地显现出来吗？马尔库塞的这本书，难道不值得从这一点得到讨论吗？

早就应该如此。霍克海默曾经抱怨 1930 年代的后五年缺乏理论的经济分析，尤其缺乏与辩证法项目相关的分析。至迟在 1954 年，当阿多诺重新启动他的旧计划——出版一本研究所讨论大众文化的论文集——之时，他在一封写给洛文塔尔的信中还抱怨道："这里肯定遗漏了一些最重要的东西，即，对于文化工业支柱所做的理论的经济分析。"[129] 正像对这种分析的需要一次又一次地被强调但在实际工作中被抑制一样，讨论批判理论基础的需要现在也突然变得紧迫起来——而且这种需要所受的抑制甚至比理论的经济分析所受的抑制还要强烈。

在阿多诺搬到美国西海岸之前的最后几个月当中，他同霍克海默503在他们的通信中已经就理论基础问题交换过看法，这些看法比他们通信或手稿中的其他任何章节都要坦率。他们当时的处境促使他们得这样做：他们马上就要一起合作动手完成他们的杰作了。在这种情况下，似乎再大的问题也可以在他们的协作过程中得到解决——只要根本没有什么问题不会在他们的协作过程中最终得到解决——如果存在解决可能的话。

阿多诺再次向持怀疑论的霍克海默鼓吹神学主题的至关重要性。关键就是要"静静思考奥秘"。他继续写道：

> 我有一种无力、非常无力的感觉：我们依旧可以静思奥秘，但是我现在确实还不能阐明可以进行静思的方式。神学正在收缩并且很快会消失这一假设是一个主题，而从最根本的一点来看，确信神学与否定的关系及其与肯定之间的关系二者之间没有差异，又是另外一个主题。(马尔库塞的书就是根据这种区别而写成的，它

只在这一点上对我有促进。）但我首先认为，我们经历的所有自认为真实的事情——不是盲目的、而是在观念上对我们有推动的事情——以及那些把自身作为真理标准（*index sui et falsi* *）而呈现给我们的东西，都只是把这种（宗教）灵光作为其他灵光的映象（reflection）来传送的。[130]

这里提到的马尔库塞的书是《理性和革命》，例如，这本书中有这样的陈述——马克思所用的"诸多范畴是否定性的，但同时也是肯定性的：它们依照肯定的解决办法而展现出事物否定的状态，将现存社会中的真实情形揭示为向一种新形式转变的前奏"。[131] 阿多诺的《伦理随想录》的最后一个格言是："面对绝望，惟一能够被可靠地实践的哲学，就是努力将所有事物都当成它们可以从救赎立场来呈现自身的东西来思考。知识并没有光芒，但光芒会通过救赎撒播到世界上……完善的否定性一旦被正视，就会描绘它的对立面的镜像。"[132] 这难道与马尔库塞正在写作的东西有什么不同吗？他们之间的差异，在各自接下来的句子中呈现了出来。在马尔库塞看来，构成新社会的基础是现存社会本身固有的，而且正准备把它转变成一个自由的社会。然而对于阿多诺来说，从救赎的观点出发把世界视为正被取代和被异化的世界，这种预见"弥赛亚之光"的洞察力，一方面看是最简单的和再明白不过的事情，但另一方面它又是绝对不可能有的事情。之所以会这样，在阿多诺看来，就是因为任何此类洞察都必须处于超越存在范围的某一点上，但同时每一种可能的洞察都会带有歪曲的印记，尽管它试图摆脱歪曲。马尔库塞认为，在否定的现象当中内在地具有肯定的本质，而且将具有肯定本质的隐秘历史视作历史中真实的、最终获胜的一面。与之相反，阿多诺并不认为这种隐秘历史可以提供任何保证。只在达到完善的否定性的时刻，否定和肯定双方，以及救赎的胜利之光才会立即抵消它们之间的区别，并在同一时刻展现它们自身。只有从救赎出现的时刻，并因此在反

---

* 拉丁语：自身和谬误的试金石，也就是指真理。——中译者注

思过去当中——就像生命在死亡时刻会闪现过去——才有可能正确地区分否定和肯定之间的区别。正是由于阿多诺坚持要对虚假状况进行内在批判这一难题（aporia），使得他陷入了一种附带括弧的神学。这种神学就像一张汇票，尽管人们都强调它本身的票面特征，但人们都期待把它兑换掉。

阿多诺在同一封信中告诉霍克海默，当他试图阐明自己对于这一问题的看法时，显得有些奇怪而天真，而且他只能支支吾吾地表达自己的观点。难怪他没有在他所写的书中探究这些问题——宁愿原则上用隐喻的方式暗示了批判理论的根本理由（ultimate justifications），因而只是在那些用听起来有些暂时和含糊的阐述中才探讨些问题。

曾对马克思主义进行过叔本华式理解的霍克海默，将他的观点建立在如下的假设之上，即，人类有一种对快乐的本能的需要，对其他有限存在怀有本能的同情心和团结心，而且，一旦人性摆脱了被操纵的命运和生存竞争，就会重现这些特质。这又涉及另一个假设，即，有一种理性源自人的天然品性。

在霍克海默和阿多诺于 1941 年 9 月的通信中，又出现了另一个主题。虽然他们俩都只是简要地提到了这一主题，但他们讨论这一问题的方式表明，经于尔根·哈贝马斯随后发展的这种观点——理性处于语言之中，而且批判理论应当在语言那里寻找它的最终基础——在当时还未完成，还没有被人领会。

霍克海默 1941 年在写作关于理性的那篇文章* 时，曾经询问过阿多诺对于"卡尔纳普那些人"关于理性和语言的同一性论题的看法。在霍克海默看来，理性和语言的同一性思想弥漫在整个资产阶级哲学史当中。17 世纪法国人根本不把理性称为 *raison*，而干脆就叫 *discours*。但卡尔纳普论题背后的意图，则主要是想全然否定客观真理的存在。

　　我问自己，我们是否非得从哲学家手中取出这个论题。语言在　505

---

* 即《理性与自我持存》。——中译者注

很大程度上独立于说话者的心理意图，它想获得以往只被归属于理性的那种普遍性。对这种普遍性的解释必定会得出关于合理(correct)社会的思想。因此，如果语言只服务于现状，它肯定会发现自己处在自相矛盾当中，这一点在它们自身的许多具体的语言结构当中是很明显的。我想听听你对这一想法的反应，尽管我在此只能相当形式化地、含糊地暗示这一问题。因为我所借助的这种方式并不能使我自己说服自己。在服务于占统治地位的实践与必然想获得那种恰当的一般性之间，总是存在着矛盾。不要以为我还没有获得许多可用于讨论这个问题的更具体事例，抛开这个论题的实证性不说，仅这个论题本身就非常吸引人。"语言批判"因而是一种主格批判（subjective genitive）。但是我对这条思路并不十分满意，即便从毛斯纳（Mauthner）到卡尔·克劳斯都是沿着这个思路下来的。

由于服务于现存的不公正，语言沦为两种矛盾的牺牲品。首先，职能化和图式化的过程，导致语言与其可以表达丰富意义的能力之间生了矛盾。

卡尔·克劳斯……总是试图在所有情况下将图式化宣布为一种错误，这就使图式化看上去无害了。但我们已经进入了这样一个阶段，在其中只与资产阶级理念对抗已经显得不够了。与语言批判相比，政治经济学批判已不再满足于单纯的对抗；它制造了一个反题（antithesis）。但是，由于同样的原因，甚至政治经济学批判也是成问题的。它也还是被隐秘地调向权力、秩序、计划和管理等概念——而这些概念在卡尔·克劳斯那里都是显而易见的。

还有第二种矛盾，在现实社会中，语言成了这种矛盾的牺牲品：

向某人言说，基本上意味着将他看作未来的自由人联合体的

　　　　　　　　　法兰克福学派：历史、理论及政治影响

可能成员。言语建立了共享真理的某种关系，因而言语也是对其他存在，其实就是对一切存在形式按其能力的内在肯定。言说否认任何可能性的时候，它必然会同自身产生矛盾。集中营守卫无论讲什么话，都是极端不合逻辑的；当然，除非这种言说是在谴责言说者所履行的职责。[133]

霍克海默本人立即考虑到反驳理由，即第二种情况中的一般性概 506 念至多只能与其他一些理念一样，被描述为资产阶级的一般性概念。有一个毫无疑问的事实，即这种一般性概念来源于康德，而且它不能提供任何指导。既而他困惑地补充说："也许是这样吧，那么看来剩下的事情全得依靠经验，而不是依赖于对经验的表达了。"如果那样的话，逻辑会真正成为纯粹形式的理性。他询问阿多诺对他第二种看法的意见，而阿多诺也给予坚决的肯定。

> 我完全同意至今尚存的所有语言都具有对抗本性的论题……如果说人类仍然尚未成熟 [mündig]，那么这种说法意味着，如其字面所说，人类还不具备言说能力。而克劳斯的幻想是人类失落了言说能力。你对于语言哲学看法的新变化与我们的心理学批判也具有非常密切的关系。在心理学中，行善的一般性这一乌托邦被丢弃了，因为无论如何这种行善的一般性都不能为逻辑所充分表述，而邪恶的一般性，即简单的共性却完全浮现了出来。我愿意热情地支持在语言哲学中出现的这种新倾向，当然，也包括它的辩证对立面。事实上，我对此深信不疑，以至于我几乎无法理解你的犹豫。这不应该被称为语言批判，而是某种类似于"语言与真理"或"理性与语言"的东西。

阿多诺就霍克海默和实证主义者之间的冲突给出了这条建议，随后又用自己的感受督促霍克海默，他说道：

我觉得，没有其他任何东西能比得上以一种特殊方式潜藏于直接言谈中的真理关系带给我的如此强烈的感受。对我来说，发现正在讲话的人可能是一个恶棍或者在撒谎，一直是非常困难的事，而且现在基本上还是如此。我对于真理寓于语言的感受非常强烈，以至于它征服了所有的心理学，并容易让我对言说者产生某种程度的轻信，后者与我的经验构成了显而易见的矛盾，通常只有当我看到有关人十写出火并明确地认识到他不能说话的时候才能克服这种矛盾。我对于说谎的几乎无法遏止的厌恶只与这种意识相关，而与任何的道德禁忌无涉……当你问到我对这个问题的看法时，我只能说，也许我心灵最深处的动力——深到我几乎无望地受它们的摆布——就建立在你所描述的层面上。[134]

尽管热情地确认了霍克海默的想法，但他们都没有写出任何文字反映这些思考。[135] 在《启蒙辩证法》和其他著作中，只出现过这样一些的想法：语言已经被剥夺了意义，人们今天不能真诚地讲话，所有的沟通都虚假的，只会将人与对象和其他人分离开来。尽管这个想法并非《启蒙辩证法》和阿多诺研究工作的核心思想，可它的目的也不是严格否定获得植根于语言之中的真理和理性的可能。真理和理性寓于语言，这并不是批判理论所吸取的核心观点。这番通信没有任何迹象可以为如下问题提供暗示性的回答：在他们一起写作关于辩证法的著作过程中，霍克海默和阿多诺是否一直反对（被视为主格批判的）"语言批判"的思想，如果他们反对，那又是为什么？他们或许一直反对"语言批判"，因为在语言基础上争取自由人的联合体、争取真理的这种论据在霍克海默看来太过唯心主义了。《启蒙辩证法》仅仅表明，阿多诺试图呈现某种隐藏着的神学的策略终于成功了，他处理如何为批判理论辩护问题时所采用的方法已经僵化成一个公式，在这个公式中，黑格尔的确定性否定概念与霍克海默对犹太一神教本质的论述（在《犹太人与欧洲》的结尾给予了特别强调的[136]）结合了起来。当霍克海默在《理性之蚀》和他的任职演讲中，以及随后对占支配地位的"主观理性"和

507

"客观理性"进行对比之时，他自己一点也没有明确坚持自己对客观理性的所有权，看来，他在回避这一问题。与此同时，他却利用机会对占主导地位的"主观理性"提出了坚决的批判。

马尔库塞通过《爱欲与文明》试图填补这个鸿沟。而阿多诺在没有使自己融入马尔库塞探讨问题时所持的立场的情况下就对此书做出的批评，等于是在劝告马尔库塞必须沿着与他阿多诺本人和霍克海默相同的道路继续走下去：继续把基础隐藏起来，不要把它作为坐实而确定的东西呈现为思想的中心焦点。

马尔库塞对阿多诺的批评感到莫名其妙。马尔库塞总是会捍卫亚里士多德式的热烈，后者是霍克海默和阿多诺以这种或那种尽可能委婉的方式克制地表达的想法。他总认为真理和正确的东西就有着基本的存在品质。情况一直如此。即使对相距遥远地生活着的理论家共同体来说，他们的相互保留也太深了，而且乐意讨论这些保留的愿望也太微弱了。

注释：

[1] 沃尔夫冈·阿本德洛特（Wolfgang Abendroth, 1906–1985）自 1951 年以来一直是马堡大学的政治学教授，他创立了社会科学中以马克思主义为基础的"马堡学派"，积极投身于 1960 年代的议会外反对运动（the Extra-parliamentary Opposition）和 1970 年代的和平运动。

[2] Horkheimer to Zinn, 8 March 1955.

[3] *Memorandum über das Institut für Sozialforschung an der Universtität Frankfurt/ M.* (November 1950)（Max Horkheimer Archive, IX 70）。草稿（致赞助者的信），1951 年 6 月（Max Horkheimer Archive IX, 75）。由这位研究所主管起草的几乎同样的文稿，也被从美因河畔法兰克福到镇议会的许多市政权威所引用，以此批准向社会研究所的拨款。

[5] 'Soziologie im Kampf gegen das Vorurteil. HICOG fördert Institut für Sozialfor- schung an Frankfurter Universität'. HICOG 是"美国驻德高级特派员办事处（the Of- fice of the US High Commissioner for Germany）"的首字母缩写。

[6] *Gruppenexperiment. Ein Studienbericht*, ed. Friedrich Pollock (Frankfurt am Main, 1955).

[7] Theodor W. Adorno, 'Entwurf für Osmer', 没有日期。

[8] Notgemeinschaft für den Frieden Europas.

[9] *Autorität und Vorurteil*, 2 vols.

[10] 'Politische Betätigung von Angehörigen des äffentlichen Dienstes gegen die demokratische Grundordnung'.

[11] Kulturbund zur demokratischen Erneuerung Deutschlands.

[12] Vereinigung der Verfolgten des Nazi-Regimes.

[13] 东德共产主义青年团 (The East German Communist youth organization)。

[14] Marcuse to Horkheimer, New York, 18 October 1951.

[15] Institut für Sozialforschung an der J. W. Goethe-Universität Frankfurt am Main, *Ein Bericht über die Feier seiner Wiedereröffnung, seine Geschichte und seine Arbeiten* (Frankfurt am Main, 1952) (Max Horkheimer Archive), p. 12.

[16] 这里和随后的信息主要依据 M. Rainer Lepsius 的报告, 'Die Entwicklung der Soziologie nach clem Zweiten Weltkrieg' (The Development of Sociology after the Second World War'), *Kölner Zeitschrift für Soziologie und Sozialpsychologie*, special issue, 21: *Deutsche Soziologie nach 1945: Entwicklungstendenzen und Praxisbezug*, ed. Gtünther Lüschen, pp. 25−70.

[17] 赫尔曼·赫勒 (Hermann Heller, 1891−1933), 1928−1932 年任柏林大学、1932−1933 年任法兰克福大学社会学和宪法学教授。流亡中死于马德里。参见前面第三章第 211 条注释。

[18] 'Zur gegenwärtigen Stellung der empirischen Sozialforschung in Deutschland'.

[19] Frankfurter Institut zur Förderung öffentlicher Angelegenheiten.

[20] Darmstädter Institut für Sozialwissenschaftlicher Forschung.

[21] 'Die gegenwärtige Situation der Soziologie'

[22] Theodor W. Adorno, J. Dccamps, L. Herberger, H. Maus, S. Osmer, I. Rauter and H. Sittenfeld, 'Sozialforschung, empirische', in *Händwörterbuch der Sozialwissenschaften*, ed. Erwin von Beckerath et al., vol. 9 (Stuttgart, 1956), pp. 419−35.

[23] Theodor W. Adorno, *Gesammelte Schriften*, vol. 8 (Frankfurt am Main, 1972), pp. 481−2.

[24] Ibid., p. 482.

[25] *Nebenerwerbslandwirt und seine Familie im Schnittpunkt ländlicher und städtischer Lebensform*.

[26] Adorno, *Gesammelte Schriften*, vol. 8, p. 482.

[27] Institut zur Förderung öffentlicher Angelegenheiten, *Empirische Sozialforschung. Meinungs-und Marktforschung. Methoden und Probleme* (Frankfurt am Main, 1952), p. 227.

[28] Ibid., p. 83.

[29] Adorno, *Gesammelte Schriften*, vol. 8, p. 479.

[30] Ibid., pp. 492−3.

[31] Adorno to Horkheimer, Paris, 20 October 1952.

[32] Adorno to Horkheimer, Los Angeles, 12 November 1952.

[33] 施拉格鲍姆 (Schlagbaum) 是法兰克福大学附近的一处酒吧。阿多诺此处指的是社会学家大卫·里斯曼, 即《孤独的人群》(*The Lonely Crowd*) 的作者; 参考上面第五章 "偏见研究" 部分。

[34] Adorno to Horkheimer, 12 March 1953.

[35] Theodor W. Adorno, *Minima Moralia: Reflections from Damaged Life*, trans. E. F. N. Jephcott (London, 1974), pp. 238−44.

[36] *Jahrbuch für Amerikastudien*, 2 (1957), pp. 19−88; repr. in *Telos*, 19 (Spring 1974), pp. 13−90. 德语减缩版的标题是 "Aberglaube aus zweiter Hand", 发表在 1959 的《精神》(*Psyche*) 杂志, 1962 年收入 Adorno and Horkheimer, *Sociologica II. Reden und Vortra; ge von Max Horkheimer und Theodor W. Adorno* (Frankfurt am Main, 1962).

[37] In Adorno and Horkheimer, *Sociologia* II, p. 150 [cf. *Jahrbuch für Amerikastudien*, 2 (1957), p. 36] and p. 163.

[38] Helmuth Plessner, *Die Stufen des Organischen und der Mensch. Einleitung in die philosophische Anthropologie* (Berlin, 1928).

[39] Horkheimer to Adorno, 17 April 1953.

[40] Adorno to Horkheimer, 25 April and 3 June 1953.

[41] Horkheimer to Adorno, 19 January 1953.

[42] Adorno to Horkheimer, 24 January 1953.

[43] Horkheimer to Adorno, 13 March 1953.

[44] Alexander Mitscherlich and Fred Mielke (eds), *Wissenschaft ohne Menschlichkeit. Medizinische und eugenische Irrwege unter Diktatur, Bürokratie und Krieg* (Hei-

delberg, 1949）.

[45] Horkheimer to Adorno 16 February 1953.

[46] Horkheimer to Adorno 16 February 1953.

[47] Horkheimer to Marcuse 17 March 1950.

[48] Marcuse to Horkheimer. Washington, DC, 4 June 1950.

[49] Horkheimer to Marcuse 3 July 1950.

[50] Horkheimer to Marcuse. 26 March 1951.

[51] Marcuse to Horkheimer. New York, 18 October 1951

[52] Marcuse to Horkheimer 9 February 1953.

[53] Horkheimer to Marcuse, 28 April 1953.

[54] Adorno to Horkheimer, 10 May 1953.

[55] 参看以上第五章注释第 78 条所在页的内容。

[56] Adorno to Horkheimer, 24 June 1953.

[57] Marcuse to Horkheimer, 3 June 1954.

[58] Ludwig Erhard, *Wohlstand für Alle*, ed. Wolfram Lange (Düsseldorf, 1957）; trans. Edith T. Roberts and John B. Wood under the title *Prosperity through Competition* (London, 1958）.

[59] Dean Patzer to the Hessian Minister, Frankfurt am Main, 1 August 1953.

[60] 库尔特·舒马赫 (Kurt Schumacher, 1895－1952），1930－1933 年是国民议会成员，1933－1945 年被关押于各个集中营，1946－1952 年任德国社会民主党主席；卡洛·施密德 (Carlo Schmid, 1896－1972），社民党政治家，1949－1972 年是国民议会成员，1949－1966 年、1969－1972 年任联邦议会副主席；西奥多·豪斯 (Theodor Heuss, 1884－1963），作家和政治家，1930－1933 年国民议会成员，是 1946 年德国自由民主党的创建者之一，1949－1959 年任联邦德国首任总统。这三位均对联邦德国宪法的制定作出了重大贡献。

[61] Cf. Do; rte von Westernhagen, 'Wiedergutmachung?', *Die Zeit*, 5 October 1984, p. 34.

[62] Jean-Paul Sartre, *Anti-Semite and Jew*, trans. George J. Becket (New York, 1965）, p. 80.

[63] *Gruppenexperiment. Ein Studienbericht*, ed. Pollock.

[64] *Betriebsklima. Eine industrieSoziologische Untersuchung aus dem Ruhrgebiet* (Frankfurt am Main, 1955）.

[65] Theodor W. Adorno, *Prismen. Kulturkritik und Gesellschaft* (Berlin, 1955）;

Prisms, trans. Samuel and Shierry Weber (Cambridge, Mass. , 1981) .

[66] Herbert Marcuse, *Eros and Civilization*: *A Philosophical Enquiry into Freud* (Boston, 1955)

[67] Walter Benjamin, *Schriften* (Frankfurt am Main, 1955) .

[68] *Sociologica I*. *Aufstäze*, *Max Horkheimer zum sechzigsten Geburtstag gewidmet* (Frankfurt am Main, 1955) .

[69] Friedrich Pollock, *Automation*. *Materialien zur Beurteilung der ökonomischen und Sozialen Folgen* (Frankfurt am Main, 1956) .

[70] Max Horkheimer, 'Vernunft und Selbsterhaltung', in Max Horkheimer and Theodor W. Adorno (eds), *Walter Benjamin zum Gedähtnis*, mimeograph (New York, 1942); 'The End of Reason', SPSS, 9 (1941), pp. 366−88, repr. in Andrew Arato and Eike Gebhardt (eds), *The Essential Frankfurt School Reader* (Oxford, 1978), pp. 26−48.

[71] Cited in Jürgen Habermas, *Philosophical-Political Profiles* (London, 1983), p. 41.

[72] Cf. 'Flaschenpost? Horkheimer, Adorno, Marcuse und Nachkriegsdeutschland', in *Pflasterstrand*, 17 May 1985.

[73] Horkheimer to Adorno, 14 August 1954.

[74] Adorno to Horkheimer, 17 August 1954.

[75] Horkheimer to Adorno, 22 January 1957.

[76] Adorno to Horkheimer, 17 August 1954.

[77] *Gruppenexperiment*, ed. Pollock, p. 275.

[78] *Gruppenexperiment*, ed. Pollock, p. 275.

[79] Ibid. , pp. 30−1.

[80] *Gruppenexperiment*, ed. Pollock, p. 281.

[81] Ibid. , p. 310.

[82] Theodor W. Adorno, 'Was bedeutet: Aufarbeitung der Vergangenheit?' . in *Gesammelte Schriften*, vol. 10, part 2 (Frankfurt am Main, 1977), pp. 555−72.

[83] *Gruppenexperiment*, ed. Pollock, pp. 339−40.

[84] *Kölner Zeitschrift für Soziologie und Sozialpsychologie*, 1 (1957), pp. 101−2.

[85] Adorno, *Gesammelte Schriften*, vol. 9/2 (Frankfurt am Main, 1975), p. 393.

[86] Ibid. , pp. 392−3.

[87] [William G. Sumner, *Folkways*: *A Study of the Sociological Importance of Usa-*

ges, *Manners*, *Customs*, *Mores*, *and Morals* (Boston, 1907); Thorstein B. Veblen, *The Theory of the Leisure Class: An Economic Study in the Evolution of Institutions* (New York, 1899); Robert Lynd and Helen M. Lynd, *Middletown: A Study in Contemporary American Culture* (New York, 1929); Robert Lynd and Helen M. Lynd, *Middletown in Transition: A Study in Cultural Conflict* (New York, 1937); Theodor W. Adorno, Else Frenkel Brunswik, Daniel J. Levinson and R. Nevitt Sanford, *The Authoritarian Personality* (New York, 1950); and Robert K. Merton, *Social Theory and Social Structure: Toward the Codification of Theory and Research* (Glencoe, Ill., 1951).

[88] cf. Eberhard Schmidt, *Die verhinderte Neuordnung 1945–1952*, 8th edn (Frankfurt am Main, 1981).

[89] Cf. Hermann Winkhaus, 'Betriebsklima und Mitbestimmung', *Arbeit und Sozialpolitik*, 9 (April 1955).

[90] Adorno to Horkheimer, 30 June 1954.

[91] Adorno to Horkheimer, Frankfurt am Main, 17 August 1954.

[92] *Betriebsklima*, p. 48.

[93] Ibid., p. 69.

[94] Ibid., p. 16.

[95] Ibid., pp. 13–14.

[96] Ludwig von Friedeburg, *Soziologie des Betriebsklimas. Studien zur Deutung empirischer Untersuchungen in industriellen Grossbetrieben* (Frankfurt am Main, 1963), pp. 18, 51.

[97] Otto Neuloh, *Die deutsche Betriebsverfassung und ihre Sozialformen bis zur Mitbestimmung* (Tübingen, 1956) and *Der neue Betriebsstil. Untersuchungen über Wirklichkeit und Wirkungen der Mitbestimmung* (Tübingen, 1960).

[98] Theo Pirker et al., *Arbeiter, Management, Mitbestimmung. Eine industrie Sozialogische Untersuchung der Struktur, der Organisation und des Verhaltens der Arbeiterbelegschaften in Werken der deutschen Eisen. Und Stahlindustrie, für die das Mitbestimmungsgesetz gilt* (Stuttgart, 1955).

[99] Heinrich Popitz et al., *Technik und Industriearbeit. Sozialogische Untersuchungen in der Hüttenindustrie* (Tübingen, 1957) and *Das Gesellschaftsbild des Arbeiters. Sozialogische Untersuchungen in der Hüttenindustrie* (Tübingen, 1957).

[100] *Der entfremdete Mensch. Zeitkritik und Geschichtsphilosophie des jungen Marx.*

[101] *Betriebsklima*, p. 103.

[102] *Betriebsklima*, pp. 15−16.

[103] Popitz et al., *Das Gesellschaftsbild des Arbeiters*, p. 153.

[104] Ibid., p. 154.

[105] Ibid., p. 156.

[106] Cf. Oskar Negt, *Sozialogische Phantasie und exemplarisches Lernen. Zur Theorie der Arbeiterbildung* (Frankfurt am Main, 1968; expanded edn 1971), p. 45.

[107] Adorno to Horkheimer, 3 September 1955.

[108] 本书的副标题"德意志意识形态"让人想起马克思的《德意志意识形态》,最后在英文译本中被去掉了。The *Jargon of Authenticity*, trans. Knut Tarnowski and Frederic Will (London, 1973).

[109] On this point, and on Horkheimer in general in the post-war period, see Gunzelin Schmid Noerr, 'Kritische Theorie in der Nachkriegsgesellschaft', in Max Horkheimer, *Gesammelte Schriften*, vol. 8 (Frankfurt am Main, 1985), p. 457.

[110] Theodor W. Adorno, 'Teamwork in der Sozialforschung', in Adorno, *Gesammelte Schriften*, vol. 8, pp. 494−5.

[111] Ibid., pp. 496−7.

[112] Ibid., pp. 409−10.

[113] Marcuse to Horkheimer, 26 November 1951.

[114] Horkheimer to Adorno, 1 September 1954.

[115] Horkheimer to Adorno, 10 September 1954.

[116] Marcuse to Horkheimer, 11 December 1954.

[117] Adorno to Horkheimer, Frankfurt am Main, 30 August 1955.

[118] Adorno to Marcuse, 16 July 1957.

[119] Marcuse, *Eros and Civilization*, pp. 36, 35. 中译本参看马尔库塞:《爱欲与文明》,黄勇、薛民译,上海译文出版社 1987 年版,第 21、22 页。

[120] Ibid., pp. 80−1. 中文版参见第 56 页。

[121] Ibid., p. 43. 中文版参见第 27 页,此处译文有改动。

[122] Ernst Bloch, *The Principle of Hope*, trans. Neville Plaice, Stephen Plaice and Paul Knight (Oxford, 1986), 3 vols.

[123] Marcuse, *Eros and Civilization*, p. 166. 中文版参见第 98−100 页,此处译文有改动。

[124] Ibid., pp. 235−6. 中文版参见第 174 页,此处译文有改动。

[125] Ibid., pp. 15—16, 18.中文版参见第 6—8 页。

[126] Ibid., pp. 216—17, 220. 中文版参见第 159—160 页。

[127] Theodor W. Adorno, *Philosophie der neuen Musik* (Frankfurt am Main, 1974), p. 122; cf. *Philosophy of Modern Music*, trans. Anne G. Mitchell and Wesley V. Bloomster (New York, 1973), p. 129.

[128] Theodor W. Adorno, 'Die revidierte Psychoanalyse', *Gesammelte Schriften*, vol. 8.

[129] Adorno to Lowenthal, 8 December 1954; in Leo Lowenthal, *Schriften*, ed. Helmut Dubiel, vol. 4: *Judaica*, *Vorträge*, *Briefe* (Frankfurt am Main, 1984), p. 178.

[130] Adorno to Horkheimer, 4 September 1941.

[131] Herbert Marcuse, *Reason and Revolution: Hegel and the Rise of Social Theory* (Boston, 1960), p. 295.

[132] Adorno, *Minima Moralia*, trans. E. F. N. Jephcott, p. 247.

[133] Horkheimer to Adorno, 14 September 1941.

[134] Adorno to Horkheimer, 23 September 1941.

[135] On this topic, cf. Gunzelin Schmid Noerr, 'Wahrheit, Macht und Sprache', in Alfred Schmidt and Norbert Altwicker (eds), *Max Horkheimer heute: Werk und Wirkung* (Frankfurt am Main, 1986), pp. 349—70.

[136] Max Horkheimer, 'Die Juden und Europa', *ZfS*, 8 (1939), pp. 115—37.

第七章　处于争论中的批判理论

作为独立的跨学科研究者—走向偶然音乐*，以及其他领域中的相应方法

　　阿多诺通过他的《新音乐哲学》，建立了一种指向历史哲学的音乐美学传统。他在联邦德国的第一个十年期间出版的大部分书，讨论的都是音乐：《新音乐哲学》(1949)、《寻找瓦格纳》(1952)、《不谐和音》(1956) 和《音质形象》(1959)。[1]《现代音乐哲学》和《不谐和音》于1958 年出了第二版。1952 年于达姆施塔特首次提交的演讲"论音乐教育"，打击了"青年音乐"的支持者们，后者早在 1950 年代就在呼唤一种复活的"新的民族共同体"(Volksgemeinschaft)。[2] 作为勋柏格派一名经验丰富的捍卫者和超一流的鉴赏家，阿多诺是在达姆施塔特举办的讨论新音乐 [3] 的国际假期课程的重要参与者，他在那里遇到了先锋派。他将达姆施塔特共同体研究从失败中救了回来，直至 1950 年代在社会研究所参与经验研究，而且通过他的众多演讲和文章使批判社会研究的思想保持了活力。他的广播谈话"诗和社会"，1951 年在柏林由RIAS（在美洲区）播出，在联邦德国开创了一种依据批判理论来阐释文学作品的新方法，而当时在德国占支配地位的还是以内在论和存在

---

* "偶然音乐"：法语 musique informelle。——中译者注

论为依据的阐释。在《伦理随想录》中，他树立了"非纯粹的"、格言式的哲学的典范，那在 1950 年代是独一无二的。与此相应，他在 1956 年出版了他在英国时就开始的对于胡塞尔的研究成果：《反对认识论：元批判——胡塞尔和现象学矛盾研究》(*Against Epistemology：A Metacritique-Studies in Husserl and the Phenomenological Antinomies*)[4]，这是一本符合严格学术规范的著作。通过 1955 年出版的《棱镜：社会和文化批判》，[5] 他更提供了能最清晰地表现他的思想的多样性和个性的证据——这使他必须冒在他那些从事哲学和社会学研究的同事当中失掉名誉的危险，如同齐奥尔格·西美尔在他那个时代所处的境遇一样。阿多诺的音乐作品——大部分写于 1945 年之前，而且大都由带有钢琴伴奏的联篇歌曲所组成，从 1950 年代起被越来越频繁地演奏。他只发表了少数论文学的文章，而且只在一些无名的杂志或以笔名发表。他所写的大多数东西都是随笔和演讲，发表在面向普通公众的期刊——如《法兰克福杂志》、《新评论》或《墨丘利》——和普及性著作当中，而不是专业的著作和期刊当中。他发表的大部分文章都是为广播谈话而写的。

　　宽泛地说，这应该是阿多诺给了了解他在 1950 年代整个行为光谱的那些人留下的印象。但是谁也没有看到这一点。人们只注意到了其中的某些方面，尽管在阿登纳任总理的那段令人窒息的时期，这些方面提供了持久的希望之光。生于 1922 年的彼得·布鲁克纳 (Peter Brückner)，是一位稍后在学生运动方面成为重要人物的左翼知识分子。他描述了自己对于 1950 年代的记忆：

　　　　在我的大学时代快要结束之时，我发现了阿多诺和霍克海默所写的一些东西，我也记不清是在什么地方或以什么方式发现的；但我还是记住了"米彻尔利希"(Mitscherlich) 这个名字。直至 1950 年代中期以前，我很长一段时间几乎放不下阿多诺的《伦理随想录》，以及他随后所写的关于音乐社会学的文章——"法兰克福学派"成为我整个教育过程中的**特有**经历。但是，就像我对精神分析的兴趣一样，这是一件多多少少带有私人色彩的事情。[6]

奥斯卡·耐格特（Oskar Negt）生于 1934 年，后来师从阿多诺，获博士学位，并且促进了继续开展法兰克福学派的研究，他非常不愿意学习法律，于 1955—1956 年冬天从哥廷根来到法兰克福学习哲学。他满怀着好奇心地去听阿多诺的演讲。"他在古老而破旧的生物学演讲厅谈论美学。这些东西听起来全部都很陌生，像炼金术般的未知，它激起了我的抗拒，因为将一片抽象的沙漠更换为另一片抽象化的沙漠正好不是我所期望的东西。"多亏有霍克海默，才让耐格特不至于再次卷铺盖离开法兰克福去往慕尼黑，耐格特觉得那里提供的哲学似乎涵盖面更广，思想更开明：

> ［霍克海默］所做演讲对他的听众具有很强的吸引力，能马上激发起他们的信心，从一种观念的最细微的思路着手，扭转并转换它，使其成为可理解的思想。在哲学理论领域，霍克海默也同样是一个创业者，他谨慎地组织材料，而且正好知道如何使用同情心和魅力去吸引人们的兴趣。他这些方面的天赋具有相当的优势。另一方面，阿多诺却把人都吓跑了；他拒绝将他的听众看作一种媒介，而且，尽管对客体的坚持和调解是他的辩证思想的核心话题，但是他拒绝为教学目标建立桥梁，拒绝当一名集市上的哲学家……霍克海默是创业者，布洛赫是政治预言者和讲故事的人；阿多诺是一个值得尊敬的钟表匠。[7]

而出生于 1929 年的于尔根·哈贝马斯，则是带着博士论文并以一个哲学家的身份从波恩来到法兰克福的。他熟悉当代的哲学情境，但他后来回忆说那时他根本不可能对那种连贯的信条即"批判理论"有任何了解。"阿多诺写一些文化批评的文章，发表一些对黑格尔的讨论。他表现出了某种马克思主义的背景——就这些。"但后来，"当我第一次见到阿多诺，看到他是那样激动地突然开始谈商品拜物教，看到他是怎样将概念运用于文化现象和日常生活现象的时候，我立即被震撼了。随后我想：试着去做吧，就仿佛（阿多诺以同样正统的方式在谈论的）马克思和弗洛伊德都是同代人。"[8]《时代》(Die Zeit) 周刊——这份刊物那时候在政治上属右翼，已经发表过卡尔·施米特等人的文章——"文学增刊"的一位编辑，在未告知评论作者的情况下给一篇评论阿多诺《棱镜》的文章加了一个"编者按"，大意是：法兰克福的社会学家"魏森格隆德—阿多诺"是"'无阶级社会'的宣传员"。[9] 这表明反共产主义者的恼怒反应激烈到了何种的程度，即使他们矛头所指的这个人在 1953 年的反共杂志《月刊》上述发表过"被保姆牵着的音乐"[10] 之类的文章，明确表达过自己对"东方的文化管家"和"边界那边"掌权的"专政"的批判。

阿多诺的书对于一个人来说极富教育和启迪作用，他甚至爱不释手，却让另一个人留下一种令人不快的炼金术般难解的印象，而在第三个人看来却又为他提供了能将马克思和弗洛伊德视为同代人的那种令其激动不已的前景，但对其他一些人来说此书又带有上流社会共产主义和阶级斗争的意味，这究竟是什么原因呢？阿多诺自 1920 年代以后的所有著作都表现出这一特性：他习惯于融苦痛与浪漫精神于一体；习惯于将艺术品的社会阐释和阐释社会结合起来，对社会的阐释恰恰以艺术品所包蕴的对幸福的预示为准绳；习惯于把能够清楚说出苦难而产生的快乐和受虐狂式否定快乐的可能所产生的痛苦结合起来；习惯于将大灾难理论与自由的、深奥的和热烈的气息结合在一起。

这些讨论……只关注音乐问题。纯粹的对位法问题在其中引发了诸多无法解决的冲突的这样一个总体世界，应该怎样来建构？当今生活的的颤栗和僵化连这样一个不受经验必需性影响的领域——人类希望在其中找到一个可以摆脱可怖规范之存在的避难所，可见生活的根基是多么紊乱失调。[11]

511

阿多诺在 1948 年夏天写于洛杉矶《新音乐哲学》的前言当中，用这个说法想预先消除那些对他的这本书的批评——那些批评在他看来非常明显而且重要：首先，在欧洲发生过这一切事情之后，在所有这些事情

法兰克福学派：历史、理论及政治影响

依然有迹象表明会发生之时，将时间和学术精力用于推敲现代作曲技巧等深奥问题，这显得有些玩世不恭；其次，书中那些有关艺术的深奥论断经常宣称与现实有着直接关联，而现实却对这些论断没有丝毫的兴趣，此时这纯粹是一种挑衅。他如此思想，以至于所有因这种思想而存在的事物无不是人类命运的证明，无不攸关人类的命运。这一点最能清楚地说明，究竟是什么东西吸引着人们去拥护阿多诺而反对其他人。《伦理随想录》(阿多诺的反犹同事曾在致歉信中对这本书作了这样的评论，他说，就像阿多诺出版的许多作品一样，他"不喜欢它这本书，或者说并不认为它是严格意义上的学术成果")中写于 1944 年的一条格言"不要敲击"这样说：

> 技术使得各种表情和姿态精确而粗暴，同时使人也变成那个样子。它驱走了一切显得犹豫、深思熟虑和礼貌的活动……因此，这种能力，比方说，轻缓、慎重但牢固地把门关上的能力丧失了。汽车和冰箱的门总是被砰砰地关上，其他东西的门自己也容易啪地被摔上，那些进门的人就这样养成了从来不回头看的坏习惯，也不去保护那些接待了他们的房间的内部。没有可以向外推开的平开竖铰链窗户，只有可以猛推的滑动窗体，没有和缓的门闩，只有转动的把手，街前的房子没有前院和门阶，没有环绕着花园的围墙，这对于主体意味着什么呢？而且，哪个驾驶员不是纯粹因为受了他的发动机的威力的诱惑，便去碾死街上的害虫、行人、孩子和骑自行车的人呢？运转的机器要求使用它们的人先具备法西斯主义的所表现出的猛烈的、强有力的和动荡的痉挛状态。[12]

阿多诺目睹了整个的大灾难，也看见了人类的所有希望，而且在他讨论的每一个话题中都集聚了这些灾难和希望。他的哲学探讨因此呈现出某种夸大的和毁灭性的色彩，没有给那些温和的事物留下自由的空间。然而，对其他一些人来说，他的思想并没有辜负他们对哲学应该具有某种令人敬畏感的期望：不是试图去减轻那种源于哲学的惊异感，而是设法增强这种感觉；它结合了当代艺术中许多最大胆的因素，旨在沉思中进一步扩充这些因素。

512　在一封庆祝霍克海默 70 岁生日的公开信——发表于《时代》周刊，标题为"致霍克海默的公开信"——当中，阿多诺写道：

> 尽管有一种冲动使得我着迷于对艺术和当今艺术的可能性进行阐释，在这种冲动当中有某些客观方面也在试从阐释自身——这种冲动是考虑于社会中的各种明显趋向，对于纯真审美行为不足的疑虑，但就我早年所受的训练和早期的发展来说，我还是一个艺术家，一位音乐家。

阿多诺返回德国时所遇到的情况，对于他作为一个音乐理论家所开展的活动是非常有利的。在 1940 年代后期，西德开始成为先锋音乐的焦点。这一事件包括：在达姆施塔特举办关于新音乐的国际假期课程，在联邦各州的公共广播系统设立的深夜音乐节目，多瑙厄申根 (Donaueschingen) 音乐节，慕尼黑的万岁室内乐团 (Musica Viva)，它们使联邦共和国成为新音乐的胜地。这些发展的原因与迅速成功的维也纳学派有非常密切的联系。勒内·雷伯韦兹 (Rene Leibowitz) 在 1948 年第一次参加了达姆施塔特的课程。他已经在安东·魏伯恩的指导下学习，而且在德国占领巴黎期间，通过组织一些违法的演出、分发乐谱和他自己的作曲，设法在那儿建立了维也纳学派。他对于勋伯格和魏伯恩的作品以及他自己的十二音阶音乐的演奏，在战后德国受到了热烈的欢迎。当阿多诺的《新音乐哲学》在 1949 年出版之后，这部著作以令人印象深刻的哲学为这场大势已成的音乐运动提供了支持。阿多诺在他返回德国后的每个夏天都参加达姆施塔特的课程，或者作为课程的指导者，或者作为讨论的参与者。

但是，他现在并没有成为这场音乐运动——既吸收了十二音阶的技巧，也吸收了《新音乐哲学》对它所做的批评——的学术先锋；也决不会成为通过十二音列作曲法的艰苦训练而进入自由王国的一场音乐运动的领导人。相反，在勋伯格之后，轮到魏伯恩被偶像化了。在十二音体系的音乐之后，序列音乐（serial music）现在变成了音乐先锋派的口头禅。不只是音符的高度，还有它的长度、音量、音调、节奏以及作品的所有因素——从物理学借来的"参数"这个术语就是为这些因素确立的——现在也受制于序列原则。依照阿多诺的《新音乐哲学》，那些将"革命的"勋伯格与"反动的"斯特拉文斯基区别开来的方面，即"对整个音乐材料进行合理整体组织的观念,[13] 都被系统地激进化了。阿多诺所做的明显矛盾的解释的另一面被忽略了：理性的客观性对于现代艺术品来说仍是可能的，但无论如何只有在艺术品作为主观性产物的条件下才是可能的。

513

　　阿多诺 1956 年出版的一本论文集《不谐和音：管控世界中的音乐》[14]，是他在 1950 年代最为尖锐的著作。除了两篇较早写成的文章而外，还包括从 1950 年代起写的两篇："音乐家的批评"和"新音乐的老化"。[15] 这两篇文章批评了如下两种互补的现象：一方面，通过那些吹捧"青年音乐"的人的"群体"经验，另一方面通过"序列工程师"，排除了主体，也排除了所有的表达形式。阿多诺因而察觉到，在音乐领域出现的这一现象也在哲学和社会学当中有着对应现象：存在论和实证论、意识形态的思辨和实证论的经验主义，它们相互补充，呈现为某种客观主义的变体——纷纷给已经倒在地上的主体、个体再踢上一脚。

　　但如果序列音乐——不仅在西德而且在国际上也被看作是最先进的形式——是一个"进入体系中的航程"，那么它是不是并不一定会成为观众喜闻乐见的东西呢？事实证明却是另外一种情况，而且阿多诺在依据意识形态批判去判断斯特拉文斯基的音乐时也遇到了相同的情况。广播公司在 1950 年代注意到了听众对于新音乐的大量渴求。但是它被安排在深夜的广播节目中，听众主要是数量很少的一些专家和乐迷。"一封漂流瓶中的信，没有收信人"，这是对当时音乐状况的描述，这种描述不无某种自我满足和自傲。[16] 序列法作曲家似乎认为《新音乐哲学》是对这种观点的确证，即他们正实践着这样一种音乐，它"依然真正忠诚于它自己的标准，根本不在乎自己产生的影响"。《新音乐哲学》被当成了象牙之塔的证明,这座象牙塔因与纳粹主义手中产生的音乐体制化截然相反而大受欢迎,情况是不是这样呢?

阿多诺认为艺术已经迷失了方向,变成了意识形态。然而,"只要艺术仍然像人类的声音那样发出战栗声",[17]他就面临着一个区分的难题,即如何区分那种包容残暴的艺术与坚决同非人道相对立的残酷艺术(inhuman art)。他给出的答案源自他思想中一贯的中心主题:所有救赎都将来自僵化进程的加剧,但同时所有救赎也要依靠还残余的主体性和自发性。然而如何去辨认主体性在艺术品当中的这种残余、这种微小的残留呢?通过艺术品包含一种非机械的、活生生的元素这一事实来辩认——这是阿多诺同义反复式的回答。

514   阿多诺试图为这种对活生生的元素的需求提供多少有些先验论色彩的理由,并视其为音乐的某种可能性的条件。但是,这同样也不能回答如下的问题,即用什么样的标准把接受既定状况的"就是如此"的那种态度同对这些状况的坚决反对的态度区别开来。在他对于斯特拉文斯基的批评中,他试图证实自己的立场:

> 音乐作为一门在时间之内发生的艺术,受时间连续性所要求的特定媒介形式所限制。因此,它像时间那样,是不能还原的。从一开始,它就已经致力于自身的延续,致力于成为新东西,致力于进一步发展自身。音乐中可以被称为卓越的东西就是这种方式,即在每一时刻,它已经成为某种东西——某种不同于它自己的东西。音乐这种指向超越自身的方式,并不是一种强加于它的形而上的法则,而是一种无法避免的根本特性……即使在它处于客观的绝望(objective despair)状态之时,它也不放弃反神话(anti-mythological)的本质,它将绝望转变成自己的关注点。音乐并不确保他者的存在;但是,声音同样也不能逃避它已经允诺那种存在这一事实。自由本身是音乐的一种内在需要。那是它的辩证本质。或许是因为客观的绝望具有超强的威力,斯特拉文斯基已经否认音乐对于自由的承诺——摆脱最宏大的主题,那种迫使音乐突然静寂下来的主题。

如果情况是这样的话，他所写的实际上就是被抑制的音乐。但他的音乐不能忍受会有人没有希望这种观念——所以他的音乐越是密集地安排自身，它反而越不能做到这一点。[18]

序列音乐的两位坚决的支持者卡尔海因茨·施托克豪森（Karlheinz Stockhausen）和皮埃尔·布莱茨（Pierre Boulez）1957年在达姆施塔特成了当代音乐史新阶段开端的标志：施托克豪森创作出新的《第14号钢琴曲》，布莱茨发表了题为"Alea"（"掷骰子"）的演讲。这个新阶段被称为偶然音乐（aleatoric music）阶段。偶然，意味着作曲和阐释都需要偶然的因素：比如，作曲的某些部分可以互换，或者可以在演奏中对作曲家只以草稿方式记录的部分展开自由的阐释。偶然音乐包含着达达主义（Dadaism）和禅宗佛教的元素，这主要是由约翰·凯奇（John Cage）和毛里西奥·卡赫尔（Mauricio Kagel）引入的。凯奇在1958年通过为12家电台演奏他自己的《想像的风景第4号》，对序列音乐的正统发起了决定性的攻击。这部作品还像使用正常乐器那样按着四四拍演奏，创造了一种"有秩序的混乱"。[19]

阿多诺把这种发展解释为反主观主义的序列音乐的自我批判。他更加倾向于以这种方式看待这一发展，因为"新音乐的老化"已经被有些人错误地理解为是对音乐结构和音乐理性的批评。他因此乐于将新潮流当作朝自我反思的方向推进音乐作品的事物来接受，而且将自己变成了这种音乐的先锋思想家。在1960年的一个名为"维也纳"的广播节目中，他认为"毫不妥协地坚持客观构造的形式把主体拉入那种形式当中，而新古典主义的暧昧形式却以把主体猛烈驱除出去的方式篡夺了它的合法性"。在广播中，他同样欢迎当代音乐，认为它将第二代维也纳学派从陈腐和小资产阶级成分中解放了出来，它是一种解放的先进方式。作为一名喜欢辩论的思想家，他承认自己同情那种自作主张运用组织技巧的意愿。"在管控世界中，不同的东西只有运用管理的方法，才能经受得住冬天的考验，才能发现它自己的声音。对一种宗派主义已成普遍法则的文化当中的所谓小圈子表达厌恶，多少显得有点虚伪。"他乐于接受这样的事实：最先进的音乐最终已经摆脱了时尚的禁忌。

音乐第一次主动地把一直只能以客观方式达到的、高居于作品自身之上的东西吸纳进了自身之中，这种东西就是美学真实的历史价值——美学真实并不像历史主义所说的那样嵌入在时间当中，而是时间本身就居于其中……因此，嘲笑那种与本世纪前半叶发展速度相比就像飞驰一样的发展速度，或者嘲笑新近的各种思潮趋向在改变它们渴望为之献身的那些口号时呈现出的疯狂速度，都是愚蠢的。高雅艺术似乎正在放弃它的角色，不再拜物教式地断言自己具有恒久价值。与此同时，它也用它自己的速度批判自身。新音乐形成体系的发展过程——十二音阶技法的确立——为它奠定了独断的基础，这一基础不单单服从客观法则，而且从外部把这种法则强加于它。只要这种体系不再严肃地声称自己的合法性，只要它在衰落，并接受自己的衰落，这种独断基础中的毒害就会减弱。在实践中，它正在变成与现代伟大艺术体系——立体派的情形相似的状况：不是变成本质本身，而是变成被解放了的意识的紧身衣。把随意吸收而为法则的作曲家们，渴望一次又一次地打破规则的魔咒。[20]

1961 年夏，阿多诺在克兰尼希施泰因 (Kranichstein) 举办的讲座上试图指明最近音乐所应遵从的方向：它应 "vers une musique informelle"（向一种偶然音乐）、向着 "自由的音乐风格" 发展，应该重新制定后序列音乐阶段的规划，来发展一种自由无调音乐。爱德华·施托伊尔曼和恩斯特·克雷内克 (Ernst Krenek) 对此非常吃惊。施托伊尔曼是阿多诺在维也纳时的钢琴老师和勋伯格派的重要阐释者之一，而恩斯特·克雷内克 1920 年代以来就参与阿多诺的讨论，尽管未形成流派但也是最伟大的现代作曲家之一。"你又一次成了年轻人，与所有最新潮流打成一片，而我已是老人——一个保守派，" 施托伊尔曼在阿多诺

60 岁生日时给他写信时这么说。[21] 而克雷内克写的信则显得非常暴躁：

> 音乐哲学家……被屏息倾听，当他跳跃、跃进登陆先锋领地之时他被当作盟友受到了欢迎——这与作曲家不同。作曲家如果登陆那里，他就会发现自己涉嫌"或多或少被迫抓住新近出现的事物，以便不被丢到垃圾堆里去"。[22]

阿多诺对勋伯格、贝尔格、魏伯恩的热爱从未改变，他一次又一次地特别提到他们，并从他们那里获得自己的方向。施托伊尔曼和克雷内克两人对此都未予重视。不过，阿多诺与先锋音乐最新发展之间的关系的确令人吃惊。他呼吁"重新开始那一进程，该进程被勋伯格以他了不起的创新（也就是十二音阶技法）抑制了——虽然表面上看起来他推进了它"，再一次呼吁"坚定支持未修正的、不妥协的自由之理念"。[23] 然而这不可能像重现 1910 年的风格那么简单。"人们不能以那个时代最为大胆的作品——勋伯格最有创造力的作品——的风格来继续创作。"当音乐获得自由之时，而且当追随那一风格的东西只会再次废止自由的时候，人们为什么还要继续以那种风格来创作呢？

> 过去的残余，比如自由无调性的半音阶元素，在材料的内在要求未被充分认识的情况下，较之于以往更加难以被容忍……正是勋伯格发现了无调音乐和勋伯格十二音阶音乐中的整体节奏结构和韵律结构，正是他在某种意义上保持了调性。这一点现在决不该被忘记；前后不一致不应该被容忍。[24]

尽管 1950 年代的阿多诺将序列技法当作一个与排除音乐意义和"构成性"（composedness）密切相关的体系，但到了 1960 年代，他则认为这种体系是音乐生产力的一种进步，控制了素材，具备了区分正确与错误的东西的能力——简言之，它是一个应受欢迎的启蒙过程。

在克兰尼希施泰因这个地方，我创作出自己刚好构想出的一部乐曲，其目的就是要在避免音乐确定性的情况下统一所有起作用的因素，并且这样问，"在这儿哪是先行部分，哪又是后续部分呢？"这是不恰当的。当代音乐不能受那些看起来与主题和延长部一样普遍的范畴——好像它们是不可改变似的——的强行约束。不必强行规定，它不必先验地 [a priori] 非要包括这类传统的元素，乃至像紧张、紧张的解决、延长部、展开、对立、确证等段落。更糟糕的是，在新素材中缅怀这些范畴常常会造成严重的不协调，那些本来可以成为发展的动力的东西反而被当作错误纠正了。[25]

难道留给人们的不只剩下可以控制的音调的组合了吗？或许通过使用传统的形式，或者那些净化了人的各种直观触觉的声音，这些音调本来可以具有它们所被赋予的超验力量，就像那些受到禅宗启示的作曲家所做的那样。这不就是被阿多诺多年以来诊断为社会中的个体被削弱的那种情况么？在这个社会中，作曲家也会受到影响。阿多诺本人就说过："在现阶段的人类学当中，对非修正主义（non-revisionist）音乐的要求乃是一种过分的期待。"他一次又一次地提到当代艺术的"禁忌困境"。然而也正是在音乐中，他看到了目前可以获得成功的第三条道路的机遇。

他举了一个清楚的例子表明他的想法——他在这儿又一次回到了勋伯格。在《期待》（Erwartung）和与之关系最紧密的其他作品当中，勋伯格显然认为对母题和主题的处理是"相对音乐本身的自发溢流而言的某种外在东西，是某种操作形式"，就如序列决定论自 1950 年代后半期以来一直被认为是一种操纵形式一样。

这样一来，无主题的构造（athematic fibre）统摄着独角戏的始终。这种构造不仅仅把自己托付给偶然，而是在自身之内积极地保存着母题和主题的精神。对于主题和主旋律的处理因此而改变：

它被扩展了。新的观念出现了……涵盖了每一种这样的音乐：这种
音乐在局部的、相对独立的复合部分之间制造连接，虽然没有可被
察觉的相似性和变奏，但使这些部分的特性和相互关系引人注目
地凸现出来。同时，也不是严格地摒弃了这些相似性和变奏，它们
时常通过最审慎的可能方式而得到提示。出现在这类音乐当中的
动力和关系并不以任何预定的或高于一切的秩序为先决条件，甚
至也不以诸如主题原则这样的法则为先决条件，相反地从自身内
部创造出连贯性。在这种意义上说，它们是主题的后裔，尽管主题
在它们那里仅仅通过未展开的方式——即便不会间隔性地重复——
而得到处理。[26]

这个例子具有启发性。诸如"音乐的自发溢流"或者"这类音乐当中的 518
动力和关系……从自身内部创造出连贯性"的措辞抛弃了理论的自负，
并用毫不隐瞒的隐喻作为理解的辅助。除此之外，这个例子展现了这样
一种努力：试图对能从一段乐曲中习得的诸如此类的东西进行清晰表
述，以期有助于解决当前的作曲难题：积累的经验以及对难题具体的
感受使实践的解决成为可能。那种能达成这种解决方式的路径，只可
以在回顾时才能被描述出来，甚至只能以一种非常不明确的方式呈现
出来。

但是阿多诺想探讨得更深入一些：他想要详细说明达到"自由的音
乐风格"的办法。他提出的方法回应了前面提到的他在克兰尼希施泰因
的那些经验，这种方法就是："使用新素材作为标准"而让旧有音乐学范
畴的"对等物"得到发展，从而使旧素材中的那些旧范畴不合理地表现
的东西——它们因此很快就变得不充分了——在透明的范畴中得到表
现"。[27] 可是，阿多诺在定义这些对等物的时候从来都只是这么说——
它们只能由可以从材料中听出内在趋向的"作曲的耳朵"来确定。因
此，像《新音乐哲学》所展现的，他的理论努力可以归结为诉诸有教养
的天性因素的存在。对"作曲的耳朵"的这种诉求，也是阿多诺对一种
由来已久的著名说法——雕塑家可以自由地砍凿出那些隐藏在石头里

的艺术形象——的一种发挥性的阐释。

在"通向一种偶然音乐"(Vers une musique informelle)——这是继《新音乐哲学》之后阿多诺最重要的音乐理论作品——当中,他把自己全部主题引发的争论整个交给读者去自由思考。僵化的精神 [Geist] 和被压抑的自然之间的毁灭辩证法 (fatal dialectic),必须被富于启发性的精神和充实的自然之间的、摆脱了支配的辩证法所取代。僵化的精神是被断开的自然的碎片,它在自身内包含自然萌芽的条件下才会存在;因此只要它存在,它也就包含着改进的潜能。被压抑的自然是盲目的;它包含着对光明的渴望,而只有通过精神才能点燃那点光亮。阿多诺那些主题的整个浪漫主义问题式 (Romantic problematic) 就这样包含在这种分析当中,体现在音乐美学——关于当代音乐和当代音乐前景的音乐美学——之中。从历史哲学出发,他也得出了对主体予以祛神话化 (de-mythologization) 和予以清算的辩证法,得出了地狱音乐和天堂音乐、黑暗音乐和自由音乐之间的神学辩证法;此外,他还指出了一个问题,即在耳朵自发性地听——这种听在过去往往被误解——的时候人们如何去认识,以及在这种自发性当中人们怎样才能辨认出哪个方向是素材希望遵循的问题。这个问题的关键是,能否把作曲家未知的本性和素材中未知的本性之间的关联性当作最根本的基础,或者,主体之间就温和的操作形式所达成的不断出错的一致是不是最后的定论。就后一种情形而言,问题就源于那种能促使这些主体达成一致、促使他们去关注温和的东西。

对这种音乐的"大胆思考"被充分哲学化了,这种思考对于阐明"冒险式作曲"[28] 理论的诉求是显然是必需的,对于赋予那些被一般公认的智慧以新鲜的关注也是必需的,而在当时,还没有其他人像阿多诺这样重视这些公认的智慧。

519

文学笔记

在绘画和文学方面，西德没有什么可以比得上达姆施塔特学派的学派，也没有能够形成国际先锋派的团体。由威廉·波密斯特（Willi Baumeister）、弗里兹·温特（Fritz Winter）和鲁普雷希特·盖格尔（Rupprecht Geiger）发起的慕尼黑"禅宗49"团体，只反映出了德国人在抽象绘画领域不甘落伍的需要。具象诗（concrete poetry）的支持者大都在杂志上发表他们的"文本"，这只体现了文学非常有限的一个方面，甚至只能体现他们自己的兴趣。高水平的文学作品在联邦德国非常少见，甚至只残存于那些有争议的孤独者们专属的领域。沃尔夫冈·科本（Wolfgang Koeppen）的小说《草中鸽》(1951)（*Tauben im Gras*)、《温室》(1953)（*Das Treibhaus*) 和《罗马之死》(1954)（*Der Tod in Rom*），在技巧、形式和语言方面均得益于福克纳（Faulkner）、乔伊斯（Joyce）和多斯·帕索斯（Dos Passos），而且同时表现了与纳粹创伤、德国战后重建相应的精神反应，但也带有明显抑制过去那些令人不快的记忆的特征。科本的书如他自己所述，充满着"恐惧和无望"，但是却被赋予了一种非常明确的政治解释。《周日世界报》（*Welt am Sonntag*) 对《温室》所作的评论是："你只能用火钳子来握住这本书。"科本在1933年之后进入冬眠状态，大部分时间居住在国外，就像阿多诺好些年的处境一样，但是他没有移民。在1930年代中期，他甚至出版过两部小说，其中第二部《摇摇欲坠的围墙》（*Die Mauer schwankt*）是由犹太出版商布洛诺·卡西尔（Bruno Cassirer）出版的，这个公司的所有者在1935年停止了业务。在战争期间，科本在美国既没有钱也没有朋友，只能求助于电影工业。在联邦德国他依然孤独。他不属于任何的圈子；他不也不能构成任何流派。

汉斯·亨尼·雅恩（Hans Henny Jahnn）的情形也与此相似。1920年代，他发表了几部遭到激烈批评的戏剧，[29] 以及一部非常独特的表现主义小说《佩鲁德加》（*Perrudja*)。到1933年，他的书立刻被禁。雅恩漂泊到丹麦，在波恩荷尔摩岛（Bornholm）上生活。1949年和1950年，他出版了《船》(*Das Holzschiff*)[30] 和两卷本的《古斯塔夫·安尼阿斯·霍恩在他四十九岁之后留下的笔记》(*Niederschrift des Gustav Anias Winde-Horn nachdem er 49 Jahre alt geworden war*)。这两部小说构成了忧郁而松散的小说三部曲《无涯之河》(*Fluss ohne Ufer*) 的前奏和主要部分。

1956 年又有小说《铅之夜》(*Die Nacht aus Blei*) 面世。在 1950 年代，雅恩，这位风琴制造者、荷尔蒙研究者和早期音乐的编者，也是一位批判残忍虐待动物和灭绝种群的批评家，将自己的大部分精力都贡献给了反对原子弹的斗争。在联邦德国进行"修复"(Restauratorium)[31] 的环境中，他也是一名注定要失败的孤独战斗者。1950 年，阿多诺和雅恩可能在达姆施塔特"我们时代的人的形象"的讨论会上见过面。如果他们真的见过，那么，尽管他们在批判文明的激进性方面很接近，都诉诸本能与思想之间的相互联系，都在人性之中重新思考人作为受造物的一部分所具有的行为方式，但雅恩在细腻方面的欠缺以及他拒绝向舆论和社会礼俗让步的态度，至多只能让阿多诺感到震惊。虽然雅恩算是《启蒙辩证法》和《伦理随想录》所期望的一位孤独者，但实际上霍克海默和阿多诺的确被这类人吓着了。[32]

因此，并不只是因为阿多诺的注意力和精力确实有限，还由于他只想在艺术中遵循自己的爱好，所以在 1950 年代期间，他满足于谨慎确保自己从历史哲学和社会角度出发对艺术品的阐释能得到承认，这一点与在西德文学理论和批评领域占支配地位的其他思潮有着显著的差别。他以现代经典和某些现代主义的先驱为例来说明他的阐释。

"抒情诗与社会 (Lyrik und Gesellschaft)"是阿多诺所做的一个演讲，在 1951 年到 1958 年之间出版了各种版本；这个演讲在某种程度上是"音乐的社会地位"[33] 的翻版，后者更加平和，而且更为谨慎地介入到了文学论争当中（《论流行音乐》除外，此篇是阿多诺发表于《社会研究学刊》当中的惟一一篇没有在西德再版的文章）。阿多诺再一次提出了他早前受黑格尔和卢卡奇的美学历史化的激发而产生的思想，而后者对于 1950 年代的西德来说还是相当新鲜的。他认为从社会角度解释诗就意味着把诗当作"历史哲学的日晷"来读；当作"艺术作品内部包含着矛盾的统一体即社会整体"的显现来读;当作对于"处于主观的……精神之内的个人与社会的历史关系"[34]的表现来读。阿多诺用艺术家和艺术哲学家的熟悉格言来表达思想的方式再次出现了:诗歌必须充满对社会现实的体验,带着"向苦难和梦想相结合的范围"摸索的梦想来写,同时为如下事实——"只要梦想没有破灭,和平就可能实现"——提供佐证。[35]诗歌的写作同时必须将自身沉浸于自己的个性当中,以便摆脱自我的局限并共享语言的魅力,把语言当作共同的潜在情绪、仁爱的通则以及未被扭曲的人性的特定媒介。[36]

阿多诺把从诗集《第七圈》(*Der siebte Ring*)中选出来的两首诗——爱 521
德华·默里克(Eduard Mörike)的"一次徒步之旅(Auf einer Wande-rung)"和斯泰凡·格奥尔格(Stefan George)的"风的喧闹声中"(Im windes-wcben)——当作例证,揭示了什么叫做通过从社会角度解释一首诗来确认这首诗所记录的历史阶段。他在默里克的诗中发现了一个阶段的开始,在这个阶段里,抒情诗只有作为对生活直观性梦想的一种不足信的、脆弱的诉求时才能继续存在——由于生活所处的社会越来越明显地破坏着这个梦想。抒情诗面对在激发这种梦想方面日益增多的困难,通过参与一个对以前用以保持这种梦想的手段进行纯化和强化的过程,已经对此作出了反应。

　　这个有点忧郁症的克莱弗尔楚尔茨巴赫(Cleversulzbach)教区的牧师*,通常被人们视为素朴的艺术家,他的诗篇是大师级的杰作,没有一位艺术至上的大师的作品能出其右。他熟知崇高风格所具有的空洞性和意识形态性,也同样熟悉19世纪比德迈耶尔时期的低俗风格带有小资产阶级的迟钝和对总体性的漠视——而他的大多数诗篇都写于那个时代。崇高的风格推动他的才智去再一次创造一些意象,这些意象既不会让人联想到客厅或酒店,也不会

---

* 这里这个诗人指爱德华·默里克。默里克在1834年到1843年之间是克莱弗尔茨尔茨巴赫教区的牧师。——中译者注

让人想起喧嚷吵闹或唠唠叨叨。崇高在风格中的最后回响正在他那里逐渐淡出，仅留下一些回忆；它进退维谷束手无策，但与呈现眼前生活的所有符号产生关联，这些符号在它们自身受到历史潮流责难的特定时刻会承诺支持（promisedendorsement）。这两种图景都映入了漫游诗人的眼帘，恰恰在它们逐渐消失之时。他已经融入到逐渐步入工业时代的抒情诗的悖论当中了。[37]

　　大约与阿多诺对默里克的自由体诗"一次徒步之旅"进行阐释的同时，爱弥儿·施泰格尔（Emil Staiger）也发表了对默里克"一盏灯"（Auf eine Lampe）这首诗的阐释，该诗通过抑扬格三音步形式表达了诗意的宁静生活。施泰格尔是给人们留下最深印象的文学批评家，他在1945年后发表的研究成果已经成为所谓的"对作品进行内在"阐释的权威著作。在纳粹统治之时，这种方法曾经为诸如马克斯·科默莱尔（Max Kommerell）这样的批评家提供了避开意识形态专横要求的途径，而在1945年后，又成了回避那种享有广泛声望的真正的新思想的一种方法。沃尔夫冈·凯塞尔（Wolfgang Kayser）撰写了有关这种方法的示范教材，并附有他关于文学研究的导论《语言艺术品》（*The Linguistic Work of Art*），于1948年发表[38]。施泰格尔在他首次出版于1946年的《诗学的基本概念》一书中，勾勒出一种遵从海德格尔的"基础诗学"——一种研究抒情诗、史诗和戏剧的纯粹理念本质的现象学。[39]他一方面将这些东西当作适合于一般人之可能性的文学批评术语，另一方面又当作是向诗歌创作提供多重可能性的领域。施泰格尔认为，阐释的任务就是从一首向我们传达着特定美感的诗中去找寻证据，以证明它对我们的吸引力是正当的——即证明"所有的事物在整体之内是如何达成一致的，整体是如何与细节达成一致的"。[40]进行这种阐释需要依赖语言学、传记以及思想史和通史——即所谓实证主义的文学研究所取得的各项成就。施泰格尔所选取的默里克的诗句，让他构想出了这样一位诗人的形象，这位诗人站在两个时代交汇的地方，站在浪漫主义的终点和另一个时代——这个时代的麻木令他痛苦——的开端上。

只有他，诗人，从那种不显眼的美中觉察到了它 [艺术对象，即灯]。他已经从外面走了进来。他来自日常生活的世界，和其他所有的人一样，是日常生活让他从幻想中清醒过来。谁能抵抗时代的精神？但他思想中高贵的才能仍未被熄灭。这些才能随后被艺术品所触动，同时，当他依然在那里的时候，已经逝去的美丽世界再次复活了，而且似乎再次出现了——我们可以用"神之回忆"(Göttliche Reminiszenz) 一诗中的词句来形容："沉迷于奇异性的魅力当中"。由于诗人自己早已丧失了他与这些事物的亲密性。而美依然让他愉悦，正如他的诗能让我们愉悦一样。我们现在可以在文字的意义上，依据默里克所处时代的情境来更好地理解快乐。他并不是里面悬挂着灯的房子的主人。那里好像根本再不会有主人了。但是他仍然感觉他在那里居住着；他敢于，或至少有一半敢于将自己看作是被传授了秘密知识的人。也许正是这一点造成了痛苦与美的混合，从而为诗提供了魔力。[41]

差不多与他具有同样天分的批评家，因此在某些基本的、具体的方面以相同的方式来看待默里克的诗。就阿多诺自己这方面来说，他预料到会受到这样一种批评指责：对落入粗鲁的社会学主义（sociologism）的担心使他对诗与社会的关系做了升华处理，结果却到了使这种关系完全消失的程度。施泰格尔明确表示，他不希望让自己对诗歌个体性的、历史性的品质的即时感受受到任何诗学原则的限制。一个批评家正从一种文学社会学当中退却，而另一个却不惮于使诗歌直接同它的时代历史联系起来。他们的差别就在这里吗？

施泰格尔的解释是独立自足的。在这种阐释中占支配地位的是这样一种情绪，伟大的心灵通过这种情绪可以完满实现其伟大性并接受既有的条件，它是一种对如下事实充满好奇的情绪："人的生活向人的生活敞开，甚至超越了时空的鸿沟"[42]，是在这个高峰和那个高峰之间进行的尼采式的悲悯。阿多诺的解释充满着探索隐藏于艺术表现背后的方法的躁动。对阿多诺来说，默里克就是他企图要理解的当代人，一位他试图理解的那种方法的先驱者，也是一个再也不能达到的典范。施泰格尔作为一位艺术家和艺术理论家，也把默里克当作他的榜样来谈论。施泰格尔试图在已经改变了的社会环境中获得对改变了的方法的更好理解——已经改变了的社会较之于默里克所处的那个社会为艺术表现提供了更好的成功机会。阿多诺的解释称不上完全是社会解释，因为支配这种解释的是《启蒙辩证法》中的那种思想：艺术表现方法中更细致的精确性，是由社会进步的矛盾形式引入并因之而成为可能的。但也正是这一点赋予阿多诺的文学理论著作某种程度的社会相关性，使它关注时事并全力以赴在艺术中推动现代主义计划，以之作为对自由社会的期待，这一点正是1950年代其他几乎所有关于文学理论的著作所缺乏的东西。

比如，胡戈·弗里德里希（Hugo Friedrich）于1956年出版的《现代诗的结构》（*The Structure of Modern Poetry*）一书，仅在1950年代就售出60000册。弗里德里希是位于布莱斯高郡（Breisgau）的弗莱堡大学的罗马语言学教授，而且与阿多诺是同代人。他在自己的书中试图揭示现代诗的结构一致性，所用的相关例子是从波德莱尔到T.S.艾略特及圣—琼·佩斯（Saint-John Perse）等诗人的诗作。他在此书的序言中承认，"我自己并不是先锋派。我对于歌德的喜爱胜于T.S.艾略特，但这并不是问题之所在。我所感兴趣的是，如何才能辨认出现代主义的大胆和坚韧的表征。"[43]他对更早些时候的文学作品进行比较——更确切地说，对占统治地位的趣味认为具有典范性的那些更早些时候的文学作品进行比较，从这种比较中提炼评判标准，希望借以描述他在现代诗中发现的反常元素。他认为现代派表达了对以物质进步为核心的社会的厌恶，对世界进行的科学祛魅活动的厌恶。对这种厌恶以他所描述的"反常"方式展现自身这一事实，弗里德里希只看到这样一种解释：在现代主义杰出代表，如马拉美（Mallarmé）那里，"这样一种对世界不满的形式——这种形式恰恰通过它所承受的张力才成为现代的——往往总是从高傲的灵魂当中产生。"至于其他方面，他坚持认为，"体现时代特征的风格和结构的内在动力正在起着作用"。[44] 这种观点是中立化探究的结果，它也是某人的观点，他看不到现代诗歌乃是对戕害他的种种经验的表达，看不到现代诗乃是历史哲学的日晷仪，相反只视之为与并未削弱其有效性的既定传统并存的新奇现象。

这种情形与另一位人物哥特弗里德·本（Gottfried Benn）就不同，后者本身就是一位诗人。他是现代诗歌及诗歌艺术性和独立性的热情捍卫者，他对于中心的蔑视是毫不掩饰的，而中心的失误甚至已经受到汉斯·塞德迈尔（Hans Sedlmayr）这样保守的艺术理论家的有力谴责。"诗人的话并不捍卫任何观念、任何思想和任何理念：它只存在于自身的表达、风采和气息当中"——这就是他的信条。在 1964 年写给彼得·林姆考尔夫的一封信（回应他给阿多诺纪念文集所写的稿子）当中，阿多诺这样评价："从政治上讲，哥特弗里德·本有效忠的暴行，但是在更高的政治意义上，他与我们之间的共同点要比其他许多人多些。"[45] "更高的政治意义"大概是指"与艺术政治学有关的方面"。

哥特弗里德·本在 1933 年把极权主义的政府当作那种与自足的诗歌相匹配的政府来欢迎，而且他还在 1933 年 4 月 24 日所作的一次广播演讲中声明："让西方出名的所有事情，注定使西方发展，而且甚至在今天还起作用的事情——让我们彻底地搞清——都是在奴隶制国家中创造出来的……历史上有大量的例证表明，法老式的权力被与文化联系起来行使；讴歌这一事实的诗歌如天顶穹隆的星辰般循环出现"。[46] 哥特弗里德·本在 1948－1949 年完成了两部诗集《静力诗》（*Statische Gedichte*）和《醉潮》（*Trunkene Flut*）的修订。他那让人眼花缭乱的演讲和论述文学理论的文章，尤其是 1951 年在马堡大学所做"诗歌问题"的演讲，被很多青年人欣然接受，并被认为富有启发性和新奇性。1951年 10 月，他在达姆施塔特被授予格奥尔格·毕特希纳奖（Georg Btichner），仅一年之后，他又通过他的《早期散文和演讲集》的出版完全澄清了这一事实：他认为拥有奴隶的国家可以为他的诗提供最恰切的基础。

"在我们的时代，西方人克服了恶魔的使用形式"，他在"关于斯泰凡·格奥尔格的演讲"中写道，"如果我们经常说的不是形式，而说是教养、秩序、训练或安排的必要性——因为历史运动试图通过所有这些术语来塑造它自身，所以我们对于这些术语已是非常熟悉——那么我们就已经进入格奥尔格的领域了。"[47] 在 1934 年的第一版中，读者读到的就是"已经成形的（geprägt hat）"，而不是"试图要定形的（zu prägen versucht）"文本了。当哥特弗里德·本为了再版而编辑他的文章的时候，他几乎感到不需要再做多少改动，而且不是将它当作历史文献，而足当作还没有失去相关性的早期著作出版。他甚至未做丝毫的改变，以至于他甚至有了新的希望，希望他在 1933 年受到热烈欢迎的东西重新回来。在 1934 年，他将新时代的精神看作"是从格奥尔格的艺术和褐衫党纵队当中发出来的惟一指令"，到 1950 年代他仍然将此看作"格奥尔格的艺术当中发出的惟一指令"。他所删掉的无非是"褐衫党纵队"，因为再版的时候他们的行军实际上已经终止了。

阿多诺对艺术中的现代主义投入如此之深，以至于他认为与完全拒绝现代艺术、赋予既定形式以保守或反动意义的那些人相比，哥特弗里德·本几乎算不上是敌人。考虑到哥特弗里德·本和恩斯特·云格尔在联邦德国建立初期的几年里重新焕发的魅力，可以断定那个曾经让本雅明念念不忘的问题依然是一个当代关注的问题：事实上，在那些与法西斯主义有密切关系的艺术当中就有现代主义的变体。但是这一问题对阿多诺来说显然不是最紧迫的。他优先考虑的是如下事实：先锋派的作品和观点会造成动荡局面，而且使艺术成为一种挑战的形式，不受趋势和后果所左右。对他来说，先锋艺术大概没有自由社会那么重要；但是他对新音乐的激情，对社会现实的批判性一瞥，都使艺术的进步成为他更明显的选择。如果艺术首先对在现实中最近出现的绝望情境给予了真实的表达——他可能最终会这么认为，那么这种现实就不能长期持续。

阿多诺对文学和文学理论领域中与《新音乐哲学》相应的、不断进展的现代主义并没有进行任何内在的批评，他也没有打算对这一领域中的进步和反动做出区分。正是爱弥儿·施泰格尔的一名学生彼得·

聪狄（Peter Szondi）——他深受黑格尔《美学》、卢卡奇的论文"现代戏剧的社会学"以及阿多诺的《新音乐哲学》的影响——在他的《现代戏剧理论》（*Theory of Modern Drama*）（1956）——尽管没有神学的和救世主式的观念——中揭示出：对于单个作品中内容与形式辩证关系的分析，能够证明作品中技巧问题的处理方式同时也是对社会难题的一种回应。[48] 在对从易卜生到亚瑟·米勒（Arthur Miller）的戏剧所进行的样本分析当中，25 岁的聪狄说明了，在戏剧形式与史诗主题（subject-matter）之间，在建立于对话交往基础之上的结构与日益增多的个体孤独问题之间产生的矛盾，最终会导致一条新的戏剧形式原则。当今时代已经改变的主题——这是聪狄进行的辩证分析和现象学分析教给我们的——把剧作家引向一个新的形式世界，即便剧作家从根本上要面对这个世界，这些形式也在很大程度上独立于他们对当代的判断的。

在 1960 年代早期，阿多诺成为一名在文学和音乐领域当代现代主义的捍卫者。在 1958 年春从维也纳旅行返回途中，他写信给霍克海默："对我来说最重要的艺术记忆来自贝克特的《终局》（*Endgame*）所产生的表面上很宏伟的效果。这确实是一个你绝对应该阅读的重要文本——就因为其中的一些意图与我们的意图有着密切的联系。而且它是相当令人不快的，以至于对它嘘声一片。"[49] 萨缪尔·贝克特和汉斯·G. 赫尔姆斯（Hans G. Helms）的《FA：M'AHNIESGWOW》刺激阿多诺认识到在文学领域出现了超越普鲁斯特、卡夫卡和乔伊斯的发展。在阿多诺看来，贝克特的《终局》超越了卡夫卡的小说，赫尔姆斯的《FA：M'AHNIESGWOW》超越了乔伊斯的《芬尼根的守灵》（*Finnegans Wake*），序列音乐超越了勋伯格的自由无调性和十二音体系的技法。[50]

正如序列作曲家将序列原则绝对化一样，贝克特和赫尔姆斯也将他们前辈的原则绝对化了，并且试图使那种原则达到一种脱离个体、统摄作品方面面的必然性的程度。贝克特属于阿多诺那一代人，而且在 22 岁时就进入了詹姆斯·乔伊斯在巴黎的朋友圈。作为一名法国抵抗组织的成员，他在 1942 年才好不容易逃脱了盖世太保的逮捕，作为一

526

名农夫在法国南方一个偏僻闭塞的山村中生活，直到法国解放。1953年，在从事了几乎 25 年的文学活动之后，他以《等待戈多》(*Waiting for Godot*) 一剧取得了突破。对他来说，这部戏是他的真正创作的副产品，在那时他真正想创作的是他的小说三部曲。三部曲的头两部《莫洛伊》(*Molloy*) 和《马洛纳之死》(*Malone Dies*) 写于 1948 年，1949 年写了《无名者》(*The Unnamable*)。《无名者》以下面几句话收尾："在沉默中你不知道，你必须继续进行，我不能继续进行，我将继续。"[51] 贝克特确实继续了——在这些戏剧和文本中，尽管词语的话语意义从未被完全破坏，但通过运用语音上的安排、主旋律、重复、类比与回声，在戏剧中通过手势和哑剧，越来越多地实现了在那些空洞的词组之间的关系。

《终局》写于 1950 年代中期，是比《等待戈多》更让人感到苦涩的版本，在深渊四周盘旋，但仍旧是一场游戏。以嘲弄方式处理过的戏剧范畴和音乐形式原则使内容结构最小化。比如，尽管在《终局》中仍然有独白，但只不过是一系列暧昧而空洞的暗示。没有拉开的大幕，取而代之的是汉姆 (Hamm) 从自己脸上拿开的一方手帕。这就开始了一场戏，一场对"终局"之后不再可能的所有事物都残酷无情的戏，然而也是一场将那不再可能的一切搬上舞台的戏。贝克特参与导演他的戏剧，这变成了他对剧本创作的继续，其中包含了无数的细小变化，但都指向一个方向。"一些奇特的事情发生了"，米歇尔·黑尔特 (Michael Haerdter) 1967 年在关于柏林版《终局》排练情况的报道中写道，"在最后三周，贝克特对《终局》做了简洁的舞台陈述，使其简明化，不断重复它的主题，并使其富有节奏感。它不会是向人们展现毛骨悚然的感觉的荒谬场景。相反，它会是超越于舞台惯例的东西，它水晶般的完美会直接感动人们。"[52] 几乎找不到比阿多诺 1961 年所写的对该戏的分析更确切的文字了：

> 对话的过程……听起来，这些对话进展所依循的法则不是陈述和回答的逻辑，甚至也不是陈述和回答的心理关联，毋宁说是对

类似于音乐终止的结局的一种聆听方式，这种聆听方式已经从话语的规定类型中解放了出来。这出戏在每个句子之后都在听，聆听接下来可能出现的东西。[53]

在有些场景中，贝克特使用明显的自发效果去平衡复现和类比的音乐式安排。阿尔班·贝尔格尽管根据十二音阶技法作曲，但在这种方法中还为调性元素留有很大余地，与贝尔格相似，贝克特戏剧的水晶般的结构当中也有许多明显的、尖锐意义的插入部分——即使在这出戏剧当中这一点被玩世不恭、厌倦或结结巴巴的只言片语掩盖着。比如，在《终局》里，就有这样一段：

> 汉姆：(松开他的丝绒帽)。他在干什么？
> 克洛夫 (Clov) 掀起奈格 (Nagg) 的箱盖子，弯腰，向内观看。停顿。
> 克洛夫：他在哭呢。
> 他盖上盖子，直起身子。
> 汉姆：那么他还活着。(停顿。)[54]

在阿多诺看来，赫尔姆斯的文本甚至比贝克特的剧作更进一步。乔伊斯本质上仰赖的是由心理学或深层心理学提供的联想链接。赫尔姆斯则依靠由语言学提供的联想性关联，但这意味着要依赖博学。奇怪的是，阿多诺现在却又把他本人曾称之为对学者型文人（*poeta doctus*）的某种拙劣摹仿，视同语言素材本身创造出来的联想性关联所具有的优势。与贝克特相比，赫尔姆斯更为激进、更为先锋，在阿多诺看来，赫尔姆斯正以这种方式努力摆脱内心独白，内心独白因而不再代表文学作品的规则，而成了它的材料。由于偶然本身被引入成为一个起作用的因素，主观意识的不可靠性就得到了公开的承认。

在主观地构成的领域当中，必要性总是倾向于同主观意识分离并与之形成对立。结构不再认为自己是自发主观性的一项成就——诚然，没有自发主观性，结构也几乎是不可想像的——，而更愿意成为被从材料中宣读出来的东西，而这些材料无论如何总是以主观意识为中介的。[55]

如果当诗人沉湎于语言偶然性之时他的权力可以被视作已达极致，这意味着什么呢？阿多诺对此最为详尽的解释所采用的例子并非来自赫尔姆斯或贝克特，而是来自荷尔德林 (Hölderlin)。(他曾经为写《文学笔记》的第四卷而计划进行两项研究——一项是关于贝克特的《无名者》的研究，另一项是关于保尔·策兰 (Paul Celan) 的《言语栅栏》(*Sprachgitter*) 的研究，这两项研究本来可以依据当代文学提供例证，但却没能完成。) 对于阿多诺的文学哲学来说，后期荷尔德林之于文学，犹如勋伯格之于音乐。

> 与音乐不同，文学中的非概念的综合是对媒介的反弹：它变成了一种构成性的分解。传统的综合逻辑也因而被荷尔德林所悬搁。本雅明试图通过一系列的概念来描述这一点……正如施泰格尔正确地强调的那样，荷尔德林的方法，这种因与希腊语的联系而得到强化的方法，尽管也不乏明显地构成的主从句结构，但并列结构也和精心安排的骚动混乱一样显而易见，从而偏离了主从句法的逻辑体系。荷尔德林难以自拔地被卷入这类形式之中。语言转变成一种串联，其要素以某种不同于判断式组合的方式组合起来，这种转变是音乐性的转变。[56]

串联技法必须以严格精确的外在形式来实现，它的典范就是品达(Pindar) 等古希腊诗人。在这里串联技法是一个令人信服的例子，说明了极端的语言学规则如何能够引导人们从那些显然必须遵从的事物中得到解放。诗人破坏语言看起来就和诗人使自己完全遵从语言完全是一回事。但是"语言"是在两种不同的意义上被运用的。要破坏的是日常的、交际的和具体化的语言。而要让自己遵从的则是另一种不同的语言。

> 意图的"明礁……已然随处可见"（瓦尔特·本雅明语，《德国人》（*Deutsche Menschen*）），但荷尔德林的语言摆脱了意图，这是一种理想语言：启示的语言……正是他与语言的距离在他那里具有重要的现代意义。追求理念的荷尔德林开启了一个进程，通向贝克特那种无意义的仪规句 [Protokollsätze] 。[57]

说贝克特的词句是无意义的仪规句，容易让人产生误解。阿多诺把赫尔姆斯和贝克特视为相当于序列音乐作曲家的作家，但也将会为此而受到惩罚——他说不清楚把不再可能的无论什么东西推到经典地位究竟意味着什么。"那不再可能了"是阿多诺依据的一句含糊其辞的套话。它通常意味着传统的方法已经受阻行不通了：人们再不能以和声作曲了，再不能使用华彩乐段，再不能引入七度和音作为提供特殊增强效果的和弦了。人们再不能在舞台上严肃地表演独白了；再不能使用全知全能的叙述者而获侥幸成功了。但从另一方面来说，"那不再可能了"也意味着，习俗、偏见和障碍将不复存在：人们可以自由地使用不谐和音，可以用多重视角叙事，可以不必担忧稽查制度的监控而自由地表达痛苦，可以蔑视和谐。但是，这后一个方面是否在相同的程度上适用于赫尔姆斯和贝克特呢？显而易见，在这里越来越无意义并不等于越来越缺乏和谐，句子或词语组群的意义仍然起着至关重要的作用。阿多诺得出结论说，品质和内容的丧失有时必须被当作在掌握素材方面的进步所付出的代价来接受，但他得出这个结论的跳跃性太大了。在这儿还有一点也是显而易见的，把"让语言自己开口说话"当作标准来谈论，在很大程度上是成问题的。何为语言？语言对于阿多诺来说，当然与对于海德格尔所意味的东西不同。在阿多诺看来，语言不是支配主观意识的东西，毋宁说是仅当主观意识是自由的条件下才存在的某种东西。既然这样，那么人们就得在那种加重了痛苦的水晶体形式与那种纯粹的

529

贫困形式之间做出区分。

阿多诺仿佛在仓促之中也为文学开发了一种艺术形式的理念，这种理念允诺了看似不可能的东西的实现——允诺了不可遏抑的主观的客观化，[58] 允诺了一种对不受制于强迫冲动的个体进行社会化的方式的期待。在阿多诺的阐释中根本不存在悲观主义问题。他用荷尔德林反对海德格尔从而为乌托邦辩护。他将贝克特的黑色作品阐释为对建构无差别之点的某种表现，在这个无差别之点上，地狱这个一切变化不复存在的地方与弥赛亚这一切事物都各就其位的境况之间的差别都消失了。阿多诺在兰波（Rimbaud）、超现实主义者和最激进的贝克特在文学中所完成的对于内心独白、无目的的内在性的消解之中，在来会反弹的语言之流中，看到了通向个体与善的普遍性的最终和解和通向自由社会的道路。人们对阿多诺感到不快的地方是他对先锋文学的强调，阿多诺把先锋文学当作对不能忍受的、非必需的现实形式的锋芒毕露的表达方式，而不是反对这种文学，也不是有距离地去把握它，也不是只将它视之为永恒的人类危机的新变调。同样，他支持现代艺术的派性，以及他对乌托邦主义的捍卫，使他成了学术界的局外人。其余那些对现代艺术真正感兴趣的人，通常是艺术家们自己，或者是不属于大学的报纸和杂志的通讯记者们。甚至与他们相比，阿多诺显得更具攻击性、坚定性，也更令人不安。君特·安德斯（Günther Anders）对贝克特《等待戈多》的解释是个显著的例外，此文最早发表于 1954 年的《新瑞士评论》（*Neue Schweizer Rundschau*），后收入他的文集《人的老化》。[59] 除此之外，即使以德语发表的对贝克特最好的分析，也只能与吉尔达·采尔特纳—纽科姆（Gerda Zeltner—Neukomm）的《当代法语小说的冒险》持有相同的论调，该书于阿多诺完成对《终局》的分析的前一年出版：

> 我们最初将贝克特的内心独白——不再受任何客观的相关性的限制——描述为是纯粹抒情的和主观的，这需要给予限定。这种主观的声音，向更遥远的、甚至不存在的目标进行着搜索和探查，是非常初步的，因此完全变得一般化了：它本身就是人类悲哀的声

音。在当代法国小说中内心独白不是回到个人主义；而是向更深领域开进，以获取普遍的有效性和原型特性。

她认为贝克特表现了一种从内部突破作品限度的非常现代的企图，也就是说通过"词语的自我超越……为了沉默，真正的因而无法名状的存在（Being）就可能开始了"。[60] 仅就阿多诺的阐释所得出的那种弥赛亚式的结论而言，这里就有很多相似的地方。但是，不管怎么说，这两种分析在各自的最高概念——存在概念和自由社会概念——和语气方面都是截然不同的。

通向一种无需担心缺乏基础的哲学

作为一名（专家型）哲学家，阿多诺在很长一段时间里还并不引人注目。部分原因在于哲学并不是研究机构可以借以改进自己声望的一个行动领域，部分是因为这一主题的听众非常有限，但最主要的原因是，阿多诺大多数明确的哲学行动在很长一段时期都是做演讲和主持研讨班。另外，阿多诺想成为一名专家型哲学家的愿望甚至弱于他想成为一名专家型社会学家的愿望。除了他有关克尔凯郭尔的书的新一版(1962)和《黑格尔研究三篇》(*Three Studies on Hegel*, 1963) 这样的论文集之外，他在 1966 年发表《否定辩证法》之前只出版过一部较为狭义的哲学书：《反对认识论：元批判——胡塞尔和现象学矛盾研究》(1956)。[61] 这本书采用了他在牛津研究胡塞尔的长篇论文中所涉及的几个复杂论题，并给予了重写。它也包括了一篇触及到问题核心的较长的序言，就如同他对《新音乐哲学》所写的序言一样。

阿多诺在哲学上所用的方法类似于他讨论社会学、音乐和文学的那一套方法。他一心想要创造出一种哲学，以增大感知主体的合理性(rationality)并使主体对客体结构具有敏锐的感受力，就这种哲学而言，增大合理性也就意味着易于接受客体的合理性。文学与音乐不同，它特别要受到如下事实的限定，即语言的话语元素不容侵蚀，这使得文学不至于不再是语言而成了纯粹的声音。哲学的边界甚至更狭窄，因为它从来都只能是一种概念知识。阿多诺在相当长的一段时间里对布洛赫以及本雅明持有批评的观点，认为他们的哲学或形而上学的即兴创作当中有某种不负责任的缺点。到目前为止，哲学的顶峰还依然停躺在黑格尔那里；黑格尔的朋友荷尔德林则体现着文学的顶峰。在阿多诺看来，在哲学领域，黑格尔之后还没有出现任何可以与勋伯格、卡夫卡或贝克特的作品相匹配的思想。

然而，在阿多诺的眼中，只有一个在哲学上有重要意义的人能够接近勋伯格在音乐上的成就，这个人就是爱德蒙德·胡塞尔。阿多诺早在他 1931 年发表就职演讲的时候，就认为胡塞尔是惟一一位严肃地探求摆脱传统的现代哲学家；然而，他失败了。阿多诺坚持这一评价，甚至在霍克海默、洛文塔尔和马尔库塞都拒绝在《社会研究学刊》上发表那篇以他的长篇论文手稿为基础的有关胡塞尔的评论文章之后，他还坚持这一观点。霍克海默批评此文，不仅因为它与社会理论和唯物主义哲学缺乏明显的联系，还因为阿多诺认为胡塞尔不能被视为一个唯心主义者，而且阿多诺对唯心主义也没有提出令人信服的内在批判。与之相反，阿多诺在他 1940 年所写的一篇有关"胡塞尔和唯心主义问题"的文章——发表于《哲学杂志》（*Journal of Philosophy*）——当中，甚至是这样说的：

> 对我来说，胡塞尔哲学正是一种从唯心主义内部破坏唯心主义的尝试，一种用有意识的方法去突破先验分析屏障的尝试，同时也是一种尽可能地把这种分析继续下去的尝试……他反抗唯心主义思维，但试图以纯粹的唯心主义手段，也就是说只通过对思想和意识的结构的分析来突破唯心主义的屏障。[62]

甚至在 1960 年代，阿多诺仍然认为胡塞尔在现代哲学当中具有非常突出的地位。他 1962 年所写的文章"哲学还能为什么？"当中，有这么一段：

> 以进步论知识为依据，始终公开地朝向客体的思想，现在却不容许系统化的科学预先作为它的指定规则，并以这种方式在与客体的关系当中获得了解放。思想把自身当中聚集起来的摘要式经验转而加诸客体，撕碎了掩盖在这些客体之上的社会面纱，并重新感知客体。如果哲学能够摆脱主流思想的恐怖主义所传播的恐惧——从本体论上（ontological）害怕思考所有不纯粹事物，从科学方面害怕思考任何并非"建基于"被认为有效的科学证明基础之上的事物，那么，哲学也许甚至可以认识到这种恐惧要禁止的是什么，未被败坏的意识实际上想达到什么目标。就像某个人梦见自己醒来一样，哲学现象学一度梦见它"面向事物本身（*Zu den Sachen*）"，这个梦的实现只能借助这样一种哲学，它不希望通过"沉思普遍本质"这种魔术式的一招而获得"事物"，而是要同时考虑主观和客观的和解，并且不允许自己依赖于那种已经被现象学各流派常用的方法的潜在优先性——这些流派方法常被用来制造那些纯粹的迷信和自造的概念，而不会引出哲学现象学渴望的"事物本身"。[63]

532

阿多诺在 1930 年代所完成的关于胡塞尔的研究，源于他的一个信念：他相信只有"通过与最新近的那些试图解决哲学和哲学术语问题的尝试进行严谨的辩证交往"，才能实现"哲学信仰的真正改变"。[64] 他论证把胡塞尔，而不是舍勒或海德格尔当作自己的出发点乃是正当的，舍勒和海德格尔已经渐渐使得胡塞尔在 1920 年代学术圈的听众当中隐而不彰，而阿多诺断言这些胡塞尔的后继者所创立的存在论恰恰建立于现象学之上。他们没有深入地发展现象学，而只把它当作理论基础来用，也没有留意现象学本身的脆弱性。

在阿多诺看来，胡塞尔并没有成功地摆脱唯心主义和那种认为意识可以掌握世界总体性的意识哲学。但是，胡塞尔在某种程度上已经通过将唯心主义带向自我毁灭的极端开启了对唯心主义的抨击。卢卡奇已经在他的"物化与无产阶级意识"一文中揭示出了资产阶级思想的自相矛盾之处，[65]并用这些矛盾达成了马克思主义学说里无产阶级自我认识(self-knowledge) 的实现；同样，阿多诺想呈现现象学的自相矛盾之处，这些矛盾显见于胡塞尔哲学里太多的荒谬建构和概念联结当中，阿多诺想用这些矛盾而达到唯物辩证法，从而——正如他所理解的那样——解决这些矛盾。

他从胡塞尔那里借用了两组与他的思想也很接近的、非常重要的论题：真理的客观性、逻辑判断等观念；以及真实知识和逻辑判断等都经由主体思维所规定这样的思想。胡塞尔支持挽救客观性于全然消融于心理主义的努力，但也支持这样一种原则：注意力应该转向主观活动，客观事物正是通过主观活动而呈现的。胡塞尔创造了一种可以实现这种主观活动的系统方法："现象学还原"。这意味着，凡是超越了对世界的前哲学"自然态度"原初给定的事物范围的其他一切事物都要予以排除，首先就是要排除对于客体自身存在的确信。现象学还原之后留下的东西，是被真正体验过的、真正客观的"现象"，是"事物本身"。这些事物被认为属于事物意识 (awareness-of-things) 的领域，事物意识既不属于意识的内在领域也不属于超验的外部世界，而是一个中间地带。

具有"内在超越性"的事物意识这一中介领域，被阿多诺批评为是两种抽象的结合：一是用源初既定现象 (originally given phenomena) 这个概念来抽象性地概括所有事实上存在的事物，二是用意识这个概念来抽象化地概括众多有思想的、活生生的个体的活动。胡塞尔把这些抽象概括与它们所抽象概括的对象相分离。结果造成了抽象的实体化。意识正把某物当作被给定的事物，因为它已经忘记了在创造这个事物的过程中它自己所扮演的角色。意识和客体表面上相一致的地方，就是被还原了的意识自身所处的地方。

对于阿多诺对逻辑实证主义的批判来说，这种抨击也很重要。例如，阿多诺把逻辑与现存世界的分离称之为"玩具钱逻辑"，而把认识与思维着的人相分离称之为"无主体的经验"或"非人的经验"。他之所

法兰克福学派：历史、理论及政治影响

以专注胡塞尔，部分是因为他感到霍克海默完全可以胜任对逻辑实证主义的研究，部分也是因为涉及的论题在胡塞尔那里也占据了大量的篇幅，因而他为哲学信仰的改造提供了一个更具价值的出发点。对阿多诺来说，胡塞尔那伟大的祖先——确切说是在揭露矛盾的祖先——就是康德。阿多诺在他 1957–1958 年的冬季讲习班的"认识论导论"课程中断言，康德试图通过使客体性经由主体性来拯救客体性，试图把超验内转成为超验之物，试图把经验之外的东西置于那些能构成知识的条件的层次上。

如果说黑格尔通过他的宇宙论的和辩证的哲学而达到了唯心主义的巅峰，那么胡塞尔的现象学则表现了黑格尔哲学最连贯、最简化的形式，某种程度上是对他的哲学的滑稽模仿 (absurd parody)。正如阿多诺在他于 1931 年的就职演讲中曾经直截了当地指出过的，"胡塞尔纯化了唯心主义每一条过度思索的痕迹，并将其推向它可能达到的现实性之极致"，[66] 胡塞尔剥夺了"哲学装饰"的所有形式。对阿多诺来说，在这种"晚近资产阶级的 (late-bourgeois)、宿命论的"[67] 唯心主义的变种当中，与传统决裂似乎已经是近在眼前的事情了。他在 1937 年写给霍克海默的信中对胡塞尔提出的批评，关注的并不是用存在的第一性来代替意识的第一性，而是

> 要展现对绝对第一概念的探求，即便是对存在的概念的探求，
> 也必然会带来唯心主义后果，也就是说最终返回到意识；另一方面
> 则要展现，那种实际上推导出这种唯心主义结论的哲学必然卷入
> 此类矛盾，从而使思考问题的方式表明自身显而易见的虚假性。这
> 里能够断言的内容就是，存在和意识的"难题"尽管尚未得到解
> 决，但已经不再需要解决了。[68]

534

对胡塞尔现象学中疑难 (aporias) 的敏锐揭示，为依然可以构想的惟一解决方法扫清了道路，这种解决方法是这样一种主客体辩证法，在其中辩证法不再像在黑格尔那里被具体化为精神的绝对辩证法。只要唯物

辩证法强调的是一种能够担当唯心辩证法的矫正物的源泉，谈论唯物辩证法就是有成效的。然而，严格说来，阿多诺并没有涉及唯物主义辩证法，而是——就像人们所说的那样——用他的音乐意图来类比一种辩证法，在这种辩证法中，主体自由地向客体敞开，因而是一种自由辩证法，也是一种 dialectique informelle（偶然辩证法）。在阿多诺看来，这条惟一的通道仍然敞开着，既然胡塞尔哲学已经表明，如果主体和客体的中介未被发现，那么"事物本身"和主体的生活实践就不能出现，出现的只能是自我绝对化的那种意识的各种投射形式。出于同样的原因，胡塞尔有关存在论的方案也是那种自我绝对化的、使自身与自身、与世界相异化的主体的站不住脚的投影。

当阿多诺终于能将他二十年前写作完成的胡塞尔研究付梓出版之时，(西)德国的哲学景象自 1920 年代和 1930 年代初期以来一直没有出现根本的改变。战后海德格尔和"物质现象学"(material phenomenology) 这一新的变体，即以萨特为其最知名代表的法国存在主义支配着整个舞台。雅斯贝尔斯又使存在主义哲学发生更进一步的变化。普勒斯纳、盖伦和薛尔斯基则是当时影响着社会学的哲学人类学的权威代表人物。与之相比，新实证主义 (neopositivism) 和批判哲学，在法西斯统治下受到最严重的冲击并被逐出德国，因此还必须重新夺得自己的地盘。批判哲学能有当时的成就，就是得益于霍克海默和阿多诺结束流亡并返国。但德国新实证主义者中却没有一位再返回德国。直到 1960 年代，新实证主义——已经在美国、斯堪的纳维亚半岛和荷兰取得了垄断地位——对德语国家的哲学景观也只产生过间接的影响。因此，阿多诺自认对现象学矛盾的研究和对以这些矛盾为起点的 dialectique informelle（偶然辩证法）的设计依然是最新的。这并没有错。在导言中，他只是再次强调了此书中四项研究的共同之处，并且用一句令人难忘的公式申明了这一点，它们都是对起源哲学即 prima philosophia（第一哲学）的批判。这也是过往的一切哲学（包括认识论）曾经之所是。

535

由于第一性的和直接性的概念通常是间接的 (mediated)，因此也就不是第一性的了。直接性、实在性除非经过思想，是不会必然提交给理智的反思的，尽管哲学思想总是希望通过直接性和实在性逃避贯穿自身始终的中介（mediation）。这一点既被记录、也被完美体现在前苏格拉底时代的巴门尼德残篇有关存在的形而上学之中——它说，思想即存在。这样的前苏格拉底形而上学自然也对它的埃利亚学派教义——存在即绝对——予以否定……自那时起，所有存在论（ontology）都是唯心主义的。最初存在论是没有意识到自身的唯心主义的存在论，继而它为了自己的目的而成了唯心主义，而它最终变成唯心主义是为了抗拒理论反思上的绝望意志，试图摆脱精神自行确立为自在之物并限制进入自在之物的各种限定。

胡塞尔想

> 借助对精神的反思来重建*第一哲学*（*prima philosophia*），纯化纯粹存在的每一条痕迹。标志着一个时代开端的形而上学观念再一次在它走向终结的时候出现了，被极度理想化并变充满智慧，但因此也变得更不可避免、更稳定、更单调、更脆弱：在唯名论条件下、在使概念返指思维主体的条件下去发展一种关于存在的学说。[69]

各种存在论哲学完全无视这一矛盾而继续行动，好像传统哲学，第一哲学还能够得以为继似的——好像在胡塞尔之后这一切又都是可能的了似的。新实证主义者则放弃了对于从事哲学的人的要求，认为他们自己是科学的分析者。这两种倾向都不能有助于阿多诺所认为的那种尽其努力犹有可能的不自由的哲学的实现，也不能助于祛神话化行动(de-mythologization) 的进一步开展，不能有助于揭露真实的哲学经验中尚被忽视的各种惯例和限制。

《黑格尔研究》填补了一个裂隙——阿多诺在他的胡塞尔研究中谈

到唯心主义巅峰的时候曾提到过这个裂隙。这些研究文章这样来解释他的观点：尽管黑格尔具有保守性，但他也让哲学获得了人们能自由操纵的手段，哲学因这种手段而成为可能，并再也无需受担心缺乏根基的恐惧的折磨，再也无需受缺乏安全立足点的折磨，哲学成为不再要求自治的哲学。正如阿多诺在他的就职演讲所说的，他并不认为通过实践超越哲学这一马克思主义的提法是有效的，相反，他在探索一种新的哲学。在他的手中，马克思主义的意识形态批判成为一种工具，可以用它来批判将抽象概念上升为自治存在的行为，来揭示所有不自由的哲学，所有不向"真实"经验敞开的哲学，都会聚在哲学唯心主义即第一哲学当中。

536

但是，这是哪一种"进步的见识"呢——根据这种见识，思想被假定会开放地转向客体？在阿多诺看来，胡塞尔之后的哲学并未取得任何进步。此外，他还强调——这种强调与《启蒙辩证法》导言一致——自由思想必须拒绝让被规划的知识为自由思想本身立法。所有这种进步见识与各类科学学科的关系依然是令人难以捉摸。阿多诺虽然强调了科学学科对于哲学的重要性，但是非常坚决地拒绝它们的认知方法，甚至在他看来，要认识这种严格规范的知识形式带来的种种后果或就它们展开深入的研究工作几乎是不可能的。

如果人们要在阿多诺本人的著作中去考察可以从那种不断公开地指向客体、与进步知识相一致，并且重新感知客体的思想形式中获得了多少收获，如果人们对于在一个不开放的社会中思想究竟能开放到什么程度这一问题不予考虑，那么人们就可以看到他的著作已经提出了许多思想模型。对巴赫（Johann Sebastian）的再评价就是其中之一。"巴赫抵御他的信徒"[70]，该文将巴赫当作现代早期能自由应对以前音乐的人。还有对海涅（Heine）的重新评介，即"受伤的海涅"[71]——"伤口"这里指海涅的诗作，它们创作方式的轻松自如隐藏着一个事实，即这种轻松传达着异化的体验。再一个例子就是讨论法西斯主义倾向对于民主政治的威胁：他在"'重估过去'意味着什么？"这篇文章中写道，"我认为民主政治内部残存的潜在的法西斯主义，比残存的反民主的法西斯主义倾向更危险。"[72] 这些都是以一种随笔文体的方式来重新考虑事物的事例，它们并不是以体系化的知识探索和流行的科学研究为依据，而是建立在直觉的、偶然的阅读和自己的体验和联想之上。事实上，《文学笔记》第一卷是以一篇"作为形式的随笔"的随笔开始的，这就表明了他对于普遍知识的态度，而且这篇文章也开启了他这一卷对于音乐美学、哲学、社会学和当代问题的讨论。对他来说，这篇随笔恰恰就是自由思想的形式。

> 毋庸多说，这是以完全不激进的方式（radically un-radical）对非同一性意识的恰当评价，这种意识避免一切简化为一种原则的行为，更强调碎片化、局部而不是整体……随笔作家思想所具有的细致柔顺的品质，迫使他在达到了一种更强于推理思维所能提供的思想强度的程度；就随笔而言，它不同于推理思维，它不是盲目地、机械地展开，而是在每个时刻都要反思自身……它以这样一种方式把各种概念编织在一起，使这些概念可以被设想为是它们自身在客体中相交织……通过逾越正统的思想学说，使得正统思想试图加以隐蔽并使之隐而不彰的某些东西在客体当中可以看得见了。[73]

但是，这种观点怎么与如下的观点相一致呢？这种观点认为对当今主流状况的哲学批判必须理解虚假的整体、邪恶的总体性，必须理解被阿多诺一次又一次作为一个体系加以谴责的现今主流状况。另外，这种观点怎么与如下的另一种观点相一致呢？这种观点认为社会理论必须继续构造一种可以替代目前这种建立在劳动分工原则之上的学术体系的批判形式。阿多诺对随笔形式中的自由思想的看法，类似于认为作曲家使自己完全顺从于音乐材料，作家完全使自己顺从于语言，这种看法也许是一种乌托邦，这种观点尽管有明显的局限性，但在阿多诺的著作中经受了长时间的考验，甚至到了令人惊讶的程度。它是一个乌托邦，但却是这样的乌托邦，它被转译成了一种经验的知识形式，这种形式能够最大限度地充分利用组织化的科学的成功发现，同时也给科学提供新鲜的视域，让科学去进行更明确、更审慎的发现和应用。通过对随笔形式的捍卫和实践，阿多诺似乎避开了前面提到的那个难题。然而，越来越多的问题需要依靠对这一问题的成功克服来解决：比如，批判理论的内容是否可以继续与哲学人类学相匹配，批判理论是否可以利用历史研究，是否可以把社会当作整体来研究，从而避免僵化为一种听上去吸引人、但只是对所有事物予以拒绝的反程序（counter-programme）的危险，以及诸如此类的问题。

于尔根·哈贝马斯——研究所最后一位社会理论家，受阿多诺赏识却被霍克海默认为太左

曾被阿多诺寄予厚望的拉尔夫·达伦道夫在 1954 年离开了研究所。第二年，路德维希·冯·弗里德贝格加入了研究所，他是一位对社会批判抱有虚心态度、年轻且进行专业经验研究的学者。"我们准备让弗里德贝格参加主题为社会学中的经验问题的授课资格答辩"，阿多诺告诉霍克海默说，"如果其他的社会学家通过了这次授课资格答辩，那么他也绝对可以去讲授理论社会学。"[74] 一年之后，于尔根·哈贝马斯成了阿多诺的研究助手和社会研究所的同事。他是一个社会哲学家，兴趣正好集中在当代理论以及现代性的病理学上，这一主题正是阿多诺的随笔与霍克海默的演讲和讲座粗略涉及的领域。

这引发了一种值得注意的各种因素的联合，与 1932-1933 年马尔库塞加入研究所那个时候发生的事情有些类似。依照哈贝马斯的说法，他通过阅读海德格尔及其他保守的文化批判者发现了现时代的危机并因而开始了学术生涯，直到接触青年黑格尔，特别是青年马克思之后，特别是阅读了卢卡奇的《历史与阶级意识》和霍克海默与阿多诺合著的《启蒙辩证法》之后，他的思想方法才开始变得精辟深刻。然而，就在他加入研究所的前一年，他还曾为《法兰克福汇报》写过一篇评论，把

盖伦和薛尔斯基的现代社会学教材[75]描述为经典著作,该书的两位作者恰恰被阿多诺视为批判理论的首要对手。阿诺德·盖伦最初以他于1940年出版的重要著作《人》而获得世界认可。[76]这本书为赞颂纪律和秩序提供了人类学的理由,所以他与纳粹的合作像海德格尔一样似乎并不是一个偶然事件。阿多诺把赫尔穆特·薛尔斯基视为特别危险的人物,因为他比其他人更少公开地展现自己的法西斯倾向。然而,薛尔斯基在他的《性社会学》一书前言中明确支持反启蒙运动的研究项目。[77]

于尔根·哈贝马斯1929年出生于杜塞尔多夫,在古姆尔斯巴赫(Gummersbach)长大,他的父亲是那里的商业理事会的理事。德国1945年5月的投降对他来说意味着一种解放的体验。他不仅如饥似渴地阅读那些由卢佛尔特(Rowohlt)出版的长期遭禁的西方文学和德国文学,而且读马克思和恩格斯的小册子,这些小册子是东柏林出版并由当地共产主义书店分发的。他期待着学术和道德在德国的复兴,但又非常失望地发现这种复兴在第一届西德联邦议会选举期间几乎是看不到的,而且重整军备的问题很快就被提上了议程。

一方面,哈贝马斯来自在政治上遵奉传统的资产阶级家庭,因此对社会民主党抱有怀疑态度,更不要说对共产主义者了。但另一方面,他也是战后"再教育"的产物,而且是那样认真地坚持自己的理想,因此他对右翼政党的怀疑并不比对社会民主党的怀疑弱,他认为右翼政党并没有与过去的大灾难彻底决裂。起初,他看不到任何可以让自己产生认同的政治力量。自1949到1954年,他在哥廷根、苏黎世和波恩研习过哲学、历史、心理学、德国文学和经济学。他在哲学方面最重要的老师是埃里希·罗特哈克尔(Erich Rothacker)和奥斯卡·贝克尔(Oskar Becker),前者是一位跟随过狄尔泰的人类科学理论家,后者是胡塞尔的学生,属于海德格尔那一代,在数学和逻辑学领域中有非常卓越的成就。除了西奥多·李特(Theodor Litt)之外,所有在他学习课程期间对他有重要影响的教授们都曾经相信纳粹党或至少是遵奉传统者,在纳粹政权期间像往常一样继续开展着他们的工作。

　哈贝马斯的著述事业在 1950 年代早期就已经开始了。他的文章均讨论与哲学和社会学相关的书和话题，主要发表在《法兰克福汇报》、杜塞尔多夫的《商报》(*Handelsblatt*，德国商业的主要喉舌)、《法兰克福杂志》、《墨丘利》等报刊上。所有这些报纸和杂志差不多都是面向普通公众的。他早期有一篇文章，十分引人注目，使左派知识分子为之一振并开始注意他。这篇文章就发表在 1953 年的《法兰克福汇报》上，这是对海德格尔同年出版的《形而上学导论》所做的批判性评论。[78] 哈贝马斯后来接受德特勒夫·霍斯特尔 (Detlef Horster) 和威廉·冯·雷金 (Williamvan Reijen) 的访谈时这么说：

> 直到海德格尔的《形而上学导论》出版之时，我在政治上的和哲学的信条，可以说还是两种完全不同的事物。它们是两个几乎与对方无关的领域。后来我发现海德格尔（我过去一直生活在他的哲学当中）曾在 1935 年演讲过这些内容并在现在出版——毫无疑问，这本书真正震撼了我的思想。于是我就此写出了自己在《法兰克福汇报》上最早发表的一篇文章。我很天真，而且我想，我们这位最伟大的哲学家怎么能那样做呢？[79]

这篇文章的写作充满了痛苦，因为他不能隐瞒他从自己正在谴责的人那里获得的恩惠。

> 我们在这里要做的工作不是去揭示海德格尔自《存在与时间》到《关于人道主义的信》中那些基本范畴的稳定性。相反，这些范畴提出的诉求具有明显的可变性。因而今天他谈操心、回忆、守护、雅致、爱、聆听、让步，而 1935 年他又在同一个地方要求暴力行动——而在此八年之前海德格尔就颂扬私人的、孤独的存在所做的半宗教式决断乃是没有上帝的世界之虚无中的有限自主。主张本身根据政治形势至少两次改变了其语调，但是，对于本真性的

召唤这一哲学主题和反对衰落的争辩却依然未变。[80]

海德格尔在他的书中虽未作评论但提到过，"这场运动——即纳粹运动——的内在真理和伟大性"乃在于"带有行星天命的技术与现代人的相遇"*。这让哈贝马斯看到了一个事实，即海德格尔令人讨厌的地方不仅仅是他在 1935 年作为大学校长发表的演讲，而且还有他的哲学本身：一种来自其哲学客观结构的对于纳粹的赞颂。哈贝马斯指责海德格尔用存在的历史去鼓励消除人人在上帝面前皆平等的理念，消除个人自由的理念，消除为技术进步提供实用的、理性主义的补救的理念。

从哈贝马斯早期的其他著作当中，可以看出他是一位有民主倾向的文化批判家。他非常熟悉汉斯·弗赖尔 (Hans Freyer) 和阿诺德·盖 540伦的保守主义文化批判。他曾经写过一篇探讨《绝对和历史：谢林思想的二元性》的论文，[81] 因而也注意到了在 1800 年前后几十年间那些保守主义和浪漫主义思想家发起的对异化的批判。而卡尔·洛维特在流亡日本时期所写的《从黑格尔到尼采》(From Hegel to Nietzsche) 一书，[82] 也促使他注意青年黑格尔派和青年马克思。1953 年他在波恩大学哲学系的图书馆里发现了卢卡奇的《历史与阶级意识》，直读得神魂颠倒。他也发现了霍克海默和阿多诺合写的《启蒙辩证法》，其中让他感受最深的是两位作者运用马克思的思想来分析当代境况的思想方法。然而，对于哈贝马斯来说，马克思的思想对当代具有重要意义，并不单因为它是对资本主义的批判，更多地是因为它是关于物化的理论——他从哲学人类学出发点这样看。

哈贝马斯的第一篇长文"合理化的辩证法：生产与消费中的贫困"发表在 1954 年的《墨丘利》上，该文已经包含了后来一直是他著

---

* 见海德格尔：《形而上学导论》，熊伟先生后来在商务印书馆版的《形而上学导论》中把此句译为："规定地球命运的技术与近代人的汇合"，见第 198 页，商务印书馆 1996 年版。——中译者注

作中心论题的两个主题。其一是有关社会合理化作为对技术进步的实践的和理性的矫正所具有的特性的论题——这一主题在他对海德格尔的批判中就已经提到了：

> 这些以人为研究对象的科学不就证明了，只有限制完全因工业考虑而形成的技术、经济组织，那些自然的、社会的机能才能有发展的余地吗？社会合理化建议最初是一种限制性建议：从进步的组织化发展中划出一块地盘，从而为自主却并非自动地发展的事物留出余地。这种建议丝毫没有把这些机能也予以组织化的意图。[83]

第二个论题，哈贝马斯思考异化生产和异化消费，并将二者一起归入补偿这个概念之下。法国社会学家乔治·弗里德曼就持这种观点，他赞许地认为，工人分享着技术进步带来的产品"富足"和"完美化"，这就在消费领域为他们提供了一种替代物，可以替代他们在由于技术进步而在生产领域所丧失的满足感。哈贝马斯批判性地运用了弗里德曼和其他社会学家的研究结果，并将其看作是借异化消费补偿异化劳动的证据。

他将社会学家通常认为是理所当然的事情展现为令人吃惊的状态：与特定文化相联系的那些传统的需要，现在被塑造成了需求的蓄水池，而任何刺激消费的因素几乎都能利用这座蓄水池。他认为广告产业只能为这种令人吃惊的事态提供一半说明。而另一半说明是由消费的贫困状态提供的。消费的贫困状态是工业化劳动的贫困的结果。他以保守主义文化批评的语言这样评论道：

541
> 工业化的劳动越来越远离了制造对象，摧毁了手工技艺，即"手的智慧"，让人们熟悉物质原料并将其缩减到统计上可论证的最小量。同样地，它也日益拉开了大众消费与消费品之间的距离。人们对这些产品的"善好"和品质的感觉越来越弱，因为人们只能越

来越空洞地和短暂地接触那些物品，并且人们对于物品本质的感觉也更为模糊，与物的亲近越来越不真实……人们不再熟悉物品，不能感受物品，因为他们不再可以独立地操纵它们，也不再留恋它们，也不知道它们归属何处。[84]

正如哈贝马斯用一句可以写入《启蒙辩证法》的话来说的那样，异化劳动为工人的闲暇时间所创造的东西只能"逗人一乐，但却不能让人实现愿望"。消费的补偿本性制造着对于不断翻新的补偿方式的永不满足的需求。

在对于补偿性消费的批判上，哈贝马斯同保守派的文化批评家和法兰克福的批评家是一致的，而且他们一致提出，社会朝向无所不包的异化状态灾难性的发展，其原因在于，所有曾经可以由好奇的环境来限定产品之实用性的渠道均被消除了。他紧随保守思想的地方在于，他认为对他已经诊断出的问题的解决办法就存在于一种新的风尚、一种新的文化意向和"一种新态度的结晶"之中。但是他通过这些概念所理解的东西与保守主义理论家所关心的东西是不同的。哈贝马斯想要尽可能地消除劳动的异化特性，为的是消费者可以变成文化的参与者；而盖伦、弗赖尔和薛尔斯基则是想要稳定工业社会中大众的行为模式——尽可能以不做出让步作为交换条件，只让随后几代人习惯于客观化（物化）的、非人化的劳动和生产模式。

青年哈贝马斯为生产领域的发展所设定的目标是一个适度的目标，他用薛尔斯基"退化过程"（retrograde processes）这一概念来描述生产领域的发展。他期望于工人的是，他们应被给予"一些带有限定职责并要求丰富的首创精神的目标性任务"。[85] 他的目的并不是要批判这样一种社会——在此社会中所有的产品都是劳动力这种商品生产出来的商品。也就是说，他的目的并不是对资本主义社会进行批判。但是，对于那些最初受过保守思想训练的人来说，很容易错失某种批判进路的可能性——即便他是《启蒙辩证法》的读者。毕竟在为奎里多出版社出版的这本书而准备油印本的时候，霍克海默和阿多诺本人也专心致志于删除每一处明确提到资本主义、垄断主义和阶级社会的表述。他们在后来联邦共和国出版的著作中继续进行着这样的工作，因为还考虑到了西德显而易见的经济奇迹。然而在此后的一段时期之内，他们不仅极力删除所有谈及资本主义行将崩溃的段落，而且也删削所有那些明确提及对现行社会形式予以彻底拒绝的内容。像"敌对的社会，必须被

542 否定，应当完全彻底地揭露至它敌视快乐的最深层的细胞，这种社会只能通过推行禁欲的结构形式而得到呈现"这样的句子，在阿多诺"论音乐的拜物教特征和聆听的衰退"一文被收入其论文集《不和谐音》再版的时候，就被他删除了。[86]

但如果考察一下阿多诺和霍克海默在 1950 年代的联邦共和国能找得到的作品，而且即便不是从系统的社会理论的观点，只从初学者和反对者的眼光来看待这些作品的话，人们就会发现其中有比文化批评更多的东西，而且也会发现，阿多诺和霍克海默的研究中到处充斥着一种社会理论的要素，而这种社会理论很可能已经被当作研究的出发点了。如果有人抓住这些要素，并将它们统合在一起，那么就会出现如下的图景。

当代的社会是一个"管理社会"和"交换社会"。在经济领域，如同在社会其他领域一样，个体的自主性日益受到限制。大公司之间的自由竞争在不断地减少。资本的有机组合还在日益增加——也就是说，与活劳动（living labour）的比例相较，物化劳动（objectified labour）的比例在增长。[87] 同时，个体自身之间的有机组合也在增加——也就是说，以劳动力转换为商品为开端的这一过程还在继续，并使主体——无论在这一生产过程之中还是之外——亲身接触事物和人的机会日益减少。由于个人逐渐丧失经济上的独立，越来越依赖经济的、社会的和政府的组织，由于文化只由文化工业和管理机构负责——这些组织机构压制文化并将其转变成剥夺人们独立经验的工具，所以个体日益被剥夺了自主性。所有个体由于不知道如何解决自己的不满，也不知道如何应对所有未被转化成商品、未经管控的东西，倾向于认同那些可以使他们活下去的东西，对个体来说别无出路：只有被管控的资本主义。

阿多诺和霍克海默决定在没有一套对于社会理论的连贯表述大纲的情况下也要进行研究，而且，他们徘徊在两种观念之间：一方面认为社会理论还没有形成，另一方面则认为这种社会理论的本质精神已经由马克思和他们自己阐释过了。这一点使得一些不明确的因素容易残存下来，而且这些不明确性在 1950 年代的读者当中强化了一种印象，即阿多诺和霍克海默从事的文化批评充其量只给社会理论提供了暂时的基础。如果商品交换原则是决定性的因素，那么为什么在苏联和其他东欧国家，个体的自主性以及人与自然的关系没有得到应有的注意？如果对自然的支配是决定性的因素——而且在西欧和东欧的工业社会也有同样的邪恶根源，那么阿多诺怎么可能去欢迎生产力的进一步发展，怎么可能认为扭曲性的影响（distorting influence）首先源于商品交换的原则呢？如果在西欧和东欧的工业社会当中，社会制度同样对人类支配自然的灾难性的持续、对人永远受人统治负有责任的话，那么，东欧有什么相当于商品交换法则的东西呢？而且对自然的支配、商品交换的法则以及它在东欧的对应物，彼此之间的关系是怎样的呢？当阿多诺在每一个可能的语境中都提到普遍对于具体的支配，物化的存在对于生命的支配，抽象对于性质的支配的时候，不正预示了一种隐藏的假设——存在着一条神秘的结构原则，即便阿多诺对这一结构原则如何运作或来自何处都没有作出说明，但是它决定着发达工业社会每一个可能存在的层面的表现特征——吗？

543

哈贝马斯身上最吸引阿多诺的东西就是他的写作才华（阿多诺对研究所里的各个研究助手都缺乏这一才能多次表示过遗憾之意）；哈贝马斯通过对海德格尔的坚决批判已经崭露头角（阿多诺也是在 1960 年代才开始对海德格尔提出严厉批判的）；他与阿多诺本人对许多事情都持有相同的批判态度（这不足为怪，因为海德格尔和阿多诺的思想有一系列共同的主题，例如，他们对于实证主义和唯心主义的批判，对于作为一个整体的西方思想具有的普遍倾向的批判，对于自治哲学 [autonomous philosophy] 观念、自我持存本能的实体化以及主体优先性的批判，等等）。像哈贝马斯这样的青年知识分子并不批评盖伦和薛尔斯基这样的学者，这一情况并不使阿多诺和霍克海默感到奇怪，更不要说他从他们或弗赖尔那里所能学到的东西了。那些知道自己的许多同事有法西斯历史或在思想上与法西斯主义有亲密关系的人，或者那些依据意识形态批判来理解这种联系的人，都保持了沉默。霍克海默和阿多诺在公众领域也保持沉默，他们仅仅只是试图阻止那些人在学术界的影响，例如1958年他们在回复想提名盖伦的海德堡大学一位教授的咨询时就给出建议，阻止任命盖伦为这所享有声望的大学的教授，或者亲自参与德国社会学协会执行委员的选举，薛尔斯基当时在这一协会中扮演着日益重要的角色。根据勒内·柯尼希在他的自传《生活于矛盾中》的记载，薛尔斯基是支持那些被证实为纳粹党的学者重返大学教职的推动性力量，而与此同时，他又将自己装扮成一位支持年轻人的、依靠经验的、"反意识形态的"社会学家的人。[88] 阿多诺在回应霍夫施泰特尔对《组群实验》的批评——霍夫施泰特尔在批评中支持镇压的思想——时，曾提及后者支持法西斯的历史，在1950年代这是一个罕见的公开

544　提及某种被普遍压抑的事情的例子。而沃尔夫冈·阿本德洛特在马堡大学开设讨论第三帝国最重要的人文学科学者和法学学者的出版物的课程，则是另一个例子。[89]

　　哈贝马斯到法兰克福的时候，他对法兰克福理论家们的印象并没有太大的改变。甚至在他成为社会研究所的成员之后，他也丝毫没有感觉到这里有什么堪称体系的批判理论。的确，哈贝马斯本人曾经提出过这么一个要求，希望在联邦德国保持研究所昔日的神圣光环，并继续做一些在黑暗中支撑这种光环的实际工作——因为在他看来，在冷战和对立阵营形成时期，研究所可能会造成一种不负责任的煽动性的印象。"霍克海默非常害怕我们会打开研究所地下室里那只装有全套杂志的箱子"，哈贝马斯回忆道，"对我来说那里没有连贯统一的理论。阿多诺写些文化批评的文章，发表一些对黑格尔的讨论。他表现出了某种马克思主义的背景——就这些。"[90]

　　1956夏天，霍克海默和米切利希组织了庆祝弗洛伊德百年诞辰的

各种活动，这才给了哈贝马斯深刻的启示，使他认识到，尽管在他研究心理学期间几乎对弗洛伊德所知甚少，但弗洛伊德不仅是重要的理论家，是有广泛影响的心理分析体系的创始人，而且也是——和马克思一样——要分析当代状况就必须予以严肃对待的人。哈贝马斯以毫不隐瞒的惊讶和可以说是于事无补的同情心来回应支撑批判理论的根本动力，回应那种对占统治地位的社会状况进行彻底批判所依赖的乌托邦视角。他在马尔库塞有关"来自心理分析的进步理念"的演讲中，第一次公开与这一视角相遇，这种视角统摄了有关弗洛伊德的一系列讲演。但是他仍然不知道霍克海默圈子里的一位同伴马尔库塞，在1930年代和1940年代早期就与这个圈子是多么亲近，也不知道马尔库塞提出的救赎和解放的观点是多么的接近阿多诺的观点。哈贝马斯在他关于马尔库塞所做的弗洛伊德系列演讲的报告结尾处这样写道：

> 我们已经脱离了马尔库塞对于时代的分析［见前面对他的讲演的报告］——他自己是在准救赎框架中做出这种分析的。在有关原始父亲的假设中，马尔库塞为他的这种分析给出了最令人吃惊的表述，原始父亲不是根据平等原则，而是依据等级原则来为原始部落去组织和分发生活必需品的。他象征化地指出了某种武断的堕落过程，即从力比多文化，或力比多文化的可能性向以支配为基础的文化的堕落，马尔库塞做出结论说正如这种堕落有一个开端一样，它也可能有一个终点。进步的辩证法在今天已经使非压抑的文化具有了客观上的可能性，"一旦人们最终选择了这种可能性，那么这种可能性明天或者后天就能变为现实"。这种近乎千禧年色彩的宣言可能比啰嗦的讨论更适于引发激动，但这种把早期马克思主义历史哲学神奇地转变为弗洛伊德理论术语的做法，也会在他的听众中引起种种的疑问。正如我们看到的那样，这种结构的成败与否都取决于非压异性升华这一概念。对这一概念的异议非常多，而马尔库塞自己最了解它们。然而，在我们这样的时代里以18世纪的狂放不羁再次展现释放乌托邦能量的这种勇气，还是会给

人们留下非常强烈的印象。如果说有什么不同的话，他希望至少会引起一种反省，甚至在那些最坚强的听众中引起一种反省：意识到在多大程度上我们所有人都无意识地共享着习惯的顺从，这种顺从强化着我们思想中的现有状态，而对这些思想现状背后隐藏着的"观念"，对这些思想现状能够经历史发展的客观可能性却不加审思。[91]

这一陈述再清楚不过地证明了，对于那些在 1933 年之后长大的人来说，德国的乌托邦传统和社会批判传统不仅由于纳粹的统治而变得非常陌生，而且，在重建和冷战时期，这种陌生感依然保持着。

在成为研究所的成员之后不久，哈贝马斯与阿多诺密切合作，为研究所"大学与社会"项目第一部分的工作报告写了一篇很长的导论，这个项目是在 1952 年开始的。这篇绪论的简缩版被冠以"大学改革的持续痛苦"的标题发表在《墨丘利》上。[92] 这时似乎出现了一个契机，年轻一代的代表一方面可以推进某些阿多诺式的论题，另一方面也可以将这些主题放在新的哲学语境中去讨论。阿多诺的影响首先体现在以下方面：哈贝马斯使科学和学术发展与社会的发展保持同步，从关于资本主义的理论而不仅仅从异化理论当中汲取概念，他还将从历史语境之中发展起来的乌托邦理念同与之相抵触的现实进行比较。

> 18 世纪转折时期大学里的实际情形究竟是什么样子，甚至那些大学的哲学捍卫者的实际遭遇是什么样子的呢？在那个启蒙世纪的晚期，康德遭申斥，他的作品因冒犯宗教教条也被禁；费希特在关于无神论的争论中丢掉了他的教授职位；黑格尔是在他进入大学之前，或者是在拿破仑战争的混乱期离开大学之后，才写出了他最勇敢的著作……然而，也正是资产阶级发展的这个阶段才具有创造大学理念的特权。在这一时期至少有可能完成对大学能发展成什么和大学应该成为什么的反思，这种反思，部分是通过学术机构的自治、成员的思想解放和学生自由结社的方式完成的；部分

546

则是通过将学术自由的原则——即人们可以自由地去学习自己选择的知识的原则和自我教育的原则——规定为不可剥夺的权利的方式完成的。[93]

对于科学的批判，是个典型的哈贝马斯式论题，它统摄了整篇导论。促成这一批判的因素可能来自卢卡奇的《历史与阶级意识》，也可能来自霍克海默和阿多诺的《启蒙辩证法》(哈贝马斯当时并不知道霍克海默"传统理论和批判理论"和"对形而上学的最新抨击"这两篇文章)，甚至也可能来自海德格尔，但他批判科学的语气与这些前辈的语气却有着明显的差异。他并不认为"理论"或"思想"，或多或少刻板地与"资产阶级"科学或"已经遗忘存在"的科学截然对立的"理论"或"思想"会通向真正的知识。相反，他重视的是科学自身怎样复原它们与现存的、目的性的实践之间的联系。促成这一看法的动力可能来自有关科学曾经是什么的"保守"观点：直到中世纪，在所有关于科学的陈述中都会必然包含"正确生活的指导"之类的意思。

> 如果这些迹象不是欺骗性的，那么今天社会中的大学问题就源于如下的事实，社会现在只把思想当作是在那儿为它服务的东西。社会给思想报之以奖金，好像是补偿它以这种方式被驯化所付出的代价似的……为了获得某种中立的可行性方式，科学被从活生生的实践当中疏离出来，变成一种纯粹的理论，而且不断地让自身变得更加孤立。它通过将自己的成果委托给那些与科学不符、可以滥用成果的机构，歪曲了它自己的批判来源……最后，我们必须注意到，大学改革从一开始就遭受失败之痛，从来不能从根本上克服这些失败，不能将它们的持续存在归功于社会，后者正在将它的那些最边远的前哨变成"科学"，而且与此同时还在将科学中立化，直到它不能再充当促进生活的催化剂为止。[94]

在这项研究中，哈贝马斯惟一能做的就是，通过运用阿多诺式的主题

——把思辨激进化到自我反思的程度——来回答这个问题：如何在科学中恢复与实践之间的活生生的、目的性关系。每一类专门化的科学必须反思自身的基本原理，同时必须反思它与社会现实的关系。这种自我反思应当揭示"纯粹理论背后隐藏的实践根源"，并且应当领悟到"一种符合实践的理论一定不能让自身只满足于可行性"这一事实。[95]

547   哈贝马斯作为研究所的成员所写的这第一个文本，就其所涉及的核心论题来说，就完全是属于他自己的东西，而且展现了他要在强大的体系化追求和学术兴趣的指导下进行单打独斗的决心。在哈贝马斯眼里，从来没有诸如"资产阶级科学"这类范畴，已有的科学只展现了有用的或较有用的那些方面。这个文本体现出他自己的特色，也表明他决心以自己的方式进行研究，所有这些都体现在如下事实当中：他赋予对社会中立化和科学自我中立化的批判以核心的地位。而对阿多诺来说，这个问题在很大程度上是不重要的，虽然在他看来文化——艺术意义上的文化和思辨思想——的中立化是一场确定无疑的大灾难。

哈贝马斯在这一组主题上的创造力，体现在他随后所写或与人合写的两项大规模的研究成果——《大学生与政治》和《公共领域的结构转型》[96]——当中。由于以不存偏见的——当然也不是幼稚的——方法来看待科学，这些研究虽然受到批判理论那种乌托邦式的弥赛亚观念的启发而走向了激进民主思想，但也似乎非常严肃地致力于唯物主义社会理论的规划。

《大学生与政治》，即"法兰克福大学学生政治意识的社会学调查"，是研究所就大学与社会问题展开的系列研究的一部分。它也属于社会研究所的大经验研究规划这一传统。这一调查想推断出深层的政治态度构成的系统类型，以便估计学生当中的民主潜能，它继续了《组群实验》、《权威主义人格》、《权威与家庭研究》以及对魏玛德国工人阶级研究的工作。同时，《大学生与政治》也是哈贝马斯本人的民主旨趣——这种旨趣带有战后进行的民主"再教育"的印迹——的延续。另外，由于哈贝马斯对阿多诺的追随以及他与马尔库塞的相遇，这种民主明显激进化为了一种"民主理念"。

《大学生与政治》是一项经验研究的成果，该研究的主要参与者包括于尔根·哈贝马斯、克利斯托弗·厄勒尔（Christoph Oehler）和弗里德里希·维尔茨（Friedrich Weltz）。这项研究以确定访谈指导大纲为开端，此工作由维尔茨主持。接下来是依据"政治意向"（political disposition）、"政治倾向"（political tendency）和"社会想像"（image of society）等范畴对材料的分类，最终提出一种系统类型学，这一类型学是在对访谈材料的分析处理过程中得出的。最后写成导论——并应霍克海默的要求附了一个补充研究，这项补充研究是由弗里德贝格进行的。

问卷过程中的随机取样来自法兰克福大学 1957 年夏季学期录取的 7000 多名大学生中的 171 人。访谈在 1957 年 9 月选举第三届联邦议会选举酝酿期期间进行，此次选举基督教民主联盟和基督教社会联盟赢得了绝对多数。访谈在研究所大楼里进行，平均每次访谈持续两个半小时，以访谈指导大纲为基础，但通常也采取自由提问的方式，因此在某些程度上具有对话的性质。被访者被告知这个调查只关注"研究中的各种问题"，而牵涉到政治的问题尽可能被放到不起眼的位置，以防止被访者受诱惑为了给别人留下一个好印象而假装表现自己对政治感兴趣。被访者的陈述都尽可能逐字逐句被记录在访谈笔记中。访谈笔记是供分析的基本材料。除了主体部分中的一小部分和附录之外，本书的全文都出自哈贝马斯之手。

这篇绪论所具有的覆盖面广、公理自明的特性，将定量分析和定性分析相结合的做法（以后者为主导），以及对捍卫现象学方法学的自信，都会让人想起阿多诺。对"资产阶级"学者在政治科学和宪法方面的研究予以系统考察，对被访者不进行深层心理学和社会心理学的解释而代之以对他们的"社会想像"进行阐释（这继承了海因里希·波比茨及其合作者对工人进行的那项研究），所有这些又都是全新的。这里的民主概念也是一个新东西，因为在《权威主义人格》，甚至在《组群实验》中，民主概念在研究委托方和主流形势面前只能让步，隐藏了那些激进地反资本主义的、乌托邦革命的标准，而现在这里的民主概念被哈贝马斯灌注了激进的内容，公开地成为了一种明确的衡量标准。

这篇题为"论政治参与这个概念"的导论，[97] 概述了截止此次问卷之时的民主的发展历程，为大学生政治参与问题提供了一个大背景。哈贝马斯的立场主要基于几位仇视现代大众民主的保守主义和权威主义批评家——恩斯特·福斯特霍夫（Ernst Forsthoff）、卡尔·施米特、维尔纳·韦伯（Werner Weber）、吕蒂格尔·阿尔特曼（Rüdiger Altmann）——的著作，从而为"自由宪政国家作为一种为生存提供的集体手段的发展"勾画了一幅程式化的图景。民主曾经对少数人来说才或多或少是有现实性的，在这个意义上说，这些少数人只有受到这些少数人中的代表所颁布的法律的限制才能获得物质存在的方式。但实际上这毋宁说只是民主的一个消极方面，就这一方面而言，民主只意味着运用政治以保护被视为私人经济利益的这样一个共同体。与古代的民主概念相比，它是消极的：对雅典人来说，共同体的公共事务较之管理生活必需品而言更为重要。与民主的激进意义相比，它也是消极的，激进民主认为一个民族对其物质存在的基础拥有支配权。20 世纪的状况呈现出一种明显的特征：一方面是资本的集中，另一方面是独立劳动的组织，二者迫使国家越来越多地干涉社会事务和私人事务。但这并不一定意味着，资本和劳动的影响会导致对生产的共享式的公共管理，或对产品使用和分配的共享式的公共调控。相反，管控性国家正在成长中，在这种国家里，超出公共控制的各种协会和团体作为代表人民的喉舌，对议会可以施加直接的影响。这样导致的无法避免的后果就是——像哈贝马斯从马克思那里得来的一句辛辣的批评所指出的——"在一个实际上十足的政治社会内部"造就了"诸多不关心政治的公民"。[98]

由于公开的阶级对抗的式微，矛盾具有了新形式：矛盾如今呈现为大众的去政治化与社会政治化本身日益加剧并行这种新形式。在影响政治的机会的分配方面，法律保障的平等与实际的不平等之间原来就存在的不对称状况相应地加剧了，以致于国家与社会之间的区分甚至也消失了，社会权力变成了直接的政治权力。这同一过程还产生了一种后果，即此过程本身在人们的头脑中愈益不重要、愈益不清楚。社会实际上再也不能与国家分离，即便自由宪法一直规定它是与国家分离的。即便就其内容而言它是政治社会，但这样的社会却日益将它的公民职能化，使他们服务于各种公共目的，但又在他们的意识中把这些目标私人化了。[99]

依照这种分析，当今的时代正处在一个十字路口，在操纵性政治化和真正政治化之间，在专制福利国家和实质民主之间徘徊。依照对联邦共和国基本法的流行解释，有关基本自由权利的众多条款确保了对公民的人身保护和公民的人身自由——然而在法律上讲，人民却没有任何途径可以明确表达自己对于某个具体事务的意志。联邦一级惟一的政治参与机会就是国家联邦议会选举。但国家联邦议会早已丧失了对行政机构、官僚体系和各政党的控制权，影响它们的是各种院外组织和既得利益团体。因而选举的无效性是显而易见的，况且选举已经被各种竞选活动降格为某种纯粹招徕顾客的行为。

哈贝马斯引述了约瑟夫·A.熊彼特（Joseph A. Schumpeter）、莫里斯·雅诺维茨、哈罗德·D.拉斯维尔、大卫·里斯曼以及赫尔穆特·550薛尔斯基等人的观点，他们把民主等同于那些被认为是民主的国家中的普遍状况。在这种观点看来，一定程度的政治冷漠是健康的（如雅诺维茨所说），对制度表示赞成的非政治性的公民组成的行为模式的存在，被认为从长远眼光来看应当给予积极评价，因为它构成了制度的基础（如薛尔斯基在其《怀疑的一代》[100]中指出的那样）。这些观点相反，哈贝马斯诉诸于一种民主理念"——并明确承认这一观念受惠于"批判理论"。他引用《启蒙辩证法》的一条格言，阐明批判理论的自由包括如下事实："它认可资产阶级的诸种理想，无论是那些仍由资产阶级的代表传播着——尽管是以扭曲的形式——的理想，还是那些虽然一直以来以各种方式被操纵但仍被认为可赋予技术和文化制度以客观意义的理想。"[101]民主理念，即合法的国家权力乃是由全体公民自由而明确的一致同意所间接授予这一理念，深深扎根于资产阶级宪政国家的内

第七章　处于争论中的批判理论

部。它继续赋予德国的现存机构以现实意义；目的必然是要传达民主理念的合法性意义，即便这种合法性意义不过是由种操纵方式创造出来的。

哈贝马斯因此成功地提出了一个复杂巧妙的政治参与概念。如果民主被视为一个旨在创造一个由有责任感的公民构成的社会并把社会权力转化为理性权威的历史过程，那么参与才能够超出它本身仅有的价值。因此，政治参与同时也就是促成某些可以真正实现全民参与的条件的创造，依赖这些条件，对于社会存在再生严的生命管理拒绝将经济上的不平等作为参政机会不平等的根源。

这是衡量学生参与政治的标准，而且是一个非常严谨的标准；导论指出当前惟一的参政机会在于"议会之外的各种行动"当中，群众组织的成员可以将政府组织置于街头政治的压力之下，工业管理机构、国家和各种院外团体内部有职务的精英们也可以这么做。但是一般来说，大学生不属于任何群众组织，即使他们属于什么组织，但他们在未来一段时间内也不会属于有职责的精英层。

在写作《大学生与政治》的那个时期，人们感受到的挫败感——甚至是对有着群众组织支持的议会外行动的挫败感——的强度日益显现。第一波大规模的抗议浪潮始于德国政府公开宣布愿意为德国军队提供核武器的时候。为了回应康拉德·阿登纳总理讲话中提到的"战术的核武器基本上只是火炮的进一步发展"，18位最杰出的德国核科学家，在1957年4月发表的《哥廷根宣言》中就核武器的种种危险向公众发出了警告。1957年12月，在巴黎召开的北大西洋公约组织会议决定给欧洲成员国装备核武器装置之后，市议会议员和教授们就起来抗议，而且工人、商店管理人员和工会组织召开的群众大会通过了要求罢工甚至总罢工的决议。1958年3月25日，联邦议会在经过了四天的辩论之后，多数议员同意允许西德军队在北约框架内装备核武器，这实际上是对既成事实的事后批准。在卡塞尔（Kassel）的亨舍尔（Henschel），有几千名制造业工人举行了罢工。52％的西德和西柏林成年人支持罢工，以阻止军队取得核武器。4月中旬，有150000人在汉堡参加了示威。5

月 20 日，在法兰克福和其他各地也出现了20000名大学师生发起的示威，反对给西德军队配备核武器。一个月后，法兰克福的学生报纸《铁饼》(diskus)上发表了哈贝马斯所写的一篇文章，是对此前不久发表的法兰克福大学教授和联邦议会中的基督教民主联盟议员弗朗茨·伯姆(Franz Bähm)所写的一篇文章的反驳声明。伯姆是新自由主义者，曾给《组群实验》写过序，社会研究基金董事会的主席。他说这些抗议企图制造恐慌，片面地试图与反西方的独裁者和压迫者合作，都是反对基督教民主联盟的煽动民心的阶级暴乱，是"政治讨论的野蛮化和对基本法的破坏"，是在为新形式的纳粹主义铺路。这些全都是从独裁思想的武库里拿来陈词滥调，正如一位作者在给这个报社的来信中指出的那样，独裁思想要求"我们应该生活在一种民主之中，就仿佛我们处在专政之下"。哈贝马斯的文章反驳道，这些抗议反对的是"那些以我们的名义进行裁决的政治家"。哈贝马斯为公民投票的要求作了辩护，因为这些要求乃是对如下事实所做出的回应：联邦共和国并非"古典意义上的代议制民主"。

主要由社会民主党和工会组织的这场运动，将所有的事情都集中在对公民投票的要求上。但是公民投票被 1958 年 7 月 30 日的宪法法院(Constitutional Court)所禁止——这着实让围绕在赫尔伯特·魏纳尔(Herbert Wehner)、卡洛·施密德、弗里茨·埃勒尔(Fritz Erler)和维利·勃朗特(Willy Brandt)周围的德国社会民主党改良派松了一口气。这个群体看到了 1957 年的普选结果并希望把社会民主党改为一个人民党，而且在他们看来，实现这种转变必须作出表明军事承诺的姿态。1958 年 7 月，基督教民主联盟以压倒性多数获得了北莱茵河—威斯特伐利亚地区议会选举的胜利，这也表明支持反核武器运动并不能赢来票数，自此之后，社会民主党和德国工会联盟(DGB)[102]中决心让反核运动戛然而止的那股势力就占据了上风。而且这实际上决定了反核运动的命运。然而，抗议依然在继续。例如，在 1959 年 1 月，一次反对核武器的大学生大会在西柏林举行，大会理事会的成员既有教授，也有像君特·安德斯和亨利·约翰这样的作家。但它已经不再是一次真正的运动。现在看起来，哈贝马斯对群众发动议会外活动的那种希望甚至也有些不切实际了，他低估了这类组织中起作用的那些遏制势力。而他对基督教民主联盟教授在议会内发起运动的期待，似乎成是对这样一种民主——动用一切可能手段阻止政治参与——的讽刺性抨击。

这项对于大学生的研究所运用的标准的严格性，还是很有用的。与通常的民意测验不同，这项研究试图在那些将会成为未来精英的后备军中测定民主潜能的范围。对研究材料的解释分三阶段进行：测定主体最基本的主动参政愿望（政治意向 [Habitus]）；测定主体对政治制度的态度（政治倾向）；进而测定意识形态母题的表现及特征（社会观点）。运用的方法，正如对研究技术做说明时指出的那样，是"描述类型学"方法。对单个问题的答案或按不同论题设计的一组问题的答案都进行了分类，这样分类为这种类型学提供了基础。每个问题的设计，都是"事先依据社会心理学机制充分考虑到想像的客观情境，考虑到主体可能产生的反应而得出的"。常识上很正确的东西却与研究者眼中的现象相差甚远，而且总会导致大错误。

在政治意向方面，研究发现了如下几种主要类型：非政治性公民、非理性地疏远政治的公民、理性地疏远政治的公民、天真的公民、有思想的公民和关注政治的公民。政治倾向包括以下几种类型：真正的民主主义者、形式上的民主主义者、权威主义者和漠不关心者。社会观点可分为以下几类：衰落中的学术中产阶级的观点、内在价值观点、知识精英的观点、社会平等的观点以及一般资产阶级的观点。现在的问题是，只要各种政治意向和各种政治倾向能通过相应的社会观点固定为不同观念形态，那么就能对超出现状的隐含政治潜能作出总结了。如果我们设定，只有当一个有责任承诺的人或有思想的公民的政治取向完全与真正的民主趋势和社会平等观相符的时候，他的强烈的民主倾向才能被显现出来，那么，在全部被访者当中就只有 4% 的人才称得上是坚定的民主主义者。曾被归类为"真正的民主主义者"的 52 名受访者，若从他们的政治倾向上再加以考察，"真正的民主主义者"则仅余 6 人了。与此形成对比的是，抽样中 6% 的人是顽固的权威主义者，他们在责任承

553

诺和有思想的公民权方面的政治取向，与权威主义的政治倾向和精英主义的社会观念结合在了一起——这类人有 11 人，是从 37 位曾被归类为权威主义的人中再经政治倾向考察而再筛选出来的。即使把标准放松，这些比例也并不会变得使人乐观。"有明确民主潜能"者占 9%，而"有明确权威主义潜能"者占 16%。就这两极的中间而言，倾向于专制的一方同倾向于民主的一方的比例相当。在受访的学生当中，显现权威主义倾向的人更多地来自那些有学术传统的家庭，而显现出民主倾向的人更多来自于没有任何学术传统的家庭。对于前一部分学生，无论是从客观的事业前景还是从主观的野心来说，他们的目标是获得高端专业人士的地位，而对于后一部分学生，他们目标是获得比较适度的地位。因此得出的结论是："依照这些调查来看，在各方面都是较弱的群体总是决绝地、明确地通过适当的手段来捍卫危机之中的民主，但这个群体又会受制于如下事实：与具有权威主义潜能的群体相比，这一群体随后会在更大程度上被限制在由纯粹公民角色提供的适度的回旋空间之中。"[103]

　　只有 171 名被测主体，这种小规模取样，意味着表格中的百分比数字掩盖着一些微不足道的实数。但当数据被拿出来的时候，也不可避免地给人以代表性的印象。因此 1959 年夏天弗里德贝格着手进行一项补充研究。研究工作是由 59 名社会学专业学生参与进行的。他们用标准化的调查表对 550 名学生进行了访谈。这项补充研究确证了主体研究部分在政治倾向方面的结论是具有代表性的。但这不一定意味着可以确证对于深层政治潜能分布的主体研究成果也具代表性。被归类为坚定民主主义者的那些人所持的社会平等社会观，却与社会主义信仰或对权力关系的清醒认识毫无关系。相反，它意味着社会差异被当成了某种外在的东西，它一方面被归因于世人的势利心态，另一方面则被归因于自卑感。与此同时，也否定了学者们享有特权的说法。因此总体结果显然不是太消极。

　　在对已经出现的异端的、批判的思想和行为进行了彻底清算之后，那些受过清算的传统还未被"削价出售"；因此就留下了一个问题：是不是会出现一种政治意识研究无法评估的不满和抗议的潜能呢？毕竟，1950 年代是摇滚乐和阿飞男（teddy boys）的年代，这表明自开展《组群实验》的研究以来，已经出现了一些新的现象。虽然不能用政治行动和政治知识之类的范畴来解释这些现象，但卷入到这些现象当中的那些人，也许会热情地欢迎更广泛的民主并将此视为一种解放。

霍克海默的反对延迟了这项研究的出版。他激烈地批评了这个导论。"此文内容与《哲学评论》（*Philosophische Rundschau*）里的文章有相似的主题"，他在 1958 年夏末这样对阿多诺说，提到了哈贝马斯 1957 年所写的"对马克思和马克思主义的哲学讨论的综述报告"，[104] 并把此文视为用来立即建议免去哈贝马斯在研究所的职位的一个理由。哈贝马斯主张以实践的历史哲学来代替自足的哲学，前者的目标就是要把历史哲学转变成批判的和实践的活动，而在霍克海默看来，这种主张只能受专政以柄，而毁灭文明的最后残余。

> "革命"这一词语，或许在你的影响下，已经被"将形式民主发展成实质民主、自由民主发展成社会民主"所替换；但是，就普通读者的想像而言，几乎不可能通过民主方式来理解这种假定的可以在这个过程当中发挥政治影响的"潜能"。这样一个"被自由宪法钳制在资产阶级社会枷锁中的"民族，怎样才能在不借助暴力的情况下转变成所谓的政治社会呢？在哈（指哈贝马斯）看来转变时机早就成熟了？绝对不允许研究所出现这类报告——研究所就是靠这个设枷锁的社会所提供的公共基金来生存的。[105]

霍克海默也激烈地批评了对"经验材料"往往是不负责任的、半瓶子醋的处理方式以及对这种材料的"有偏见的评价"。在他看来，这项研究的整个方法意味着对有些人——比如，对那些"表达出对于可忍受的状况的渴求和对把自己限制于专业领域的厌恶"的人——是不公平的，因此这种研究方法实际上为"为那些不想从国家的政治变革中期待任何积极东西的个人的观点"[106] 提供了榜样。在 1950 年代，霍克海默成为

"不要实验！"这一基督教民主联盟的口号的坚定拥护者，而且他的观点是：研究所不可能通过出版这类作品而获得声誉。阿多诺为支持此项研究而争辩说，他自己已经在其中投入了很多的工作；前言已经说得很清楚，"我们并不赞成这篇导论"；哈贝马斯的导论确是 "tour de force [杰作]"；尽管 "我们对这种在社会民主方面的因循态度"有诸多保留，但导论比他所知道的任何其他材料更切近现时代政治领域的真正问题；研究在代表性方面存在的局限性也被着重地指出过，在法兰克福进行的研究是一个担保，宁愿让研究结果获得过多的同情，也不愿让结果遭到太多的否定；参与者也尽可能地考虑到了诸多异议和建议；他们尽全力在研究中努力实现 "我们一贯的要求：把从我们这里获得的——暂时的也好，不充分也罢——理论母题与经验研究相结合"。[107] 但霍克海默依然坚持自己的立场。

555

《大学生与政治》没有被收入 "法兰克福社会学文丛"出版，而且甚至不是由这一丛书的共同出版者 "欧洲出版公司"(Europäischer Verlags-Anstalt) 出版的。哈贝马斯的导论因此部分地遭受了同本雅明的《机械复制时代的艺术作品》一书序言同样的命运。重要的出版是为那些 "负责任的人"保留的。如果这些负责任的人腾不出时间来写——那更好。那就不会出任何毛病。霍克海默在 1959 年 8 月底写信给阿多诺时说，"如果我们的书出版了，其中这类问题"——即以成熟的选举民主政治为目标，而反对权威主义民主——"得到了严肃的对待，那么它肯定承载了一种职责。这是一个严肃的理论问题。我们不明白，研究所里有些成员为什么仅仅因为出版了一个研究报告就想凭着一篇政治文本进入学界。"1961 年《大学生与政治》由卢希特汉德 (Luchterhand) 出版社收入 "社会学文本"丛书中出版，海因茨·毛斯是这个出版社的共同创始人。此书除了在附录中评论研究方法时提到研究所之外，其他地方再没有提到研究所。社会研究所——霍克海默认为它的同一性受到了哈贝马斯的威胁——实际上在此书中处于一种匿名状态，而且以这种方式，在这本将来要成为重建后的研究所曾经进行的最成功的经验研究的出版物当中否定了研究所本身。

在此期间，哈贝马斯已经开始对资产阶级公共领域结构和功能变化进行分析，他希望以此分析能在法兰克福大学取得授课资格。为哈贝马斯感到骄傲的阿多诺也乐意接受这个论题的提议。但霍克海默却像神话故事中的国王不愿意在婚姻上向自己女儿让步一样，向哈贝马斯强加了一个条件：哈贝马斯必须先做一项有关里希特（Richter）的研究。这就会花他三年时间。但哈贝马斯让步了——霍克海默因而实现了他的目的：除掉那类他认为会煽动研究所人员从事茶杯中的阶级斗争的人。他曾经这样评论这类人，"他面前或许有一个好的，甚至灿烂的著述事业，但是他只会给研究所造成极大的损害"。[108] 对于哈贝马斯来说，还有一个选择就是去沃尔夫冈·阿本德洛特那里，他是马堡大学的政治科学教授，后来哈贝马斯描述阿本德洛特时说他是"同路人部落中一位有党派追求的教授"。阿本德洛特的思想扎根于劳工运动之中。他曾在法兰克福跟随胡戈·辛茨海默学习，[109] 而且在发配到"999 处罚营"之前就因参与抵抗活动而被纳粹监禁过，他后来又从"999 处罚营"逃到希腊加入希腊游击队。在战后时期，他也许是联邦德国所有大学中惟一一位公开而坚定申明自己是社会主义者的教授。阿本德洛特立刻同意为哈贝马斯指导授课资格论文，早在 1953 年，哈贝马斯对海德格尔进行的不同寻常的政治批评已经引起了他的注意。

这个时候，多亏了德国科研协会，研究所的财政独立性才得以维持，而哈贝马斯也完成了他的《公共领域的结构转型》一书。在《大学生与政治》的理论性导论中概略描述的论题，在这里得到了详细的阐述，这些论题也包括对资本主义时期发展至其巅峰的公共领域哲学的探讨。这项研究表明，研究所的一位成员第一次尝试提出"作为整体的社会理论的构想，这种构想也为"《组群实验》导言曾提出过的"舆论概念留出了余地"。这本书也是为霍克海默和阿多诺有关"管控世界"和从来都是弱势的个体如何落入体制化控制的方式的阐述提供实质性理论内容的一种尝试。决定了本研究视角的实践旨趣不容忽视。有没有可能使以福利国家为基础的工业社会走向民主化？这是一种表述该项研究之核心问题的方式，而这项研究的副标题就是"对资产阶级社会这一范畴的探讨"。

此书具有历史系统性和跨学科性，而且它的结构也意味深长。中心章节"资产阶级公共领域：观念与意识形态"之前是"公共领域的社会结构"和"公共领域的政治功能"两章，之后就是"公共领域社会结构的转型"和"公共领域政治功能的转型"两章。《大学与社会》序言中对描述现代大学史起着重要作用的观念，在这里再次体现为一种结构原则：资产阶级发展的一个特殊阶段为现代带来了这样一种理念：即，涉及普遍利益的事务应经过公共讨论——然而，社会状况后来使这种理念要付诸实践变得越来越困难。

由人文主义传统而传承下来的希腊公共讨论范式，再次成为资产阶级特定发展阶段占统治地位的理念，在此阶段之内，倚重其自身在经济上的重要性并通过文学公共领域的先驱或通过在社会交流机制中与贵族的接触而获得教育的资产阶级，在对抗国家时提出这样的要求：没有什么可以影响资产阶级社会，除非它经过了资产阶级公民个人的公开政治讨论。为了使私人财产完全摆脱国家支配——国家越来越倚赖于财产的所有者才能运作，财产所有者通过强硬手段让他们本人支配的生活再生产领域被视为只受相关人员做出的公共裁决所影响的事情。服务于资本主义财产私人所有权利益的东西，证明同时已成为一种制度，这种制度中内在的统治倾向，被一种决定何为总体利益中实际需要的利益的那种非暴力的方法给冲淡了。

557

> 在一个阶级对另一个阶级持续统治的基础上，统治阶级仍然会推动政治制度的发展，这些政治制度将它们自己废止的理念作为它们的客观意义来接受：比如，建立法律的是真理，而不是权威（veritas non auctoritas facit legem）；把统治分解为随和的限制，而这种限制只有依靠一种对公众舆论的有说服力的洞察才能奏效。
> 　　如果说意识形态不仅仅是社会所需要的本质虚假的意识的表现，如果说它们因为自己以一种乌托邦的方式超越现实而在某一方面可以自称是真理，不管它们是不是仅仅在替自己辩护，那么，

只有从这个时期开始才有意识形态的存在。[110]

马克思坚持了"资产阶级公共领域"的观念，把它当作一面镜子，去映照在那样的社会状况下，完全非资产阶级的认识（realization）是否有可能。[111]这一方向是由现实发展所决定的。这种发展的首要特征，就是非资产阶级社会阶层，也就是缺乏财产和教育的阶层的比例日益增长，找到了进入公共领域政治的途径，而且开始对公共领域的机构、新闻媒体、政党和议会产生影响，并能够运用报章杂志这个由资产阶级锻造出来的武器去反对它。从这以后，会逐渐出现一个民主的公共领域，它将使对社会再生产的指导和管理成为一件为所有人共同关注的事情。继而，"政治社会"就会使生产方式社会化。

马克思从资产阶级公共领域的内在辩证法当中归纳出了其社会主义的对应模式。在社会主义模式的公共领域当中，公与私的经典关系彻底颠倒了过来。公众的批判和控制扩展到公民社会中的一部分私人领域——那些对生产方式有控制权的个人以前占有这些领域，亦即扩展到了社会必要劳动的领域。根据这种新型的公共领域模式，自治的基础不再是私有财产；自治再也无法建立在私人领域当中，它必须建立在公共领域自身当中。私人自治是原始自治的衍生物，它通过行使社会主义扩大化的公共领域的各种职能，独自构成了市民公共社会……资产阶级（*bourgeois*）与人（*homme*）、财产占有者与人类的同一性，被公民（*citoyen*）与人（*homme*）的同一性所取代；私人的自由就是作为社会公民的人的一种角色功能。国家公民的角色再也不等同于作为财产所有者的人的自主职能，因为公共领域不再是把财产所有者们的私人社会与国家联系在一起。相反，自主的公众域通过有计划地对已经被吸纳进社会的的国家进行塑造，为自身确保（由各个私人构成的）一个拥有人身自由、个人闲暇和迁徙自由的领域。在这个领域当中，人们彼此之间非正式的、个人的交际将会第一次真正摆脱社会劳动的束缚（曾经的"必然王国"）而成为真正"私人性的"行为。[112]

然而，"公共领域的辩证法"实际上变得不同于马克思提到的那种辩证法，仅仅显示了它为之奋斗的世界的本来面目。公共领域已经扩展了，但也因而成了利益竞争的战场，它越来越背离运用争论这种非暴力方式作为决定何为普遍利益中实际需要的利益的理想。公共领域一经扩展并纳入了非资产阶级的社会阶层，资产阶级的理论家们就会将更广泛的公众贬损为一群受瞬间热情支配、没有能力鉴别什么是理性和真理的乌合之众；就会将公共领域重新定义为是由一群富有经验的和有责任感的精英所构成的领域。然而，最重要的一点，是更广泛的公共领域被剥夺了权力并尽可能地改变了其功能，它被确认为它曾被谴责的样子，或被搞得更甚于此：不成熟，优柔寡断，毫无耐心。渗入公共领域并向国家提出他们集体利益要求的非资产阶级阶层，被展现为一群篡权者的形象，阻挠着旨在辨别何为理性和真理的公共辩论的继续进行。

哈贝马斯在表述这个问题时陷入了困境。在自由资产阶级公共领域的框架之内，资产阶级怎能如此恰当地决定何为普遍利益中实际需要的利益呢？在公共讨论中依据"某种理性甚或有效性"确定的那种利益，会不会只不过是它自身的普遍利益呢？[113] 鉴于"平民公共领域作为一个变量在某种意义上被抑制"——此书前言中曾提及这一点但却明确将它排除在讨论之外，难道没有必要将处在这些语境中的资产阶级公共领域的自由模式相对化吗？[114] 保留资产阶级公共领域理念，并使他自己的思考专注于把这种理念和资产阶级公共领域现实进行比照，这难道不会导致对干扰或者似乎破坏资产阶级公共领域的那些因素的错误判断吗？哈贝马斯似乎退缩了，他不像基希海默那样去介入，基希海默在纳粹上台之前最后几年中曾以最尖锐的方式展示自己的介入性结论：对于宪法和宪政现实的分析表明，迄今为止行之有效的各种民主形式只有依赖于某个社会阶级无可匹敌的至高权力才可能存在。哈贝马斯不敢直截了当地说出民主制度是依赖于社会内部的权力分配模式的，他的这种退缩与思想史上某些原本可能促使他着手探讨这一论题的激发因素的不足有密切的关系。不但基希海默自 1920 年代后期和 1930 年代早期所做尖锐的研究，而且有社会民主党背景和工联主义背景的那些法律和宪法专家们自己之间以及他们与专制主义的对手们之间所进行的所有讨论，都成了社会民主思想传统的组成部分，这一思想传统不但被纳粹主义破坏或拖延式地打断，而且晚至 1960 年代还仍受压制。在联邦德国，只有沃尔夫冈·阿本德洛特坚持了这一传统，他是大学教授当中的一个局外人。可哈贝马斯和他的同代人一样，只知道基希海默、诺伊曼或弗兰克尔（Fraenkel）近年所写的著作。哈贝马斯提到自魏玛共和国最后几年以来惟一一本对民主进行批判的著作是卡尔·施米特的《论专政》。[115] 但施米特对民主的反民主式批判，在经历了发生过的以及施米特本人参与其中的所有事情之后，似乎更容易导致对未被扭曲的民主在对抗性社会中的不可能性这一难题的回避。

为了替代具体的宪政发展乃是阶级斗争的产物这一论题，哈贝马斯引入了一种思想，即资产阶级公共领域的古典自由模式和社会主义的对应模式都共有一个成问题的前提：存在一种社会再生产的"自然秩序"，围绕这种"自然秩序"形成的普遍同意可以确实按照普遍利益来构建一个社会，在这种社会中，利益冲突和官僚决策的必要性都减少到最低限度，并且在无需进行很多争论的情况下得到调节。这样一来，民主政治内部的精英统治理论将会用资产阶级公共领域的某种相对化形式的模型取代阶级冲突意识。按照这些精英统治理论，群众选出的代表会通过非公共的商谈方式使群众同意妥协，从而再次当选。

资产阶级公共领域的自由模式和社会主义的对应模式还共享着一个更深层的成问题的前提：公众能轻易地控制国家机器。这个前提与第一个前提假设紧密相关。因为如果在生活的再生产中有一种"自然秩序"，那么就无需一套精细的机构使来保障它。然而实际上，比以往任何时候都更为强大的某种管控型国家发展了起来，理性公众的监督似乎对这种国家产生不了任何影响。

正在发生的事情，并不是资产阶级公共领域的权限或该领域人员圈子的扩展达到了可适用于社会主义公共领域的程度，相反，是国家与社会的相互牵制破坏了批判性公共领域的旧有存在基础，同时也无法提供一个新的基础。由此导致的结果就是，在国家、经济和政治组织及机构等方面出现的公共性的兴旺，在寻求并常常得到公众的支持，而这类公众都是由经济上处于依附地位的消费者构成的，他们不再习惯于公共讨论，而且把他们自己的意见只视为私人意见。

哈贝马斯对资产阶级公共领域衰落的扩展性论述得出了一线希望之光。生产力的巨大增长，一方面带来了一些可以利用的社会财富，另一方面也带来了很大的毁灭的潜能，在他看来，这两者因为太过强大会导致控制它们的结构性利益冲突完全可能失控。在这一背景之下，必须要做的就是去发现是否还存在着把起作用的内在批判性公共领域包含于自身之中的组织，这类组织相对于那些不包含内在批判性公共领域的组织可以起监督作用。在哈贝马斯看来，"统治和权力的实施是一种否定的历史常量，还是一个朝向实质性变化的历史范畴"[116]，将取决于从各种组织内部释放出来的批判公共性对官僚决策的监督是增大了还是减少了。(在1980年代，这种希望出现了新的变种：它取决于各种对增长持批判态度的亚文化群体是否能够通过草根组织形成自治的公共领域，或者，取决于它们是否能够实行权力和自我约束的深思熟虑的结合，取决于以权力和金钱为其统治手段的国家和经济能否敏锐地觉察到那些指向特定目的、与生活世界相关的激进民主舆论结构（opinion-formation）所产生的种种后果，取决于重心是否转变为以团结为基础来进行控制。[117]）

561

对于信仰民主政治的人来说，《公共领域的结构转型》是一部促人觉醒的书，哈贝马斯那一代人中许多杰出人物也是这样认为的，他们同时给予此书高度赞扬——比如莱内特·迈因茨（Renate Mayntz）在《美国社会学学报》（*American Journal of Sociology*）上，拉尔夫·达伦道夫在《法兰克福杂志》上，库尔特·松特海默在《法兰克福汇报》上都撰文称赞。这些评论家能够为他们自己和读者提供的惟一的慰藉，就是作者给自己设置了非常高的标准——在达伦道夫看来，这种标准太乌托邦了。但是无论人们如何看待这种标准，都没有任何东西能够改变这种至关重要的诊断结论。人们也可以像达伦道夫那样强调统治绝不是无限的，"对抗性力量"的存在也很明确。但是，只有一个确定性的诊断结论，即战后欧洲民主政治中占统治地位的现状远离了它们所宣称的和人们想要的东西。

就哈贝马斯的具体提议而言，他自己努力在组织内部去创建批判性公共领域的经验并不令人振奋。由阿多诺和霍克海默以及奥斯卡·耐格特和于尔根·哈贝马斯等研究所其他同事传授给学生的批判思想，在法兰克福，也在其他城市如马堡、柏林、哥廷根和明斯特产生了影响，对德国社会主义大学生联盟 (Sozialistischer Deutscher Studentenbund, SDS) 内的知识左派的发展做出了重大贡献。特别是法兰克福的大学生，他们并不是把自己在德国社会主义大学生联盟内的工作看作是进入德国社会民主党政治事业的跳板，而是当作忠诚于社会主义的理论工作和基于其上的政治活动。德国社会民主党的领导人对于党的学生组织的不满，随着这群左派知识分子在德国社会主义大学生联盟内部的影响日益加强也在加剧。1959 年民主党在巴特戈德斯贝尔格 (Bad Godesberg) 召开非常会议，在仅有 16 票反对的情况下通过了一个基础性政纲，该政纲清除了马克思主义的最后一点遗迹，而且丝毫没有表现出对 1933 年以来以及战后时期所发生的一切予以思考的努力。1960 年 2 月，德国社会民主党执行委员会作出决定，"德国社会民主党将支持除德国社会主义大学生联盟以外的其他学生组织，除非它接受德国社会民主党的'巴特戈德斯贝尔格政纲'"[118]。三个月之后，在波恩就成立了由各类社会民主党大学生群体建立起来的社会民主大学联盟 (Sozialdemokratischer Hochschulbund, SHB)。1961 年 10 月，阿本德洛特和包括哈贝马斯在内的其他一些人成立了一个名为"德国社会主义大学生联盟的朋友、支持者和前成员组成的社会主义支持者协会"(Sozialistische Förderer-Gesellschaft der Freunde, Förderer und ehemaligen Mitglieder des SDS)。一月之后，德国社会民主党执委会宣布："'德国社会主义大学生联盟的朋友、支持者和前成员组成的社会主义支持者协会'的成员身份与德国社会民主党党员身份是相矛盾的,正如对任何人来说他不可能既是德国社会主义大学生联盟成员又是德国社会民主党成员一样。"这是一个奇怪的公告,它公开驱逐德国社会主义大学生联盟的行为好像表明别人已经执行了身为德国社会民主党成员就不能是德国社会主义大学生联盟成员这个决议似的,好像德国社会民主党党员身份和"支持者协会"身份的不兼容性就是这个决议的结果似的。党的执委会对这项决定没有给出任何理由。由于已逐渐开始支配德国社会主义大学生联盟的左派知识分子早就确实愿意与党的执委会达成谅解,比方说,也曾声明他们既反对盲目反共但也支持与德国共产主义势力保持批判性的距离,所以对德国社会民主党执委会的这种行为的惟一解释就是,党的执委会是被其他各种事情given激怒了。这些事情包括:德国社会主义大学生联盟毫不妥协地坚持开展反对为西德国防军(Bundeswehr)装备核武器的活动;又如展览活动等,他们举办展览把再次在联邦共和国里取得公职的一些纳粹律师的档案文件公之于众——这种活动既受到了《法兰克福汇报》的攻击——该报用陈词滥调称这是共产主义者授意的活动,也受到了德国社会民主党执委会的攻击,他们以发布新闻的形式表明此次活动与德国社会民主党无关;再如德国社会主义大学生联盟的报刊《立场》(Standpunkt)重印了阿本德洛特对"巴特戈德斯贝尔格政纲"的批判文章。因此党的执委会要驱逐的东西正是组织内部由左派知识分子发起的批判的公共领域。党的基层成员容忍了执委会处理这种事情惯用的高超手段。对于德国社会主义大学生联盟的驱逐得到了贯彻。只有知识分子对这个决定提出了批评。如果他们是德国社会民主党党员,而他们的批评若采取的是"支持者协会"的那种形式,那么他们也就会被开除出党——比如,阿本德洛特、奥斯比·K.弗莱希特海默(Ossip K. Flechtheim)就是如此。作为某种毫无群众组织基础的议会外批判群体(critical public),德国社会主义大学生联盟继续存在着,按照《公共领域的结构转型》的说法,这样的组织注定是无力的。德国社会主义大学生联盟)的确在相当长的时间里湮没无闻。在德国社会民主党方面,据赫尔伯特·魏纳尔的回忆,该党在 1962 年与基督教民主联盟(CDU) 和基督教社会联盟 (CSU) 代表就组成大联合政府事宜进行了几次秘密磋商。德国自由民主党（the Freie Demokratische Partei, FDP）在《明镜》周刊（*Spiegel*）事件*之后，坚持要求弗朗茨·约瑟夫·施特劳斯（Franz Josef Strauss）退出政府，以作为自由民主党继续留在联合政府的条件。德国社会民主党原打算任命施特劳斯为部长，而拒不接受阿登纳为法定期满的联邦总理，也不同意引入在英国实行的那种最高票当选制，以此作为把自由民主党排除出联邦议会的手段。批判性知识分子可能有时无法容忍德国社会民主党，但他们更忍受不了工会，更不要说基督教民主联盟和基督教社会联盟那样的党派了，在它们内部甚至根本没有党内讨论的诉求，而且它们的青年组织向来只是党派政治事业的跳板。

霍克海默自 1958 年以来一直在瑞士卢加诺（Lugano）湖边的蒙塔日诺拉（Montagnola），与波洛克毗邻而居。已于 1960 年取得了法兰克福市的城市自由居住权的霍克海默，一直阻止哈贝马斯在法兰克福大学通过授课资格答辩。哈贝马斯的《公共领域的结构转型》不是在法兰克福，而是由达姆施塔特的卢希特汉德出版社出版的。书中也没有提到社会研究所。《公共领域的结构转型》甚至比《大学生与政治》更为成功。

哈贝马斯于 1961 年成为马堡大学的无薪教师。他的就任演讲是"古典政治学说与社会哲学的关系"。[119] 该文后来被作为开场白收入他的论文集《理论与实践》并非偶然。受汉娜·阿伦特（Hannah Arendt）于 1958 年写成的《人的条件》[120] 的激励，哈贝马斯把在 $\tau\acute{\epsilon}\chi\upsilon\eta$ 和 $\pi\rho\alpha\xi\iota$

563

---

* 1962 年 10 月 16 日，《明镜》(*Spiegel*) 周刊因引用北约秘密文件报道军事演习、批评联邦德国国防军装备水准低下而遭国防部查抄，其主编、编辑人员及文章作者以"特嫌"罪被联邦国防军逮捕。由于司法部对此事一无所知，此事乃国防部长弗朗茨·约瑟夫·斯特劳斯 (Franz Josef Strauss) 一手主使，因此是明显的越权行为。民众和部分官员纷纷抗议政府滥权，次年联邦德国宪法法院宣告《明镜》无罪，斯特劳斯因侵犯新闻自由而辞职，阿登纳总理本人也受牵连于 1963 年黯然下台。——中译者注

之间* 做出亚里士多德式的区分作为日渐清晰地表述他的社会理论、澄清批判理论地位的关键。

在海德格尔的两位学生汉斯—格奥尔格·伽达默尔和卡尔·洛威特的主动提议下，哈贝马斯甚至在完成他的授课资格答辩论文之前就被海德堡大学授予特别教授职位，这在当时是一个不寻常的程序。他1962年在海德堡大学所做的就职演讲是"黑格尔对法国大革命的批判"，在这个演讲中他认为，黑格尔找出了这次革命的世界精神之灵魂，旨在认可其成就的同时否认这些成就乃革命者之功，或是哲学家和革命者联盟之功。

弗里德贝格也于1962年离开研究所。一直以来他差不多独立维持着研究所的日常运转，而阿多诺总是征求霍克海默的建议和同意，甚至在一些琐事上也是如此。弗里德贝格于1960年在法兰克福大学获得了他的授课资格，霍克海默和阿多诺的第一个学生是靠《车间氛围社会学》[121] 获得此职的。他本来愿意以教授身份参加在吉森（Giessen）的研究所继续以前的研究工作，但是吉森方面提供的条件并不有利，此时他又收到了柏林的邀请，柏林给出的条件非常有利，于是他去了柏林。这样一来，研究所既失去了哈贝马斯——一个有前途的社会理论家，又失去了弗里德贝格——一名专业的经验主义者。

就在这个时候，霍克海默和阿多诺竖起了一座纪念碑，以表明他们对社会理论已有放弃之意。《社会学 II》（Sociologica II）收入了霍克海默和阿多诺的讲话和演讲，也恰好和哈贝马斯的《公共领域的结构转型》于同一年出版。这是他们两人返回德国之后所出版的惟一一本已经完成的合作研究成果。简单的前言试图隐藏某种失望。收入本书的文章"既没有形成统一的理论观念，亦非对一以贯之的研究活动的反映"。霍克海默草拟的前言本来对此做了详尽的解释，但这篇前言并未

---

* τέχνη，古希腊文"技艺"，它并非今天意义上的技艺，按照海德格尔的解释，该词是一个认识概念，表示对任何一种制作和制造之基础的精通，因而包含着"理论"的涵义；πραξιζ，为古希腊文"实践、行为"之意。——中译者注

刊于本书之中。作者所呈现的是"个人观察，而非《启蒙辩证法》构想的那种社会理论"，这可能并非他们这本书传记式选编方式的结果，或是他们自身弱点的结果，原因可能在事情本身的性质、社会的条件当中。"连贯理论总是在其对象的连贯性和不连贯性当中预先假定某些潜在动力可能的实现，而这些潜在动力也总是通过超越主导条件的方式刺激理论观念成为远离纯粹事实的东西。"任何地方也不存在"理性的社会整体"，这一事实也减少了得出结论性理论的机会。霍克海默以某种听天由命的炫耀口吻来结束他草拟的这篇前言："客观形势越不利于不连贯的理论，作者就越要把比他们所能想见的大得多的精力投入到他们的学术职责当中去，投入到讲座、讲演、谈话和学术讨论会当中去。"[122] 而在这段话之前提出的诸如我们不能退回到庸俗实证主义，我们不应放弃"与实现理性人类状况的旨趣密不可分"的思想此类的要求，这样一来就变成了放弃之前的虚晃一枪。霍克海默这里讨论的不是辩证的社会理论的可能性或不可能性，而是某种调和而零散的理论的可能性或不可能性。这是令人惊讶的。

由阿多诺所写的这个版本的序言同样令人惊讶。几个月以前，就在德国社会学协会图宾根会议上发生的"实证主义争论"期间，他还曾作过这样的发言："社会学抛弃批判的社会理论就是认输了（resignatory）：人们对改变整体绝望了才不再敢构想整体。"[123] 然而这是一个暧昧的表述：由于这话出自批判理论代表人物之口，人们必然会认为这话指的是社会学的捍卫者在反对那种满足于搞实证主义的社会学。可是读一下阿多诺为《社会学 II》所写的序言，人们就会产生这样的印象：批判理论家自己都放弃了对批判的社会理论的所有努力。阿多诺为社会理论设计的蓝图的关键之点似乎一直都是：思考邪恶整体以拯救被它所压抑的差异，抓住对抗性体系以拯救被它所扭曲的多样性。然而，现在他的观点则是：

565　　　日益集中的趋势已经简化成了市场供需机制这一假象；帝国主义的扩张通过把市场经济推向其规律统治范围之外的区域而延

长了市场经济的寿命；经济上的干涉主义和计划的条块分割已经渗透到了市场规律运作的区域当中——所有这一切，撇开社会的总体社会化 [Vergesellschaftung] 不谈，总是把社会看作一个和谐的系统而非一个成问题的系统。社会本身日益增长的非理性，在今天威胁世界的大灾难和社会自我毁灭的显而易见的可能性当中显露出来的非理性，与理性的理论是不相容的。总之，理论现在很难继续用社会本身再没话要说这句托词来理解社会了。[124]

阿多诺以如下方式表述了霍克海默曾提到过的挑战：

> 作者念念不忘的是思考社会和体察社会的那种方式，它不形成结论性的理论，也不以教条形式重复自身，它所要做的无非是对显而易见的并因而不自觉地展现自己底色的个案进行观察。思考与理论的关系相当于吃饭的人与面包的关系：理论被思考消耗；思考靠理论养活；理论消失在思考中。

这里既没给"结论性的理论"，也没给批判理论留下地盘。阿多诺明言自己的立场还是以批判的方式思想，这种方式吸收了理论性的东西。他和霍克海默拿出的仅仅只是"对尚付阙如的，或至少是不明晰的社会理论而言无关紧要的旁注"，而不是他们一直以来力图呈现的那种社会理论。为了为此进行辩护，阿多诺出人意料地把他们拿出的这种"旁注"理想化成他们合作的实际目标。尽管以社会体系的非理性为由否定了批判理论，可这种否定就真能充分表明他们两人都想达到的目的吗？霍克海默的前言草稿让阿多诺感到不好处理的地方是其中的一个假设：对理性的人类状况缺乏兴趣将影响到社会理论存在的可能性。

> 对此我们完全可以这样回答，当今社会状况糟糕至极，它正走向大灾难，而且也看不到什么明显的躲避灾难的其他出路，在这种社会状况之中，最可能的兴趣——从字面讲也是每个人的切身利

益——之所在，只能是在某种理论中给这种状况找出充分的解释。在与此相同的程度上人类已经变成了具体主义的（concretistic）人，人类正在等待着救赎的消息。

此外：

> 恰如一个硬币总有两面一样，就世界的目前情形而言，其另一面是：尽管局势的确正趋于灾难化，但它同时也许会在今天或明天引发某些实践活动可能性的复兴，虽说这种可能性在今天还是受到压制。只要世界仍是对抗的世界，只要它本身还延续着矛盾，那么改变世界的这种可能性就会成为一个延续的传统。[125]

阿多诺认为，把现今日益非理性的社会视作"一个连贯的体系"是不可能的，认为它"再没有话要说"也是不可能的。但同样人们可以反对说，这种看法并不能为得出辩证的社会理论是不可能的这个结论提供充足的理由。霍克海默和阿多诺对于他们过分自夸的社会理论实际上很没有把握，这一点使他们忽略了所有超出《社会学 II》序言中那些干巴巴词句的东西。

实证主义争论

尽管霍克海默对哈贝马斯抱有敌意，而且阿多诺也软弱顺从，但他们与哈贝马斯的关系也没有公开破裂。哈贝马斯的声望迅速提高，而且在返回法兰克福——这有赖于阿多诺的支持——接替霍克海默在法兰克福大学的哲学和社会学教席之前，还一直保持着与阿多诺的某种远距离合作关系。

社会研究所的其他同事，如阿尔弗雷德·施密特（Alfred Schmidt）和奥斯卡·耐格特等人，已经在"法兰克福社会学文丛"中出版了涉及面非常宽广的人文研究著作：阿尔弗雷德·施密特的《马克思理论中的自然概念》出版于 1962 年，奥斯卡·耐格特的《孔德和黑格尔的社会理论之间的结构关系》则于 1964 年面世。[126] 然而很早就流露出要发展他自己的批判理论的哈贝马斯此时却卷入了"实证主义争论"之中。这场随后在社会科学史中延续下去的论争源于 1950 年代。在阿多诺看来，这场争论就是 1930 年代在维也纳学派和霍克海默圈子之间开始的论争的继续，当时法兰克福学派和维也纳团体常在法兰克福、巴黎和纽约会谈争论。在霍克海默那篇最著名的文章中，这场争论被描述为"传统理论和批判理论"之间的冲突。哈贝马斯 1962 年 1 月在柏林大学讨论会上以"社会学的批判使命和守成任务"为题[127]发表讲演，此时他比阿多诺更为公开地点出了争论焦点之所在。

一年之后，哈贝马斯把自己早期一系列文章结集出版，书名为《理论与实践》。他希望这些文章可以被看作是对社会科学中理论与实践之关系研究的历史性推进。[128] 他于同年在《见证》(*Zeugnisse*) 上发表"科学分析理论和辩证法：对波普尔与阿多诺之间的争论的补充"。《见证》是为了庆祝阿多诺六秩华诞而出版的一个文集，其版式与"法兰克福社会学文丛"完全相同。[129] 此文或多或少公开地表明他完全站在阿多诺一方。

1961 年德国社会学协会在图宾根举办了一次内部研讨会。会上围绕卡尔·波普尔和西奥多·阿多诺就社会科学的逻辑问题所做的陈述展开了讨论。拉尔夫·达伦道夫这样评论道：

> 无论是在研究方向上还是在理论立场上都显而易见的那些差异——此外还有基本道德和政治态度上的差异，都使得德国社会学领域中的这一代教师之间产生了分歧。这不是什么秘密。经过近几年的讨论之后，有关社会学的逻辑科学基础的讨论似乎成了一种适当的方法，它能使原有的差异愈加清晰地浮现出来，也因而能使这些差异为研究带来许多成果。可是图宾根讨论会并没有确证这一假设。尽管与会者双方，向他们各自声称的那样，都乐意毫不犹豫地采用同一个限定的范围，可总的来说，讨论还是缺乏观点的实

际分歧所应有的那种集中。此外，这次研讨会的大部分来稿都过于固守狭隘的论题范围，所以双方观点所隐含的道德和政治立场没有得到清晰的表现。[130]

"观点分歧"所引发的无非是互相指责对方具有极权主义倾向的各种指控。这种情况甚至在图宾根会议之前的 1959 年于柏林举行的第十届德国社会学会议上就已经很明显了。霍克海默连续撰文讨论"社会学与哲学"，而柯尼希则在一组系列文章中谈论"社会学界立场的改变"。霍克海默强调，如果社会学不关心整体命运，如果它不能履行让"社会按照它的目标"——人类共存之确当形式——"反思自身"，那么社会学就无法"对抗极权主义的世界，这个世界正在从外部和内部威胁着整个欧洲世界"。[131] 柯尼希肯定认为这说的就是他本人，因为他一贯反对霍克海默的这些主张，柯尼希坚持认为这些主张对"纯粹的"、专业的社会学而言不再适用。他于是在自己的演讲中给予回击。他说，恰恰是已经在工厂或办公室里谋到了职位，"盼望着机器开动起来"的那些社会学专家才能成为批判的专家，他们"在真正能有所图的每一个地方——也就是说不仅在含糊的文学领域，而且在他们断定前途看好的每个事实上——都是批判专家"，柯尼希评论道：

> 但是需要对他们使用的批判概念做一番考察。批判不仅仅是对资本主义经济体系的这方面或那方面"谴责"一下的事情，比如把既有现实套入一个模糊的概念。索莱尔 (Sorel) 已经指出这种乌托邦式的攻击方式当其运用于实践之时最终只能导致绝对的暴力和恐怖，因为，用盖格 (Geiger) 的话说，"今日之造反者可能便是明日的独裁者"。还有一种对极权主义的批判隐秘地包含着极权主义，这种批判大多体现在受马克思启发的文化批判当中。相反正如盖格所看到的那样，权力批判只能从完全不同的路向上发展起来，也就是说从经验的社会科学当中发展起来。经验的社会科学能针对现实衡量出独裁者的意识形态托辞，因而其工作方向是真正的"启蒙"。[132]

在玩用现实来反对独裁者的意识形态，反对——更为积极地反对——乌托邦意识形态和造反者意识形态的过程中，"纯粹的"社会学家柯尼希发现自己与当时的专家统治论鼓吹者薛尔斯基以及新自由主义科学理论家波普尔是一致的。薛尔斯基具有"现实主义的社会学[realsoziologisch] 眼光"，支持社会学从公共领域和政治领域向个人家庭和事业领域的退却，认为这是"使社会思想的抽象和图式返归个人存在经验和客观性之本"。[133] 甚至连薛尔斯基也曾经至少在著作的一个章节里谴责过法兰克福理论家们的极权主义倾向。薛尔斯基在 1953 年出版的《德国家庭的当前变革》中写道："武断地反对权威主义家庭的这种意识形态，有意无意地在用官僚权力反对家庭的亲密性以及家庭内部的自然的个人权威。"[134]

在图宾根研讨会上，波普尔和阿多诺彼此亲切叙旧，二人此次都仅满足于扼要重述各自对科学哲学的态度。波普尔受新康德主义和格式塔心理学的影响，于 1934 年在维也纳出版了他的主要著作《科学发现的逻辑》，当时他 32 岁。他从一开始就视自己为逻辑实证主义的反对者。他认为，逻辑实证主义把经验主义和现代逻辑结合起来的方式与对难题可能的理论解决办法进行批判性检验的方式是不同的，表现出了对研究中现实问题的深刻把握。批判路向和可证伪性，即运用批判性讨论以获得对难题可靠但绝非最终的解决办法的方式，在波普尔看来乃是自伽利略以来现代科学家们一直实践着的典型批判方法，这一方法也可移植到历史学和政治学之中。

在他提交给图宾根会议的论文中，波普尔再次提醒社会学家要当心"科学主义"。所谓"科学主义"就是指"对自然科学方法的误解"以及"自然科学方法的归纳神话"在社会科学中的移植。相反应该移植过来的则是他的批判科学哲学。具体而言，这意味着要以经济学为特定模型，因为经济学这个学科长期以来较其他社会科学具有更完美的形式性，一直提供着对社会现实特别有力的抽象。波普尔认为经济学实践着"客观理解的方法，或情境逻辑"。[135] 在这里，理论对"客观地合乎情境"的行为的重构得到了详细阐述。这类理论重构是理性的，适用于经验批判的，因而也是能予以改进的。出于情境分析的目的，个人的愿望、动机和记忆等等必须被转化为客观目标和客观形式，从而使个人的愿望、动机和记忆等适用于这个或那个理论、这种或那种信息。理解意味着寻找既定行为的情境逻辑，后者使得科学家能够说，"如果我有相同的目标、理论和信息，我就会以完全相同的方式行动。"因此这不是对主观愿望与客观限制、主观思想与客观条件在社会行为中相互关联的方式进行研究的问题，而是把主观因素转译为与自然科学研究的现象相类似的因素的问题。然而，这一转译程序在波普尔批判科学哲学框架之内如何可能，依然相当模糊。

波普尔强调理论的第一性和经验研究的纯粹矫正功能，因而他似乎比那些真正的实证哲学家更接近于批判理论。但从伽利略到爱因斯坦的自然科学知识进步的历史事实才是他所有哲学反思的出发点和批判标准。他还把以实验或测试和理论或系统演绎双管齐下为基础的自然科学经验和分析方法等同于科学理性本身。但他也承认现在尚不能由经验证明的假设的可能性，这表明他更重视自然科学的不断进步性。

阿多诺并打算对他们各自的立场进行系统比较，也不打算以对波普尔的立场做内在批判的方式阐明自己的立场，他只是列出了一系列要点以表明波普尔的科学哲学实际上是把批判理论当作非科学而予以拒绝的。波普尔的科学哲学不认为仅仅依靠与充其量不过是临时性的社会总体概念保持持久联系而得出的那些个别的观察会产生多大的价值。它不认为非演绎性理论可以成为理解矛盾的、对抗性的社会的适当方式。它否认个人的经验会比正式的、有组织的科学体系所确定的结果更准确。波普尔的科学哲学还对如下一种见解——社会学评价不仅不能被内省型知识中立化，相反这种评价从某种意义上可以构成知识——持否定态度。阿多诺在他提交的第二篇论文的结论部分争辩道，"对社会现实矛盾性的体验并不是某种武断的出发点，严格说来它更是最初构成社会学可能性的动机"，他还说：

社会学抛弃批判的社会理论就是认输了：人们对改变整体绝望了才不再敢构想整体。但如果社会学随后希望致力于理解那些确凿的事实和数据以服务于存在者的话，那么，在不自由的条件下，这样的进展却将日益贬低那些让社会学自认为战胜了理论的细致见解，使它们彻底变成琐碎无益的东西。[136]

波普尔和阿多诺两人都主张去体验社会的矛盾性；但他们对这方面的体验和反应却是从不同方式进行的。在讨论中，阿多诺承认他自认为社会现实已经迫使他回到了左派黑格尔主义的立场。[137] 人性和现实情形让摆出"好像在明天就能改变世界"架式的每一个人都成为说谎者。在这一点上波普尔批评他忍受着必定是从源于过度扩展的乌托邦和革命希望的破灭产生的"悲观主义"。[138] 相反，像波普尔这类相信自己什么也不知道但也没什么渴望的人，却能成为一名乐观主义者。正是在这一点上，争论达到了典型的对峙状态。波普尔提出的观点是人只能做可能做的事情，同时表明他与阿多诺在更理性的社会这一理想上是一致的，但他认为这种理想是某种不可能存在的东西，但人必须予以期待以便达到它可能实现的程度。他指责自己的对手将不可能的东西表述为理论上可能的东西：阿多诺即便不是一名鼓动造反的乐观主义革命者，也是一名绝望的反改良主义者，散播着对社会主流状况和那些真正可能的东西的不满，结果却采取了一种听天由命的形式，而这将产生难以估量的后果。

哈贝马斯的方式则与阿多诺完全不同。他之所以能以不同的方式继续争论，原因在于他的思想与阿多诺的思想，与霍克海默圈子的其他理论家们的思想大相径庭——这一点至少现在已经很清楚了。哈贝马斯在某种程度上能将内在批判方法用之于波普尔，而阿多诺只是并不经心地尝试过这种方法。作为研究批判的公共领域和政治伦理活动意义上的实践问题的理论家，哈贝马斯对待波普尔及其实证主义批判的方式基本上与马克思对待自由主义的方式相同，就是用资产阶级公共领

571

域观念来反衬非资产阶级公共领域的实现所需要的社会条件。哈贝马斯接受了波普尔关于科学客观性应建立在批判的、理性的讨论之上的思想，并将其与人们之间交流时进行自由对话对"理解理性"(comprehensive rationality) 的需要相比较，倘若自然科学中的知识进步模式被抛弃，这种对于"理解理性"的需要就可以成为波普尔所持的那种观念得以实现的可能性条件。[139]

　　逻辑经验主义或新实证主义，已经形成了这样一套观念，即科学只应专注于科学操作而无须关心是否产生了真正的科学发现。与此相一致的是科学发展基本上是由科学自身内部所决定的这种直到 1960 年仍占优势的观点。这样的理解把科学当作了由客观知识构成的非历史的、非社会性的"世界 3"(波普尔语)，其内部结构与发展只服从于逻辑。波普尔扩展了这种观点并将科学进步问题置于最显著的位置，尽管这一做法受到"证伪关系"的限制。所谓"证伪语境"是指，从错误原则这个基础出发，对理论假设进行认识论的、逻辑的考察和实验的检验，以便最大程度地接近真理。但波普尔对"发现关系"，对心理因素和社会经济因素的外在影响则不予考虑，断定这些无关乎科学发现的逻辑。哈贝马斯在海德堡期间曾根据他的朋友卡尔－奥托·阿贝尔 (Karl-Otto Apel) 的建议对美国实用主义者进行过研究，而且尝试着把他们的工作评价为实践哲学的某种民主的、美国式的变体。哈贝马斯采取了如下步骤。他将波普尔的科学哲学看作实证主义哲学自我批判的第一阶段；进而他借助于某种实用主义观点把自然科学中的发现模式引入比波普尔所构想的关系还要普遍的关系之中，从而使第一阶段激进化；最后把波普尔提出的批判的、理性的讨论的思想纳入他本人勾勒出的实证主义观念之中。他为波普尔科学发现的逻辑提供了实证主义辩护，从而为辩证类型的研究之逻辑基础和实际基础留出地盘，最终给已经被逻辑经验主义和波普尔的批判理性主义绝对化了的技术唯理论加上了文化限制。

　　在对以经验检验方式构成的科学哲学进行分析的过程中，又出现了所谓的"基础问题"，这个难题就是逻辑经验主义曾指出过的，基本的感觉材料不能被视为某种直观或直接的自明性的东西。波普尔曾提议把他的理论可测验度标准运用于"基础陈述"，当作对这一问题的可能的解决办法。某一基础陈述是否有充分的经验根据，可以由共同参与证伪某特定理论的所有观察者暂时但总是不断调整的多数赞成而得到断定。但是，多数赞成必然以期待行为的社会标准化形式为导向。在哈贝马斯看来，实验条件的特性和假设性规则的特性（有条件地对显著行为的预测）都意味着可以从实证主义方面理解波普尔所分析的发现步骤，也就是说，意味着可以把发现理解为社会范围内劳动活动领域的组成部分。

> 如果我们将研究过程看作社会制度化的诸多活动——社会群体就是靠这些活动维持他们本质上就不稳定的生活——组成的广泛进程的一部分，那么就根本不会出现所谓的基础问题（basis-problem）。因为，基础陈述的经验有效性不再单单来自个人观察的经验根据，而且还来自对于信念领域的各种个人看法的早先综合——这些感知都是毋庸置疑的，而且能以广泛的根据来证明自己。这种情况在实验条件下才会出现，而实验条件严格来说，模仿的是那些已经自然内置于社会劳动制度当中的对于行为后果的控制。然而，如果经过实验检验过的类似于法则的种种假设的经验有效性，在这种情况下源自工作过程这一背景，那么，严格意义上的经验科学认识也肯定接受通过相同的劳动生活参照对自己做出的解释——即，科学认识是一种活动，一种对自然的具体统治。[140]

然而在哈贝马斯看来，在作为一种活动的劳动这一基础之上，存在着使客观过程成为可理解的过程的兴趣。经验分析型的研究也因而必将以这类兴趣为导向。哈贝马斯认为，只有这种技术型兴趣才能说明该种科学的规范力量——这种规范力量既被新实证主义又被批判理性主义等同于科学理性，并因而被他们说成是原则上价值中立的。所以，哈贝马斯用人类学论据来解决关于科学的价值中立问题的争论：经验分析型科学成了社会再生产的一个构成要素，它们对于社会再生产的特有功能实际上也就是它们可能性的条件。因此，哈贝马斯展现的是为实证主义型科学——或更确切地说，是实证主义科学哲学为之进行过大量精细说明的那些科学——提供的一种先验—实用的（transcendental-pragmatic）基础。

573　但是对于哈贝马斯对实践行为的科学方式的可能性、对理性实践的相关认识、对有关目标和意图的理性共识、对历史过程的实践控制等的辩护而言，这有什么好处呢？

首先，经验分析科学所谓自己垄断科学理性和客观性的断言，被那种认为它们具有价值中立性的观点给驳倒了。它们也有客观的生活参照（life-reference），但由于客观的生活参照在世界里太显而易见了，以至于科学和科学哲学家都对它视而不见。这种健忘在技术性认识兴趣方面表现得更为明显，这一事实可以通过资本主义现代化的种种后果得到解释。

> 就交换关系也影响工作程序并使生产方式依赖于市场这一点来说，对社会群体圈子起构成性作用的生活参照物——即人与物、人与人之间的各种具体关系，已经被撕裂成碎片……一方面，正是在交换价值中，实际上投入的劳动和消费者可能的享乐都消失了，另一方面，社会生活参照的多样性和以认识为导向的兴趣之多样性，亦迷失于那些主观化价值品性外表被剥除之后还依然存在的客体之中。这就更容易排除那种不知不觉中占优势的特殊兴趣的控制，从而有助于功利化的进程，把自然世界和社会世界合并到劳动过程当中，并将它们转化成生产力。[141]

在资本主义的早期阶段，理论和技术就是这样结合成自然科学的。

经验分析科学再也不能依据它们所宣称的对于价值中立和科学客观性的垄断来搪塞它们运用于社会领域所遇到的种种困难了，再也不能说不存在科学的替代方案，再也不能说对出现的难题的解决只是个时间问题了。因此，至少已经产生了一个空隙，可以向其中引入某种不同类型的社会科学。这种新型科学免却了经验分析社会科学的某些根本困难。比方说，即便无法区分出手段—目的关系并以之作为人类行为的解释模式，它也不会茫然无措。相反，可以证明的是，手段也许是充满价值的，而目的则可能暧昧不明，只有在更大的社会语境之中才能得到理解。倘若如此，就不能以这种不同类型的科学不具有价值中立性为由而摒弃它。相反，可以进行一种尝试，在某种可替代的、"在先验层面可假定的参照系"之中建立辩证类型的社会科学。

这种参照系不同于对客观化过程进行技术控制的领域的那个参照系，它的特征几乎不能那么精确地得到表现。哈贝马斯通过对这一参照系的界定，旨在获得一种适合先验—实证主义的或认识论—人类学基础的人类形成过程的概念。在回应波普尔的学生汉斯·阿尔伯特（Hans Albert）的文章时，哈贝马斯把他所积累的各种理论资源汇总为对作为整体的社会过程的原创性和综合性的描述，同时这一描述也紧扣论争主题。他的理论资源包括罗特哈克尔的"生活方式"理论、盖伦的"活动领域"理论、伽达默尔作为交往性存在的人之基础的"对话"理论、胡塞尔的生活世界与科学之关系理论、阿多诺和霍克海默的批判理论、薛尔斯基和里特尔等人的被科学所破坏的文明中各类科学所扮演的角色理论、汉娜·阿伦特的理论、技术与实践间关系理论、弗洛伊德的作为自我反思治疗法的精神分析理论。在对阿尔伯特的答复文章的最后一部分，哈贝马斯写道：

> 在作为严格行为科学的社会学中，与社会群体自我理解相关的问题是无法明确说明的。但这些问题并不因此而无意义，对它们的讨论也不会停止。这些问题在客观上源于如下事实：生活再生产不仅提出了在技术上可解决的问题，相反，它还包括与目的理性对手段的使用相应的适应过程。社会化的个体只有通过群体同一性才能持存，而群体同一性与必须不断构成、破坏、再构成的动物社会是完全不同的。只要社会群体还以与它们所包括的个体保持极

不稳定的平衡这种方式来调节它们的新陈代谢，那么这些社会群体就只有通过对自然环境的适应过程，通过对社会劳动体系的再适应而保证自己的存在。每个人在其生命历程的危机之中，都重复着同一性即将失去和口头交流不畅的这类经验。可是，这类经验并不比人类历史上的集体经验更真实，后者是社会总体主体在面对自然时为自己塑成的。与这个经验领域有关的问题，由于不能通过在技术上可利用的信息而得到解决，因此无法通过经验分析研究来解释。然而社会学自具18世纪产生伊始便试图讨论这些问题。在这样做的时候，社会学就不能不采用以历史为导向的解释；同样，很显然，由于受制于这些问题加之于它们自身的难题，社会学也不能回避交往的形式。我指的是一种辩证的交往情境网络，个体在这种网络中在物化（reification）和非定型性（formlessness）的各种危险之间发展起他们脆弱的同一性……在对于意识的评价当中，同一性问题将自身既呈现为一个生存的问题，同时又呈现为反思的问题。辩证哲学以前就是从这里发展而来的。[142]

在这一切的背后存在着一个乌托邦的最初版本，它是哈贝马斯提出的一种从政治公共空间的发展中产生的关于统治的简化和理性化观念的人类学变体，包括一种被科学促成的对于"全面理性"（comprehensive rationality）的复原，以及"用日常语言的自然解释学来说，这种理性就像它过去那样，仍然在自然地起作用"。哈贝马斯所说的日常语言的自然解释学是指，日常语言乃是使自我反思成为可能的一种中介：在必要之时，日常表达总能用日常语言来解释。哈贝马斯说，作为言说主体，"我们总是发现我们自己处在导向达成同意，并因而导向理解理性的某种交往当中"。[143]

1965年夏，哈贝马斯作为接替霍克海默的继任教授发表了"认识与人类旨趣"的就职演讲。这个演讲表明他最终在与实证主义的冲突中采取了攻势（哈贝马斯和阿多诺都还使用"实证主义"这个概念，这并不是由于他们无视科学主义阵营中的变化与进步——这一阵营仍把科

575

学研究的当代统治形式视为绝对，而毋宁说是为了保留一个普遍性概念，以明确指出所有立场所共有的核心因素）。哈贝马斯自觉地将自身置于法兰克福学派传统之中，自信地说他再次在一代人之后继续了传统理论与批判理论之差异的这个论题，该论题曾是"马克斯·霍克海默最重要的研究对象之一"。就职演讲概述了"批判的科学哲学"，[144] 后者揭露了科学实证主义理论要求占据各种各样的科学范畴的命令，同时运用一系列论点要求不但终止科学实证主义的侵占过程，而且试图提出自身的反侵占。

在美国，科学间的划分通常就是自然科学、社会科学和人文学科的区分。薛尔斯基在1963年关于德国大学理念与结构及大学改革的研究著作《寂寞与自由》（*Loneliness and Freedom*）中，也把德国和现代欧洲的科学发展及其学院架构分作这三个部分。[145] 在洪堡改革之后的那段时期，自然科学 [naturwissenschaftliche] 科系已典型地从哲学科系中发展出来，而哲学科系也因而成了只包括非自然科学学科的"人文学科" [geisteswissenschaftliche] 科系，但"人文学科"不包括医学、法学和神学，它们作为非品格教养型的认识形式（nicht-bildende Formen der 576 Wissenschaft）独立发展出各自的科系。经济学、社会学、政治科学等等学科继而从人文学科科系中发展出来，或者与人文学科相平行地发展起来，构成了社会科学的综合体系。进而，例如在美国，就发展起来了自然科学、人文学科和社会科学的三层架构。然而与美国不同的是，对德国学院体系的这种解释掩盖了科学能够提供品格教养（Bildung）意义上的教育这种理念的衰落史，而这种理念一度体现着德国唯心主义和洪堡的大学改革的特征。起初，数学和自然科学也都被视为品格教养型科学，因为在亚历山大·冯·洪堡（Alexander von Humboldt）看来，它们仍是与被心理内在力量推动并激活的自然整体相关的。[146] 狄尔泰令人难忘地在人文学科中复兴了品格教养这一教育理念，但这一观念在惯于把历史与传统变为陈迹的历史主义的影响下已是明日黄花。当各门社会科学依次形成新体系的时候，它们从未认为自己具有品格教养的特性。如果说它们宣称自己具有实践相关性的话，那么这种相关性仅与管理性事务有关。

汉斯·弗赖尔在 1930 年代出版了《作为一种现实科学的社会学》，该书尝试提出一种具有哲学基础的社会学体系。弗赖尔也是惟一一位赋予社会学以保留作为品格教养的教育这样一种特殊职能的论者。社会学的职能便是提供"社会现实的科学性自我发现"，"事件通过人类意识的自我发现，人类在生存上便属于事件"。正是哲学基础和逻辑分析帮助社会学抓住它的根本任务，即"理解、解释、积极介入生活"[147]的任务。虽然弗赖尔把康德对于自然科学、历史与社会学的可能性条件的探讨作为先决条件，但他自己的答案却并非康德式的。

弗赖尔本人这样给出他本人的答案：他将"有意识的求知意志"、某种"明显的认识态度"视为认识形式的科学品质的先决条件。他依据对对象的三种不同结构类型和这些对象与生活之间的三种不同关系区分出三种认识态度类型：

> 人希望生活在大地之上，他希望耕作土地，也就是说，希望把大地归入人类的创造之中。若没有这种关于意志——即在最广泛意义上而言的技术意志——的相当原始的事实，自然科学的认识态度则是不可理解的。哪些要素构成了复杂的自然过程的那些因素，何种规律支配着这些过程，它在自然过程当中的存在将能够从既有情境 A 中创造出特殊情境 B 的物质系统有哪些类型——所有这些问题都代表着隐藏着的自然科学发现之方向，并决定着自然科学所有概念的发展。这种认知态度并不意味着出于实用目的各种动机的介入，相反此种认识态度由认识对象本身所决定，由人与对象间活生生的关系所决定。可以肯定的是，现代西方科学却以特别极端和肆无忌惮的方式贯彻了这种对自然的进行暴力考察或预谋考察的社会思潮，其目的是一步一步地对自然实施支配。但从另一方面来看，自然科学中这种历史的思想方式，我们所习见的并认为天经地义的这种思想方式，其基础也是事物本身所决定的普遍有效的认识态度。[148]

577

对于理解和内心接受的认知态度，是与重要的心智构造相对应的。对于现实的自我承认（self-recognition）以及企图改变社会的自我承认的认知态度，则与正在发生的历史相对应——也就是说，与人类本身在其生存之中所属的重大事件相应。

（1945 年之后，弗赖尔为社会学所铺设的基础终于归于沉寂——他的这本书仅在 1964 年才首次再版。之所以如此，是因为他像海德格尔一样，最初认为纳粹运动有可能复兴存在，尽管他对纳粹有所保留，但他从来没有表明自己与法西斯主义是保持着某种距离的，即便 1945 年之后也是如此。但既然海德格尔的《存在与时间》不曾被人忘却，那么在同一个环境之中，弗赖尔也应被人所记起，他曾是那么自信，并不无充分理由地在他的书中把"德国"或"欧洲"社会学与"美国社会学"相对立，并对那些把"让我们成为美国式的！"作为座右铭的社会学方法予以猛烈地嘲讽。然而，在战后的联邦共和国这种态度根本没有立足的余地。）

哈贝马斯知道弗赖尔的著作，而且来自批判和保守两方面的激发因素都可以在哈贝马斯对于批判社会学基础所做的思考当中得到融会贯通。当哈贝马斯再次着手处理批判的科学哲学之时，他紧密联系该领域的最新发展，而他的概述也更具现实性，较之于他的前辈也更具吸引力。这次概述在随后的几年被扩充为《社会科学的逻辑》和《认识与人类旨趣》。

哈贝马斯主张，研究过程中这三个范畴一方面涉及逻辑规则与方法论规则之间的特殊关系，另一方面则涉及认识论旨趣，这一点是可以证明的。在经验分析型科学当中，被许可的验证体系之逻辑结构和适用的检测条件类型都意味着，对现实的把握基础乃是以客观化过程的技术控制为导向的旨趣。在历史和解释性科学中，理解意义和阐释文本的方法论框架，以及将传统应用到某个人自身与这些因素密不可分的处境的尝试都意味着，对现实的把握基础乃是以保存并扩展可达成一致同意可能性的、指向行动的主体间性为向导的旨趣。而就以批判为导向的科学而言，其方法论框架——由客观化的研究程序或法理性知识和一种理解的方法构成——则意味着，对现实的把握依据一种对表面客观但实则可变动的依赖关系的消解为导向的旨趣。客观性的先验框架和可能性条件在第一种科学中由对技术的认识旨趣所决定，在第二种科学中由对实践性事务的认识旨趣所决定，而在第三种科学中则由对解放的认识旨趣所决定。对科学的实证主义理解歪曲了我们对这些先验认识旨趣的看法。这样一来，自然科学就可能被误解为这样一种纯粹理论，它仿佛不是为了获得对自然的统治而形成的，而仅仅是为了做出客观的发现。同时人文学科可能陷入历史主义的实证哲学之中，而社会科学则会僵化为社会技术学。

在哈贝马斯看来（他的出发点是康德），科学与世界关系的这些先验条件源于经验条件。它们的基础存在于"人类的自然史"[149]之中，而"人类的自然史"通过劳动和语言而得以延续，并被权力关系塑形。哈贝马斯说，人类作为语言的存在正是从自然之中成长起来的。而语言结构乃是对解放的某种预期。对于作为语言存在的我们来说，在自律与责任之中先验地认识到某种旨趣是可能的。"我们的第一判断往往毫不含糊地表达着普遍而不受约束的多数意见"。语言是"理性"形式同时也"是理性意志"的具体化。在被解放的社会中，统治将消失，人与人之间的社会关系将由"某种非权威的、普遍实践的话语"构成，而自然也将任凭人类的技术支配。[150]

哈贝马斯的这一概述和他以往的表述一样都是规划性的，这个概述看上去指明了从实证主义中挽救科学的道路。说到自然科学，哈贝马斯在这里从皮尔斯和波普尔那里汲取教益；在人文学科方面，他则受益于狄尔泰和伽达默尔；而在谈到社会科学时，批判理论和西方马克思主义是他的主要资源。这种阐释科学的特殊方式似乎由于其先验—实证的演绎而更具深度。它谈论经验的和分析的科学、历史的和解释的科学和批判的科学——而不是简单地谈论自然科学、人文科学和社会科学，它在社会科学领域中的规范性认识同可以借此规范性认识而产生的反思程序之间做出区分，所有这些似乎都使哈贝马斯的科学哲学的方法

579

和研究领域都不是肤浅地从外部强加的，也使他的科学哲学没有把注意力仅仅集中在学术组织的那些偶然形式上。历史的和解释的科学以及批判的科学这些概念也似乎为他提供了基础，此基础正是构想终极目标和实践的政治活动领域中的理性化所必需的。较之于"被实证主义分开的理性主义"而言，这种批判的科学哲学的蓝图似乎论证了一种完整形式的理性主义，包容了社会——文化结构的特殊理性化。语言中包含着作为人类存在条件的理性思想，这种假设似乎也为独立于历史传统的社会批判创造了某种标准。这就是哈贝马斯借用海德格尔和伽达默尔的观念——人是语言存在，所有说着同一种语言的言说者都共同栖居于此种语言之中——而得出的结论。

然而哈贝马斯的概述在多大程度上是令人信服的呢？他的假设立刻招致许多质疑。[151] 用这种科学哲学反思各种现代科学（它们的形式被实证主义的误解所扭曲），用它去发现人类再生产的先验结构——即为处理外在自然、内在自然和社会环境提供完全有效标准的那种先验结构，这是可能的吗？自 16 世纪以来在自然科学、劳动和技术领域已经发生了急剧的变化，以至于无法想像人与外在自然的关系的先验结构只是由同一种认识旨趣构成的，难道不是这样吗？难道 17 世纪不曾经历过某种特定的技术形式、某种对外在自然的特殊关联方式——其他在质上截然不同的关联方式与之共生共存——取得决定性胜利的开端么？那种质上完全不同的关联方式之所以不同，并非因为它隐藏于文化面具之下，而是因为它既把自然看作在技术上可利用的因果网络，而且同时也将其视为一种需要理解的过程，而理解者本人也处于这一过程之中。在资本主义条件下取得发展的劳动工艺能被视为社会物质再生产的范例模式吗？它真的代表劳动本身，即摆脱了文化面具的劳动吗？——或者说就是它扭曲了劳动形式吗？

哈贝马斯为什么不承认他想"引入某种新'方法'而与已完善发展的社会科学研究方法相抗衡"呢？[152] 与类似规律性的互动关系相关的信息在其所影响的意识之中形成了某种反思过程，如果这一点乃是批判的社会科学的真正关注所在的话，那么已完善地发展起来的已有社会科学方法将会在某些领域发生改变而在其他领域得到补充。如果把社会科学中的认识建立在以理解为其必需的解放旨趣之上，而这样一种基础为此类科学提供了它所特有的客观性形式的话，那么数据收集的方法就不得不尽其可能地考虑如何开动自我反思的过程——这一点与霍克海默和阿多诺在开始反犹主义研究计划时所考虑的一样，尽管他们的思考尚未上升到方法论原则的高度，也没有把他们对此的思考继续下去。[153] 至少在一项研究的最后阶段，批判的社会科学家是会把他的"实验主体"当作他所期待的样子来面对的——至少当这些"实验"主体在批判的社会科学家本人的标准衡量之下都是些社会自然形成的种种限制之下的受苦人时，总会出现这种情况。所以，仅限于呼吁社会科学家在自我理解方面改变自身是不够的，同样在另外一方面仅仅希望得到恢复的批判性公共领域将在某一天使得科学研究结果融入社会的生活世界视域也是不够的。

霍克海默一方面与阿多诺、另一方面与哈贝马斯在他们的基本论题和对理性社会与好的生活的理解之上产生的差异，可以解释另一个问题。哈贝马斯所写的大部分东西都对从阿多诺和霍克海默那里得来的思想进行了明确表述和体系化。即使在这种情况中，他的表述口吻也是不同的，这并不是仅仅因他们对学院制度或西方民主制度的不同态度所造成的结果。霍克海默1958年在信中谈到哈贝马斯"对马克思和马克思主义的哲学讨论的综述报告"一文时已经触及了他们根本论题之间的差异：

> 有这么一种现象，它认为自然，认为在"青年马克思"那里的这一原则，即在"历史唯物主义这一革命学说的框架内"批判地对待每一个对象——"当然也包括自然"都必定是可能的这个原则，不仅是无意义的，而且只不过是对夸大了的自由概念的简单颠倒，因而它最终把自然当作纯粹的支配对象、当作新陈代谢方面，或者如哈［指哈贝马斯］将其与生产性劳动对举时所说的那样，作为"人类的自然变换"方面而排除到和解之外。在哈看来，只有对人

类的统治才能被算作"妄语",而由个体所产生的对一切造物的掠夺性暴力则不是。[154]

这的确点出了哈贝马斯的典型思想。他认为如果对自然的盲目限制不再扩展为人对人的统治的话,如果相反人类作为有言说能力的存在摆脱统治而自由联合,而且同时比以往更为成功地控制自然的话,那么向自己提出要求的启蒙形式还是可以实现的。在一篇为纪念阿多诺六十华诞而发表于《法兰克福汇报》的文章——"哲学化理智"——中,哈贝马斯对《启蒙辩证法》提出批评,他指出《启蒙辩证法》在那些最隐晦的段落中向没有压抑就没有文明的这种反启蒙立场做出了让步。[155]在霍克海默和阿多诺那里,在霍克海默的叔本华主义形式当中,在阿多诺的性乌托邦和无政府主义当中,浮现出来向某种难以名状的向自然投降的主题。哈贝马斯在这点上与波普尔一致,指出在霍克海默和阿多诺两人的思想中都存在着某种悲观主义,它根源于与自然和解的那种夸大了的思想之中。而哈贝马斯使语言作为可能的乌托邦的基础,从而断言有关对外在自然——我们当然无法与这外在自然对话——的"压迫"的说法都是对常规和普遍不可避免的事态的非精确表述;他还说,有关解放、通过不受约束的交往而解除统治性的社会关系的观念,将会成为固化于语言结构之中的某种规范性潜能。内在自然与外在自然之间辩证法的难题,也是使得《启蒙辩证法》的两位作者一次又一次地陷入含混和矛盾之中的难题,被哈贝马斯打发掉了,哈贝马斯提议与自然和解的思想应被解放的理念所取代。

哈贝马斯在法兰克福的就职演讲当中,谈到了自然的诱惑力,即以力比多形式存在于每个个体当中并要求乌托邦式满足的那个方面。个体的这类要求被社会体系所采纳并被转化为好生活的社会定义之一。但内部自然和外部自然不是同一种自然的两面吗?对理智而言能长期地使二者分离么?如果不把与外在自然的力比多关系考虑进来,难道能只把力比多这方面纳入好生活的定义吗?与外在自然的纯工具关系维持不变,但同时这并不使人对内部包含自然的所有事物——包括心灵——的行为方式产生影响，是可能的吗？形成工具行为和交往行为分界标准的语言能力这一概念应用于动物世界是不是成问题呢？进一步区分的必要性在这里不是显而易见的吗？承认惟一的出路就是与自然交往，或者说就是通过现代自然科学和技术对自然进行控制，然后又强调后者才是惟一的选择，但还坚持着解放的观念，这也会造成被这种理论本身斥为夸大的那种思想。

还有另一个人物，在其核心论点上更接近霍克海默和阿多诺，而不是哈贝马斯。此人便是恩斯特·布洛赫。他的声望在 1960 年代日渐提高，1965 年 1 月他在法兰克福大学做过一次题为"实证哲学、唯心主义和唯物主义"的演讲，吸引的人群蔚为壮观。[556] 但阿多诺与布洛赫之间的关系更多体现出来的不是任何意义上的盟友关系，而是某种相互轻视的关系。布洛赫把阿多诺视为一名背叛了的学生。而阿多诺也反对布洛赫，因为他认为布洛赫的哲学探讨具有一种任性的、"狂暴的"风格。而且阿多诺还不能接受布洛赫把"希望"拔高到原则地位的做法，不能接受他在 "natura naturans" ——具有主体身份的、无法被反思的"自然"——这个提法中包含的顺从自然的观念。布洛赫一生都与学术体制和哲学与科学哲学中流行的争论保持着距离，未曾关心过实证主义争论和海德格尔批判之类的论战，也可能是这一点使他与阿多诺不同；布洛赫像一块巨石般矗立于学术圈和知识界，正如哈贝马斯所描绘的那样，他是"马克思主义的谢林"。另外，阿多诺的确害怕与"共产主义者"布洛赫保持联络。布洛赫那时已经成为一名斯大林主义者，支持莫斯科的公开审判，认为这是捍卫世界上惟一的而且是处在威胁之中的社会主义国家的必要举措。

因此，说到底没人比哈贝马斯在理论和政治争论方面更接近于阿多诺。

保守主义争论

阿多诺的《本真性的行话》出版于1964年，这是他1960年代最成功的著作之一：书名很快就成了流行词。紧跟着阿多诺又在1966年出版了《否定的辩证法》，此书第一部分就是对海德格尔存在论更为哲学化的讨论。在这段时期内，阿多诺的精力全部集中于海德格尔，而哈贝马斯此时则继续与实证主义科学哲学进行更激烈的论争。哈贝马斯比阿多诺更为激烈的地方在于，他要对抗的是薛尔斯基和盖伦这些明确反民主派的实证主义代表，这一反民主派认为自己不属于启蒙传统，而是属于反启蒙传统。

薛尔斯基、盖伦和弗赖尔都是保守的文化批判者。就他们作为实证主义者而言，他们的立场代表了对待现代文化和工业文化本身的某种工具主义的、蔑视的态度。哈贝马斯早在他给社会研究所的项目《大学与社会》第一部分写序言的时候，就提到过薛尔斯基在其《性社会学》中为反启蒙所做的公开辩护，并对年轻保守主义者的立场进行了总结。583他说，实证主义已经丧失了其先进性并转向保守，

> （它）实际标出了处在"老派"保守主义和"新派"保守主义之间存在的一个鸿沟，他们虽然批判地理解现在，但同时却又回望遥远的过去，或者说回望他们所推测的过去，他们明确地支持主流现状，只使用测量和量化的方法，并宣称自己是既怀疑又务实的，这一点就使"新派"保守主义和"老派"保守主义有了区别。这些保守的实证主义者听任他们自己被"现实主义"所指导，而这种"现实主义"正是保守思想一直引以为荣的东西。在我们所处的这样一个时代，即权力在其中总是存在的这样一个时代，总有某种听上去合理的"权力意识"——特别在德国历史学派更加明确了这种"权力意识"之后——被当前主流环境给煽动起来，并因此乐意放弃那

些过去的、被美化的关于权力形式的标准观念。[157]

自 1950 年代以来，与"纯粹的社会学家"勒内·柯尼希（他 1958 年出版的《社会学词典》[158] 截至 1960 年已售出 10 万本）同时代的那些青年保守主义者，已经成为法兰克福社会研究所最有成就的竞争者。这是事实，不但体现在学院政治方面，而且体现在出版领域和他们对于非学术领域产生的冲击上。薛尔斯基的《性社会学》作为"罗沃尔茨德国百科丛书"（Rowohlts deutsche enzyklopädie）平装丛书的第二卷于 1955 年面世，至 1957 年已售出 1 万册。(薛尔斯基本人是这套丛书的国际顾问董事会成员，他的这本书是一本面向普通公众的高质量著作。直到 1968 年和 1969 年，阿多诺才在这套丛书中出版了自己的《音乐社会学导论》和《新音乐的神经元》。[159]) 1957 年，在同一丛书系列中出版的另一本著作《科技时代的精神》是由薛尔斯基的朋友和以前的老师阿诺德·盖伦所著，此书截至 1960 年就已售出 4 万册。[160] 而由欧洲出版公司小规模出版的那些社会学研究著作，根本无法与这种情况相提并论。《社会学附论》作为"法兰克福社会学文丛"的第四册出版于 1956 年，是运用一系列"思想模式"讨论个体概念和个体领域的新风格的社会学导论。[161] 但此书第一版印刷的 3000 册在 5 年多的时间里都没有售完。阿多诺所写的书直到 1960 年代在销售方面也没有取得明显的成功。只是到了 1963 年底，阿多诺的《棱镜》（Prisms）一书发行了 25000 册普及平装本（他的书第一次发行这么多）之后，阿多诺才能庆祝销售上的胜利，正如他写信给克拉考尔所说的：与第一版印行 1 万册的《批判九型》[162]（"舒尔坎姆普"丛书第十卷）一起出版的《介入》，都已售出了 18000 册，他想什么事情都有可能。

584　　　　三位保守主义批评家当中最年轻、最少妥协是薛尔斯基，他的著作把目标瞄向了范围更广的公众。薛尔斯基的著作由于很少关注方法论和认识论，也摆脱了专业限制和数学—统计的枯燥，所以可以称得上是大众实证主义。薛尔斯基把自己标榜为务实博爱的代表，标榜为德国战后现实和确立新方向所必需的反意识形态需要的倡导者，反对同代人

从华而不实的理想、从好为人师者关于意识和自我反思的主张出发所
提出的过分要求。

与弗赖尔和盖伦一样,薛尔斯基的反启蒙立场为他赋予了一种理
解启蒙辩证法的精明方法。后来被马尔库塞抨击为压抑性去升华(re-
pressive desublimation)的东西,薛尔斯基在《性社会学》中已经相当尖
锐地揭露了出来。

> 对于我们时代是否真正显现出一种高度色情化的争论一直存
> 在。有些人认为高度色情化体现在现代广告和宣传中无处不在的
> 色情影像中,体现在杂志、电影、流行歌曲、广告电视等媒体对于
> 性刺激最大限度的坦率展现当中。然而这是否就体现了色情化这
> 一问题,在我看来这似乎无法切中以下的现实,即这些带有现代大
> 众传媒恒定压力的色情形象和俗套,减弱了个人自身的性幻想机
> 能,使其达到了实际萎缩的程度,并因而抑制了它。[163]

他对通过教育传授陈词滥调,或者通过增强意识感剥夺意识等现象的
批判,更是敏锐:

> 精神疗法和心理护理,深思熟虑的性教育和有组织的婚姻指
> 导,节育和儿童指导所,团体教育和人际关系,现代心理福利技术
> 或"社会工程"构成的整个机构,正在取代制度和习俗在塑造人性
> 本能领域所起的日益萎缩的作用……这个过程可以被描述为通过
> 心理学普及而出现的精神习俗化。较之于深思熟虑的和有组织的
> 普及心理学的尝试所能产生的效果而言,现代人的心理学解释和
> 自我解释在更大、更深入的程度上代替了产生仪式和提供象征、产
> 生区隔和进行分类、制定规范和确立标准的那些社会生活中的强
> 制力量。旧有制度中这种强制力量的衰退,也正是这类阐释和自我
> 阐释产生的起因,也是它的研究对象的来源。但我们必须注意的
> 是,心理学的科学价值与它作为一种社会功能所具有的意义相比,

585

今天已经显得微不足道，而且心理学家在深层意义上说因而也变成了社会官员和代理人。[164]

这种敏锐的批评是自相矛盾的。整部书都是对教育者和知识分子的批判，指责他们扰乱了传统行为模式明显的自然性从而让人们陷入了不安之中，而且还给努力消除科学发现普及化影响的科学家制造了麻烦。自相矛盾的是，这个反启蒙的、反对"将实际上具有高度的科学专业化的发现"普及化的敌人，正在用一种平装本来吸引更多公众的兴趣；其次显得自相矛盾的是，这本平装册子却又被当作如下事实的证据："在许多科学领域之中，我们正在再次发现传统的实际价值。"[165] 因而，那些实际上被认为并不能对薛尔斯基此书论题有什么认识的读者，却被认为可以通过有意识的、人为的科学努力去恢复有自然有效性的传统，并在这种努力的启发下回到对于传统的草率承认当中。另一方面，在薛尔斯基的分析中表现出了某种满足。事情已经在向好的方面发展了。最终，传统的衰落只不过表明，启蒙理念和启蒙本身需要太多的群众，它只是为新秩序在铺平道路。

> 人同时既是一个人也是一个有个性的个体，除此之外再找不到其他更能表明人与其本能关系的说法了。我们因而再次发现，性问题上非常广泛的惯例化和社会标准化的描述可以轻而易举地顺从于如下的信念：这一事实为知识、文化和道德单独提供一个新机会，使它们再次对人的性活动拥有新的强制性。

然而，他对这一事实——性压抑已经证明只不过是一种去升华的压抑形式——的相信是有限度的。

> 性在很大程度上对社会的依赖性、性表现的细节以及性行为方式的社会标准化和惯例化，无疑并不代表人格的高度，而只有人格才标志着每个人通过一种冲动、一种内在目标方式与自己本能

构成的关系。这也正是有关这种行为的社会学层面的所有报道都带有批判口吻的原因所在。[166]

薛尔斯基在他的分析过程中已经非常清晰地指出，在他看来，人格的高度存在于人们通过压抑他们对快感的追求而获得快感的所有地方，因而也提供了一种道德模式：

> 各种社会组织、仪式和规范体系——这些有用的缓解措施创造出了生活方式——把反常之人排除出去。如果这类人顺从规范，那么就得以牺牲他们对性快感的追求为代价，因此，他们不得不作为极其虚伪的人生存在规范之内。若无法顺从规范……结果就是被社会孤立……在这种情况下的人无法获得使他自己可以处置他的本能并安排他的生活的社会位置，相反只能丧失社会位置，丧失自我：本能机制在他们那里成了自治的东西。这些人格只能成为本能心理学的标本。本能心理学把一切规范的东西——与本能相比而言的规范的东西——都视作压抑、稽查、规训等等这些的某种形式，也就是说视之为一种"去自然的 (de-naturing) 现象"，这种观点忽视了行为的社会层面当中里那些最基本的范畴，即构成了"第二自然"的那些提高了生命形式。[167]

获得人格的高度，只有精英才能做到。按照薛尔斯基援引盖伦1952年发表的"摆脱异化的自由之起源"一文的说法，精英以开放的眼光进入体制之中，并把体制视为"保护我们，消耗我们，也将比我们存在得更长久的伟大秩序和伟大命运"，[168] 至少是听任他们自己被他们自己的创造物消耗殆尽，而不是像动物那样被纯粹自然所消磨。而对这种伟大性的反思也是可以传达给大众的，尽管他们的性化行为 (sexualization)——被操纵、被标准化了的性化行为——和他们对于在消费品及其他东西上花钱的迷恋都是不能被薛尔斯基所容忍的——从长远眼光看来，大众的这些特征是危险的，是要付出高昂代价的，也是不正常的。体制应该使人们不再直接地、有意识地与他们的本能相遇，但又仍旧能让人进行生存斗争。对于缺乏足够伟大性、缺乏开放眼光而无法让自己自由地，甚至带着快感地被机构消耗以获得更高形式的自由的那些人而言，对一切这类人而言，让他们重新尝一尝生活的严酷滋味是特别重要的。根据薛尔斯基、盖伦和弗赖尔的看法，现代异化对人的异化还不够，还没能让他们放弃对快感的追求，还没能让他们放弃对直接自由的要求，最终只不过为人们提供了某些只是补偿性的其他方面的过度满足，这些满足让人们忘记了生活的严酷性。

587　　　左派总是热切地关注着能表明他们的预料与历史潮流——至少是历史潮流的某个方面——相符的那些趋势，右派也是如此。青年保守主义者认为，目前存在着这样一个机会：“维持这套能确保生活、福利和舒适的制度涉及的各种技术组织工作”[169] 不仅能够消除启蒙思想家关于改进世界的情绪，而且能够消除已经推行甚久的“生活上的利己主义和物质享乐主义”。在过渡时期的已经高度发达的阶段，即在工业主义的文化限值当中这个充满危机的关口，隐约出现了一些情况，它们为德国保守主义——尤其是曾因“保守主义革命”和它与纳粹的部分合作而蒙羞的德国保守主义——提供了某种与时俱进的解决方案：即“工业社会的稳定化”、[170] “文化结晶”[171] 以及首位技术统治论保守主义理论家恩斯特·于尔根 (Ernst Jünger) 在 1933 年之前就曾提到的“有机结构”的完成。

　　“人类摆脱了自然的限制，为的是使自身服从他自己的创造所产生的限制”，薛尔斯基在他的讲演“科学文明中的人”(1961) 中作如是说，那个时候人们广泛讨论的就是这种用技术约束取代政治的纲领性的主张。借助人类自己的科学技术创造对世界和人类自身进行重构，这显然会导致如下荒谬的立场：使得过程成为可能的手段也将决定过程之目的，因为人类思想已不再能够预见人类在科学和技术方面的正在开展的自我创造。盖伦在题为“文化结晶”的演讲中提到的观点几乎与薛尔斯基的观点是同时出现的。盖伦认为，不必为科学不再能够创造出连续性的世界图景而烦恼，“因为实际上所有科学都是连续相关的，但并非在人们的头脑中——那是实现综合的最终之地，而是在作为整体的社会现实当中。"薛尔斯基和盖伦欣然接受这种综合后的现实和对现实的科学加工，把它们当作工业、技术和科学时代的一种大体制（mega-institution），既无法通过理智或道德，也无法通过情感来实现，而只能在"社会情境的上层建筑"当中才能形成。如果说科学技术的进步和日益增长的效率意识使民主制度越来越多地发生变革的话，那么，终有一天对于民主参与的补偿也许会因全面福利制度而变得多余，而且"闲暇和舒适这块胡萝卜"也将再次被"异化的大棒"所替代。[172] 程式化的态度和行为方式在服务于已经毫无同情心的社会结构时可能会再次出现，而且也有必要出现。这些都需要它们的代表和理论家们的"自我改善"，而"数以百万计的消费者"，尽管他们有的只是"对他们的纯粹人性的相互赞美"，尽管他们在这个已经机械化的自然中为自己营造了一个舒适的地方，但至少也会从他们的舒适和纯粹的人性中被惊醒过来。[173]

（1960 年代后期，一方面是大学生和中学生的抗议运动，另一方面则是地下运动，都开始把当时的主要矛头从工作、秩序和消费的价值转向了后物质价值（post-material values），而维利·勃朗特（Willy Brandt）这位社会主义—自由主义联合政府的首相也将自己的诉求表述为"敢于要求更多的民主"，[174] 这似乎破坏了薛尔斯基曾对工业社会及其强制性的期待。与之相比，盖伦的传统保守主义观点似乎被证明是正确的，盖伦曾指出，工业时代只能加速传统体制的腐朽，而惟一能做的就是对领导和指导等传统体制的残余进行保护。十年之后，形势再次发生了彻底转变，以现代方法延续了薛尔斯基工作的一位年轻人一举成名，此人便是尼柯拉斯·卢曼 [Niklas Luhmann]。卢曼属于哈贝马斯那一代人，最初曾是一名公务员。1960 年代初他在哈佛大学的假期课程上遇到了结构功能主义的创始人塔尔科特·帕森斯 [Talcott Parsons]。1960 年代中期，薛尔斯基让卢曼在多特蒙德的明斯特大学的研究中心任部门主管；他在 1968 年成了新的比勒费尔德大学的社会学教授，而这所大学很大程度上是薛尔斯基创立的。卢曼对在盖伦和薛尔斯基那里基本上还仅仅是一些纲领性的思想进行了扩充，创造出了一套系统的社会理论。依照这种理论，对复杂社会系统的控制形式既无法在理智中、道德上，也无法在情感中进行统合，并且超出了个体的理解范围，但这种控制形式并非需要改变的某种灾难和可怕的情形，相反却是战胜高度发达的工业社会产生的种种难题的适当方式。卢曼是当代保守实证主义或实证保守主义的典型代表，而且，他与哈贝马斯的争论也是1960年代的那些争论的直接延续。）

　　与持有实证保守主义立场的人的理论讨论，要比与持有实证主义立场的人的讨论难进行得多，毕竟实证主义者还是将自己视为启蒙传统的追随者的。1965年曾在广播上播出的盖伦和阿多诺之间的争论最终便成了两种经典观点的对质。从这个角度来看，这场对话听起来就像《卡拉马佐夫兄弟》伊凡·卡拉马佐夫那段故事里的宗教大法官在与不再沉默的耶稣之间的交谈。

589

　　　　盖伦：阿多诺先生，当然，您又在这里看到了解放的难题。您真的相信生活中那些基础性的难题、广泛的反思以及错误等责任——因为我们试图摆脱它们已经经历过——都具有深刻而持续影响力吗？您真的相信我们应该期待每个人都须经历这一切吗？我非常想知道您对这个问题的看法。

　　　　阿多诺：我可以给您一个简单的答案：是的！我对客观幸福和客观绝望有一种特别的看法，我还要说的是，如果人们不理会那些难题，如果他们不想承担全部责任，不想进行完全的自我决断，那么他们在这个世上的福利和幸福都不过是一种幻象。而且这一幻象中有一天将会破裂。当它破裂的时候，后果将是可怕的。

　　　　盖伦：我们已经到了这个地步，你说"是"而我却说"不"，或者相反——在此我想说，从一开始到现在我们所能知道和所能说的一切有关人类的观点，都表明您的观点是一种人类学的和乌托邦的观点，尽管这一观点是高尚的，甚至是宏大的……

阿多诺：这一点也不是很乌托邦，但我只想说：首先，在你的理论中，人们因之而寻求缓解的那些困难……驱动人们去寻求这种减轻苦恼的方式的痛苦，正好是来自各种体制，也就是说，来自对世界的组织方式，这些组织方式与人是相异化的，对人实施着无所不在的支配……在我看来，人们正发是在给他们造成伤害的权力之中寻找避难所，这恰恰是最基本的人类学现象。深层心理学甚至有一个术语来描述这种现象，即"认同攻击者"(identification with the attacker)……

盖伦：阿多诺先生，我们的讨论已经快结束了，时间快要用完了。我们无法进一步扩展我们的讨论……但我还想提出另外一个反控。尽管我感觉我们在某些深层前提上是统一的，但我还是觉得让人们对整个灾难形势中幸存和仅留的那点东西深感不满，这是危险的，而您恰恰倾向于这么做。[175]

这场辩论看上去是在僵持状态中结束的。这是个欺骗性的结果吗？盖伦不是失败者吗？"融入敌对的生活！"这一态度的捍卫者现在在这里却表现为某种提供保护的角色。自称是一名"经验哲学家"的盖伦却不准备让事情接受经验的检验。在他看来，革命一再发生，而体制也在 590 "后文化"中严重衰败——"人民群众"从未表明他们对这些情况具有做出自我决断的能力。

或者是阿多诺输了？相信人们有自我决断能力的阿多诺却不相信他们可以完全懂得他们有这样去行动的自由，相反却认为不得不把这种自由给他们。然而，他也预见到了如果不给与他们这种自由会有什么样的可怕结果。这种评述仍旧是很悲观的，它暗示的不是革命和解放，而是混乱和崩溃。说到底，它是一个终结这种讨论的僵局。

从盖伦那里学到不少东西的哈贝马斯，再一次把更多的关注投向了作为对手的盖伦，并扩展了自己的观点，努力在与盖伦的争论当中使自己的观点更加合理。

哈贝马斯很欣赏盖伦在他的《人》一书中的论述方式，在此书中盖伦把涉及舍勒、普勒斯纳和美国实证主义者和社会理论家乔治·米德（George Mead）等人论题的研究结果联系起来，从而创造出了一种系统的人类学，展现出人在多大程度上能够独立地改造他们所不满意的生活条件并创造出维持生存的机会，展现出人怎样建立起一套行为模式体系，该行为体系既源于过剩精力而又在很大程度上摆脱了本能冲动。这是一个真正让人生活而不只是让人生存的系统。哈贝马斯也很欣赏盖伦在《原始人》（*Primeval Man*）和《晚近的文化》（*Late Culture*）[176]当中所使用的重构体制起源的方法：为满足原始需要而产生的手段——就这些手段已经证明了它们的价值并使那些似乎是自然的需要得以满足而言——反过来又成为次级需要的目标。由于对这些需要的满足似乎开始变成自然而然的事，而且不再是满足目的的手段，相反变成了目的本身，所以禁止或调整原始需要成为可能——甚至可以完全抛弃这些原始需要。这样制度化就达到了顶点：创造存在者，同时又创造先验的本质和具体化，从而指向一种能够成为行为动机的"世俗超越性"。

这种解释所忽视的东西，就是青年马克思所描述的那种情况——人的本质力量的异化以及我们自己创造的产品脱离了我们的控制从而成为统治我们的客观力量。而且，这种解释还排斥了如下这个问题：根据人类所占有的资源——那些从历史记录中可以确定的资源，选择另外一种生活方式也许是可能的。在盖伦看来，人类的特征表现为本能、过剩精力和大同主义的缩影这一事实，也就意味着注定会有混乱，而只有可替代的本能才能使人类免于这种混乱。这些类似于本能的东西就是制度，而在盖伦看来，适当的制度因而必然具有某种刚性和毋庸置疑的自然性，正是这种刚性和自然性确保制度在功能上类似于动物的本能。但是，根据哈贝马斯提出的总的批评，对人类学发现和理论的这种系统的组装，既不意味着人类天生就是无法控制的怪物，也不意味着制度必然会具有替代性本能的那种冷酷特征。因为这个原因，加之还可以找到

591

一些对现时代的危机现象所做的完全合理的解释，因而盖伦把现时代的这些危机现象归因于制度的衰败是不合理的。就已经存在的各种特属于现代的危机现象来说，我们既无法确定可以用僵化的旧制度来控制它们——尽管这也许曾经被证明是可行的；也无法确定其他生活方式——甚至是早期的生活方式——可以既是有效的同时也是令人满意的。最后，我们同样不能确定人类的生活方式领域不存在一种像学习过程那样的事情，而危机就附属于这一过程，因为正是危机能够促生进步。

这些思考基本上也就是紧扣盖伦文本的思考。如果这个推理过程就是要推论出替代性的本能是必要的话，那么，认为人类的特征表现为本能、过剩精力和大同主义的缩影的这种观点立即就会变成归谬法（*reductio ad absurdum*）的牺牲品。哈贝马斯在"悲观主义人类学审判席前具有教育意义的'乐观主义'"一文中对薛尔斯基进行了分析，他强调指出，对具有悲观主义形式的人类学的批判立场关键不在于乐观地反人类学，而在于通过历史哲学而彻底放弃所有关于永恒性的人类学信条。[177] 历史是一个基本的领域，在这个领域中我们可以看到人类会把自己塑造成什么样子。在历史这个领域中，至少在当时当地可以看到这些制度是能够在某种意义上被反对它们的造反行动剥夺其客观力量的，而且获取生活必需品的效率也可以与独立活动的日益增长、与社会交往中的团结一致相结合。但历史还可以表明，使得开放的生活方式日益成为可能的这些"沙漠绿洲"无法长时间抵抗那些具有准本能的领导体制的社会群体所发起的攻击。这些能证明自身的机会在这时——当然也不仅仅在这时，而是在每一个常规的、日常的社会中都会出现——唤起了大量的机会：这就是捍卫那些弱者以反抗强者的机会。但是这真正需要勇气和自我控制。毕竟，"英雄的人"只有支持那些依循准本能而行动的那些人的时候，才能感受到自己的强大。历史和日常生活往往证明，严格体制化的社会对于拥有宽松体制的社会所带来的危险，远远大于严格体制的衰败给人类的继续存在所造成的危险。

然而在这种背景之下，容易给人造成这样的印象：哈贝马斯反对盖伦所提议的对于人性进行似是而非的意向性还原，指出"当我们认识到

592

只有这些一直很脆弱的危险的交流手段才能抵抗普遍性脆弱的威胁时，人类最终留给我们的才是大胆无畏"，这时哈贝马斯似乎在呼吁一种强力。[178]

海德格尔批判

海德格尔是他们在联邦德国的那些对手中最少做出回应的一位。1959 年，在海德格尔七十寿辰那天，哈贝马斯的文章"伟大的影响：一位编年史家对于马丁·海德格尔 70 岁寿辰的记录"发表在《法兰克福汇报》上。哈贝马斯在他 1953 年发表的关于海德格尔的第一篇批判文章中，仍认为《存在与时间》是自黑格尔《精神现象学》以来哲学中最重大的事件。1959 年他更适度地指出，海德格尔至少在学术界是黑格尔以来最有影响力的哲学家。《存在与时间》也许可以首先被看作一种为哲学提供自身内部基础的徒劳的尝试，而且，这本书的内容可以被描述为是对自斯宾格勒至阿尔弗雷德·韦伯（Alfred Weber）以来的文化批评中的那些老生常谈式的概念所进行的存在论的确证。海德格尔所支持的精英主义却在第三帝国治下庸俗化了，这使他非常失望，因而他让自己远离社会实践，远离科学，甚至远离哲学，退缩到神话思想者（mythical thinker）的角色当中。在他的著作中再也没有任何能够激发对已被实证主义分割的理性进行重新整合的思想了。这种整合只有通过对科学、技术以及对一个将科学技术当作首要生产力所塑造出的社会进行分析可能完成。

也许海德格尔思想的特征可以由它所无法达到的东西间接地描述出来：它很少结合社会实践，也很少结合对科学成果的解释来理解自身。就后一方面而言，这种思想展示了科学基础的形而上学局限，并把它们连同一般意义上的"技术"一并指为"错误"……既然守护者居住在被毁坏的地球的废墟之外。[179]

　　　　　　　　　　　法兰克福学派：历史、理论及政治影响

这在很长一段时间内都是哈贝马斯对于海德格尔的定论。与自认为处于启蒙传统中的实证主义不同，也与保守实证主义不同，海德格尔非常有效地展现的存在论呈现出了某种保守的非实证主义的图景。

哈贝马斯稍后开始关注伽达默尔，比他关注海德格尔甚至更为细致。[180] 伽达默尔（Gadamer）认为自己是海德格尔的学生，而且是一位训练有素的古典语文学家，他通过他的重要著作《真理与方法》致力于从哲学和艺术的经验领域出发来让科学相对化。加达默尔让哈贝马斯感兴趣的地方是，他是一名解释学的哲学实践者，他使海德格尔式的乡土气变得城市化了。[181] 伽达默尔也是这样一位人文哲学家，他无意间为某种改造过的、更为自由的现代科学观的形成做出了贡献。

阿多诺不像哈贝马斯，阿多诺与科学的关系是一种矛盾关系，因此在他看来，海德格尔仍是一个挑战。当马尔库塞战后首次旅欧时，霍克海默就托他捎回两本书，一本是柯根（Kogon）的《党卫军国家》（*SS State*），另一本就是海德格尔的《真理的本质》。[182] 马尔库塞不仅带回了这些书，而且把霍克海默没点名要的海德格尔所写的其他书也捎了回来，而且在他旅欧期间他还与海德格尔作了一次长谈。阿多诺1949年再次回到法兰克福之后，他还试图鼓励霍克海默为《月刊》杂志就海德格尔刚刚出版的《林中路》[183] 撰写一篇评论。他曾对海德格尔做过许多思考，在写信给霍克海默时还附上了他的一些思考笔记，他说，海德格尔"赞同那些迷误的小径［林中路，Holzwege］，其方式与我们并无不同"[184]。阿多诺希望霍克海默来写这篇书评，因为毕竟霍克海默那时正在研究海德格尔和卢卡奇。但实际上，这篇文章最终并没有写出来。

正是由于阿多诺对"林中路"的同情使得他得以自始至终严肃地对待海德格尔。像哈贝马斯一样，阿多诺批评了海德格尔对科学的假斯文式的厌恶，他认为那样只能确证科学的力量。他还批评了海德格尔对高速公路和现代技术世界的厌恶，指出海德格尔的这种做法只能提供"心灵安慰"，只能减少批判现实的迫切性。阿多诺还像哈贝马斯一样，重点指出了海德格尔使纳粹时代典型的毁灭综合症永恒化的方式，这种综合症就是赞美简单、自然的生活，而同时却无情地加速经济实力的集中进程和科技发展的进程。

然而，阿多诺与哈贝马斯不同，他依然比较同意那种不依赖于学术制度、不顾及科学方法的束缚，试图推进那些最重要事情的思想模式。阿多诺认为，这种冲动无论曾经是怎样被扭曲的，但后来依然保留在存在论的海德格尔那里，就像霍克海默在1930年代所写的文章中评述的那样。

> 存在论需求（ontological need）中留存的东西就是对这种最好美德［即，恒定期待洞见事情的核心］的回忆，与其说这种记忆被批判哲学所遗忘，不如说批判哲学因为试图建立科学的缘故而狂热地消除了这类记忆；但意志不允许思想剥夺这类记忆，正是因为这种记忆的缘故人们才思考思想。[185]

像以往一样，阿多诺与科学的关系是充满矛盾的。当他批评科学的时候，我们不清楚他真正所指的是（a）实证主义意义上的科学，（b）以其既有形式存在的各类科学（而无论该形式被实证主义的科学理论掌握与否），还是（c）因劳动分工而形成的个别科学学科。另一方面，这种态度也反映出对思辨以及随笔式的、不受约束的思想的捍卫，这种思想也强调概念训练，但它至少没有像远离各类科学研究的方法那样远离过海德格尔的"对存在的回忆"。与哈贝马斯不同，阿多诺的大部分哲学作品既没有利用科学的任何具体研究成果，也没有对科学哲学进行过任何反思。哲学思考成了一种独立的发现工具。

与哈贝马斯相反，阿多诺试图对海德格尔的存在哲学进行一种内在批判。他希望通过对在德国占支配地位的存在论之伪具体性进行内在批判，从而为某种真正具体的哲学提供辩护。卡尔·海因茨·哈格（Karl Heinz Haag）曾是阿多诺的学生，那时也是阿多诺的研究助手，哈格在其著作中尖锐地剖析了海德格尔将就不如意情况的方式：由于海德格尔不能从传统意义上将存在构想为唯名论批评的结果，他就把存在界定为实体的"不性"(not-ness)，界定为纯粹的中介（pure mediation）和传递性的存在（transitive being），仅仅在向"现有"存在实体突然转变之时出现。

存在之思仅在它是主语属格意义上的存在之思这一范围内，它才是宾语属格意义上的存在之思。思想就是对思想所认为的那个对象的思考。无论是实体还是思想，都呈现为存在——一种不确定的、过渡的、纯粹的存在——的命运。存在，从纯粹性上说恰恰与纯粹直接性(pure immediacy)相反，即，是某种被完全"中介化"的事物，且只有在各种中介当中才有意义，但它一直被假定本质上是直接性的。[186]

就海德格尔的存在概念而言，它所含的中介可以说被扩展到一种非客观的客观性、一种可传递的超验存在 (transitive transcendent)。阿多诺在这里看到了对辩证事实的某种存在论的曲解：此在，这个作为构成性因素的主体，已经预先假定了它所构成的东西的真实性。在他看来，海德格尔试图以非辩证方式说明辩证结构，试图对既无法由理性有效性 (vérités de raison) 又无法由事实有效性 (vérités de fait) 构成的哲学所具有的悬而未决的特征进行适当的阐发。

> 海德格尔……确实把哲学的这种特性——也许是因为它频临灭绝——改造成了一种特殊性，一种似乎更高级的客观性：一种承认自己既不是在判断事实，也不是在判断对其他事物进行判断的方式的哲学，一种甚至也完全不能确定自己的研究对象的哲学，仍然会在事实、概念和判断之外寻找它的实证内容。思想的这种悬而未决的特征因而被提升为思想试图表达的不可表达性。不能被客观化的东西则被提升为它自身本质的概述对象——因此也被亵渎了。在海德格尔想甩掉的传统的压力下，这种不可表达的东西在"存在"一词中变得可以表达而且坚实，而对具体化的抗议则变成了被具体化的、脱离思维的和不理性的。海德格尔由于把哲学不可表达的方面当作他的直接论题，因而为哲学筑起高坝，堵绝了意识回撤的一切通道。作为惩罚，他想要挖掘的井也干涸了。在他看来，这虽是一口被填埋了的井，但较之于来自以往所有大概都已毁灭了的哲学——那些间接指向不可表达之物的哲学——的见解而言，它还能渗出几滴水来。[187]

阿多诺通过对在德国占统治地位的存在论进行这样的内在批判——这也是他 1950 年代发表的胡塞尔批判的某种延续，试图超越于科学的自我反思将哲学指向真正的具体化：表达那些不会放弃思想的不可表达之物。阿多诺对于海德格尔的分析可以总结如下：他的存在论背后客观地存在着他的一种思考的旨趣，这种思考在性质上不同于科学、不同于科学哲学和逻辑学，它是一种转向本质的思考，摆脱了内在意识的思考。海德格尔不仅不理会科学，而且不理会柏拉图以降的整个西方传统，这就使得海德格尔过分地固着于传统形而上学——只有从传统形而上学当中解救自我反思。阿多诺认为，具体的哲学可以是"以概念反思为中介的完整、未经简化的经验"。他的确在这方面成功超过了海德格尔，超越的程度必须通过在《否定的辩证法》来判断。该书出版于 1966 年，阿多诺正是以此书开始了他所谓的对海德格尔的内在批判。

进行内在批判的努力，并没有使他放松对来自相反立场的危险的警惕。哈贝马斯早就谴责过被实证主义者们分割过的理性主义，他们自认为自己处于启蒙、促进技术文明的传统之中，而这种传统有一种把意识、把人分离成两种类别的危险倾向：一类是社会工程师，一类则是各种封闭机构中的居民。[188] 对于持专家治国论的保守主义者来说，这是一种或多或少被公认的规划。而对于不同于专家治国论保守派人士阿明·默勒（Armin Mohler）称之为"园丁保守主义"，或艾哈德·艾普勒（Erhard Eppler）称之为"价值保守主义"的这些保守主义者而言，从内在批判出发进行批判是不可能的。他们的优点在于，尽管他们对民主和社会主义有憎恶和蔑视，但在描述这些遭受的曲解方面有时会比左派的描述更清晰、更准确。在《本真性的行话》当中，阿多诺最终把海德格尔所扮演的角色——依然还在发挥重大影响的角色——简化为这样一种表述："理性当中的非理性就是本真性的工作氛围。"[189] 这一点与专家治国论保守主义者的立场是相合的：应该使某种人造自然性作为一种控制机制在技术文明中被建立起来。

考虑到像海德格尔和盖伦这样可疑的人物在联邦共和国受人如此尊敬而且有很大的影响力，再看到他们还如此不满意，就不能不感到惊

596

讶了。在阿登纳时期内，在以"制度完备的社会"(die formierte Gesell-sehaft)[190] 为座右铭的艾哈特政府的平稳过渡期内，在继之而来的大联合政府的平稳过渡期内，西德重建已经取得了明显的成效。海德格尔和盖伦难道还不能甘心向工业社会的枯燥和冷漠屈服吗？也许这是部分原因。但最根本的原因还是基希海默所说，这是在"决断性的一刻"[191] 无法看到"终极安全和最终确定性"所致。1952 年，国家控制经济的时代行将结束，在这一年中，新自由主义的经济部长、号称"经济奇迹之父"的路德维希·艾哈德就强调说，"在特殊社会形势下出于某些社会原因而推行的福利国家政策必须尽可能快地废止。"[192] 这种观点一直是他的政治计划的一部分。例如，1960 年代，人们再次从艾哈德的顾问吕蒂格尔·阿尔特曼（就是他发明了"制度完备的社会"的格言）发表于《商报》的一篇文章中看到如下表述：重要的事情是让"这个社会认可取得经济和技术的奋斗成就的严酷性"，承认"没有社会天堂，而所有试图让经济隶属于某种社会秩序的那些规划纯属幻想"。[193] 在 1965 年这个选举年，汉斯·维纳尔·里希特（Hans Werner Richter）发表了他的《要求一个新政府，或，别无选择》。[194] 罗尔夫·霍希胡特（RolfHochhuth）论述"阶级斗争"的一篇文章，在此书出版之前就出现在《明镜》周刊特别显著的位置。在这篇文章中，艾哈德被说成是倡导从上面发动阶级斗争的领导者。艾哈德作为总理对此文的回应是："这里有某种已经变得很愚蠢的理智主义（intellectualism）。对我来说，他不再是一个作者，而只是一个妄自尊大的、像小狗那样狂吠的小人物。"[195]

注释：

[1] Theodor W. Adorno, *Philosophie der neuen Musik* (Tübingen, 1949), translated as *Philosophy of Modern Music*, trans. Anne G. Mitchell and Wesley V. Bloomster (London, 1973); *Versuch über Wagner* (Berlin, 1952), translated as *In Search of Wagner*, trans. Rodney Livingstone (London, 1981); *Dissonanzen. Musik in der verwalteten Welt* (Gättingen, 1956); *Klangfiguren. Musikalische Schriften I* (Berlin, 1959).

[2] "新的民族共同体"（*Volksgemeinschaft*），一个纳粹用语。

[3] *Darmstädter Internationale Ferienkursen für Neue Musik*.

[4] Trans. Willis Domingo (Oxford, 1982).

[5] Trans. Samuel and Shierry Weber (London, 1967).

[6] Oskar Negt, 'Heute wäre er 75 geworden: Adorno als Lehrer', in *Frankfurter Rundschau*, 11 September 1978.

[7] Oskar Negt, 'Heute wäre er 75 geworden: Adorno als Lehrer', in *Frankfurter Rundschau*, 11 September 1978.

[8] 'Dialektik der Rationalisierung', Jürgen Habermas in an interview with Axel Honneth, Eberhardt Knödler-Bunte and Arno Widmann, in *Ästhetik und Kommunikation*, 45/46 (October 1981), p. 128.

[9] Marianne Regensburger to Adomo, 11 May 1955.

[10] ['Die gegängelte Musik'; cf. *Die gegängelte Musik. Bemerkungen über die Musikpolitik der Ostblockstaaten* (Frankfurt am Main, 1954).]

[11] Adorno, *Philosophy of Modern Music*, p. xvii.

[12] Theodor W. Adorno, *Minima Moralia*, trans. E. F. N. Jephcott (London, 1974), p. 40.

[13] Adorno, *Philosophy of Modern Music*, p. 53.

[14] Adorno, Dissonanzen: Musik in der verwalteten Welt.

[15] 'Kritik des Musikanten' and 'Das Altern der Neuen Musik'.

[16] Hans Vogt, *Neue Musik seit 1945* (Stuttgart, 1972), p. 23.

[17] Theodor W. Adorno, 'Strawinsky', in *Gesammelte Schriften*, ed. Rolf Tiedemann (Frankfurt am Main, 1970−86), vol. 16, p. 386.

[18] Ibid., pp. 386−7.

[19] H. K. Jungheinrich's term.

[20] Adorno, *Gesammelte Werke*, vol. 16, pp. 451, 453.

[21] In Max Horkheimer (ed.), *Zeugnisse. Theodor W. Adorno zum 60. Geburtstag* (Frankfurt am Main, 1963), p. 360.

[22] Ibid., p.361.

[23] Adorno, *Gesammellte Schriften*, vol.16, p.498.

[24] Ibid., p.499.

[25] Ibid., p.504.

[26] Ibid., pp.515−6.

[27] Ibid., p.504.

[28] Adorno on 'Mahler', in *Gesammellte Schriften*, vol.16, p.329.

[29] 阿尔弗雷德·克尔 (Alfred Kerr) 在 1926 年 5 月 5 日的《柏林日报》撰文, 这样描述雅恩的悲剧《美狄亚》(*Medea*): "这个关于一位德国年轻人的恐怖故事, 采用了霍夫曼斯塔尔 (Hoffmansthal) 的《埃勒克特拉》(*Electra*) 中的立场, 悲观而激烈地指向极端的兽性。"

[30] Published in English as *The Ship*, trans. Catherine Hutter (London, 1970).

[31] 林姆考尔夫语。

[32] 1960 年代后半期, 阿多诺有一位经历过前纳粹时代的学生威廉·埃姆里奇 (Wilhelm Emrich) 曾支持过雅恩, 而雅恩已于 1959 年去世。埃姆里奇运用阿多诺式的推论, 以巨大的决心为雅恩辩护。

[33] Theodor W. Adorno, 'Zur gesellschaftlichen Lage der Musik', *ZfS*, 1 (1932), pp. 103−24. 356−78.

[34] Adorno, *Gesammelte Schriften*, v01. 11, pp. 60, 51, 55.

[35] Ibid., pp. 58, 54.

[36] Ibid., pp. 56, 58.

[37] Ibid., p. 63.

[38] Wolfang Kayser, *Das sprachliche Kunstwerk. Ein Literaturwissenschaft* (Beme, 1948).

[39] Emil Staiger, *Grundbegriffe der Poetik* (Zurich, 1946).

[40] Emil Staiger, *Die Kunst der Interpretation. Studien zur deutschen Literaturgeschichte*, 3rd edn (Zurich, 1961), P. 15. [On Staiger, cf. P. Salm, *Three Modes of Criticis: The Literary Theories of Scherer*, *Walzel*, and *Staiger* (Cleveland, 1968).

[41] Staiger, *Kunst der Interpretation*. P. 27.

[42] Ibid., p. 30.

[43] Hugo Friedrich, *Die Struktur der modernen Lyrik Von Baudelaire bis zur Gegenwart* (Hamburg, 1956), p. 8.

[44] Ibid., pp. 86, 108.

[45] In Peter Rühmkof, *Die Jahre, die Ihr kennt: Anfälle und Erinnerungen* (Reinbek bei Hamburg, 1972), P. 153.

[46] Gottfried Benn, 'Der neue Staat und die Intellektuellen', in *Gesammelte Werke in Vier Bänden*, ed. Dieter Wellershof, vol. 1: *Essays*, *Reden*, *Vorträge* (Wiesbaden, 1959), P. 447.

[47] Gottfried Benn, 'Rede auf Stefan George', *Frühe Prose und Reden*, in *Gesammelte Werke*, vol. 1, P. 473.

[48] Peter Szondi, *Theorie des modernen Dramas* (Frankfurt am Main, 1956).

[49] Adorno to Horkheimer, Frankfurt am Main, 17 April 1957.

[50] Theodor W. Adomo, 'Versuch, das *Endspiel* zu verstenhen, in Gesammelte Schriften, vol. 11, p. 303; 'Voraussetzungen. Aus Anlass einer Lesung von Hans G. Helms', in *Gesammelte Schrifien*, vol. 11, p. 440.

[51] Samuel Beckett, *Molloy; Malone Dies; The Unnamable* (London, 1959), p. 418.

[52] Michael Haerdter, 'Samuel Beckett inszeniert das "Endspiel": Bericht von den Proben der Berliner Inszenierung'. in Clancy Sigal et al., *Materialien zu Becketts 'Endspiel'* (Frankfurt am Main, 1968), p. 85.

[53] Adorno, *Gesammelte Schrifien*, vol. 11, p. 308.

[54] Samuel Beckett, *Endgame* (London, 1958), pp. 41−2.

[55] Adorno, *Gesammelte Werke*, vol. 11, pp. 440−1.

[56] Ibid., p. 471.

[57] Ibid., p. 478. "仪规句"（*Protokollsatz*）是维也纳逻辑经验主义学派的一个术语。

[58] 'Mahler', in Adorno, *Gesammelte Schriften*, vol. 16, p. 329.

[59] Günther Anders, *Die Antiquiertheit des Menschen. über die Seele im Zeitalter der zweiten industriellen Revolution* (Munich, 1956).

[60] Gerda Zeltner-Neukomm, *Das Wagnis des französischen Gegenwart-romans. Die neue Welterfahrung in der Literatur* (Reinbek bei Hamburg, 1960), pp. 150, 152.

[61] Theodor W. Adorno, *Kierkegaard. Konstruktion des Ästhetischen* (Frankfurt am Main, 1962), *Drei Studien zu Hegel* (Frankfurt am Main, 1963) and *Zur Metakritik der Erkenntnistheorie. Studien über Husserl und die phänomenologischen Antinomien* (Stuttgart, 1956) [trans. Willis Domingo (Oxford, 1982)].

[62] Theodor W. Adorno, 'Husserl and the Problem of Idealism', *Journal of Philosophy*, 37 (1940), pp. 6 and 17.

[63] Theodor W. Adorno, 'Wozu noch Philosophie?', in *Eingriffe. Neun kritische Modelle* (Frankfurt am Main, 1963), pp. 22−3. 阿多诺引用了胡塞尔的格言："Zu den Sachen selbst!"，见胡塞尔的 'Philosophie als strenge Wissenschaft', *Logos*, 1 (1910), pp. 289−314. 阿多诺在 1940 年《哲学杂志》（*Journal of Philosophy*）将此句

翻译为"回到事物本身"（'Back to the subject-matter itself'），见 *Journal of Philosophy*, 37 (1940), p. 18。赫伯特·斯皮格尔伯格（Herbert Spiegelberg）在《现象学运动历史导论》中译为"走向事物"（'To the Things'）", *The Phenomenological Movement：A Historical Introduction*, 3rd edn (The Hague, 1982), p. 109。

[64] Adorno, *Gesammelte Schriften*, vol. 1, p. 340.

[65] In Georg Lukács, *History and Class Consciousness*, trans. Rodney Livingstone (London, 1971), pp. 83−222.

[66] Adorno, *Gesammelte Schriften*, vol. 1, p. 328.

[67] Adorno, *Zur Metakritik der Erkenntnistheorie*, p. 288.

[68] Adorno to Horkheimer, 23 October 1937.

[69] Adorno, *Zur Metakritik der Erkenntnistheorie*, pp. 16 and 13.

[70] [In Theodor W. Adorno, *Prisms*, trans. Samuel Weber and Shierry Weber, Cambridge, Mass.：MIT Press, 1981, pp. 133−46.]

[71] 'Die Wunde Heine', in Adorno, *Gesammelte Schriften*, vol. 11, pp. 95−100 (originally given as a radio lecture on the centenary of Heine's death).

[72] 'Was bedeutet：Aufarbeitung der Vergangenheit?', in Adorno, *Gesamrnelte Schriften*, vol. 10, part 2, pp. 555−72.

[73] 'Essay als Form', in Adorno, *Gesammelte Schriften*, vol. 11, pp. 9−33；'The Essay as Form', trans. Bob Hullot-Kentor and Frederic Will, in *New German Critique*, 32 (1984), pp. 157, 170−1.

[74] Adorno to Horkheimer, 4 April 1955.

[75] Arnold Gehlen and Helmut Schelsky (eds), *Soziologie. Ein Lehr- und Handbuch zur modernen Gesellschaftskunde* (Düsseldorf, 1955).

[76] Arnold Gehlen, *Der Mensch. Seine Natur und seine Stellung in der Welt* (Berlin, 1940)

[77] Helmut Schelsky, *Soziologie der Sexualität* (Reinbek bei Hamburg, 1955).

[78] [Martin Heidegger, *Introduction to Metaphysics*, trans. Ralph Manheim (New York, 1961).]

[79] Jürgen Habermas, *Kleine politische Schriften* (Frankfurt am Main, 1981), vol. 1, p. 515.

[80] Jürgen Habermas, *Philosophisch-politische Profile* (Frankfurt am Main, 1971), pp. 72−3.

[81] Jürgen Habermas, *Das Absolute und die Geschichte. Von der Zwiespältigkeit in*

Schellings Denken (University of Bonn, 1954).

[82] [Karl Löwith, *From Hegel to Nietzsche: The Revolution in Nineteenth-Century Thought*, trans. Donald E. Green (London, 1965).]

[83] Jürgen Habermas, 'Die Dialektik der Rationalisierung. Vom Pauperismus in Produktion und Konsum', *Merkur*, 8 (1954), p. 707; repr. in Jürgen Habermas, *Arbeit, Erkenntnis, Fortschritt. Aufsätze 1954−1970* (Amsterdam, 1970).

[84] Ibid., p. 717.

[85] Ibid., p. 721.

[86] 此处的英译部分是依照《不和谐音》中修订过的文本译过来的。载于《社会研究学刊》1938 年第 7 期的原文标题是：“Über den Fetischcharakter in der Musik und die Regression des Hörens”，第 325 页有这么一句：“Schlug ehedem Askese den asthetischen Anspruch auf Lust reaktionär nieder, so ist sie heute zum Siegel der progressiven Kunst geworden. Die antagonistische Gesellschaft, die verneint und bis in die innersten Zellen ihrer Glucksfeind-schaft freigelegt werden muss, ist darstellbar allein in kompositorischer Askese. Kunst verzeichnet …”，在 1956 年的《不和谐音：宰制世界的音乐》(*Dissonanzen. Musik in der verwalteten Welt*, Göttingen, 1956) 版本中这句被改为：“Schlug ehedem Askese den asthetischen Anspruch reaktionär nieder, so ist sie heute zum Siegel der avancierten Kunst geworden; freilich nicht durch eine archaisierende Kargheit der Mittel, in der Mangel und Armut verklärt werden, sondern durch strikten Ausschluss all des kulinarisch Wohlgefälligen, das unmittelbar, fur sich konsumiert werden will, als ware nicht in der Kunst das Sinnliche Träger eines Geistigen, das im Ganzen erst sich darstellt anstatt in isolierten Stoffmomenten. Kunst verzeichnet …”。安德鲁·阿拉托和埃克·盖博哈尔特编的《法兰克福学派精粹读本》(Andrew Arato and Eike Gebhardt, eds., *The Essential Frankfurt School Reader*, Oxford, 1978) 所用的就是这个被改动过的段落，它是这样翻译的（见第 274 页）：“如果说禁欲主义曾经以反动的方式击溃了审美要求的话，那么它今天则成了高等艺术的标志：无疑，这种转变并不是通过对可以显示贫乏和贫困的方式进行古旧化的节俭，而是通过对所有那些只为自身直接享用的美味佳肴——仿佛艺术中的感官不承载那种只在整个过程、而不是在孤立的局部阶段显示自身的理智似的——的排除来实现的。艺术记录了……”

[887] [See Karl Marx, *Capital*, vol. 1 (Harmondsworth, 1976), p. 762.]

[88] Rene König, *Leben im Widerspruch. Versuch einer intellektuellen Autobiographie* (Munich, 1980).

[89] Wolfgang Abendroth, *Ein Leben in der Arbeiterbewegung. Gespräche*, ed. B. Di-

etrich and J. Perels (Frankfurt am Main, 1976), p. 236.

[90] 'Dialektik der Rationalisierung', Jürgen Habermas in an interview with Axel Honneth, Eberhardt Knödler-Bunte and Arno Widmann, in *Ästhetik und Kommunikation*, 45/46 (October 1981), p. 128.

[91] Jürgen Habermas, 'Triebschicksal als politisches Schicksal', *Frankfurter Allgemeine Zeitung*, 14 July 1956.

[92] 'Das chronische Leiden der Hochschulreform'.

[93] Institut für Sozialforschung, *Universität und Gesellschaft I - Studenten- befragtung*, mimeo (Frankfurt am Main, 1953), pp. xxxiv-xxxv.

[94] Ibid., pp. lvi, lviii.

[95] Ibid., pp. lxiv-lxv.

[96] Jürgen Habermas, L. von Friedeburg, C. Oehler and F. Weltz, *Student und Politik. Eine Sozialogische Untersuchung zum politischen Bewusstsein Frankfurter Studenten* (Neuwied, 1961); Jürgen Habermas, *Strukturwandel der Öffentlichkeit. Untersuchungen zu einer Kategorie der bürgerlichen Gesellschaft* (Neuwied, 1962), translated as *The Structural Transformation of the Public Sphere: An Inquiry into a Category of Bourgeois Society*, trans. Thomas Burger and Frederick Lawrence (Cambridge, 1989).

[97] 'Über den Begriff der politischen Beteiligung'.

[98] Habermas et al., *Student und Politik*, p. 24.

[99] Ibid., p. 34.

[100] Helmut Schelsky, *Die skeptische Generation. Eine Soziologie der deutschen Jugend* (Düsseldorf, 1957).

[101] Habermas et al., *Student und Politik*, p. 49.

[102] Deutscher Gewerkschaftsbund, the Federation of German Trade Unions.

[103] Habermas et al., *Student und Politik*, p. 234.

[104] Jürgen Habermas, 'Literaturbericht zur philosophischen Diskussion um Marx und den Marxismus', *Philosophische Rundschau* (1957), pp. 165–235.

[105] Horkheimer to Adorno, Montagnola, 27 September 1958.

[106] Horkheimer to Adorno, Montagnola, at the end of August 1959, on receiving the printed version of *Students and Politics*.

[107] Adorno to Horkheimer, 15 March 1960.

[108] Horkheimer to Adorno, 27 September 1958.

[109] [Hugo Sinzheimer (1875–1945), Professor of Labour Law in Frankfurt am

Main, 1920−33; in 1919 Social Democratic representative on the Constitutional Commission of the Weimar National Assembly.]

[110] Habermas, *Structural Transformation of the Public Sphere*, p. 88. 中文版参考哈贝马斯:《公共领域的结构转型》, 曹卫东等译, 上海: 学林出版社 1999 年版, 第 97 页, 译文有改动。

[111] Ibid., p. 124. 中文版参考第 141 页。

[112] Ibid., pp. 128−9. 中文版参考第 146 页, 译文有改动。

[113] Ibid., p. 179.

[114] Ibid., p. xviii. 初版序言, 中文版参考第 2 页。

[115] Carl Schmitt, *Die Diktatur. Von den Anf? ngen des modernen Souver? nit? tsgedankens bis zum proletarischen Klassenkampf* (Munich, 1921).

[116] Habermas, *Structural Transformation of the Public Sphere*, p. 250. 中文版参考第 297 页。

[117] Cf. Jürgen Habermas, *Die Neue Unübersichtlichkeit. Kleine politische Schriften V* (Frankfurt am Main, 1985), pp. 159−60.

[118] Cited in Tilman Fichter and Siegward Lönnendonker, *Kleine Geschichte des SDS: Der Sozialistische Deutsche Studentenbund von 1946 bis zur Selbstauflösung* (Berlin, 1977), p. 46, from which the information presented here is drawn.

[119] 'Die klassische Lehre yon der Politik in ihrem Verhältnis zur Sozial-philosophie'.

[120] Published in German in 1960 as *Vita Activa oder Vom tätigen Leben*

[121] Ludwig von Friedeburg, *Zur Soziologie des Betriebsklimas. Studien zur Deutung empirischer Untersuchungen in industriellen Grossbetrieben* (Frankfurt am Main, 1963).

[122] Adorno to Horkheimer, 31 January 1962, enclosure.

[123] Theodor W. Adorno et al., *The Positivist Dispute in German Sociology*, trans. Glyn Adley and David Frisby (London, 1976), p. 121; see p. 570 below.

[124] Adorno to Horkheimer, 31 January 1962.

[125] Ibid.

[126] Alfred Schmidt, *Der Begriff der Natur in der Lehre von Marx* (Frankfurt am Main, 1962); Oskar Negt, *Strukturbeziehungen zwischen den Gesell-schaftslehren Comtes und Hegels* (Frankfurt am Main, 1964).

[127] 'Kritische und konservative Aufgaben der Soziologie'.

[128] Jürgen Habermas, *Theorie und Praxis. Sozialphilosophische Studien* (Neuwied, 1963), translated as *Theory and Practice*, trans. John Viertel (Cambridge, 1988) .

[129] Jürgen Habermas, 'Analytische Wissenschaftstheorie und Dialektik. Ein Nachtrag zur Kontroverse zwischen Popper und Adorno', in Horkheimer (ed.), *Zeugnisse. Theodor W. Adorno zum 60. Geburtstag*.

[130] Adorno et al., *The Positivist Dispute in German Sociology*, p. 123.

[131] Max Horkheimer and Theodor W. Adorno, *Sociologica II* (Frankfurt am Main, 1962), pp. 12 and 13.

[132] René König, *Studien zur Soziologie* (Frankfurt am Main, 1971), pp. 89, 101, 90.

[133] Helmut Schelsky, 'Vom Sozialen Defaitismus der Sozialen Verantwortung', Gewerkschaftliche Monatsheft, 2 (1951), p. 334.

[134] Helmut Schelsky, *Wandlungen der deutschen Familie in der Gegenwart. Darstellung und Deutung eine empirisch-Sozialogischen Tatbestandsaufnahme*, 5th edn (Stuttgart, 1967), p. 327.

[135] Adorno et al., *Positivist Dispute*, pp. 91, 102.

[136] 'On the Logic of the Social Sciences', in Adorno et al., *Positivist Dispute*, pp. 120, 121.

[137] Ibid., p. 128; see p. 599 below

[138] Ibid., p. 129.

[139] 'Dogmatism, Reason, and Decision: on Theory and Praxis in our Scientific Civili-zation', in Habermas, *Theory and Practice*, p. 280.

[140] Jürgen Habermas, 'The Analytical Theory of Science and Dialectics: a Postscript to the Controversy between Popper and Adorno', in Adorno et al., *Positivist Dispute*, p. 114.

[141] Ibid., p. 157.

[142] Jürgen Habermas, 'A Positivistically Bisected Rationalism: a Reply to a Pamphlet', in Adorno et al., *Positivist Dispute*, pp. 222−3.

[143] Ibid., pp. 219, 215.

[144] 'Knowledge and Human Interests: a General Perspective', in Jürgen Habermas, *Knowledge and Human Interests*, trans. Jeremy J. Shapiro (Cambridge, 1987), pp. 302, 308.

[145] Helmut Schelsky, *Einsamkeit und Freiheit. Idee und Gestalt der deutschen*

Universität und ihrer Reformen (Reinbek bei Hamburg, 1963).

[146] See Alexander von Humboldt, *Kosmos-Entwurf einer physischen Weltbeschreï-bung*, 5 vols (Stuttgart, 1845−62); *Cosmos: A Sketch of the Physical Description of the Universe*, trans. E. C. Ott6, B. H. Paul and W. S. Dallas (London, 1848−58), 5 vols.

[147] Hans Freyer, *Soziologie als Wirklichkeitswissenschaft* (Leipzig, 1930), pp. 205, 7.

[148] Ibid., pp. 203−4.

[149] Habermas, *Knowledge and Human Interests*, p. 312.

[150] Ibid., p. 314.

[151] For interpretation and criticism of the inaugural lecture in Frankfurt am Main, see also Axel Honneth, *Kritik der Macht. Reflexionsstufen einer kritischen Gesellschafts-theorie* (Frankfurt am Main, 1985).

[152] 'A Positivistically Bisected Rationalism: a Reply to a Pamphlet', in Adorno et al., *Positivist Dispute*, p. 199.

[153] On this topic, see Wolfgang Bonss, *Die Einübung des Tatsachenblicks. Zur Struktur und Veränderung empirischer Sozialforschung* (Frankfurt am Main, 1982).

[154] Horkheimer to Adorno, Montagnola, 27 September 1958.

[155] Jürgen Habermas, 'Ein philosophierender Intellektueller', *Frankfurter Allge-meine Zeitung*, 11 September 1963.

[156] 'Positivismus, Idealismus, Materialismus'.

[157] Institute of Social Research, *Universität und Gesellschaft I - Studenten-befra-gung*, pp. lvi-lvii.

[158] Ren é König (ed.), *Soziologie* (Frankfurt am Main, 1958).

[159] Theodor W. Adorno, *Introduction to the Sociology of Music*, trans. E. B. Ash-ton (New York, 1976), and *Nervenpunkte der neuen Musik* (Reinbek bei Hamburg, 1969), consisting of selections from *Klangfiguren*).

[160] Arnold Gehlen, *Die Seele im technischen Zeitalter. Sozialpsychologische Prob-leme in der industriellen Gesellschaft* (Reinbek bei Hamburg, 1957).

[161] Institute of Social Research, *Sozialogische Exkurse. Nach Vorträgen und Diskus-sionen* (Frankfurt am Main, 1956).

[162] Theodor W. Adorno, *Eingriffe. Neun kritische Modelle* (Frankfurt am Main, 1963).

[163] Schelsky, *Soziologie der Sexualität*, p. 126.

[164] Ibid., pp. 110−11.

[165] Ibid., p. 8.

[166] Ibid., p. 127.

[167] Ibid., p. 74.

[168] Ibid., p. 63.

[169] Helmut Schelsky, 'Über das Restaurative in unserer Zeit', in *Auf der Suche nach Wirklichkeit. Gesammelte Aufsätze* (Düsseldorf, 1965), p. 417.

[170] Helmut Schelsky, 'Zur Standortsbestimmung der Gegenwart' (1960), in *Auf der Suche nach Wirklichkeit*, p. 435.

[171] Arnold Gehlen, ' Über kulturelle Kristallisation' (1961), in *Studien zur Anthropologie und Soziologie* (Neuwied, 1963), p. 321.

[172] Hans Freyer, *Schwelle der Zeiten. Beiträge zur Soziologie der Kultur* (Stuttgart, 1965), p. 331.

[173] Arnold Gehlen, *Urmensch und Spätkultur. Philosophische Ergebnisse und Aussagen* (Bonn, 1956), p. 258.

[174] [See Dennis L. Bark and David R. Gress, *A History of West Germany*, vol. 2: *Democracy and its Discontents*, 1963−1988 (Oxford, 1989), p. 157.]

[175] Theodor W. Adorno and Arnold Gehlen, 'Ist die Soziologie eine Wissenschaft yom Menschen? Ein Streitgespräch', in Friedemann Grenz, *Adornos Philosophie in Grundbegriffen. Auflösung einiger Deutungsprobleme* (Frankfurt am Main, 1974), pp. 249−50.

[176] [Arnold Gehlen, *Urmensch und Spätkultur. Philosophische Ergebnisse und Aussagen* (Bonn, 1956) .]

[177] Jürgen Habermas, 'Pädagogischer Optimismus vor Gericht einer pessimistischen Anthropologie. Schelskys Bedenken zur Schulreform', in *Neue Sammlung*, 1 (1961), pp. 251−78.

[178] Jürgen Habermas, 'Arnold Gehlen: Imitation Substantiality', in *Philosophical-Political Profiles*, trans. Frederick G. Lawrence (London, 1983), p. 121.

[179] Jürgen Habermas, 'Martin Heidegger: the Great Influence', in ibid., p. 60.

[180] Hans-Georg Gadamer, *Wahrheit und Methode, Grundzüge einer philosophischen Hermeneutik* (Tübingen, 1960); *Truth and Method*, trans. Garrett Barden and John Cumming (London, 1975) .

[181] The reference is to Habermas's chapter, 'Hans-Georg Gadamer: Urbanizing the Heideggerian Province', in *Philosophical-Political Profiles*, pp.189−97.

[182] Eugen Kogon, *Der SS-Staat . Das System der deutschen Konzentrationslager* (Berlin, 1947), trans. Heinz Norden, *The Theory and Practice of Hell: The German Concentration Camps and the System Behind Them* (London, 1950); Martin Heidegger, 'On the Essence of Truth' (1943), trans. John Sallis, in *Basic Writings*, ed. David Farrell Krell (London, 1978), pp. 117−41.

[183] Martin Heidegger, *Holzwege* (Frankfurt am Main, 1950)

[184] Adorno to Horkheimer, Frankfurt am Main, 26 November 1949.

[185] Theodor W. Adorno, *Negative Dialektik* (Frankfurt am Main, 1966); *Negative Dialectics*, trans. E. B. Ashton (London, 1973), p. 73. 参看中文译本《否定的辩证法》, 张峰译, 重庆出版社 1993 年版, 第 69 页, 译文有改动。

[186] Karl Heinz Haag, *Kritik der neueren Ontologie* (Stuttgart, 1960), p. 73.

[187] Adorno, *Negative Dialectics*., pp. 109−10. 中译本第 107 页, 译文有改动。

[188] Jürgen Habermas, 'Dogmatism, Reason and Decision: On Theory and Praxis in our Scientific Civilization', in *Theory and Practice*, p. 282.

[189] Theodor W. Adorno, *Jargon der Eigentlichkeit* (Frankfurt am Main, 1964); *Jargon of Authenticity*, trans. Knut Tarnowski and Frederic Will (London, 1973), p. 47.

[190] On this phrase, see Dennis L. Bark and David R. Gress, *A History of West Germany* (Oxford, 1989), vol. 2: *Democracy and its Discontents*, pp. 38−40.

[191] 'Verfassungswirklichkeit und politische Zukunft der Arbeiterklasse', in Otto Kirchheimer, *Von der Weimarer Republik zum Faschismus* (Frankfurt am Main, 1976), p. 75.

[192] Cited by Oskar Negt in 'Gesellschaftsbild und Geschichtsbewusstsein der wirtschaftlichen und militärischen Führungsschichten', in Gert Schäfer and Carl Nedelmann (eds), *Der CDU-Staat . Analysen zur Verfassungs-wirklichkeit der Bundesrepublik* (Frankfurt am Main, 1969), p. 367.

[193] Cited by Gert Schäfer, 'Leitlinien stabilitätskonformen Verhaltens', in Schäfer and Nedelmann (eds), *Der CDU-Staat*, p. 444.

[194] Hans Werner Richter, *Plädoyer für eine neue Regierung oder Keine Alternative* (Reinbek bei Hamburg, 1965).

[195] *Der Spiegel*, 21 July 1965, p. 18.

第八章　剧变时代的批判理论

阿多诺《启蒙辩证法》的延续：《否定的辩证法》

1966 年 12 月，阿多诺从蒙塔日诺拉给霍克海默写信说：

> 你已经收到了《否定的辩证法》这个胖孩子，与此同时，能听到你的反应我当然会非常激动——尽管我不想强迫你以比你或我通常读此类书更快的速度来读它。我希望你不会认为这是对哲学的回归。相反，它有意做一种尝试：试图从哲学内部扩充（适度放置）传统的哲学问题框概念……其中最具争议性的方面可能是有无必要进入所谓的专门化哲学领域来进行这种扩充；但这正好是我对于内在批判的热情——也不仅仅是一种热情——而且这本书在一定程度上证明了它的合法性。[1]

这封信再明显不过地暗示：阿多诺是多么愿意通过直接干预现时代而对现时代进行概括，但在直接表述这种冲动方面又是多么的无能为力。这封信写于联邦德国历史上的危机时期。由于打乱了经济奇迹进程而出现的第一次衰退所带来的后果，基督教民主联盟和基督教社会联盟与自由民主党的联合执政已于 1966 年秋分崩瓦解。两年前成立的极右翼政党德国国家民主党（NPD）已经分别以 7.9% 和 7.4% 的选票当选进入黑森州和巴伐利亚州议会。在这种形势之下，1966 年 11 月底社会民主党同基督教民主联盟和基督教社会联盟组成大联合政府。与自由民主党不同，社会民主党同意应该给予弗朗茨·约瑟夫·施特劳斯一个部长职位，对他牵涉的《明镜》周刊事件和其他丑闻既往不咎。[2] 社会民主党也认可库尔特·格奥尔格·基辛格（Kurt Georg Kiesinger）出任总理。基辛格曾是纳粹党员，曾任纳粹外交部长里宾特洛甫（Ribbentrop）与被占领国家帮纳粹做宣传的广播公司之间的联络官员。在巴特戈德斯贝尔格会议上倡导德国社会民主党改革的发起人之一维利·勃兰特，成了外交部长和副总理。正如哈贝马斯在法兰克福大学生杂志《铁饼》上所说，"我们有理由为新政府担心……政府计划当中目前为人们所知的东西，与其说是民主政治的安全将在紧急状态期间得到保障，不如说是紧急状态将被强加于民主政治之上。"[3]

马克思于 1875 年写了他对德国社会民主党《哥达纲领》的批判。阿多诺有段时间也计划写一篇戈德斯贝尔格纲领批判，并想在汉斯·马格努斯·恩岑斯贝尔格尔（Hans Magnus Enzensberger）编辑的《交通手册》(Kursbuch) 出版它，而恩岑斯贝尔格尔对这个想法也非常热心。然而，由于害怕给"那些继续破坏已经被严重动摇的民主的人们"提供帮助，阿多诺在此计划未付诸实施之前就退缩了。霍克海默助长了这些疑虑。这样阿多诺才能问心无愧地投身于整合自己美学思想的工作之中——因此可以一边继续间接地表述他的政治冲动，一边保留他的政治怀疑状态。

自 1959 以来他一直在写作《否定的辩证法》。"此刻我耳边回响的是一个雄心勃勃的哲学计划，自《反认识论》以来最重要的计划"，他在 1963 年给作曲家恩斯特·克雷内克（Ernst Krenek）的信中这样说。写作此书的工作严格依照如下每日工作程序进行。在清晨的钢琴练习之后，他在社会研究所——处在角落的所长办公室——度过整个上午和下午。那间办公室既不安静也不浪漫，因为它外面就是 Senckenberg-Anlage 街，这是法兰克福市的主要交通干道之一。连续几年之中阿多诺一直在周二和周四主持关于哲学和社会学的研讨班和讲座课程，除了这些研讨班和课程之外间或还有一些独特的社会学事件，比如，以学生们日常经验为出发点的欢笑讨论班和争吵讨论班；他还与霍克海默一起定期主持高级学员的哲学研讨班（Philosophisches Hauptseminar）。他的晚上在家度过——所谓的家是一套租来的房子，离研究所只有五分钟行程，家里惟一引人注目的是一架大钢琴，他晚上在家里读读书。为了写作，阿多诺不断地在他一直随身携带的笔记本上做笔记。随后他念出笔记上所记的内容。稿子被按双倍行距打印，并且页面周围都留出很大的空白——打出来的稿子里的句子常常都是不完整的。他随后修改这些稿子，有时候修改之后再打印出来的内容会所剩无几，全被新写的内容所替代。这种过程有时要重复四次之多。[4]

1965 年底，阿多诺请求休假一年，这还是自 1953 年以来第一次提出休假请求，为的是能完成他认为"对我来说至关重要的"那些草稿："在我还能完全支配我的能力的时候"完成"关于辩证法基本原理的大篇幅的书，和一部关于美学的书"[5]。他观看了布莱希特新导的《三毛钱歌剧》（Threepenny Opera），发现这出戏极其乏味和老套，[6]这加重了他的疑虑，他怀疑为现时代而创作的东西是否能够行之久远。他探讨辩证法和美学基本原理的长篇大作，也源于一种解决如下悖论——比如在他的《现代音乐哲学》中所发现的——的尝试：在今天看来有价值的作品恰恰是那些再也不能被创作出来的作品。阿多诺试图根据他的音乐老师阿尔班·贝尔格的方式来解决这个悖论，他试图创造出一些伟大的形式，事实上是一些作品；这些作品的内容正是对作品本身的反叛。

像《现代音乐哲学》和《反认识论》一样，这些努力的最初结果就是由一篇长导论和系列论文组成的《否定的辩证法》。除了长篇导论之外，这本书包括三个部分："与本体论的关系"，"否定的辩证法：概念和范畴"以及"模式"，前两个部分是在巴黎法兰西学院讲演的基础上写成的，而第三个部分则吸收了 1930 年代所写的草稿和文章中的论题。

为什么它是一种哲学，而不是一种理论或社会理论呢？无论阿多诺怎样强烈地希望强调"实体思想（substantive thought）的第一性"[7]

并预示会有一种超越于伪装的哲学的具体化——可为什么是实体哲学而不是唯物的社会理论呢？导论是这么介绍的：

> 一度显得过时的哲学，由于实现它的契机未被人们所把握而得以继续存在。人们对它的概括性判断（summary judgement）——它仅仅解释了世界，而且在现实面前屈从并严重削弱了自身——在改变世界的企图失败之后就变成了一种理性的失败主义……也许正是一种不充分的解释才许诺要把它付诸实践。[8]

在第二部分的前几页，在"与黑格尔左派的关系"——"黑格尔左派"是黑格尔那些被马克思和恩格斯嘲笑为德意志意识形态专家的学生的哲学，黑格尔的这些学生在哲学层面与错误的思想搏斗，但不过是试图用批判思想来替代幻想——那一节，阿多诺又一次说明：

> 教条化和思想禁忌对理论的清算促成了可恶的实践。理论是否能重新赢得它的独立性取决于实践本身的兴趣。这两种要素的相互关系并没有一劳永逸地确定下来，而是随历史情况而波动……在黑格尔和马克思那里，理论上依然存在的不充分之处正好成了历史实践的一部分，因此可以在理论上重新得到反思，而不是让思想无理性地服从实践第一性。[9]

600　然而，与1931年阿多诺他的就职讲演"哲学的现状"中所说的一样，他也在《否定的辩证法》当中强调哲学不能再期待可以把握总体性。但如果哲学不能把握总体性，那么与社会理论相比就没有了任何优势——既然如此，那还有什么理由去探讨黑格尔左派哲学而不是无体系的社会理论呢？写完了一部哲学著作又接着写一部长篇美学著作《美学理论》（尽管阿多诺在有生之年并未完成此书，这部著作在他身后出版），而在写作《美学理论》的同时还写了一部论道德哲学的书，这些著作构成了一个三部曲（阿多诺说它们"代表了我的思想的精髓"），阿多诺这样做又是为什么呢？[10] 难道一种无体系的社会理论确实不是更重要、更富于创造性么？

"为什么是实体哲学而不是唯物的社会理论？"这一问题的答案也许在于，阿多诺那里确实存在类似于克拉考尔曾经描述布洛赫的那种情形，即"狂乱地跑向上帝"。没有在社会理论层面对世界进行更完满的解释，相反，急躁使阿多诺的思想固执于一种理念——即，可以获得还没有落入虚假总体性符咒之下的东西——来展开。根据序言所说，否定的辩证法

> 试图用逻辑一致性来代替同一性原则，用那种关于不被同一性所控制的事物的观念来代替被推于最上位的概念的最高权威。运用主体的力量来冲破构成性主体性（constitutive subjectivity）的谬见——这就是笔者自从信任自己的精神冲动起就为自己确定的任务。现在，他不愿意再拖延了。[11]

在社会理论层面需要描述或至少勾勒一种改变有缺陷的整体的方式的需求，在某种程度上只能在"哲学理论"层面上被如此地召唤出来。[12] 另外，在跨学科合作层面无法实现的东西，似乎在哲学理论的层面上通过一种已经被纳入到多学科方法的单一研究又可以实现了。

"否定的辩证法"是阿多诺原有的哲学规避计划的一个新说法，也是"间断的辩证法"这个概念的新说法，"间断的辩证法"在他早期论克尔凯郭尔的书中曾被特别强调过。"间断的辩证法"当中的主体间真理所提出的反对意见，与自发主体拥有的那种神话式的无限能力是对立的。否定的辩证法乃是自满的精神和他那本论克尔凯郭尔的书中所说那种"期望的超验"(transcendence of longing)[13] 机能的走向衰退的逻辑。否定的辩证法的任务就是要终结统一性的观念和自我修正的功能。

但在阿多诺本人所诊断出的"管控世界"当中，在统一性观念的符咒之下"揭示"那些特殊的、独一无二的和非同一性的东西如何可能呢？而且如果"事物的恰当状态"不受辩证法束缚，[14] 那么该用什么来

601

防止已经被释放的非同一性——统一性观念和辩证法不再对它们具有任何权力——不会退化为无定形的、孤立的和盲目的自然状态呢？用什么来"调解"差异并使一种相互关系和普遍性可以摆脱强制？如果辩证法是运用概念去揭示未被概念化的那些东西，而不是把它们化约为概念的一种发现方式，[15] 那么，我们如何才能构想出一种思想上的推进，走向一种摆脱了强制的普遍性，走向荷尔德林所说的那种"差异即善"[16] 的境界。

由黑格尔在唯心主义体系框架内发展起来并被他当作实体哲学化探讨原则的辩证法，一直掩盖着客体抵抗主体、非同一性抵抗同一性的经验。正是这一点使某种摆脱同一性哲学的辩证法、反体系的辩证法成为可能，甚至在阿多诺看来成为必要。"辩证法是始终如一的对非同一性的意识"，并且"矛盾是从同一性方面来看的非同一性；辩证法中矛盾原理的第一性使统一性思想成为衡量异质性的尺度"。[17]

然而，驱动辩证法的力量不仅仅来自下层的某种抵抗。那些依其所述是哲学起源和最高原则的概念，也是辩证法背后的推动性力量。正是在它们宣称要拥有整体性的过程中，它们失败了。但如果这些概念不是绝对意义上的第一原则，那么也就根本说不上是第一原则了。相反，它们更次要，尽管还是作为"更高"、更活跃、更有推动力的原则。支持阿多诺全部论证的思想过程以如下顺序展开：

> 说到底，对同一性的批判是对客体优势的探索。不管同一性思维怎样否认，它都是主观主义的。对这种思维的修正，即把同一性看作谎言，并没有使主体和客体达到一种平衡，也没有把功能概念提高到在认识中独占绝统治地位的角色，甚至在我们仅仅限制主体时，我们也剥夺了主体的权力。主体自身的绝对性是一种尺度，根据这种尺度，非同一性最微不足道的残余在主体看来也像是一种绝对的威胁。最低限度也会把主体全盘弄糟，因为主体自称是整体。
>
> 主观性在不能独立发展自身的环境下会改变自己的性质……

由于中介（mediation）这个概念内在的这种不平等性，主体以完全不同于客体的方式进入了客体之中。客体虽然只能靠主体来思考，但仍总是某种不同于主体的东西；而主体在天性上一开始也就是一种客体。即使作为一种观念，我们也不能想像一个不是客体的主体；但我们可以想像一个不是主体的客体。成为一个客体也就是成为主观性意义的一部分；但成为一个主体却不会同样成为客体性意义的一部分。

602

> *我*是一个实体存在，这种表述甚至暗含在"我想那种应该可以伴随我的一切概念的东西"这种逻辑意义当中，因为时间次序是这种表述存在的一个可能性条件；而且，在短暂的时间里不会有时间次序。代名词"我的"意指一种作为诸客体之中的一个客体的主体，没有这个"我的"，便永远不会有任何"我思"。[18]

在这背后有一种朴素的洞见：没有人类，世界或许也可以存在，但是人类没有世界绝不能够生存。否定的辩证法意味着对他者（the Other）的留意。和在黑格尔那里不同，否定的辩证法并不完满地成为一种体系，也不代表从一个范畴到另一范畴的进步。相反，它一次又一次在各种情形之中告诫人们，要从那些根本不能让自身摆脱的"同一性"思维和自满精神中"解放非同一性"，从那些只能对之加以歪曲并造成不可预见后果的思维中解放"非同一性"。[19] 实体化（hypostatizations）决不会长久地取得成功，而惟一合理的解决办法就是必须认识并接受客体、他者、异物：这是《否定的辩证法》的结论。

> 如果一个人……想把一切实存的东西都推动成纯粹的现实性，那么他就会倾向于敌视差异性（otherness），敌视那些被称为异化的、并非毫无意义的异己之物。他就会倾向于一种这样的非同一性，它不独独可以作为意识的，而且可以作为和解的人类的一种解脱……我们不能从现存的辩证法中消除在意识中被体验为异物的那种东西：否定性的强制和他律，还有我们应当爱、但意识的魔

咒和近亲繁殖不允许我们去爱的那种东西被损坏了的形象。艾兴多夫 (Eichendorff) 的"漂亮的异己者"一词产生于被认为有厌世情感、承受了异化之痛的浪漫主义。和解的状况不会是吞并异己物的哲学帝国主义。相反，它的幸福在于：异己物以它被赋予的亲近性来说，依然是疏远的和不同的东西，既超越了异类，又超越了它本身之所是。[20]

然而，在这种情况发生之前，应该期待客体的优势，[21] 消极意义上的客体优势。同阿多诺以往的所有思想一样，此处的这些概念都是双极的。积极意义上的客体优势意味着差异化的主体一方对通过定性差异而感受到的客体的开放性。消极意义上的客体优势则意味着客体通过已变成自治性的社会强制力量——缺乏全面主体 (overall subject) 的社会状况——对于无权个体的统治。

哪里存在着积极意义上的客体优势，哪里也就有"主体过剩"。[22] 客体必须被认为是没有主体的客体。但也只有在有差异化感知自由的主体存在的地方，在有差异地感知着的主体把客体既不当作特许之物也不当作必然之物去关注、既不逢迎也不欺骗地去关注的地方，人们才能在强调的意义上谈论客体优势。否则，主体必须"服从于客体"并使自身成为一种能够把"模仿反应机能"与概念规范融为一体的器官。[23] 阿多诺曾断言，马勒就具有这种无与伦比的能力，他能"使无限主体性的东西客体化"。[24] 自他 1920 年代写作音乐评论以来，他就把无限主体性的东西的客体化视为艺术——同样也是社会——的任务。在有差异地感知着的主体内部对客体进行客体化——这就是这项任务历经多年之后形成的综合形式，《否定的辩证法》现在就要为这种综合形式提供最先进的解决办法。

全书的大部分章节都是哈贝马斯所说的理性批判范围内的"等待练习"，它以同一性思维之道还治其身，但又不敢试着从中逃离。导论解释了哲学经验的概念，第二部分探讨否定的辩证法的基本思想及其与某些范畴的关系，这两部分继续围绕被反思的启蒙 (reflected enlightenment）这一哲学母题而展开，所谓被反思的启蒙也就是《启蒙辩证法》曾希望为之提供基础的那种积极的启蒙概念。这两个部分延续了这一基础准备工作。

本书第三部分探讨各种"模式"，它旨在证明，对被反思的启蒙的要求，"通过概念方式"而超越概念、通过概念而"达到非概念"的要求，对"概念反思这一中介当中那种完整的、不可化简的经验"[25]的要求，是否得到了满足。这些模式还想要证明，是否可能以上述方式有效地区分以下两个方面：一方面是应当被爱的东西的歪曲形象——它以肯定意义体现客体优势；另一方面是人们已无从辩识的社会中的各种功能交互关系的支配即他律——它以消极意义体现客体优势。

模式、典型思想的概念，[26]代表了以一种反体系的方式掌握虚假总体性体系的努力，在具体事例中为这种体系划定界限，这些界限体现着对"他者"扭曲和抵抗的程度；同时，也代表了一种在他者内部解除"非同一性事物的连贯性"的努力。[27]第一个模式包含着对围绕自由概念而展开的道德哲学的种种思考，集中在"实践理性元批判"一章。第二个模式则是对围绕世界精神和自然史而展开的历史哲学的种种思考，集中在"有关黑格尔的题外话"一章。第三章"形而上学沉思"则处理死、生、幸福、不朽、复活、超越和希望等观念和终极问题。阿多诺没有解释他为什么选择这些独特的概念。他此处所用的方法并没有采用像他对否定的辩证法的解释可能会让人们预期的那种方式——依据那些短暂的、粗糙的和细微的东西，这一点令人惊讶。令人惊讶的还有，所有这些模式，没有一个针对的是那种总会让人立即想起的与非同一性事物概念、与客体优势概念相关的现象：由人支配的外部自然。一方面，阿多诺想要避开这一话题也是情有可原的。他曾反复自我批评，承认自己不了解自然科学，因此不能消除让哲学远离自然科学的遗憾。另一方面，他很可能从一种非常不同于自然科学和自然哲学之联系的视角来思考人与外部自然的关系。就像阿多诺本人通过别的论题所表明的那样，甚至在没有对各门科学学科——经济、科技史和文化史领域——的研究进行参照的情况下也能这么做。就阿多诺的兴趣而言，即使有这类盲点也不足为怪，但就理论背景而言，这确乎是一个敏感的弱点，使他认为世界历史的最终致命大灾难源于自满精神对外部自然和内部自然的支配，在这里，真正领悟的观念和健康的世界条件的观念非常接近于浪漫主义的自然哲学。

第一个模式，即对意志——主体——是否自由这一问题的讨论，给人以深刻印象。各门科学学科由于要探索科学法则而被迫支持决定论，从而把自由意志问题留给了哲学，而后者则用各种前科学的、自贬的（apologetic）思想来回答它。因此，哲学无非确认了那些被科学呈现为被决定了命运的主体们所犯的罪行。

> 如果自由意志的命题使依附性的个人承受了他们无法对付的社会不公正，如果它不停地用他们不能实现的又迫切需要的东西来羞辱他们，那么另一方面，不自由的命题就相当于在形而上学上延长了现状的统治地位。不自由的命题断言自身是永远不变的，如果个人不准备屈服的话，那么它就请求他屈服，因为这是他只能做的一切……否定意志自由将彻底意味着把人毫无保留地还原于他们在成熟的资本主义中的劳动的商品性规范形式。同样错误的是先验的决定论，即那种在商品社会中并从这个社会中抽象出来的自由意志学说。个人本身构成了商品社会的一个要素，归于他的那种纯粹自发性就是社会征用的自发性。主体需要全身心做的一切只是一种对他来说不可避免的选择：意志是自由的还是不自由的。[28]

阿多诺把这一点同对自由和自由匮乏的辩证法的表述进行对比，为的是提供一种批判性的标准，可以借以评定社会化个体的自由或自由匮乏。

> 按康德的模式，就主体意识到自身并和自身相同一而言，主体是自由的；但是就主体从属于并永久保留同一性的强制而言，主体

605

在这种同一性中又是不自由的。作为模糊的、非同一的自然，他们是不自由的；然而，作为这种自然，他们又是自由的，因为他们的不可抗拒的冲动——不过是主体与自身的不同一性——将使他们摆脱同一性的强制特点。[29]

在一个对抗性的世界里，同一性的强制本性和冲动的破坏性本性都是占优势的——它们又都是自由匮乏的表现。而真正的自由则意味着顺应人的冲动，并因而超出自我的一致性，也就是说与他人和解。阿多诺勾画了一幅有点苍白无力的乌托邦，在其中"每一个人无畏的、积极的对总体的参与"将"不再把这种参与制度化，而是允许它产生现实的后果"。[30] 他就用这种想像与那种构成社会的方式作对比，在那种构成方式中，意志自由的观念使得把罪责推给社会中那些无权力成员的做法总是合法的；而且他还用这种想像来与那种以压抑的心理把自由和责任相互关联起来的哲学传统进行比较。

　　阿多诺的论断有一个核心的线索，这便是对康德这位以自由为主题的哲学家的批判。阿多诺把自由和自由之匮乏的概念——已经被变成固定用于讨论所谓的孤立个体的概念，放回到了它们的社会和历史语境当中。他强调要关注他自己时代的经验，其中首先是那些最严重地践踏尊严的那些事件所留下的、至今还折磨着人的经验，那些有关个体的软弱无力以及纳粹集中营的那种最具毁灭性的体验。他以这种方式得出了一些结论。这些结论不仅在联邦德国的哲学领域里是反传统的，而且对于德国国内当时的整个思想氛围来说都是不同寻常的，这些结论显示出了某种人道的现实主义。

　　　　道德问题被简明扼要地提出来，但不是在它的令人作呕的拙劣模仿、即性压抑中，而是用下列论点提了出来：任何人都不该受折磨；决不应该有集中营——但所有这些事情还在亚洲和非洲继续着并被隐匿起来。之所以如此，仅仅因为，文明的博爱（humanity）对于那些被它无耻地污蔑为不开化的人们来说，依然是不人道的。

如果一个道德哲学家抓住这些论点并因为逮住了道德批评家——道德批评家也引用道德哲学家满意的断言的价值——而兴高采烈，那么，他的有说服力的结论就是虚假的。这些论点作为在听说某个地方发生的严刑拷打的消息后产生的回应和冲动是真实的。它们不一定被合理化；作为一种抽象原则，它们会很快落入它们的推导和效力的恶的无限性中……

冲动——赤裸裸的肉体的畏惧以及与布莱希特所说的"痛苦的躯体"相一致的感觉——是道德行为中内在固有的，却被无情的合理化的企图否认了。最迫切的事情再一次成了沉思的，从而嘲笑了它自身的迫切性…… [与理论和实践]不可分割的东西独自存在于极端中，存在于自发的活动中（这种活动不耐心进行论证，不容忍恐怖继续下去），存在于不被命令所吓倒的理论的意识中——这种意识向人们表明为什么恐怖会无休止地继续下去。鉴于一切个人现实的软弱无力，上述矛盾独独成了今天道德的舞台。[31]

由此得出的结论表现出对于自发的抵抗和自发的革命行为的辩护。按照阿多诺给出的例子，对那些要为拷打折磨负责的阶层，连同那些给予他们命令的人，还有那些赞助他们的大企业家来说，对所有应该立即枪决——在一场反法西斯主义的革命中应当立即枪决的人来说，自发的抵抗和自发的革命要比纽伦堡审判在精神上更为正确。在这背后潜藏着一种信念，即真理更容易在释放出强烈冲动的危机环境条件下被发现，真理更容易在操作型性格类型被证明是最危险的性格类型的这个时代里被发现——之所以说这种性格是最危险的，乃是因为此类性格的人会用行政的方法除掉他们的受害者，而他们冷静的理智和情感的彻底匮乏使他们变得异常残忍。阿多诺完全明白，这类观点很可能被误解，它们是那么接近存在主义哲学，他完全明白法西斯主义对造反的利用方式。在这些段落中，他变成了一位勇敢的哲学家，在恰当的语境中表达出他最基本的直觉。

如果人们敢于给康德的智性特点的 x 以其真实的内容，而这内容又反对疑难概念总的不确定性的话，那么或许在正当行动的冲动中就会有历史上最先进的、准时发光且又迅速熄灭的意识。它是对可能性的具体的、间歇性的预知，既不异化于人们也不与人们相同一。[32]

这就是阿多诺所完成的堪称"人道现实主义"(humane realism) 的最完满表述。

阿多诺在道德哲学方面围绕自由概念展开的思考，涉及内部自然和外部自然的关系、处于具体社会历史形势之中的人与其同胞之间的关系。实际上，这些思考被证明乃是通过概念去理解超概念事物的一种努力，但又决不将其化约为概念。更确切地说，这种努力试图认可已被抽象毁坏了的东西，认可"前自我的冲动"、"身体的"冲动以及"附加物"(Hinzutretende)，[33] 但又不抛弃同一性、同一化思维以及由社会共存所体现的统一性。正如阿多诺的新音乐哲学所捍卫的观点，野蛮事物可以提供支配自身的某种精神力量，去反抗已经变得与它自身完全不同的它自身行为的客观化；正如《启蒙辩证法》曾支持主体内部对于自然的回忆，正如霍克海默的主观工具理性批判曾坚决捍卫沉思与本能之间的联盟——《否定的辩证法》也捍卫如下观点："光明的自由意识"得益于"对古代的冲动记忆，而这种冲动并不是任何固定的自我所能驾驭的"。[34] "在某种早已过去的东西和某种成长起来但未被认识而有一天能被认识的东西之间"有一道"闪光"。[35] 但联系"前自我冲动"与对超越自我并能代表真正个体性之物的期待的线索依然模糊不清——恰如相信驯雅力量可以控制肉体冲动、本能和野性中不受约束的自我保存这一信念一样模糊不清。

另外两个模式也包含了阿多诺某些早期思想的演化发展。在"关于形而上学的沉思"一章里，开始就有奥斯维辛之后一切文化都是垃圾的格言，[36] 随后还提到要在复活身体的唯物主义渴望或者世界乌托邦观

607

念里让神学主题获得唯物主义的复原——在这样一种乌托邦世界里，不仅一切现存苦难都被消除，而且已经流逝的那些不能挽回的往事也可以重新来过。其实，本雅明和霍克海默在 1930 年代的通信中就曾经谈到过后一个主题，它为一种人道的、现实主义的观念提供了思想背景。阿多诺认为，斯特林堡 (Strindberg) 的名句"只有憎恨邪恶的人才能热爱善良的东西"最充分不过地表达了这种观念。本雅明和马尔库塞对此也有过明确的表达——本雅明在他的"历史哲学论纲"中就说过，"仇恨和牺牲精神，这二者都是从被奴役的祖先这一形象那里汲取力量，而不是从解放了的孙子们的形象那里汲取力量"；[37] 马尔库塞在《爱欲与文明》中说过，"如果正义和自由将要占上见，那么忘却也就是宽恕那些不应该被饶恕的事情"。[38]

"关于形而上学的沉思"没有丝毫的宁静感。它们是以"奥斯维辛之后"这一格言开场的。这里没有那种"无论如何"之类的口吻，而是这样一种语调：

> 这种不可抵抗地迫使形而上学加入它一度打算反对的东西的过程，已达到了它的消失点。自青年黑格尔以来，哲学还未能制止住它严重陷入各类实际生存问题的态势，除非它为了被许可的思考而出卖自己。儿童在对抢劫者地区、尸体、令人厌恶的甜腻的腐烂气味、该地区使用的脏话等内容的入迷中感到了这一点。这一领域无意识的力量也许像幼儿期性欲一样强大……无意识的知识把被文明教育所压抑的东西私下传给儿童，以耳语似的声音说："就是这么回事。"悲惨的物质生活激发出差不多同样苦受压抑的崇高旨趣的火花，它引起了"这是什么？"和"它向何处去？"的问题。有人打算用"粪堆"和"猪圈"之类的话来使儿童记住使他震惊的事情，这种人也许比黑格尔更接近绝对知识，尽管黑格尔的著作向读者许诺只有以优雅的姿态才能把握这种绝对知识。[39]

但当形而上学的另一极也被回忆起来的时候，就出现了某种"无论如何"的语气：

> 什么是形而上学体验？如果我们不屑把它摆到所谓的原始宗
> 教经验上来认识，我们就很可能像普鲁斯特那样在幸福中去想像
> 它，而这幸福是像"风口"、"领主谷"之类的村名所许诺的。人们
> 认为到那里去就能如愿以偿，仿佛那里有这种东西。实际上到了那
> 里这种许诺便像彩虹一样消失了。但人们并不失望，而是感到更接
> 近了它，并认为正因为如此才看不见它……

> 对儿童来说，显而易见的是，在他喜爱的村庄里使他高兴的东
> 西仅仅是在这里找到的，只是在这里而不是在别的地方。他是错误
> 的，但他的错误创造了经验模式。这是一种概念的模式，这种概念
> 最终是事物自身的概念而不是对事物可怜的抽象。[40]

两种经验所共有的就是一种越界，它充满感性和物质性，但又超越了感官和物质。像这样一些段落概括地提供了一种想像，描述已经卷入虚伪生活的生活当中可能恰当的东西，而社会理论是无法做到这一点的。对阿多诺来说，奥斯维辛之后的生活这个主题成为了证明如下事实论据——即，依然可以从我们自己的经验出发对本质性的事情进行哲学化的探讨。

《否定的辩证法》描画出了这个人的特殊肖像：他专注于用具体的哲学化方式来看待他所写的书——这是他的主要哲学著作，在此书中他的具体哲学仅仅充当了他陈述及论证自己方法论的附录。从整体上看，《否定的辩证法》——如它的标题所示，并不指本书的内容——因此在是哲学理论当中，只是科学哲学和传统认识论的一种对应物。与此同时，这种折中也使得本书有别于对科学和理论均抱有敌意的存在论。但本书认为把科学研究囊括进来会威胁那些推断出来的洞见或使之不再可能，这种观点是没有说服力的。否定的辩证法这一概念在应对各种科学哲学的过程中只是保证了对那些非确定性经验的坚持，而且指出了这样一种方向，即这种坚持应该借助否定性概念——"非同一性"——的方

式来进行，但"非同一性"的确切含义却总是在"隐秘"的两极和"它应该就是个体性"这两极之间摇摆不定。但从否定的辩证法来看，只有跨学科的社会理论研究工作才是富于成效的。阿多诺之所以排除科学研究，之所以要用历史哲学来围剿社会理论，只有急躁和个人偏好可以解释——尽管就阿多诺本人而言，他用历史哲学来围剿社会理论的工作只完成了一部分。

批判理论家和学生运动

在阿多诺发表《否定的辩证法》的同一年，马尔库塞发表了"论压抑性的宽容"的德文版。一年之前，该文的英文版就已面世，与马尔库塞的两位友人美国左派罗伯特·P. 沃尔夫（Robert P. Wolff）和巴林顿·莫尔（Barrington Moore）的文章一起收入了一本名为《纯粹宽容批判》的册子。[41]正如马尔库塞本人在1965年初写此文时给霍克海默的信中所说的，这是一篇"立场鲜明的"文章。

在《单向度的人：发达工业社会意识形态研究》一书当中，马尔库塞就曾试图呈现老批判理论家的著作忽视的那些东西，试图把对晚期资本主义社会的分析置入制度背景之中。他以一种引人注目的、有效的方式在这方面取得了成功，其方式体现着他自己的个性并与其他法兰克福理论家的风格明显有别。他以一种坦率的浪漫主义描述了一位敏感的理论家的日常经验：

610   否认自由，甚至否认自由的可能性，相当于在自由强化压制的地方承认自由。人民被容许在任何仍处于和平和宁静的地方打破平静，干丑事或丑化事物，流露亲昵关系，冒犯得体的礼节姿态，而且容许的程度令人惊恐。它之所以令人惊恐，乃因为它们表现出那种合法的、甚至有组织的努力，即人们根据自己的权利排斥他人的权利，甚至在一个很小的、专属的生存领域阻挠自治。在过度发达的国家里，日益增多的一部分人口成了一批巨大的被征服的受众——不是被极权主义的政体所征服，而是被某些公民的自由权所征服，这些人用以娱乐和晋升的大众传媒强迫他人分享他们的声音、他们的见解和他们的口味……大众的社会化始于家庭，并且束缚了意识和良知的发展。[42]

从内容方面来看，马尔库塞在本书中不得不说的东西表现了法兰克福学派的社会理论，而且似乎也在暗示原有的角色协作和分工仍然在继续。与阿多诺的那些著作的结论部分一样，该书标题所概括的诊断与书中提到的可以促成质变机会的背景构成了明显的反差，因为目前正处在一种非常糟糕的状态。依照《爱欲与社会》当中所阐述的思想，马尔库塞把这种机会视为"对需求进行重新界定"的机会。[43] 而早在《单向度的人》的最后几页——该部分内容围绕着教育专政这个概念而展开——当中，马尔库塞就指出，幻想解放的前提就是对目前那些大量自由存在的、使压抑型社会永世长存的东西进行压抑。在引用本雅明这句名言"只因那些绝望的人们，希望才给予了我们"来结束全书之前，马尔库塞，这位美利坚合众国的公民——当时美国支持越南的独裁政权镇压民族解放斗争，而在国内继续压制黑人，同时已经通过福利国家政策为驯化资本主义搞了最基本的努力——进一步提出了一种面向边缘群体的理论：

> 然而，处在保守的民众地层之下的，是流浪者和局外人、别的种族和别的肤色的受剥削者和受迫害者、失业者和（因年龄、体力等）不能被雇用者的下层居民。他们生存在民主过程之外；他们的生活就是对结束不可容忍的生活条件和制度的最直接、最现实的要求。因此，即使他们的意识不是革命性的，他们的造反也是革命性的。他们的造反行为从外部击中了社会制度，因而不会被这个社会制度所腐蚀；这是违反游戏规则的基本力量，而且他们在这样做的时候又揭露了这种游戏不过是被操纵者的游戏。当他们汇聚一

起赤手空拳而毫无保护地走到大街上，要求最起码的公民权时，他们知道他们面对着的是警犬、石块、炸弹、监狱、集中营，甚至死亡。他们的力量支持着每一次为法律和秩序的受害者们所进行的政治示威。他们开始拒绝加入这个游戏，这一事实也许标志着一个时代行将结束。[44]

这种向着实践责任理论的转向，在《单向度的人》里还仅仅是试探性地有所反映，而到讨论宽容的这篇文章里就被热情地表达了出来。1948 年马尔库塞根据法兰克福学派的理论曾经激烈地批评过萨特的《存在与虚无》，认为支撑"存在主义虚无主义语言"的基础不过是"自由竞争、自由行动和所有人机会均等这样的意识形态"。但在他讨论宽容的这篇文章当中，马尔库塞又站在了萨特一边，因为萨特于 1961 年为弗朗茨·法侬（Frantz Fanon）的《全世界受苦人》（The Wretched of the Earth）撰写了序言，表达了对此书无条件的支持，并且将其描述为"反殖民革命的共产党宣言"。[45] 法侬的书和马尔库塞论"强制性宽容"（Repressive Tolerance）一文的德文版都发表于 1966 年，这是西德知识分子和学生开始有计划开展运动的文献标志。

马尔库塞把他这篇"立场鲜明"的"强制性宽容"题献给他的布兰代斯大学的学生们。这并不仅仅是对参与他研讨班的聪明学子们的答谢，而且是他对在政治上已经很活跃的这些学生们的某种声援。自 1960 年代早期以来，在争取公民权的斗争中，美国南部的许多斗争者就一直采用静坐和上街的战术推动在餐馆、商店和公共运输系统废除种族隔离制度。学生们——而且不只是黑人学生们——在这些活动当中一直是白人暴力的受害者。在柏克利大学兴起了自由演讲运动，学生们为拥有在大学校园募集钱款以支持民权组织和其他事业的权利而斗争。1964 年 12 月，800 名学生在静坐罢课中被拘捕，这是美国有史以来逮捕人数最多的一次。学生反越战，并通过焚烧他们手中的征兵卡来对抗征兵。

萨特在其为法侬的《全世界受苦人》所撰写的序言中说："任何温

顺也不能抹去暴力的痕迹；只有暴力自身才能摧毁它们。土著人通过武力将殖民者驱逐出去，才能治疗自己的殖民地神经症。"[46] 他反对那些期待游击队战士像骑士一样行事并以此显示他们的仁爱的法国左派。尽管马尔库塞并不支持法侬的观点——被压迫者要成为人就得以其人之道还治压迫者，但他得出的结论却是相同的：

> 从其所起的历史作用看，革命暴力和反动暴力之间、被压迫者实施的暴力和压迫者实施的暴力之间是有差别的。从伦理学上看，这两种暴力形式又都是野蛮和邪恶的——可历史何尝是根据伦理标准而形成的呢？仅仅在被压迫者反抗压迫者、一无所有者反抗有产者的时候才开始动用这些伦理标准，只会弱化对暴力的抗议，只会是为现行暴力的辩护。[47]

马尔库塞把批判帝国主义的激进主义同批判发达工业社会的激进主义结合了起来。甚至在这个社会的中心，现行暴力还处于统治地位，而作为整体的社会则处于极端危险之中。他的结论似乎是有效的。对被作为整体权力的美国压迫着的那些人，对把美国当作发达工业社会而任其征服的人，对通过与少数族裔和被剥夺了权利并屈从于压迫的人团结起来以采取对压抑性制度的斗争的人们，对并不完全以此方式采取此类斗争的人们来说，都是如此。马尔库塞论宽容的这篇文章结尾时说：

> 我相信，如果合法手段被证明是不够用的，那么被压迫和被压抑的少数人就有一种反抗压迫的"自然权利"。法律和规则无论何时何地无非是保护既定等级的法律和规则；援引这种法律和这种规则的绝对权威来反对那些蒙受其苦并反抗它的人——他们不是为了个人利益和报仇，而是为了分享人性，这是很荒谬的。他们的审判者就是合法的政府机构、警察，而且还有他们自己的良心。如果他们动用暴力，他们也并不是启动一连串暴力连锁反应，而是在

试图中止现有的暴力枷锁。由于他们将要受到惩罚，所以他们知道风险，而一旦他们愿意冒此风险，那么任何第三者，尤其是教育家和知识分子都没有权利向他们宣讲克制。[48]

如果说诸如此类的陈述尚需要解释——特别在西德当时的语境中阅读的时候——的话，那么他所做的其他陈述，即贯穿于全文的呼吁左派在发达工业社会中施行教育专政的要求，则显得有些怪异且自相矛盾。

> 与虚假意识及其受益者进行斗争的弱小而无权的少数人必须得到帮助：他们的继续存在，较之于保存被滥用的权利和特权——这赋予压迫这些少数人的那些人以宪法权力——而言更为重要。至此应该清楚的是，那些没有公民权的人去行使公民权，其先决条件就是从阻挠他们行使公民权的那些人手中收回公民权。[49]

613

可是，除了统治阶级的权威和机构之外，又有谁能收回或者实施公民权呢？在马尔库塞假定的这样一个对宽容的单方面约束总在幕后起作用的社会中，所有对偏袒性的宽容的诉求都只能起到强化当权者观点的作用，这些当权者总是看似公正的。在此类情形之下，只有一种要求是有用的：即呼吁所有人行使他们的公民权的要求。比方说，要是舆论自由权和知情权同大众传媒的资本主义结构产生了冲突，那么我们可以要求大众传媒民主化并发起捍卫此要求的斗争。而要求以某种公开形式的"支持稽查制度"去取代弥散于媒体的"看不见的稽查制度"则是不对的。在马尔库塞这些思想背后，似乎存在着把反抗这一自然权利挪入意识、教养和教育领域的错误转移。也许只有暴力才能治愈因被殖民化而患上殖民神经官能症的人，或者也许只有暴力才能保护人们在许多境况下免受暴力侵害，可我们不能用左派的操纵对抗右派的操纵。也许马尔库塞只是想表明如下显而易见的事实：必须从那些以他人为代价据自由为己有的人手中解救自由，为获得被限制的自由权利而做的斗争，必须使另外一些以他人为代价而被分享着的自由权利受到限制。可是当争论的焦点并非什么有伤害之事，而只是更多民主和更多自由的问题的时候，他为什么要使用支持稽查制度或反稽查制度这样有害的概念呢？当非暴力形式的公民的不服从——消极抵抗、占领广场或建筑物，以及其他不造成伤害的行动——乃是题中之义的时候，他为什么谈论着一般意义上的暴力呢？就这些行为并不认可他们习惯于追求的目标而言，律师、政客和大部分公众都会异口同声地把它们描述为暴力行为。但是在作为高度工业化的西方社会之反对派的哲学家那里，这难道不是注定要引起误解吗？阿多诺尚未读过"论强制性宽容"，但通过三手或四手渠道私下对马尔库塞这些论断有所耳闻，他告诉霍克海默说他们必须尽早找机会同马尔库塞严肃地谈一次，这有什么令人惊讶的吗？阿多诺写道，马尔库塞站到了一个相当残酷无情的立场上，甚至不回避一切异议应予禁止这样的观念，并以这样的方式谈论着这些令霍克海默和他本人感到很恐怖的事情。[50] 霍克海默肯定会觉得他推搪马尔库塞的策略是完全有理由的，难道不是这样吗？马尔库塞再三表示希望来法兰克福大学教书，迟至 1965 年，他得到了一个机会，柏林自由大学哲学系给他发出了邀请，此时他给霍克海默写信说，对他而言返回德国却不回到法兰克福是不可思议的。

614

就在马尔库塞那篇"立场鲜明"地讨论宽容的文章的德译版发表的那一年，他也"姿态鲜明地"介入了西德学生反对派发起的事件当中。1966 年 5 月 22 日，马尔库塞在"德国社会主义大学生联盟"(SDS) 于法兰克福大学组织的会议上发表演说，题为"越南——对一个样板的分析"。2000 多名学生及一些教授、工团主义者参加了这次会议。于尔根·哈贝马斯和奥斯卡·耐格特也是演讲者和大学生组织的主席成员。这次会议以举行大规模抗议越战的示威而结束，这种示威此前在西德还未发生过。马尔库塞的演说除了具有丰富的见解之外，还提供了他对于当今时代的精辟解释。

他的演说又重提他在《单向度的人》中曾经提出过的问题：第三世界是否能让我们有理由期待一种新的方案，可以替代在西方和苏联的工业化进程当中都存在的这种压抑性的技术理性？就此他还问道：

> 在这些国家有可能出现一种非资本主义的工业化形式吗？这种工业化形式可以避免早期资本主义那种压抑的、剥削的工业化，并以人应有的（à la mesure de l'homme）方式；而不是通过一种从开始就统治人们、人们就必须屈从的方式来建构起它的科技机构。我们能否把这种新的工业化形式当作"后发者"所拥有的一种历史优势来谈论呢？

他在这里给出的答案，比他在《单向度的人》当中提供的答案少了一些悲观色彩：

> 令人遗憾的是，非资本主义的工业化形式这一伟大选择由于以下事实而受到了妨碍：大多数发展中国家都得或多或少依赖发达工业国家——不是西方的就是东方的——来进行它们的原始资本积累。但至少我相信，从客观上讲，今天发展中国家的这些军事解放运动，表现出发生激进变革的强大潜在力量。[51]

由于那样一种政治体制在第三世界尚有待发展，还预测不到会有哪种前景可以替代马尔库塞在东方和西方工业社会所看到的那种技术体系。不过，马尔库塞认为，他对于否定性、大拒绝以及对自由生活的要求所具有的强大力量的坚信，越发明显地得到了确证。

615
> 越南意味着什么？……越南意味着过度发展的工业社会领域的所有民族解放运动；这些解放运动引发了问题，并威胁到理性、制度和这些过度发展的工业社会的道德。越南已经成为经济压迫和政治压迫的未来的象征，已经成为人统治人的未来的象征。民族解放运动在越南的胜利将会意味着什么？这样的胜利将意味着——在我看来这是它最重要的方面——人类将继续对自己迄今所能创造的最强

大的技术机器进行根本的反抗。[52]

他向学生们保证，自己会同他们结成出自本能的和思想上的团结一致。在西方社会范围内为了意识解放而工作并不是一种革命行动，但由于那些当权者已经变得神经紧张了，它倒成了一场运动。道德和伦理不只是上层建筑的一部分，也不仅仅只是意识形态。"即便我们认为那是无望的"，我们也"必须抗议"在越南发生的事情，"仅仅为了能像人那样活着也必须反抗，或许它能让我们像人一样为他人而存在"。[53] 在他第一次出现在西德学生面前的时候，他就这样明确地声明了是什么指导着自己对大学生反对派的看法，是什么决定着他对他们行动的评价：不是出于理论理由、战略的精明或避免风险的考虑，而是他对于渴望拥有人应有的生存需求的尊敬。三年之后，当警察把学生们从社会研究所中驱逐出去的时候，马尔库塞再次向阿多诺阐明了自己对于学生反对派的基本态度："我们知道（他们也知道），目前的形势不是革命的，甚至不是革命前夜的形势。但是这种情形是如此的恐怖，如此的令人窒息和耻辱，以至于对它的反抗迫使你做出某种生物学和生理学的反应：你对它忍无可忍，你感到窒息，你必须获得空气……就是我们（或至少是我）某天也想呼吸的空气。"[54]

法兰克福大学越南会议召开一年之后，马尔库塞于 1967 年 7 月作为一位新左派的著名导师登上了柏林的舞台。《明镜》周刊的一篇文章以马尔库塞论宽容的文章的最后一句话为标题，公开宣布了马尔库塞的到来。柏林自由大学学生联合会 [55] 的前任主席克努特·内弗尔曼（Knut Nevermann）在这篇文章中说："马尔库塞对我们来说非常重要。他就是支持我们正在做的事情的后台。"就在此前不久的 6 月 2 日，一位名叫贝诺·奥内索尔格（Benno Ohnesorg）的大学生中枪身亡。奥内索尔格参加了在柏林歌剧院前举行的反对伊朗国王的游行示威。当国王进入歌剧院之后，警察开始驱散示威者。在一次被称为"猎狐"的行动中，奥内索尔格在一幢大楼的庭院中被一名便衣警察用枪打死。柏林市长表达了他对警察的感谢之情。随后的示威游行遭到禁止。几乎独家

616

操控柏林报纸市场的斯普林格报业也对学生大加嘲笑。警察把系有黑色缎带的轿车的车牌号记录下来，随后扎破了这些车子的轮胎。

1967 年 6 月 2 日的事件是 1965 以来出现的事态发展的高潮，并将自由大学变成了西德的伯克利。大学生联合会邀请记者埃里希·库贝 (Erich Kuby) 等人出席 1965 年 5 月 7 日在柏林自由大学举办的德国投降暨脱离纳粹统治二十周年纪念会，并请库贝参加将由路德维希·冯·弗里德贝格担任主席的小组讨论，后者自 1962 年以来一直是该大学的社会学教授。自由大学校长却以库贝几年前诽谤过自由大学为由取消了小组讨论。这位校长几个星期之后还与西德大学校长会议主席一道，以个人身份出席了在柏林德意志大厅 (Deutschlandhalle) 举行的德国大学生联谊会 [56] 成立 150 周年纪念活动。大学生政治组织和大学生联合会都认为针对库贝的禁令仅仅是一个政治决定，而不是合法的举措，他们感到自己的民主权利受到了侵犯，并开始使冲突公开化。对 5 月 7 日活动的禁止——这次会议后按计划改在技术大学举行——标志着一系列事件的开端，大学当局越来越多地限制学生政治活动的空间，同时另一方面学生也越来越多地在政治上动员了起来。

第二年，自由大学的两个系趁学术委员会提议课程整改之机，对学生注册申请学位时间的长度进行了限制。这意味着一种对学习时限的强制性限制，或者，就像学生所描述的，意味着从大学的登记册上强行清除学生。高退学率和学业长时间延期的主要原因首先是恶劣的研究条件和管理不当的教学，因此这个举措就是一种挑衅。1966 年 6 月 22 日学生们通过在德国大学发起首次大规模静坐示威来回应首次出现的大学压迫性整改的迹象，参与静坐的学生有 3000 多人。首次出现的大学压迫性整改的迹象无论如何都是挑衅性的，因为在一个民主构成的工业社会中，学生们已经为大学制定出了非常全面的计划，但却无人理会。柏林大学生首先要与之进行公开斗争的威胁存在于如下事实当中，即，当前教授们已经与他们的"顾主"即那些将要雇用受大学教育的学生的公司达成了一致，他们强求合理化的措施以增加效率；而这实际上就等于把具有学究气的大学制度与具有官僚政治色彩的大公司特色结合了起来。学生们希望通过为学生们和那些非教授的教职人员确立参与权来避免这种后果。

当这种局势最终因 1967 年 6 月 2 日的事件达到危机临界点的时617候,柏林的大学生们除了得到他们自己学校的少数教授支持之外,更多地得到了大学之外的声援。对于贝诺·奥内索尔格之死的义愤传遍了联邦德国的每一所大学。在这个国家的每一座大学城爆都发了学生的抗议活动,大学生成为西德国内政治的一个主要因素。在那些有能力决定整个环境气氛的学生少数派当中,大学改革和社会改革被坚定地确立为同等重要的要求。对于枪杀奥内索尔格的义愤成为一种刺激性因素,释放了很长一段时间里在青年一代心中酝酿的复杂的不满情绪:他们不满的是,当局为了维持经济繁荣而在长达二十年时间内拖延了社会改革,1966 底大联合政府的形成似乎会将这种延缓无限期地维持下去。

在 6 月 2 日以后的几周里,批判理论家们和大学生抗议运动之间的关系成为了典范。在 6 月 9 日举行的贝诺·奥内斯索尔格葬礼那天,自由大学学生联合会在汉诺威——实际上是被驱逐到那里的——举办了一次名为“大学与民主:形势和反对派组织”的会议。这是大学左派第一次的全国性群众大会,而且学生联盟也邀请“最近表示对我们支持的教授们”参加。哈贝马斯就在这些被邀请的教授之中。

哈贝马斯在他的演说中,试图界定大学生的政治角色并试图澄清那种不仅要解释世界而且要改变世界的努力会引发的种种困难。作为《大学生与政治》的主要作者和《公共领域的结构转型》的作者,作为一名批判的科学哲学家和“与德国社会主义大学生联盟”就大学在民主改革理念问题进行长期讨论的伙伴,也只有他注定会被那些非学生的民众选为可以进行这些自我理解 (self-comprehension) 和阐释尝试的人选。他理论思想的核心因素为他的分析和结论的得出提供了依据。他认为在学生反对派当中有两种相互关联的因素:一种是恢复科学的教育潜能的要求——恢复社会的实践解放潜能的要求;一种是维护或恢复大学自我反思维度的要求——恢复社会的实践维度的要求。马尔库塞和耐格特反对频繁地指责抗议运动正在退化为幻想行为，他们要求运动应与第三世界解放运动团结起来，并称要想在高度发达的工业社会的乏味政治现状当中使对被压抑的历史力量和革命希望的意识得到传播，只有这一条路可走。哈贝马斯更慎重一些，他把这种团结视为对政治公共领域关键要素的恢复："我坚持认为，大学生抗议具有某种补充功能，因为嵌入民主之中的控制机制在这里根本无法起作用，也不能正常地起作用。"他以越南为例说："我清楚地记得，在那些发生在柏林的事件中，学生对错误解释战争的斗争就是争取社会解放的斗争，这场战役首次把我国的官方世界图景撕开了一道裂口，从而使来自另一方的信息得以逐渐进入。"他提到"科学的自我反思是科学发展的途径，它与对实践问题的理性讨论和政治决断是一致的，因为事实上它们具有共同的批判形式"[57] 这一信念，借此进一步强化他要求官方鼓励大学里对政治问题的批判性讨论的呼吁。

接着，哈贝马斯转而谈及威胁着大学生运动的，必须予以重视的主观方面存在的危险因素。这些危险因素是：理论与实践之间的割裂越来越严重；政治信仰和职业准备生涯之间的矛盾，永远不可能提供行动指南的实用主义学院体系和对实践总的指导的迫切要求之间的矛盾，成为大学生角色的主要特征。他提出了一条艰难但却正确的道路，那就是，在冷漠、过分因循守旧和政治冷淡或非理性的行动方针——大部分学生属于此类情况——这个方面与行动主义、不停地准备革命和理论纯洁化——这类学生少得微不足道——这个方面之间像走钢丝那样谨慎地行进。令他欣慰的是，与他同在这个讲坛上的学生领袖对他所谈到的冲突和危险表现出了值得效法的消融能力。在结束讲演之时，他再次警告不要受虐狂式地坚持通过改变体制的隐性权力使之变为公开的镇压权力。学生反对派应限制在"示威权"范围内，这种权力有助于"让我们的论点引起人们的注意，我们认为那些论点是更有合理性的"。[58]

对哈贝马斯最有力、最根本的挑战来自鲁迪·达什克（Rudi Dutschke）。达什克是自由大学的一名学社会学的学生，当他还是东德新教教会的积极成员之时他就拒绝服兵役。因此，他再也不能在东德继续学业，而且就在快要修起柏林墙之前逃到了西柏林。他于 1964 年加入了"颠覆行动"小组，与这个小组中深受批判理论影响的文学界人士和对经济史分析感兴趣的大学生们进行合作，在西德的各个城市都组建了基层组织并通过直接行动在政治上表现得十分活跃。1965 年初达什克与"颠覆行动"柏林小组其他成员一道转入德国社会主义大学生联盟，目的是在其中建立一个激进主义派系，从而赋予整个德国社会主义大学生联盟以某种反专制、激进主义的新特色。作为具有激进民主思想的一位活跃的公众发言人，达什克被媒体称为"红色鲁迪"和造反学生领袖的化身。在这次汉诺威会议上，达什克断言，哈贝马斯的正统马克思主义观点早已过时，只有思想对现实的渗透是不够的，现实也必须渗入思想。达什克把哈贝马斯的观点激进化了，他认为使得贫困加剧的现实原则一旦被取代，技术进步的进程就会产生创造他称之为新唯意志论的新需要。达什克的重点并不是潜藏在社会经济发展之中的解放趋势，而是意志本身。他指责哈贝马斯代表了某种概念独立的客观主义，这毁了应该期待被解放的主体。此外他还呼吁在全国范围内建立行动中心，有力地校正大学生联合会、德国社会主义大学生联盟以及其他已有大学生组织内部出现的官僚主义倾向。这些行动中心将会"通过情报传递和直接行动 —— 无论针对的是国家紧急状态法，德国国家民主党（NPD），越南问题，还是希望就在眼前的拉丁美洲问题——在大学和城市之中扩大政治化"。

619

在刚刚发生了首例死亡事件的紧张政治形势之中，哈贝马斯看到存在着严重的危险性，即恰恰是那些最具有影响并具有修辞天赋的学生领袖们，最可能在理性解决冲突的这个绷紧的钢丝上失足。哈贝马斯本来已经走到他的汽车旁准备离开会场，但他又返回来用强烈的措词重申他已经两次以克制方式提出过的警告，呼吁学生千万不要受虐狂式地挑战体制化的权力。他把达什克所表达的唯意志论称为"左派法西斯主义"。他做出这样的解释，提出了与会者难以接受的问题——而此时达什克已经离开了会场，这个问题没有进一步得到讨论，因为会议早已开不下去了。这个严厉的指责不可能被接受，在那些最积极的学生看来它的严厉性恰恰证明哈贝马斯本人是错误的。那时总有一些人喜欢用"法西斯"这个说法来诽谤学生反对派，在这种情况下，大学生们最信得过的、毫无保留地与他们团结在一起的这么一位大学教授，现在却因为给敌人提供有用的武器而获取名声。后来在一次访谈中，哈贝马斯说，"大概在1967年中期之后，德国社会主义大学生联盟的领导层就再不能与我进行坦诚的对话了。"[59]

　　汉诺威会议之后一个月，阿多诺于7月7日来到柏林做了一次演讲，这次演讲是在6月2日之前就已经安排好了的。这次讲演是应自由大学德文系和文学与比较文学系之邀所作，题目为"歌德《伊芙琴尼亚》当中的古典主义"，安排在自由大学主报告厅里进行。枪杀贝诺·奥内索尔格事件发生之后，阿多诺就曾于6月6日在他的美学课上以开场白形式发表了对柏林发生的各种事件的看法，他表达了对奥内索尔格的同情，"无论报道是怎么说的，他的死和他所参加的政治示威游行都是不相称的"。他还要求，"柏林事件的调查应该由与杀害和挥打橡胶警棍的人没有任何组织联系嫌疑的那些团体来进行，由那些在调查结果中不可能有任何既得利益的团体来进行。"这就是阿多诺在他教授生涯中惟一一次实际的"介入"。他曾拒绝给第一公社散发传单案作证。被媒体称为"恐怖公社"的第一公社因为其行为可能会损害联盟组织已于1967年5月被从德国社会主义大学生联盟当中清除了出去。据柏林的公诉人所言，这些相关的传单在煽动纵火。而实际上，传单借刚刚发生于布鲁塞尔百货公司那场使300人丧生的大火说事，格调不高地、讽刺挖苦地批判了消费社会对越南战争的冷漠。阿多诺也拒绝了德国社会主义大学生联盟的请求，后者曾请他取消在柏林的关于《伊芙琴尼亚》的演讲而代之以政治讨论。因此德国社会主义大学生联盟就在主报告厅前散发传单，传单中透露出后来发展成为恐怖主义的抗议运动趋势，也透露出对批判理论家们的谴责——后来方方面面都会提出的谴责。传单说：

　　　　对弗里茨·特奥弗尔（Fritz Teufel）的纵火审判，证明了司法程序中被纵容的非理性主义，只有法庭能给出的甚至稍微有点合理的论点被一个证据链所削弱，这场审判才能以学生的胜利而告终。阿多诺教授是提供这些证词的理想人选，因为他一直贩卖的是"社会的商品性"、"物化"、"文化工业"之类的概念，这些都是他的听众被邀请以彻底的绝望去分享的保留剧目。可是，来自同事和学生们的请求是徒劳的，阿多诺教授不愿屈尊证明公社的传单只是对绝望的一种讽刺性表达。他拒绝提供帮助。这种态度确实是一种谦逊的古典主义，因为阿多诺的永恒性法则就是公社鼓动的轻率举动的前提。

讲演开始之前，彼得·聪狄把阿多诺介绍给听众。聪狄是支持学生反对派的教授之一。他认识阿多诺已经有相当长的时间了，而且他还特别强调自己是阿多诺的学生，尽管他从未跟随他学习过。他还说自己在对学生赖纳·朗格汉斯（Rainer Langhans）和弗里茨·特奥弗尔（Fritz Teufel）的审判开庭前一天已经提交了长达 14 页的证言。这样聪狄才使得阿多诺的演讲基本上没被打断。在演讲结束时，一名学生准备送给阿多诺一只红色充气泰迪熊（阿多诺在朋友中就被称为"泰迪"），可另外一名学生从她手里打掉了这只玩具熊。阿多诺气愤地说这是"极其野蛮的行为"。

两天后，他与德国社会主义大学生联盟的成员进行了一次私人讨论。他事先要求不要对这次讨论录音。他在讨论时所说的话如果公开发表的话，会使他成为抗议运动的一位著名导师；他已经是一位无名的导师了。成为学生反对派的一名导师不一定就意味着完全认同学生反对派的声明、要求或行为——无论怎样反对派绝不是一个统一的反对派；也不一定就意味着积极投身于学生的抗议运动事业，甚至也不一定意味着学生对自己的热情承认。

与哈贝马斯相比，阿多诺对大学改革或复兴政治参与这些具体的想法没有特别的兴趣，他一心想的就是保存和开发思辨哲学和先锋艺术所划出的地盘。因此他在同情与厌恶学生抗议运动之间犹豫不定。

《否定的辩证法》完成之后他就忙于他的美学著作，而且他希望的是，如他在 2 月份写给霍克海默的回信中所说，他们可以"得到一些安宁"，以完成他们的"著作，并在没有恐惧和压力的状态下走完此生"。[60] 而这与抗议运动所要求的态度鲜明的角色是矛盾的，而且他的举止习惯和思想风格也都无法使他适应抗议运动。两年后在一次《明镜》周刊的访谈中，他公开地谈到他认为自己所拥有的才能和实力："我努力表达我发现的东西和我思考的东西。但是我无法让它符合别人把它解释成的样子，或者符合它最终可能变成的样子。"[61] 这恰恰与批判理论应该能够反思自己的社会作用这种由霍克海默、后来由哈贝马斯发展起来的思想是不合拍的。对有的人来说，这听起来肯定有点不负责任的无政府主义色彩；而对别的人来说，它带有象牙塔的味道。这便是阿多诺非常接近于艺术家姿态的证据，他关注的是自己的独立性，尽管独立完全是不可能的。阿多诺在这次访谈中所说的下面一段话，有些傲慢，但也是某种试图消除敌意的自我辩护：

> 如果我以赫伯特·马尔库塞在某种程度上不得不为之的那种方式提供实践指导的话，那么其代价就是牺牲我自己的创造力。人们可以极力反对劳动分工，但众所周知，即便是马克思本人，虽然他青年时代猛烈地抨击过劳动分工，但随后也承认没有劳动分工就无法开展任何工作。

622　　　正如我们所说，马尔库塞是在 1967 年 7 月作为新左派的著名导师进入柏林政治舞台的。他到柏林之后希望同阿多诺就他与霍克海默和阿多诺之间在他们对美国、越南和学生运动的看法上已经产生的严重分歧进行讨论。而在马尔库塞住在加州、霍克海默住在瑞士、阿多诺住在法兰克福的时候，他们之间是无法通过通信方式解决这些分歧的。而就在马尔库塞抵达柏林之前，阿多诺就飞回法兰克福了。7 月 12 日，德国社会主义大学生联盟组织的以马尔库塞为中心的历时四天的活动开始了。在听众爆满的主演讲大厅，马尔库塞作了题为"乌托邦的终结"

和"反对派的暴力问题"的演讲，并参加了"变迁时期社会的道德和政治"和"越南：第三世界和首都的反对派"的小组讨论会。[62]

就在批评学生反对派为左派法西斯主义的指控已经被搁置了几周之后，能使马尔库塞这位批判理论的最重要的元老之一，这位著名的流亡者完全站在革命的、人道主义的感情主义（humanist emotionalism）一边，将会使形势变得对学生反对派有利。除了德国社会主义大学生联盟的理论家之外，与会者也都对马尔库塞寄予了非常强烈的希望，尽管他们至多也只是对他的著作有粗浅的了解罢了。而那些最积极行动的学生，则希望马尔库塞能回答他们本人不能给被他们动员起来的大学生们解答的那些紧迫的问题。在马尔库塞这次活动之前刚刚发行的一期《明镜》周刊上登载了一篇对达什克的访谈，在访谈中达什克指出，批判理论所面临的最关键的问题，特别是在目前这个极为迟缓而复杂的变革时期所面临的最关键的问题，就是要描述一个具体的乌托邦。

但马尔库塞也同样让学生们大失所望。他坦率地告诉他们说，他们并不是彻底变革历史的主体。他否认他们是被压迫的少数，而且进一步否认他们是一只直接的革命力量。他要让他们明白，希望只能寄托在各种被分裂的力量身上。与哈贝马斯不同的是，马尔库塞在首都发生的许多事件中看到了学生反对派与第三世界解放斗争之间存在的联系，这种联系对学生形成看待自己的方式而言至关重要，因为这种联系不仅对打破对学生运动的错误界定和带有偏见的报导来说至关重要，而且也是更根本的东西。可是他对这种联系的看法注定会让学生们感到失望。学生们认为他们自己在自己国家范围内反抗着那些权威力量，而这种反抗能够在世界范围内构成由第三世界解放斗争所引发的对于高度工业化国家的政治动摇。马尔库塞在第一次讲演中阐明了他的"新人类学"观点，并阐述了一个自由的、社会主义社会应具有的"审美与爱欲维度"的基本特性。他进一步指出：

> 我看到，在现存社会的两极——即最发达的社会和为了解放而斗争的第三世界那里——都出现了一种指向这些新需求的趋向…… 623

比如，没有必要将对和平的需要强加给那些参加解放斗争的越南人民，因为他们已经有了那种需要……而另一方面，在高度发达的社会里，存在着那些可以提出这些新需要的群体——少数族群，或者说即便他们不能提出这些新需要，他们也能探求这些需要，因为不这样他们便会实实在在地切身感到压迫窒息。这里我们回头看看"垮掉的一代"和"嬉皮士"运动。在这儿我们看到某种特别有趣的现象，即对分享"富裕社会"的福祉的拒绝。这也正是在各种正在提出的需要当中发生的一种质变。[63]

难怪在听众群当中有人首先对他的论述作出的如下评论："我们真正关心、但还没有从你那里得到答案的问题是：激进变革需要什么样的物质力量和精神力量？"[64] 可是马尔库塞对此并没有说些什么，相反他承认他面对这种循环论证也无能为力，这个循环论证就是：要使新需要得以产生，那么再生旧需要的那种机制就必须先被废止；而同时在另一方面，要废止这些机制，就必须首先产生废止这些机制的需要。他所能想到的解决办法，正如他已经在论宽容的文章中，随后又在柏林事件发生几周后刊于《明镜》周刊上的访谈"作为国家摄政者的教授？"[65] 中（几乎是以过度的方式）所阐述的那样，只有教育专政。这根本不能让那些势不可挡的反权威主义的学生反对派感到满意。在他第二次讲演——"反对派的暴力问题"——当中，马尔库塞说那种为了反抗而反抗的诉求是不负责任的，强调了对批判理论细加阐释的必要性，并指明反对派的当务之急是意识的解放——这种解放既需要讨论也需要示威，它要求"人的全面"的解放。因此，从与听众的期待相关的观点来看，马尔库塞现在所说的话，与哈贝马斯曾经在汉诺威发表的观点实际上并没有多大的差别。马尔库塞在谈及第三世界解放斗争时指出，感情用事（emotionalism）恰恰是对西方亟待解决的问题的一种逃避。听众们对他公开宣称自己无能为力的那些方面并没有进行讨论——也不可能召开这样大规模的会议专门来讨论这些问题。

马尔库塞出现在柏林之后，克努特·内弗尔曼说，"马尔库塞让我们看到了一个积极的乌托邦"。事实上，就学生反对派，尤其那些学生领袖的期待而言，马尔库塞的论述在具体性和吸引力方面，离达什克在柏林演讲之前发表在《明镜》周刊上的访谈所说的目标还很远。达什克曾经谈及大学生委员会的民主、行动中心以及以消极方式抗议斯普林格报业和反大学（counter-university）计划，把这些提议当作直接行动和"大拒绝"——他也提出过"大拒绝"——的样板方案。

看来，学生反对派和批判理论家们之间势必形成不愉快的关系，尽管这些理论家们的立场和反应方式是多种多样的。阿多诺的反应是相当远离政治事务的学院教师的反应，他只是通过自己的作品来确保批判思想能传播给在联邦德国重建时期日益觉醒的议会院外反对派。他在公众场合不谈及他对自己思想著作所造成的影响的判断，既不公开地认同这些影响，也不与这些影响保持距离。而作为对政治哲学有特殊兴趣的学院派教师和作者的哈贝马斯，思考的则是科学、大学与社会之间的关系问题，并且他支持抗议运动。有时候他也试着指明这个运动的目标和方法、时机和危险，但其方式很机敏，在客观上产生了使他与运动保持距离的效果。马尔库塞有一套令人难忘、令人着迷的概念（"大拒绝"、"抗议的天赋权利"、"新感性"），而这些概念与其说植根于理论之中，不如说植根于对社会主义的本能基础的洞见之中，植根于革命的人道主义激情之中，这种激情带上了公开支持所有反对派群体的偏见——即，如果暴力是必然的，反对派所做的只不过是必然性的表现。

霍克海默倾向于把学生运动等同于反美主义和亲极权主义，并对学生运动和越南解放斗争一并予以拒绝。但不无反讽的是，学生对他的尊敬却随着运动的日益激进而与日俱增，因为他的一些早期作品被视作一个宝库，学生们可以从中援引任何契合于当前情绪的词句。当然，这根本不会让他感到满意。1960年代初霍克海默仅仅允许《启蒙辩证法》意大利文的出版，在这个版本中他可能做了一些轻微的改动。但他拒绝以德文再版此书，尽管菲舍尔出版社已经准备于1961年开始大量再版印行。阿多诺曾经试着向马尔库塞解释霍克海默的犹豫：

一方面，因为此书中包含着许多立场鲜明的陈述——特别是那些与体制化了的宗教相关的陈述，所以如果那么多人领会了其中之义，我们担心他们所期待的东西；而另一方面，我们又希望保证文本不作改动，不想在其中掺入这样或那样的限制。这就是当时的情况。[66]

但是，就像《历史与阶级意识》的盗版带来的烦恼使卢卡奇决定再版此书一样，对盗版的愤怒也促使霍克海默在《理性之蚀》德文版1967年面世之后重印了他在《社会研究学刊》上的文章。他这么做是出于文献保存的目的，并且为这些文章加上了一篇序言，提醒"今天的年轻人"，"面对个人自由受到日益严重的威胁时，保护、保存，并且尽可能地扩展个人所具有的那点有限而短暂的自由，这项任务远比对它提出某种抽象的谴责、或以毫无希望的行动危及它的存在更为紧迫。"[67]但他并没有再版那些被大学生断章取义从中截取口号的文章，例如发表在《社会研究学刊》上的"犹太人与欧洲"一文，其中就有"那些不愿意谈论资本主义的人就应该对法西斯主义保持沉默"的句子，[68]还有《黎明与黄昏》这部格言集，其中就有"革命事业不是通过宴会、荣誉称号、有趣的研究和教授的薪水来推动，相反要忍受穷困、羞辱、忘恩负义和前途未卜的监禁——几乎只有超常的信念才能看清。因此仅有才能的人很少会自己选择接受这种挑战。"[69]

由于引发学生运动的原因依然存在，学生抗议运动的激进化及其向议会院外反对派的推进力量的发展仍在继续。这些原因有：大学内并未实施民主改革；国会制度在大联合政府治下持续不断地被侵蚀，事实之一便是决定引入国家紧急状态立法，在玩弄简单多数选举体系的概念，或者要求一个政党应该至少赢得占总数10%的选票才能被分配席位；联邦德国对越南战争提供了道义和财政上的支持；在柏林公共舆论还被无耻地操纵在斯普林格公司和报业界手中；以"制度完备的社会"模式为目标的普遍导向。抗议在联邦德国各地的大学蔓延开来之后，一般的政治行动在1967–1968年冬和1968年春开始取代纯粹的大学政治的优先地位。对于大学生激进分子来说，大学显得越来越像是一般政治冲突的基地和舞台。

1968 年 2 月，柏林技术大学的德国社会主义大学生联盟组织了一次讨论越南问题的国际会议，随后进行了一次示威游行。这次活动采纳了威廉·明岑贝尔格（Willi Münzenberg）提出的运用集会会议唤起团结情感的建议，并有意区别于早先那种只专注于理论分析和探讨的学生会议——例如马尔库塞 1966 年在法兰克福大学参与的会议。这次集 626 会是在一面标有越南民族解放战线字样的大旗下进行的，旗子上还写有几个月前在玻利维亚的游击战斗中遇害的切·格瓦拉（Che Guevara）的话，并饰以精美的纹章图样："所有革命者的责任就是干革命。"4 月发生了暗杀鲁迪·达什克未遂的事件，在此次事件中一名名叫约瑟夫·巴赫曼（Josef Bachmann）的 23 岁工人手持左轮手枪连射三发子弹，达什克伤势严重。这次事件立刻被学生们视为由斯普林格报业煽动起来的欲置学生于死地而后快的那种反对情绪的直接后果。他们以堵塞封锁斯普林格公司作为回应。全西德约有 60,000 名青年参与了复活节阻止斯普林格报业报纸发行的活动。在西德还发生了自魏玛共和国晚期以来就再未有过的街垒战。在慕尼黑，一位摄影师和一名学生不幸受伤。

接着就到了 1968 年 5 月。在巴黎，这个月的许多夜晚拉丁区都有路障，工会和左派政党在这个月号召于 5 月 13 日发动总罢工。萨特在与一位一夜成名的造反的社会学专业学生达尼埃尔·柯恩–本迪（Daniel Cohn-Bendit）讨论时，呼吁学生们不要畏缩，要坚决地把想像变成力量，去扩展可能性的王国。在西德，针对有关国家能够宣布紧急状态的立法的斗争成为 5 月的标志。5 月 11 日，大约 100,000 人在波恩示威。5 月 20 日，从柏林掀起了占据研究所和大学的浪潮，并开始蔓延全国。5 月 27 日，德国社会主义大学生联盟和民主紧急状态保护组织（该组织得到了强大的工团组织"IG Metall"的支持）以及民主与裁军运动组织一起，号召在工厂和大学进行政治性的总罢工和总罢课。在法兰克福，当校长以关闭大学来回应学生的罢课号召之后，该校的主楼于 5 月

27 日被 2,000 名学生占领，领导这些学生的是法兰克福大学里与达什克类似的一位名叫汉斯—于尔根·柯拉尔（Hans-Jürgen Krahl）的学生，他是阿多诺的博士生而且非常精通理论。法兰克福大学的正式名称"约翰·沃尔夫冈·歌德大学"被宣布取消，这所大学被重新命名为"卡尔·马克思大学"。在这所被占领的大学里，前不久被提出的"政治大学"的规划开始成为现实，并成为批判性大学应该效法的模式。哈贝马斯的几位研究助手——耐格特、奥弗（Offe）、奥弗尔曼（Oevermann）和韦尔默（Wellmer）——都参与或举办了一系列研讨会，以"暴力与历史"、"议会院外反对派的政治理论"、"非政治的大学"以及"科学的政治化"诸如此类的论题为主题。三天之后，警察就清除了这座大楼里的学生并占领了它，可在此期间一群学生公开了校长办公室的档案。在圣灵降临节那天，法兰克福大学召集了讨论反对派的现状和组织问题的大学生和中学生集会，时间恰好是枪杀贝诺·奥内索尔格和汉诺威会议召开的一年之后。随后从会场出发的反对警察占领大学的游行示威，在没有发生意外事件的情况下结束了。

在这几周的时间里，政治冲突已经将大学政治推向造反学生的背景性地位，而且他们在各个方面也面临着无力和失败——复活节之后斯普林格的报纸依然像往常一样被发行、购买和阅读，5 月 30 日的联邦议会通过了紧急状态的立法，对越南战争的厌恶依旧是少数反对派的事情。在这个时期，批判理论家们在法兰克福就学生运动发表了自己的看法。先是阿多诺，然后是哈贝马斯。

1968 年 4 月 8 日，阿多诺离任德国社会学协会主席职务，并在法兰克福召开的第十六次德国社会学会议上致开幕词。这次会议的中心议题，也是阿多诺开幕词的主题是"晚期资本主义或工业社会？"这个主题的选择与卡尔·马克思的 150 周年诞辰有关，但也显示了对学生运动的一种尊敬。除了哈贝马斯之外，德国的社会学家们都被这场运动震惊了，迄今为止根本没有人对此发表自己的看法。现在他们毕竟是在柏林之外最重要的学生反对派中心开会，也正是学生们的抗议使与工业高度发达的资本主义社会相关的那些结构性问题被再一次纳入了公共讨论的范围。

　　阿多诺在他近期的社会学研究"今日社会冲突笔记"——与他的学生之一乌尔苏拉·耶利希（Ursula Jaerisch）合写，1968年刊于沃尔夫冈·阿本德洛特六十华诞纪念文集——之中，提出了这样一种假设：阶级冲突已经转入隐性，正在转入社会的边缘，这一思想很可能为新左派的理论分析提供富于希望的新方向。可是阿多诺在社会学会议开幕演讲——"晚期资本主义或工业社会？"——中却没有再提这一思想，尽管这一思想对分析当前局势大有可为。相反，他现在表示要放弃被从《社会学II》导言中删去的一种假设——任何连贯的理论都无法理解当下社会。他在这里再次提到的景象，是某种甘受普遍诅咒支配的社会景象。这一景象包含了一点正统马克思主义的因素，他现在将这一点阐述得比以前更为明确了。社会所承受的诅咒部分地被归咎于国家干涉主义，后者被认为间接地证明了资本主义必然崩溃的理论。当他注意到个体也在经历一个崩溃过程之后，才在演讲中驱除了这种社会景象，阿多诺说：

　　　　只在最近在所有不同的青年群体当中才开始出现了反潮流 628
　　（counter-tendency）的迹象：对于盲目的因循守旧的反抗，理性选
　　择目标的自由，对于充满欺骗的世界现实的厌恶，对于变革可能性
　　的思考和认识，所有这些青年中的反潮流迹象就在最近几年里开
　　始出现了。社会日益增长的破坏自身的强烈愿望是否能够战胜这
　　种反潮流的力量，尚有待观望。[70]

继而他又拾起被这个段落所打断的思想线索，好像没说这段评论似的。他就这样表达了自己对抗议运动的最基本的同情，与此同时也暗示他并不认为这种同情能左右他的思考。社会学会议最终并没有就如何解释抗议运动和西方社会现状这一问题形成具有任何重要意义的观点。会议闭幕那天，和受暗杀达什克未遂事件刺激的学生们堵塞封锁斯普林格报业正好是同一天。

圣神降临周的星期六，即 6 月 1 日，是法兰克福大学生和中学生集会的第一天。当天晚上，在紧张的政治形势下，哈贝马斯又一次向聚集在未被警察占领的学生食堂前面的学生反对派发表了讲话。按照计划，他的演讲主题是抗议和反对的可行范围有多大。这一次他还是把对抗议运动的持续分析和批判结合起来讲。当他涉及国内批判之时，他所提出的批判再一次显得非常深刻。在经历了一年的对于全国性的抗议运动的体验并有了 1967-1968 年一个冬季学期的在美国作访问教授的经验之后，哈贝马斯确信学生反对派开启了一个思考在深层社会结构当中如何获得根本性变革的新视角。与在汉诺威会议上一样，他认为，抗议运动的直接目标是公共领域的政治化：回到可能具有巨大实践后果的那些公共讨论的问题上，改变使专家治国论的主张大行其道的非政治化程序。哈贝马斯讲话中的新东西在于，他现在看到有节制地打破规则的挑衅主义手段是合法和必要的，通过这种手法可以迫使讨论在被拒绝的那些领域进行下去。他讲话中最主要的新东西是，他对如何解释大中学生的抗议运动已经形成了这样一种新看法：他将不再直接把新无政府主义观点和直接的行动划归为某种形式的法西斯主义并加以反对。

他的解释乃是把晚期资本主义社会中的冲突转移理论和马尔库塞的新感性理论——这种理论部分是某种诊断，部分是某种乌托邦——相结合的产物。在这种结合中，还包含着对社会化方式和阶级归属对青年人的态度及行为的影响所做的美国式经验研究的成果。1967 年他在纽约歌德学院的一次讲演中已经就这种新解释做了详尽的介绍：

> 比起他们之前的任何一代人，这代人在成长过程中对心理学更为了解，受到的教育更为自由，更具有开放的态度……此外，这代人开始在更为宽松的经济条件下成长，而且较之于其前代更少有来自劳动力市场的心理压力，如果我们考虑到这一点，那么我们就可以从这些事实中建立一种假设性联系以解释激进主义青年特有的敏感性。他们对个人生活历程方面、对以竞争和成功为标志的

629

社会以及生活领域的官僚化方面的所付出的代价都很敏感。在他们看来，同其中包含的可能的科技优势相比，这些代价过高了……那很可能就是这样的情况：父亲权威衰落了，开放的教育方式普及了，这些为成长中的孩子们提供了经验，要求他们寻找自己的生活的方向。而这种寻找很可能呈现为这样的形式：一方面青年们不可避免地必然与关于成功的意识形态标准发生冲突，而另一方面他们必然会与那种适用于闲暇与自由、满足与和解的科技潜能——还没有被社会释放出来——相融合。[71]

然而，哈贝马斯再一次提出了严厉的批评。出于对计划于第二天在警察占领的校园中举行的抗议游行的担心，也出于他对抗议运动的忧虑，他才做出了这样的批评。抗议运动曾批判实践问题被排除出了公共领域，这非常契合于哈贝马斯。可就是这个运动现在却在非政治化，而且它在非革命时期走上了危险的造反这根钢丝，受到了极大的威胁，前景堪忧。他把新近出现的示威方式表述为某种仪式化的勒索，描述为少年对粗心大意但不乏慈爱的父母的青春期反抗，这个时候他的批评是非常严厉的。他激烈地谴责一些学生领袖把占领校园和实际的夺权混为一谈，还指出这种想法恰恰符合医学上神志混乱的标准，此时，他的批判也是严厉的。哈贝马斯批评学生们被"自明之理"指导并用这些"自明之理"来中止马克思主义社会理论领域当中那些复杂而未定的争论，用一些简化了的确定性——一些信念——取代了这些争论。比如，确信如下一些观点：资本使用问题，即便是国家控制的资本使用产生的难题都是不可克服的；社会经济领域的阶级冲突可以激化为政治冲突；在发达的资本主义国家的经济稳定性和第三世界国家的灾难性经济状况之间存在着因果关系。在这样说的时候，哈贝马斯的批评也是极其严厉的。哈贝马斯断定，正是这些信念导致了被他批评为灾难性的那些抗议策略。

哈贝马斯的这些指控令人感到惊讶。之所以惊讶，首先是因为，哈贝马斯在这里列举的这些主张更适合于德国社会主义大学生联盟领导层中的那些"传统派",而像达什克和柯拉尔（Krahl）这样的"反权威主义"成员则是新抗议方式的拥护者，达什克受马尔库塞影响颇深，柯拉尔的思想根基恰恰就是阿多诺和哈贝马斯的批判理论。其次是因为，哈贝马斯对革命的必要条件持正统的马克思主义观点，并把这些条件等同于被剥削的大众公开反抗的构成要件——就被剥削大众而言，社会是一直依赖于他们的合作的，继而哈贝马斯以这些条件尚未得到满足为由得出结论说，革命形势尚未出现，打算以暴力方式夺取权位而不再仅仅使用象征式勒索手段强制地把注意力吸引到他们论点上的所有行动都是不应得到认可的。但是，无论哈贝马斯是否准确描述了那些对最激进的学生的行动有决定性影响的信念；无论他们使用的策略是否真的就是这些信念产生的结果；无论他提到的革命形势的必要条件是否太过狭隘——他都正确地指明了，德国社会主义大学生联盟认为自己的行动范围取决于需要予以革命化的形势。德国社会主义大学生联盟的分析越来越透露出它对自己的看法以及它对形势的判断，根据这些看法和判断抗议运动势必继续下去，不管它持续多长时间，直到最终扩展成一场也由工人向前推进的革命。

这反映出哈贝马斯和那些最激进的学生之间最终存在的根本分歧。对后者来说，对富裕社会的暴力一击并非是不可能的，公共领域的政治化要服务于彻底反权威、反资本主义的变革的目的。而在哈贝马斯看来，高度发达的工业社会的革命化只有在下列情境中才是可以想像的：对于可获得的富裕的厌恶，有朝一日甚至可以让那些早已融入这一制度的劳动人口也会对官僚制度化了的工作和生活形式感到愤怒。那些当权者，为了从不再准备做多余牺牲的劳动者当中继续获取必要劳动，就不得不同意把枯竭的公共领域再度政治化。在政治上新兴的公众阶层进而可以在某些社会行动目标上达成一致。哈贝马斯认为，抗议运动的作用只能是，运用来自底层或来自外部的压力在政党、工会、工团以及其他团体的组织内部使民主得到加强或恢复，使大众媒体作为批判喉舌的功能得到加强或恢复。这将通过某种极端的调节方式来促进复杂社会的民主化，促进权力的去官僚体制化。这种由传播和直接行动的策略所产生的突破，已经被柏林的达什克和其他属于颠覆行动小组的人在1964—1965年间清楚地展示过了；从那时起达什克就代表了西德学生运动的这种突破，它已经作为运动动力机制不可或缺的关键因素得到了保持。它受到了新感性和追求社会主义的本能基础的理论家马尔库塞的欢迎，而且势所必然地在某种程度上得到了提出非同一性和肉体冲动的理论家阿多诺的同情和理解。而在这位提倡通过交往确立包容性理解并解放内在自然的理论家哈贝马斯看来，它引发了对非理性事物的恐惧，引发了对在必要情况下不通过概念化和讨论而坚持自己权力的表达和行动的恐惧。

无论是在理论层面还是在大学组织的话题上，批判理论家和批判性的学生之间从未达成谅解。学生们期待左派教授会倾其所有资助学生们相信马上要发生的革命。一本名为《左派答于尔根·哈贝马斯》[72]的书于此年出版，书以哈贝马斯在法兰克福圣灵降临节那天的集会上发表的论点开始，继以德国社会主义大学生联盟各类成员和左派大学教师的评论文章。此书并未成功地开启一场理论辩论，尽管哈贝马斯的研究助手、同时也是与德国社会主义大学生联盟有密切联系的新左派代表奥斯卡·耐格特在导言中指出，他认为本书的意义在于展示了"新左派内部展开的公开辩论"。他的论点组织严密，也不回避对哈贝马斯的坚决批评。在隶属于哲学系的社会学系内建立一个由学生、教授和其他教职员平分代表人数的部门委员会的努力，在法兰克福大学并没有取得成功，因为学生和教授之间互不信任，还因为这个努力已经不能满足那些决定着德国社会主义大学生联盟基调的集团提出的要求，他们的要求超出了这个目的，而旨在实现科学的直接政治化。

到了1968—1969年的冬季学期，形势变得更为紧张。先是教育系学生举行罢课，抗议早先的技术统治论式教改对他们的影响，并组织了其他可供选择的课程。社会学、斯拉夫语、罗曼语和德语等等学科的学生立即加入了抗议。社会学行动小组散发的一张传单上写着：

12月5日下午7点将在第六演讲厅召开全体社会学学生大

会，与教授们就社会学课程的立即改组重新展开辩论。(1)一种可能，即形成一套章程，确保学生参与对研究和教学法的管理，(2)一种可能，即按照最近出现的那种方式，暂时中止社会学系的教学，联合组织起将能够摧毁权威主义教学现状的研究和教学团体，起草一份新的教学和科研计划。学生参与到这些联合工作的团体中去，这应被视为正常的研究课程。

传单继续写道："我们对变成左派的宫廷小丑丝毫没有兴趣，这些人对权威主义国家只在理论上予以批判但在实践中却墨守成规。我们打心底里赞同霍克海默的话"——接着传单就引用了前文引述过的《破晓与黄昏》里那段话作为结尾。阿多诺把这份传单送给霍克海默并附上一段文字："这说明我们走得有多么远。"

在与社会学教授进行了毫无结果的讨论之后三天，学生们占领了位于米利乌斯大街（Myliusstrasse）的社会学系，将其改名为"斯巴达克思（Spartacus）系"。每天傍晚他们都要选举第二天的罢课委员会，负责为各类行动小组安排场地，调整各个跨系的行动小组并制作要在墙壁上张贴的传单和小报。在十几个工作小组中，社会学、哲学、法学、数学及教育学学科的学生们进行着有关"马克思主义法律理论"、"认识论、科学哲学和实证主义"、"组织与解放"等等论题的讨论。这是一场"积极的罢课"。这是伯克利大学的学生们以"反大学"为名首倡的运动的扩展，这一扩展1967-1968年到了柏林就被冠以"批判性大学"的称号进行下去，而到1968年春天法兰克福大学则以"政治大学"之名继续这个运动了。作为对国家紧急状态法的回应而发生的占领校园浪潮，结果成了超越目前发生的事态的开端。就目前事态而言，按照德国人的标准看，那是大致规范的教学科研和学生自我组织的研究学习奇怪地共同存在。

这本来可以很好地为实现民主大学改革提供新的策略：利用学生自主组织课程的优先权，把扩展研究形式与内容当作一种手段来施加压力以促进最新的改革方式的落实。然而这场"积极罢课"的实验却受到两种既得利益的支配，两种利益的拥护者都不准备通过某种双重策略团结起来，而双重策略是可能包含着实用的改革方法的。一方是那些从"被解放了的地区"借来游击战术的学生，他们想在学校里建立基地，为"发现和发展长期的城市社会革命策略提供合作机会"。[73] 而另一方是那些更谨慎、态度更含糊的学生，他们则希望他们的研究能更好地与他们自己的经验与旨趣相结合，这些经验和旨趣经过抗议运动已经被政治化了，而且他们希望他们的研究在更大的程度上能拥有为他们本人所控制的新内容和新形式。

　　一开始，哈贝马斯和弗里德贝格（他于 1966 年后已经从柏林返回法兰克福，而且担任社会学系和社会研究所两个部门的主任）差不多像往常一样经常来"斯巴达克思"。而后来他们开始更多地去哲学系。有一天大学校长瓦尔特·吕埃格（Walter Rüegg）给哈贝马斯打了一个电话。社会学系所处大楼的所有者医学委员会威胁要撤销大楼的租赁合同，而吕埃格也安排在次日早晨请警察对此座大楼进行清除。当哈贝马斯询问这条消息是否应被当作一条不可抗拒的命令时，他的回答是，"是的。"第二天凌晨四点或五点当警察以据报有人非法破门进入为由准备清理大楼时，他们发现大楼已经腾空了。

　　一个月后，闹剧接着上演了。1969 年 1 月 31 日，阿多诺从他在研究所的拐角办公室的窗子望见几十名学生绕着拐角飞快地行走，随后就消失在研究所的大楼里。他立刻断定他们想占领大楼。学生们早就以"改进的收复"为名去过社会学系，但发现那里已经关闭。于是，他们一直想在研究所寻找一个可以举行讨论的房间，此外就再无其他目的了。弗里德贝格请求这 76 名学生离开大楼但学生置之不理，于是他就和阿多诺（他们与统计学家鲁道尔夫·贡泽尔特 [Rudolf Gunzert] 一起组成了研究所的管委会）联络了警察。警察拘捕并带走了这 76 名学生，并在当天释放了除柯拉尔之外的全部学生。柯拉尔被指犯有非法破门侵入的罪名。几个月后，接着就对他进行了一场令人厌恶的审判。

　　1969 年 4 月马尔库塞给阿多诺写信时提到了研究所的这次清场事件：

简单地说：我认为，如果我接受研究所的邀请而又不与学生对话，那么我也就选择了我在政治上无法认同的一种立场……我们不能忽视的是，这些学生受了我们的（至少是你的）影响……我们知道（而且他们也知道）形势并不是革命的形势，甚至不是革命前夜的形势。可这形势如此可怕，如此令人窒息也令人羞辱，以至于对这一形势的反抗迫使你产生了某种生理和心理上的反应：你忍无可忍，你快要被闷死了，你必须得到空气。这种空气不是"左派法西斯主义"（矛盾搭配 [contradictio in adjecto]！）的空气，而是我们（或者说至少是我）向往着有朝一日能呼吸的那种空气，当然它也不是当权派的空气……对我来说，选择就是：要么到法兰克福并与学生谈话，要么干脆就不要去——"对我来说这好极啦（此句原文为英文——作者注）"，也许我们可以在今年夏天到瑞士的某个地方会面并澄清所有这些想法。如果马克斯·霍克海默也能与我们在一起讨论就更好。非常有必要在我们之间作出澄清。[74]

两个月后马尔库塞告诉阿多诺说：

你写信说到"研究所的兴趣"并加上着重式的提醒"我们的老研究所，赫伯特"。不，泰迪。学生们要以强力方式把他们的方式加入进来的地方恰恰不是我们的老研究所。你和我都知道研究所在1930年代所做的工作与它在今天德国所做的工作在本质上有着多么大的差别。这种质的差别并非源于理论发展：你那么不经意地提到那些"认可"——可它们真的如此不重要吗？你知道我们都一致反对理论的任何直接政治化。但是我们的（老）研究所有着某种内在政治内容和某种内在政治动力，而它比以往更为迫切地需要一种具体的政治立场。这并不是指提供些"实践的建议"，就像你在《明镜》周刊上指责我时所说的那样。我从未那么做过。和你一样，我认为在我的书斋中给人们的行动提建议是不负责任的，他们完全知道自己在做什么，随时准备为了事业抛却头颅。在我看来，急需的政治立场就是：为了保存我们的"老研究所"，我们在今天必须以不同于我们在 1930 年代做事的方式来写作和行动……

　　你在介绍你的"冷淡"概念时写道，我们那时甚至可以容忍对犹太人的屠杀，并不转而去实践，"这只是因为实践对我们来说是被禁止的"。是的，可是今天，我们没被禁止去实践。这种形势上的差别就是法西斯主义和资产阶级民主之间的差别。后者给了我们自由和权利。但资产阶级民主（由于其固有矛盾）阻碍质的变革，即便变革的途径是议会民主制度本身，在这个范围内而言，议会之外的反对也就成了"抗辩"——"公民的不服从"、直接行动——的惟一形式。这类形式的行动也不再遵循传统的图式。对于这些方式我与你有同样多的谴责，但我接受这事实并支持这些方式对于它们对立面的反抗，这恰恰是因为维护并维持现状，及其要求人类生活所付出的代价实在是太可怕了。我们之间深刻的分歧也许就在此了。在我看来，只要美国人还驻扎在莱茵河岸，谈论让"中国人来到莱茵河"就绝无可能。[75]

　　尽管马尔库塞对研究所的清场事件和他的基本观点可能是对的，但用这些方法又是不可能理解西德的情境的，特别是法兰克福大学的情况。一种对工具化甚至销毁科学的要求已经在德国社会主义大学生联盟中占据了主导地位，正在全力把抗议的潜能转变成准政治的亚文化和伪政治的分裂的共产主义小组。这是抗议运动的政治行动和政治努力普遍失败以及想直接改革大学事务的各种尝试数次受挫造成的后果。1969 年 4 月，阿多诺的"辩证思想导论"这门哲学课程被扰乱和打断，对此德国社会主义大学生联盟的造反派女成员是负有责任的。她们是妇女运动的倡导者并于 1968 年成立了一个妇女委员会。一位名叫汉斯·迈斯(Hans Meis)的博士在读到《世界》(Die Welt) 对此事件的报道之后，致信阿多诺并公开表达了自己的观点和大众的情绪：

　　　　我已经欣慰地看到那些"勇敢的"教授已仓皇逃遁！"学生

们"已经给了你和那些左派教授应得的惩罚！完全照你一直做的去做，接着就会很快并更彻底地发生辩证法的颠倒！霍克海默教授已经在卢加诺了……这种颠倒发生的时候，你也能找到个可以逃遁的地方，就快开始了。甚至现在政府中那些众多的昏昏欲睡的人最终也会醒来。我不同意那些厚颜无耻的犬儒主义者所说的话，他们想要有把"焚尸炉的免费票"送给左派教授和学生们的这么一个新希特勒。但不再让你和你的同事们贩卖废话以毒害青年正是成千上万人的希望。

对运动的反应在稍后才出现。一开始发生了一些令人吃惊的事：改革时期开始了，这一定程度上是抗议运动的成果，一定程度上又加速了抗议运动的瓦解，改革一方面把年轻人的主张导入了传统渠道，另一方面也将这些主张变成了亚文化抵抗。1969年3月古斯塔夫·海涅曼 (Gustav Heinemann) 当选联邦总统。在其政治生涯早期，他曾为了抗议阿登纳重整军备计划而辞去内政部长职务，他还是全德人民党 (Gesamtdeutsche Volkspartei, GVP) 的创建者之一，该党曾一度是坚持德国中立的惟一政党。海涅曼在7月就职之时倡导实行更大范围的民主。9月选举出第六届联邦议会之后，基督教民主联盟虽然依然是势力最强的单一党派，而德国国家民主党也获得了 4.3% 的选票，但一个社会主义—自由主义联盟毕竟已经建立了起来。和古斯塔夫·海涅曼一样，政府总理维利·勃兰特也承诺实行更大范围的民主，而且提出了自己的座右铭："不要害怕实验！"当这个几乎像几年前发生的抗议运动一样令人吃惊的改革时代刚刚开始之际，阿多诺就离开了人世。他在瑞士度假期间于8月6日因心脏病发作去世。(几个月之后，1970年2月，德国社会主义大学生联盟最重要的理论家汉斯—于尔根·柯拉尔在一次交通事故中身亡。那时德国社会主义大学生联盟已是名存实亡，不久之后便宣告解散。) 奇特的是，抗议运动的消逝和这些人的逝去竟然这么一致。很难拿其他人与这些人相提并论，正是他们为最终难以遏抑的某种吁求，为"复归"的迂回进路创造了长期的思想基础。

哈贝马斯走向社会交往理论 — 阿多诺遗著《美学理论》

阿多诺在他的哲学课被打断后不久，在《明镜》周刊的一次访谈中说，"我可以在公共场合毫无愧意地说，我正在进行一项长期的美学研究"。最终未能完成的《美学理论》是他力图完成的代表自己思想的三部曲中的第二部。此书成为了他的遗作，它一开始并没有引起人们多大的注意。比它更成功，也更有影响的是哈贝马斯于 1968 出版的两部书：《认识与人类旨趣》和《作为"意识形态"的技术与科学》。《认识与人类旨趣》写于 1964 年到 1968 年之间，本书原本计划作为一篇导言，后面还应有两卷的内容是对分析哲学发展的分析。哈贝马斯希望通过这种方式找到一种通向非唯心主义的新社会理论的方法。《认识与人类旨趣》重建了近来发展的实证主义的学术序曲，并力图在认识论上为批判的社会理论提供证据。哈贝马斯用这本书作为 1968－1969 年冬季学期 "唯物主义认识论问题" 哲学研讨班的讨论基础，学生们在这个研讨班里尝试去实践和分享如何构成论题和表述问题。但研讨班的这些学生以此书陷入了科学固有的那些问题为由来批评这本书。《技术与科学》试图提出一种方法来对实证主义在其中产生并继而承担起意识形态功能的社会内在关联进行分析。正是从这一点出发，这本书就如何清楚认识那些对于晚期资本主义社会的革命化必需的条件这一问题，形成了一些结论。正是从这部著作中学生直接提炼出了技术和科学是第一生产力这个口号。

637

《认识与人类旨趣》是《理论与实践》所收文章的延续，中心内容就是把批判或者说马克思主义理论界定为一种介于哲学与科学之间的认识形式。它也是哈贝马斯参与其中的实证主义论争的延续，同时还是他的就职演讲 "认识与人类旨趣" 的延续。本书以问题史的形式构成批判的科学哲学的导论。批判的科学哲学与科学主义的科学哲学不同，它力图形成一种综合的理论，涵盖已发生分化的、处于整个科学范围之中的、已为工业社会所利用的所有认识形式。与他以前的著作相比，这本书的创新之处首先在于，更生动、更细致地展现了进入以批判为导向的各类科学所关注的特定客观领域各种程序。哈贝马斯以精神分析为例更清楚地说明了这一点。

在自我反思的层次上，自然科学的方法论能够认识到语言同工具性行为之间的特殊联系，而且将这种联系理解成一种客观的结构，并为之确定了超验的角色。这个道理同样适用于文化科学(cultural sciences)的方法论，后者涉及语言同交际之间的联系。元心理学(metapsychology)研究的正好是一种基础性的联系：即语言畸形和行为病理学之间的联系。这时，元心理学以一种日常语言理论为前提，这种语言理论有两个任务：首先要在相互承认的基础上，阐明各种符号在主体间交流的有效性和语言互动调解作用；其次要把融入语言游戏之语法的可理解的社会化行为充分展现为一个个性形成的过程。因为依据这种理论，语言结构既决定着语言，又决定着行为举止，所以，行为动机也就被理解成了通过语言解释过的需求。于是，动机就不是在主观性背后起作用的推动力，而是由主观指导的、以符号为中介的，同时又相互关联的意图。

于是，证明这种常规情况是动机结构的特殊情况就成了元心理学的任务，而动机结构既依赖于公共沟通的需求解释，也依赖于受压抑的和私人化的需求解释。分裂的符号和防卫的动机展开了它们在主体头上施加的压力，支配着替代性的满足和符号化行为……

分裂的符号并没有完全脱离与公众语言的联系。然而，这种语法联系可以说在一定程度上变成了隐蔽的联系。它通过语义学上错误的等同化(identification)，从而打乱公共语言使用的逻辑而获得了力量。在公共文本的层次上，受压制的符号客观上是可以理解的，但依据的是个人生活史的诸多偶然情境所促成的各种规则，而不是主体间相互承认的规则。所以，病症对意义的掩饰及其带来的对交流的干扰，最初无论对他人还是对主体自身都是无法知晓的。只有在主体间性的层面上，它们才会变得可以理解；而主体间性只有在医生和病人共同用反思的方法冲破交往障碍时，才会在作为自我的主体同作为本我的主体之间建立起来……于是，个人语言的扭曲状态以及受压抑的行为动机的症状式的替代性满足也随之消失，这些动机现在已经变得容易受意识控制了。[76]

哈贝马斯从语言游戏规则角度出发，把关于症状形成及其治疗的精神分析理论解释为一个非符号化和重新符号化的过程，这是受了他在法兰克福大学的一位同事阿尔弗雷德·洛伦泽尔（Alfred Lorenzer）的启发。以此解释推展开去，哈贝马斯还试图从弗洛伊德那里引出一套关于制度和意识形态的形成及其瓦解的理论。

> 弗洛伊德把制度理解为一种权力，这种权力用强大的外部力量代替了对于扭曲的、自限性的交往的持续的内在强制。他把文化传统相应地理解为受到各种标准稽查的、向外展现的集体无意识；在这种集体无意识中，那些已经与交往脱离了的各种动机被不断驱动到那些被排斥的符号周围并将这些符号引向替代性满足的轨道。正是这些动机，而不是外在的威胁和直接的制裁，现在成了运用合法的权力来支配意识的各种力量。它们同样也是这样一些力量：当自然控制方面的新的潜力使旧的合法性失去可信性之时，受意识形态牵掣的意识可以通过自省把自身从这些力量当中解放出来。[77]

对弗洛伊德来说，由此产生的目标是"为文明的各种规范提供一个理性的基础"，哈贝马斯则把这一思想重新表述为"一种遵照如下规则的社会关系组织，即每一种在政治上富有成果的规范的有效性都取决于在摆脱了统治的交流当中所达成的共识"。[78]

正好在这一点上，这个与哈贝马斯的判断——当今的统治制度依赖的基础是将实践问题排除出政治化的公共领域，而抗议运动坚持参与有关于如何导向一种理想生活的公开讨论——有关联的论断击中了现行制度的弱点。

> 新的意识形态（即技术统治论思想）损害了一种同我们的文化实存的两个基本条件中的一个条件相关联的旨趣：即对语言的旨趣，说得精确一点，即对通过日常口语交流而出现的社会化和个体化的形式的旨趣。这种旨趣涉及维护理解的主体间性问题，也涉及建立一种可以摆脱支配的交往形式的问题。技术统治论思想可以让这种旨趣消失，以支持可以扩展我们技术能力的旨趣。[79]

可是，从某种知识人类学的角度为批判的社会理论所做的这种论证还牵扯到许多问题。比如，一方面假定存在一个统一的普通主体（generic subject），另一方面又认为主体间性结构为一种实践的、有助于解放的认识旨趣奠定基础；这两者之间的紧张就是一个问题。另外，在技术的、实践的认识旨趣与有助于解放的认识旨趣之间也存在一个相互不一致的问题：前者对人类的再生产所具有的价值是不言而喻的；而后者显然包含着比生产和自我持存更重要的东西——即，人类自由而有尊严地存在的可能性。如果"对于人类成年期自主行动和摆脱教条主义的理性的旨趣"[80]是人类再生产的基础之一，难道它不会必然对技术的、实践的认识旨趣产生影响吗？

哈贝马斯对这些问题及其他一些问题的回应，就是去替代那种建立在交往理论基础之上的批判的社会理论，代替他通过知识人类学来论证和处理批判的社会理论的尝试。他把人们相互交谈和互动作为他的出发点，力图证明对某种未被扭曲的交往的期望乃是交往行为的、也就是说以达成理解为目的的行为的可能性条件。他的朋友、哲学家卡尔—奥托·阿贝尔在这个思考进路上给了哈贝马斯非常重要的建议。理想状态在普遍语用学框架中被认作语言交流的可能性条件，这些理想状态也被视为不再属于历史传统的一些规范，可以为批判提供合理的基础。这样一来批判理论就可以拿这些充满生机的理想状态与现实的生活过程进行两相比较。几年之后，这种从普遍语用学角度可以找到自身理由的批判的社会学理论观点，在《合法化危机》当中得到了清晰的表述：

> 在生产力发展的某一阶段，社会系统的成员如果能够而且愿 640
> 意通过话语的意志形成 (discursive will-formation) 来决定社会交
> 往的组织形式，并且充分了解他们社会的限制条件和功能要求，那
> 么，它们将如何对他们的需求作出共同的、有约束力的解释（而且
> 他们将会公认那些规范的合理性）？[81]

《作为"意识形态"的技术与科学》是对技术和社会生活世界之间联系日益衰退的讨论的延续。哈贝马斯对这一问题的讨论见于他对现代世界和被扭曲的启蒙最初进行的病理学分析，那时他还是罗塔克尔 (Rothacker)[82] 的——在某种程度上说也是海德格尔的——学生。当时的讨论已经把各种论题汇集为一个整体了。哈贝马斯试图以比在他之前的马克斯·韦伯和赫伯特·马尔库塞更为确切的方式来解释这样一种现象：科学和技术的理性形式，即目的性行动系统显示出的理性，已经逐渐扩展为一种生活形式 (life-form) 的历史总体性。韦伯曾把这现象解释为与对传统的"祛魅"过程相伴随的"理性化"过程；而马尔库塞则把它解释为技术与权力的融合。

技术作为权力，其最主要的特征就是权力看上去具有科学理性的形态和技术的必然性，显出不容置疑的样子。马克思主义理论曾认为，将要冲破旧的生产关系桎梏的力量就蕴藏于生产力自身当中；但是科学和技术已经成为了第一生产力，同时似乎也成为了占统治地位的生产关系的支柱。批判理论以前注意到，资本主义的社会形式无论付出怎样的代价将继续发挥作用，而大多数社会成员也都感到他们与现存制度而不是一个有可能更好的社会有着更为密切的关系。批判理论的这一原有的看法在马尔库塞那里呈现出令人气馁的判断形式，他认为，

科学和技术的进步不仅证明占统治地位的生产关系在功能上的必要性，而且这种进步本身的目的就是获取权力。

与韦伯和马尔库塞不同，哈贝马斯认为科学和技术理性向历史总体性的转化并非是一个不可阻挡的、自圆其说的过程，相反这是一个加剧这些难题的过程。为了提供一个背景，他勾画了一个社会发展的历史过程，这一历史的主旋律就是如下一个难题：尽管财富和权力的分配是不平等的，但却是合法的。在传统的社会形态中，这个难题的解决依靠的是有各种世界图景配套的政治权力，而这些世界图景给人们，其至给那些不得不更多压抑自己基本需要的人带来一种感觉：他们正在分享一种旨在提供尽可能让人满意的和善共处的生活形式。在资本主义制度下，经济、技术和科学在很大程度上摆脱了那些依托于传统世界图景的政治权力框架的束缚。自由公平交换的意识形态虽然祛除了和善共处观念的神秘性，但仍旧以这种观念为基础；它成为证明社会制度合法化的决定性观念。在哈贝马斯看来，有两大趋势对发达资本主义来说至关重要：其一，政府日趋频繁地采取干预主义行动，为的是维持与自由公平交换的意识形态日益不符的、陷入重重危机的社会制度；其二，科学和技术越来越成为第一生产力。随着各种传统的合法化形式被逐渐削弱，尽管"各种目的性行为的子系统"的范围也在日益扩大，复杂性也在日益增长，但资产阶级意识形态的根基也被冲毁了。干预主义政府现在力图借助一套"替代方案"——即通过维持一种能提供社会保险、能确保人们按比例成功地向上层流动的制度体系——来满足自身对于合法性的需要。为了确保这一点，并以此确保群众对于资本主义社会形式的忠诚，势必有相当大的范围需要通过政府的干预去控制，以致纵深扩展并进入到社会生活和私人生活当中。而这反过来又进一步增加了国家对合法化的需要。

问题于是就出现了：如何解释民主社会的公民回避有关实践目标的公共讨论，如何解释当权者的行为只受寻求技术和管理问题的答案所左右这一事实。对当权者来说，经济、技术和科学的规模和复杂性的激剧增大是一个有利条件，它容易给人们造成这样一种印象：这些领域的固有规律产生了一种政治必须完全服从的绝对作用力（force of events），以便可以继续提供它的替代方案。正如将实践和教育相关的问题排斥在科学之外对科学主义的科学哲学来说根本不成问题一样，技术统治论幻想对于那些非政治化的群众来说，成为了他们非政治化行为和不过问对整个社会有重要影响的决策过程的理由。

《作为"意识形态"的技术与科学》要说的是，技术统治论思想比以往的各种意识形态更少意识形态色彩，但同时它也更为有害。我们再也无法从它这里追溯任何关于合理互动、关于摆脱了统治关系的互动的基本主题。

> 反映在技术统治论意识中的，不是道德联系的错位，而是对作为存在关系范畴的这种"道德"的排除。实证论的共同体意识使口语交流的指涉系统失去了效用，在这种指涉系统当中，在扭曲的交流条件下产生的各种权力形式和意识形态形式可以通过反思过程揭示出来。在技术统治论意识中可以找到合法化依据的人民大众的非政治化，同时也是人在目的性活动范畴以及在有同等适应能力的行为范畴当中的自我具体化或自我对象化（self-objectification），这就是说，科学的物化模式进入了社会文化的生活世界，并且获得了驾驭人类自我认识的客观权力。技术统治论意识的意识形态核心，是对实践和技术之间差别的消除，是一种新型的关系形态的映象——而不是清晰的映象。这种新型的关系形态是在一种被剥夺了权力的制度框架与一个已经形成了自身生活方式的目的性行为系统之间产生出来的。[83]

642

无论从哪个方面来看，这种分析与《启蒙辩证法》和《单向度的人》当中那种令人沮丧的判断以及"管控世界"这个概念都是不相符的。但哈贝马斯在《作为"意识形态"的技术与科学》当中，却非要生硬地将这种分析与下面另一种分析作对比：

制度框架层面上的合理化，只有通过以语言为中介的相互作用这一媒介，即只有通过消除对交往的限制才能实现。鉴于持续发展的目的性活动的子系统在社会文化方面产生的反响，这种针对适合人们愿望的、指明行为导向的原则和规范的公开的、不受限制的和摆脱了统治的交流，这种在所有政治层面和形成共识的再政治化过程当中开展的交流，才是一些接近"合理化"的东西赖以实现的惟一中介。[84]

学生运动作为一种施加压力的抗议力量，要求对早已枯竭的公共领域实行政治化，可这种力量根本不能表明它就是国家调控资本主义借以加剧它所不能解决的难题的过程。

甚至在与尼柯拉斯·卢曼 (Niklas Luhmann) 进行的争论当中，哈贝马斯也只是断言新的合法化模式将产生于一种抗议机制。这种抗议机制表现为一种对已经失去自身可信性的各类资产阶级意识形态或前资产阶级根源的替代模式，一种日益强迫自身融入各类社群的替代模式：

643

正在出现的这种可选择模式就是对整个社会有重大影响的决策程序的民主化。这些决策程序将在世界历史上首次取代欺骗性论证意义上的合法化，将容许各种行动标准合理地提出严肃对待有效性的要求，并且可以通过话语方式确证或取消这些主张。[85]

只有到了1973年出版的《合法化危机》中，哈贝马斯才开始认为他在这里发现的不仅仅是国家调控资本主义的弱点。

因此，行政行为领域与文化传统领域之间的结构差异就构成了一种系统的限制，限制着通过有意识的操纵来弥补合法性欠缺的努力。当然，如果想由此提出一种危机的论断，就必须同另一个角度联系起来考虑，即国家行为的膨胀会造成对合法性需求的超

法兰克福学派：历史、理论及政治影响

比例增长这一副作用。我认为，超比例增长是有可能的，原因不仅在于行政事务的膨胀使得国家行为的新功能需要得到大众的支持，而且还在于这种膨胀导致政治系统与文化系统之间的界限发生了变化。在这种情况下，原来被视为理所当然并且作为政治系统限定条件的文化事务，现在便落入到行政计划领域。这样，一直避免成为公共问题、尤其是实践话语的一些惯例，也就成了议题（thematized）。

可是文化传统一旦被策略性地使用，也就失去了自身的力量——而这种力量只能通过对传统的批判性吸收才能得以保存——以至于它对有效性的要求只能通过话语来证明。

> 在每个领域，行政计划都产生了意料之外的干扰作用和宣传效果。这些效果削弱了传统自发形成的辩护潜能。一旦传统的无容置疑性被摧毁，有效性要求的稳固性就只有通过话语才能保持。因此，对那些被认为理所当然的文化事务的鼓噪，促进了那些原来属于私人领域的生活领域的政治化。但是，这种发展显示出通过公共领域的结构而得到非正式保护的公民私人性受到了威胁。积极参与的努力以及可选择模式的过量涌现，尤其是在学校（中小学和大学）、新闻、教会、剧院、出版社等文化领域中，都显示出这种威胁；公民请愿的数量越来越多，也都显示了这种威胁。[86]

把阶级结构的潜在性维持下去的策略似乎注定会破坏自身，因为社会 644
文化领域内日益增多的国家干预显然具有破坏文化传统和使意义逐渐
丧失的后果，而这种后果不可能由社会补偿和消耗性价值的补给来抵
销。这样，哈贝马斯对晚期资本主义的分析就逐渐走向对批判理论原有
论题的更精确的重新表述。所谓原有论题是指：社会的总体社会化
（Vergesellschaftung der Gesellschaft）会扼杀它自己的基础。哈贝马斯对
技术和实践进行了区别，后来他又由此发展出对体制和生活世界的区

别，从这个基础出发，他试图把老式批判理论对于社会的更敏锐的描述与一种消除了批判理论那些容易让人丧气的倾向的危机理论结合起来。哈贝马斯严厉批评了抗议运动，因为他将自己阐释的重要性就归属于它。他更加严密地重新区分了技术与实践，并把这一区分仍然与当前社会趋势联系起来，这一指导方向其实在抗议运动出现之前就显示出来了。他从抗议运动及其各式各样的延续性形式——草根团体、另类运动、妇女运动、公民自发的各种请愿行动——之中得出的思考就是：完全有理由断定在既存的实践维度之中存在着某种特殊的理性化形式，而且当务之急就是要通过社会批判理论和反对技术统治论改革双方的能力协作来强化这种特殊的理性化形式。

阿多诺1969年5月在他接受《明镜》周刊访谈时表现出一种挑衅的姿态，他宣称自己偏爱象牙之塔，更愿意从事美学著作的写作，仿佛前几年发生的种种事件对他的工作一点也没有产生影响似的。可是他的偶然音乐、偶然文学、社会学和哲学的观念真的没有因为抗议运动而发生任何改变或者重新定义么？在这个文化革命以及对艺术的超越和取消即便在文化工业中也要被提上议事日程的时代，与哈贝马斯相比，阿多诺的思想是不是少了点系统性，是不是还少了点那种能够吸纳当代体验——"受那种试图解释当今艺术和艺术之可能性的迫切愿望所激发"[87] 的——条理化的能力？

《否定的辩证法》是以这样的话开头的："一度显得过时的哲学，由于实现它的契机未被人们所把握而得以继续存在。"与此类似，《美学理论》写道："当艺术被禁止的时刻，当艺术被判定应该死去的时刻，它却在被管控的世界中重新获得了生存的权利，这种权利对艺术本身的否定类似于某种管理行为。"[88] 萌发于学生运动的破坏偶像论不仅让西方人联想起马尔库塞1937年发表于《社会研究学刊》上对"文化的肯定性特征"的批判文章和本雅明1936年论艺术作品的文章，而且也会使他们想起中国的"文化大革命"和达达主义及超现实主义传统。这种偶像破坏论使阿多诺感到惊恐，他认为这不过是对超越艺术和取消艺术的拙劣摹仿，偶像破坏论恰恰陷入了一种幻觉，总是认为立即就能实现根本的变革，而实际上破坏了使艺术革新激进化的真正机会。让阿多诺无法理解的是，为什么1967年以来总是有人批评他在1950年代编辑的本雅明文集（选本），为什么有人指责他掩藏了那个唯物主义的本雅明，掩藏了那个捍卫艺术在阶级斗争中起举足轻重作用的本雅明。在阿多诺看来，"马克思主义者"的本雅明就不是本雅明本人了，而那种解释只能来自布莱希特的影响，那种反艺术的 (anti-art) 品格根本不适合本雅明。

在阿多诺早期给《社会研究学刊》所撰文稿之中，对不间断的启蒙一直抱有某种感伤：音乐受到启蒙并且在其自身的领域中完全支配了自然，它将会对未被启蒙的社会构成一种挑衅。在《新音乐哲学》中，他让自己寄希望于十二音阶体系时期勋伯格作品里存在的那些令人愉悦的野蛮因素，可勋伯格后来又退回了秩序感。在"新音乐的老化"[89]一文中，他对战后序列音乐的发展抱有怀疑态度。在"通向一种偶然音乐"中，他呼吁要在音乐中开创一个新异的、后序列的开端。在这之后就有了《美学理论》；这是一部捍卫现代艺术事业的总结式论著——战后时期其他艺术理论都不会这么做，因为在那个时期，现代艺术的英雄时期似乎已经无可挽回地成为了历史。这意味着什么呢？阿多诺在1960年代末发现了超越勋伯格学派、超越乔伊斯、超越毕加索的进步了吗？看到了那种通过更激烈地从传统中解放出来才有可能的真正自由的艺术的出现吗？阿多诺为当时的艺术家们打开了一个怎样的前景呢？阿多诺现在已经引入了一大堆可以用来评判艺术品的可能性标准：品质；技法成就的水准；有别于一切传统的特质；意义的丰富性（即写作、作曲、绘画当中意义的丰富性）；从历史哲学角度来看作品的内容；真理内容；被赋予形式的对立性；自由度等等，他怎么接受这些可能的标准呢？抗议运动是否促使阿多诺改变了对晚期资本主义社会普遍状况的看法——无论他是多么不愿意承认，并因而改变了他对艺术所面临的机遇与危险的看法，而这些机遇与危险以一种难以理解的方式与社会普遍状况相一致？《美学理论》当时有没有可能担当矫正者的角色，一方面矫正抗议运动中鲁莽的文化革命尝试，同时又加强抗议运动所包含的对于文化中立化的批判？

　　阿多诺对此类问题的回答，既表明他热衷于一般的现代艺术，却对最新近的现代艺术迷惑不解，也显示了他对艺术发展的那些挫折阶段的理解，以及他对艺术中导致失败后果的发展道路的关注。根据他那更为精细的哲学著作的中心论题——坚决不能让抽象因素和抽象所由来的因素完全分离，他解释了那些令人折服的现代艺术作品所蕴藏的秘密：它们从来没有完全脱离它们正在予以消除的事物。

　　　　艺术的前艺术之维，同时是对艺术反文化特性的提醒，是对于它自身作为经验世界之对立面——让经验世界不受干扰——的怀疑。不过，重要的艺术作品努力把这种不利于艺术的前艺术维度合并到自身当中。在缺乏反艺术维度的地方——在神圣的室内音乐家没有小提琴手的持续跟随的地方，在一出无幻觉（illusion-free）戏剧没有任何舞台魔术迹象的地方——由于担心太过幼稚，艺术会做出让步。甚至在贝克特的《终局》（*Endgame*）一剧中，帷幕在充满期待的情境中徐徐升起；这些不考虑帷幕的演出和制作方法都在试图用雕虫小技否认它们自身的本性。实际上，帷幕升起的时刻，就是人们期待奇异景象的时刻。即使贝克特的剧作希望借助那些日落以后依然存留的灰色调，来驱除马戏表演的鲜亮色彩，但就它们在舞台上表演这一方面来说它们仍然忠实于马戏表演，而且我们都知道，它们当中塑造的反英雄主角在多大程度上受到了马戏团小丑和滑稽电影的影响。尽管这些戏严峻而素朴，但它们决没有完全摒弃戏装和布景……总的来说，人们会有这样的疑问，甚至连那些最为抽象的绘画，在材料和视觉组织方面，怎么仍然保存着那些它们试图消除的具象派（representationalism）的痕迹。[90]

　　在阿多诺看来，能够解释贝克特伟大性的东西，同时也是贝克特之前的艺术高峰以及前现代艺术家们的晚期作品所共有的特征。

如果没有矛盾和非同一性的提醒，和谐在美学意义上兴许是无关紧要的……如果人们将米开朗基罗、后期伦勃朗或贝多芬晚期的反和谐态度，归因于和谐概念本身的内在发展动力及其最后的不足，而不是归因于主观激情方面的发展，这就不能算是依据历史哲学对那些大大偏离的东西所做的不适宜的概括。不和谐是关于和谐的真实所在。如果按照和谐该当是什么的最严格的标准来看，和谐是无法获得的。只有这种无法获取性成为艺术本质的构成部分时——这种情况见诸于著名艺术家那些所谓的成熟风格当中，这些迫切需要的标准方可达到。[91]

因此，阿多诺认为，伟大的现代艺术的特征都具有以下两个紧密相连的因素：在那些依旧被坚持的幻想中脆弱性在与日俱增；随之而来为那些一度被禁止之物提供了进入艺术的入口。在这两种因素真正结合的地方，现代艺术就具有了一种苦涩的美和进取性的忧郁。

从灾难中幸存下来的审美享乐主义指控有些艺术颠倒了阴暗元素的公认职能（postulation）——比如，指责超现实主义者将黑色幽默抬高到纲领性的地位这种方式，这其实指控的是如下事实：人们期待艺术中最阴暗的元素能激发起某种愉悦的东西。但是，这只不过意味着，艺术及其恰当的快乐感只有在其坚持自身立场的能力当中才可以被感受到。这种快乐从内部散发到作品的感性表象之中。就像和谐作品的精神甚至会穿透最冷酷无情的现象一样，阴暗元素作为文化表面那种欺骗性感觉的对立面，自波德莱尔以来已经变得很有感性魅力了。不谐和音中包含的愉悦感大于谐和音包含的愉悦感：这一事实以适当的方式回敬了享乐主义。在不和谐音当中，敏锐的感受被更有力地强化，可以区别于它本身和肯定性的单音重复，从而变成一种吸引力。这种吸引力，对乐观性的废话充满厌恶，它将新艺术引入到一种可描述人类宜居之地球的无人之境。现代艺术的这一方面首次在勋伯格的《月光下的皮埃罗》

(*Pierrot lunaire*) 当中得到了展现,一种水晶般的、想像的要素与不谐和音的整体在其中合而为一。否定(negation)可以把自身转变成愉悦感,而不是转化为肯定的东西。[92]

贝克特和策兰是被阿多诺完全认可的仅有的两位现代艺术家。他们对他们予以否定的旧形式的退化性残余持有某种宽容包纳的态度,而且吸收了以往被压抑的东西,从而大大增加了他们文本的密度。因此,按照阿多诺的历史哲学标准来看,他们并不是阿多诺本人这个时代的艺术家,而是勋伯格、毕加索和乔伊斯这些英雄时期的现代主义的同代人。阿多诺把真正属于他这个时代的艺术家描述为更先进也更贫乏的艺术家,他认为他们缺乏贝克特式原子的丰富性,尽管他们肯定会坚持不懈地使艺术延续下去,可艺术似乎也的确要在他们这里走向终结。除此之外,阿多诺再没有对他同时代的艺术家做什么评述了。

648　　　　某些艺术的最近发展呈现出的新奇性,可能是对和谐的厌恶产生的,甚至有人试图把和谐当作已经被否定的东西消除掉。这种否定之否定,确实给这种程序带来了致命的缺陷:转向对一种新的确信的自我满足,因此在战后几十年的众多绘画和乐曲当中会发现张力的匮乏。这种虚假的确信就是对意义的丧失进行技术定位。在现代艺术的英雄时代被视为现代艺术之意义的东西,保留了被确定的秩序元素;取消它们实际上会产生一种没有阻力的、空洞的同一性。

而且:

　　　　这种发展可能最终会导致感官享受禁忌的剧增,尽管有时候很难辨别这种禁忌多大程度上是依据形式法则,多大程度上仅仅是能力缺乏造成的……最终,这种感官禁忌甚至会扩及令人愉悦的东西的对立面,因为,甚至在离得最远的地方,也可以分享这种对愉快事物的具体的否定感。为了达成这种反应形式，不谐和音促使自己去尽力接近它的必然结果——和谐；它排斥残暴的意识形态所展现表面上的温情，而更喜欢接受具体化的意识（reified consciousness）。不谐和音冷却成一种漠不关心的东西；虽然它是一种新的、没有往事记忆痕迹的、没有感受的、没有本质的直观形式。[93]

但是，如果从艺术素材中持续排除过去的所有残余——这是阿多诺在"通向一种偶然音乐"中所赞成的——没有使艺术面对它的对象的自由、它与"摹仿禁忌"决裂的力量、它与法外之物和被禁止之物的同化能力有所增益的话，那么，为什么他仍然坚持认为只有采用这种办法，人们才可能理解人们必须是绝对现代的、必须寻求新异这个原则呢？

不能仅仅根据（艺术品）的社会影响力日渐减弱来解释它们似乎变得越来越冷漠这一事实。相反，有证据表明当这些作品转向自身的纯粹内在性之时，也就丧失了对艺术品来说至为根本的一种元素——摩擦系数：对它们自身也变得更加漠不关心了。尽管会有这种事实——非常抽象的绘画可以不触众怒地挂在官方的各类接待厅里，但是，这并不能证明是向一种原先的、令人愉悦的具象派的回归，即使切·格瓦拉也被选来用于同客观对象进行调和。[94]

但具象性真的就仅仅是先在地自得吗？它不也早就很让人感到不舒服了吗？因为具象性可能容易引起不满，所以出于政治原因抽象绘画没有成为西德绘画中的主流，不是吗？难道各种不同形式的具象派绘画之间的差别，就仅仅源于被再现的对象之间的差别吗？阿多诺把所有类型的具象绘画都当作顺从者的复归而打发掉的这种随意的做法，只能被理解为寄希望于突然变革的那种思想回潮的结果，只能被理解为这样一种期待：突变将来自对忧郁——在这个词的字面意义上所说的忧郁——的摹仿。但阿多诺本人也说，"一般而言很难区分，抛弃一切表达形式的人究竟是物化了的意识的中介呢，还是表达了一种无法言传的、不可表达的表达，后者恰恰是对于物化的谴责。"[95] 正是这一点造成了具体作品之间的差别吗？这与对物化的完美摹仿是完全不同的，而后者正是阿多诺之所以给贝克特和策兰以如此之高的评价的原因。他对于这两位作家的评价已经显示出，艺术不是依照"你不能再作那个"的规则向前发展，而是按照"你不能再那样做"的规则向前发展。如果对于艺术发展的讨论不被预先简化为要求艺术成为沉默的、冷淡的和冷漠的，并最终要求艺术自我根绝的话，那么，必定可以看到艺术在更宽泛意义上的发展可能性，这种可能性更为广泛，更为不确定，也更具有向着艺术中一切材料的本质敞开的开放性，这种艺术发展完全能够在现有条件下保持自己。

除了期待突然变革这个思想上的回潮之外，阿多诺特有的关于自然和与自然和解的思想也是促使他坚决捍卫现代艺术的进步观念的思想要素。这一进步观认为，就现代艺术发展而言，其基础就是对一切传统的或外在于艺术的东西——无论它是质的因素还是内容的因素——的排除。

事实上，艺术在过去二百年间经历的精神化过程，虽然给了它更多的自由，但艺术并未疏远与自然的关系——像物化意识那样——而是以自身的方式让自身去接近自然美……艺术旨在凭籍人的手段来让那些非人性的事物说话。艺术作品中的纯粹表现，摆脱了物化的干扰因素以及所谓的天然材料的局限，从而与自然结合在一起；譬如在安东·魏伯恩那最可信的作品中，著作凭借它们的主观敏感性将它们自身化入其中的那种纯粹的声音，又把自身转化为天然的音响。诚然，这是一种富有表现力的大自然之声音；它是大自然的语言，而不只是对自然的部分反映。在理性化阶段，对艺术作为一种非概念语言（non-conceptual language）的主观转化，

650

是惟一可以反映某种接近于创造语言之事的形式，当然，在这种方式中也带有反映被歪曲的悖论。艺术试图模仿一种人们意想不到的表现方式。意向只是艺术的载体。艺术作品越是完美，就越要更多地减少意图。自然在间接上是艺术的真实内容，但是会直接产生虚假内容。如果说自然的语言是无声的，那么艺术试图让沉默的东西开口说话。艺术要实现这一点会面临失败，这是因为在以下两种观念——要求竭力进行这种努力的观念，与这种努力所针对的思想观念（一种全然不自觉的状态）——之间存在着不能克服的矛盾。[96]

与之前的作品相比，《美学理论》以更加详细的方式把人类对自然的支配的批判以及对被管控的社会的批判结合了起来，以期形成一种对社会的批判，通过其物化的（reified）结构，这样的社会拒绝赋予自然以社会协调的成果——宁静，而这正是自然所渴慕的。正是这两种主题的联合赋予了阿多诺美学哲学——和他的社会哲学、历史哲学、认识论一样——一种伤感的基调。也正是从这种联接出发，阿多诺得出了他这样的主张：他要投身于——或者说支持——被启蒙了的启蒙。阿多诺的艺术哲学所秉持的道德，以及他在《美学理论》中延续《启蒙辩证法》的所秉持的道德就是：艺术作品是主体的全部史前人类学，它正以一种给人启迪的方式在完成着启蒙运动。

与意指性的（significative）语言相比，（艺术作品）的语言更为悠久，但它并没有完全得到实现：仿佛艺术作品在构成过程中使自身去适应主题，并重复展示这种构成过程产生或被剥夺的方式。它们不是在表达主体的地方，而是在主观性——一种灵性(Beseelung)——的原初史面前感觉震撼的地方才获得了表达……这描述了艺术作品与主体之间的密切关系。这种密切关系是持久的，恰恰因为原初史在主体内心里头还活着。在历史的各个阶段，这种密切关系都会不断地从头再来。只有主体适合充当表现的工具——无论它多么间接，可是它把自身想像成直接的。在这里被表现的内容与主体类似；激发艺术的种种因素是主观的，但它们同时也是非个人的（apersonal），对自我的整合有影响但又不被这一过程完全同化。艺术作品的表现是主体身上的非主观的元素，并不是主体自身的表现（Ausdruck），而是主体做出来的表现（Abdruck）。再也没有比动物——猿猴——的眼睛更具有表现力的东西了，它们好像在客观上为自己不是人类这一事实而感到悲哀。当各种冲动被转化到艺术作品当中，并且凭借这些作品的绕合能力被同化时，它们在美学统一体当中还依然是超审美的自然的象征——虽然，作为这些象征的余像（after-images），这些冲动不再呈现出自然的样态。在所有真切的审美经验中都流露出这种矛盾心理。在康德对于崇高感的描述——某种介于自然和自由之间的发自内心的震撼感——当中，这种矛盾心理得到了无与伦比的表达。[97]

但是这种艺术概念只能涵盖它的深层结构。如果把它做为评判艺术发展的直接标准，那么，生成新的艺术反应形式的潜力就会被片面地简化为一种社会的辩证"进步"，而新形式的表现实际上是不可预知的。

在阿多诺本人那里，有两个要素一再发生非常剧烈的矛盾冲突：一方面，阿多诺相信现代艺术的发展包含了可以用诸如理智主义、彻底清晰化等范畴来阐明的逻辑；而另一方面，他又对艺术有这样的一般看法，即艺术不一定是进步的，而毋宁说其发展是对隐藏的历史动因的反应，是围绕他从未达到的目标而进行的转动。

从根本上说，艺术作品是谜一般的东西，这并非根据它们的合成法，而是根据其中包含的真理内容。那些读完了一部艺术作品之后的人曾经反复提出的问题——"它究竟意味着什么？"，变成了另一个寻求绝对（the absolute）的问题——"它是不是真的？"所有艺术作品对这一问题都不作推理性的（discursive）回应。答案中要避免的禁忌是由推理性思想发布的结论性信息。艺术以一种抗拒这种禁忌的模仿形式，试图提供答案，但是由于它必须保持不偏不倚，因此它无法做到这一点。它因此变成了像原始世界的恐怖那样神秘的东西，它们没有消失，只是转变了自己的形态而已。所有艺术都保留着这些恐怖的震动图……可以在其中设想这种谜一样的特性的外在形式，就是意义本身是否存在的问题。因为所有的艺术作品都不能缺少语境，即使这种语境会变到成为自己对立面的程度。然而，这种语境以其结构的客观性提出了对意义客观性的同等要求。这个要求不仅不能被证明，而且甚至与经验是相矛盾的。从每一部艺术作品中透出的这种神秘的特性以一种不同的方式向外注视着，但是这些答案好像斯芬克斯(sphinx)之谜的答案一样，却总是相同的——即使艺术之谜只在差异中，而不是在一致中才可能做出欺骗性的承诺。不论这种承诺是不是骗人的：它就是艺术之谜的所在。[98]

不同于哲学，艺术包含了一种对于快乐的隐密的承诺。它实现了否 652 定的辩证哲学一直努力实现的力量："要通过主观努力揭示出某种客观事物"[99]。艺术只有以牺牲虚幻性为代价才能实现这个理想。这也就是所有艺术哲学同时都是对艺术的批判的原因之所在。对激进的现代艺术作品的考察也是如此，这些艺术品通过打破结构原则而自觉不自觉地保存着幻想。即便艺术作品没有在前概念层面把握否定的辩证哲学试图通过概念予以把握的东西，它们至少通过迫使否定的辩证哲学反思如下问题而使该哲学的动机得以强化："艺术作品，作为存在物的形象而又不能把不存在之物召唤成存在物，它们自身如何能够成为不存在之物的不可抗拒的形象——如果非存在物的确不能显现自身的话。"[100]

毫无疑问，阿多诺不过是把理论转化成了一种美学形式。如果说艺术是摹仿的避难所，那么"理论"就是概念知识的担保书。就像马克思所说的，人类解放的头脑是哲学，心脏是无产阶级。他还说过：哲学的实现与无产阶级的超越只有相互通过对方才有可能完成。[101] 哲学和艺术也只有共同处在一个完全解放的社会——如果真有的话——当中，才会变成多余的东西。至于其他时候，它们是一对搭档，背对背地展现为模仿与理性的结合以及受到启蒙的启蒙的标志。两者都处在危险形势当中，两者都震撼了僵化的感知和行为方式，两者都旨在维持或再次唤醒一种惊奇感。

在他 1962 年那篇论义务的文章中，阿多诺就已经形成了这样的看法，"眼下真正的政治被阻碍着，各种关系都已僵化，丝毫没有出现软化的迹象，精神被这一情况逼迫到了它无须使自身粗糙化的地步"，而艺术的任务就是"无声地记录被禁止进入政治的事物"。他将这视为他强调艺术独立性的社会原因和政治原因。1960 年代末他依然对艺术作如是观。文化革命的渴望甚至在对艺术一无所知的情况下就想超越并废止艺术，阿多诺对这种热望是不信任的。所以他不可能认同抗议运动的这个目标，尽管抗议运动可能把他看作试图纠正运动偏离目标的人。哈贝马斯发现了基于学者间不受支配的交往而建立起来的民主化模式空间，可阿多诺却看不到表现非同一性的任何机会。作为一名批判的科学哲学家，哈贝马斯希望在大学出现民主改革，而阿多诺却对现代艺术成为激发受启蒙的启蒙的动力不抱任何奢望。在科技已经成为第一生产力的这个时代，对科学和大学改革感兴趣的哈贝马斯似乎在两个人当中更现实些。然而，这个领域里变革的机会恰恰因为科学与技术的重要性而越来越少了。

阿多诺寄希望于艺术形式的破坏力量，这种力量由于自身的冲突状态而持续地被向前推进，也不断地被削弱，在社会中越来越不被认真对待——阿多诺这种希望是绝望的希望。哈贝马斯希望把政治公共领域与科学的自我反思的范导力量结合起来，这种希望未尝不是绝望的，因为社会日益以选择性的方式、越来越坚决地把科学自我反思的范导力量用作生产力，用作一种意识形态，而它的范导和反思原则或变化形式日益受到排挤，成了一种"自律的"和无关紧要的角色，就像艺术长久以来被赋予的角色一样。范式的转换，即从主体哲学、心灵与自然相互和谐的乌托邦转向交往行动理论、详细讨论那些建基于一致同意之上的规范性的行为内容的乌托邦，打开了看待社会和历史的一个新视角。它第一次让人们有可能系统地认识到人类在创造的路途上取得的进步，这一认识能够促成对人类——如果这样的人类是可能的话——本质目标的一致同意而无需担心有被支配的危险。阿多诺的思想进路未被也不可能设想被吸纳入这个新范式，因为哈贝马斯认定阿多诺的思想进路本质上是错误的。阿多诺所说的艺术重要性中的一些方面被哈贝马斯以某种方式消化吸收了，成为了他的一些命题，比如：生活世界的形成，是既解释世界也解释它们自身的科学和哲学潜能的结果，是严格的普世主义的法律道德概念所形成的启蒙潜能的结果，也是审美现代主义极端经验的结果。不仅只是艺术一个维度，而是有着这三个维度，这一提法使生活世界形成的前景更为可信。但是不可信的一点是，这里排除了一个深层纬度，那就是在阿多诺那里至关重要的自然美。哈贝马斯还忽略了另外一个问题，它尚未由某个严格范式提出、强调并进而化约为无关紧要的问题，即，关于对外部自然的支配和内部身体性自然的支配之间的关系、关于对自然的支配和对社会条件的支配之间的联系的问题。在阿多诺和霍克海默尚未着手解决的主题材料中，这个难题还没有得到相对具体充分的研究。

阿多诺的逝世是一个中断。弗洛姆还健在，但他与霍克海默圈子其他成员之间依然保持着疏远的关系。1950年代期间，弗洛姆和马尔库塞再一次以激烈言辞相互批评。马尔库塞批评弗洛姆扮成了宗师模样。 654
洛文塔尔健在，但1950年代霍克海默和阿多诺与他断绝了关系，因为他曾试图要求从研究所获得享受养老金的权利。1956年之前，洛文塔尔一直住在研究所驻纽约的办事处，由于霍克海默想在美国保留一个基地，这个办事处由他的前任秘书爱丽思·迈尔一直维持到1960年代末。1956年洛文塔尔成了伯克利某著名大学的教授。霍克海默健在，可他早已与自己的过去保持了某种距离，对他来说谈论那些全然不同的事情的渴望——尽管那让空头理论家们着迷——就意味着对达到人类既能活得自由，又能活得平等而团结的社会条件的一切机会的拒绝。马尔库塞也健在。霍克海默对他有这样的评论：马尔库塞的声望凭的就是那些观念，那些观念"比起阿多诺和我的要粗糙和简单"，[102] 这样的评论，除了包含着对一度忠实于他、但现在不再满足于对被管控世界发发牢骚的某个人的尖刻挖苦，还有一层意思，即认可他们在思想上有着很多的共同基础。但是马尔库塞并不是这个体制化地形成的思想流派的焦点。阿多诺的死代表了批判理论的终点，无论批判理论是多么不统一，它都很特殊地汇集在社会研究所这个外在形式之下，汇集在一种植根于反资产阶级情绪和承担批判社会之使命感的发现欲望之下。阿多诺死后两三年内，研究所的年轻成员都纷纷离开法兰克福，这就突出了阿多诺的死所体现的断裂的深远影响。弗里德贝格在 1969 年成为黑森州的文化部长，并且开始为在管理层面改革教育而斗争。耐格特在1970 年成为汉诺威大学的教授。1971 年哈贝马斯接受了出任马克斯·普朗克学会的科学与技术世界生活条件研究所所长之职的邀请。这个研究所设在靠近慕尼黑的斯塔恩贝格（Starnberg）。哈贝马斯希望到那里把有关理论的跨学科著作中的那些观念付诸实践，在他看来，在社会研究所是没有发展这一事业的机会的，虽说他还曾被任命为研究所的联席主任。他在 1971 年写信给霍克海默说：

> 阿多诺故去后这里发生了多大的变化就不用我说了。我去斯塔恩贝格有两个原因。一方面，那儿对我来说有着非常多的研究机会。在那儿我可以提供十五个研究职位，并且在相当宽的财政限度内自由选择要承担的研究计划。与此相比，在法兰克福，我根本没有现实的机会，让自己愿意一起工作的助手加入研究所一起工作。另一方面，社会学系不久要担负并完成教师、律师和经济师的基础培训任务。如果我还待在这里，我就不得不把自己的全部精力先投入到这个显然很急迫的工作中去。[103]

惟一留下来的人是阿尔弗雷德·施密特，在一定意义上，他是唯物主义哲学领域年轻一代的专家（后来他和约瑟夫·迈尔一道成为霍克海默

655

的财产管理人，后者自研究所纽约时期起就是霍克海默的学生和同事）。

那研究所呢？甚至在阿多诺还在世的时候就已经有人做出了决定：把工会研究作为它未来的工作重心。以前遵循的路线因此被放弃，1969 以后的研究几乎全是由新职员来进行的。1971 年由阿多诺和弗里德贝格编辑的"法兰克福社会学文丛"第 22 卷——米夏尔拉·冯·弗雷霍尔德 (Michaela von Freyhold) 的《权威主义与政治冷漠：测定与权威相关的行为形式的量表研究》[104]——出版了。此后这套丛书就中止了。1974 年后研究所只出版了工会研究和研究所对产业工人的研究成果。因为一方面研究所没有理论家了，另一方面也没有其他更多的研究合同。除了来自市政府和州政府授予的定期赠金之外，研究所还从与特定项目相关的国家基金那里筹措经费。[105]

注释：

[1] Adorno to Horkheimer, 15 December 1966.

[2] [On the *Spiegel* affair, see Dennis L. Bark and David R. Gress, *A History of West Germany*, vol. 1: *From Shadow to Substance*, 1945−1963 (Oxford, 1989), pp. 499−509.]

[3] *diskus*, 8 (1966), p. 2.

[4] 这一细节是由阿多诺以前的学生和助手鲁尔夫·梯德曼 (Rolf Tiedemann) 提供的，他后来是阿多诺文集的编辑者和财产的保管者。梯德曼也是一位本雅明研究专家和《本雅明哲学研究》(*Studien zur Philosophie Walter Benjamins*) 一书的作者，此书作为"法兰克福社会学"丛书之一出版于 1965 年。

[5] Adorno to the dean of the faculty, 23 November 1965.

[6] Adorno to Kracauer, 27 April 1965.

[7] Theodor W. Adorno, *Negative Dialectics*, trans. E. B. Ashton (London, 1973), p. xix. 参看中译本《否定的辩证法》，张峰译，重庆人民出版社 1993 年版，"序言"第 1 页，中文版把该词译为"内在思想的第一性"。

[8] Ibid., p. 3. 中文版第 1 页，此处有改动。

[9] Ibid., pp. 143−4. 中文版第 140-141 页，有改动。

[10] Theodor W. Adorno, *Asthetische Theorie* (Frankfurt am Main, 1970); *Aesthetic Theory*, trans. C. Lenhardt (London, 1984), p. 493.

[11] Adorno, *Negative Dialectics*, p. xx. 中文译本"前言"第 2 页, 有改动。

[12] Ibid., p. 29.

[13] Theodor W. Adorno, *Kierkegaard* (Frankfurt am Main, 1974), p. 251.

[14] Adorno, *Negative Dialectics*, p. 11.

[15] Ibid., p. 10.

[16] ['Unterschiedenes ist gut': Friedrich Höblderlin, 'Pläne und Bruchsücke', no. 44, in *Samtliche Werke*, ed. Friedrich Boissner (Stuttgart, 1951), vol. 2/1, p. 327.]

[17] Adorno, *Negative Dialectics*, p. 5. 参看中文译本第 3 页, 有改动。

[18] Ibid., p. 183. 参看中文译本第 181-182 页, 有改动。

[19] Ibid., p. 6.

[20] Ibid., p. 191 [the sentence citing Eichendorff was omitted in the English translation]. 参看中文译本第 189 页, 有改动。

[21] Cf. ibid., p. 374.

[22] 'Ein Mehr an Subjekt', ibid., p. 40. 参看中文版第 40 页。"在与通常的科学理想的尖锐对立中, 辩证认识的客观性对主体的需要不是更少而是更多。"

[23] Ibid., pp. 43, 45. 参看中文版第 42、44 页。

[24] Theodor W. Adorno, *Gesammelte Schriften* (Frankfurt am Main, 1970-86), vol. 16, p. 329.

[25] Adorno, *Negative Dialectics*, pp. 15, 9, 25. 参见中文译本第 12 页。

[26] Ibid., p. 81. 参见中文译本第 80 页。

[27] Ibid., p.26.

[28] Ibid., pp. 263-4. 在英文译本中, 已经用"商品 (Commodity)"一词来替代"货品 (merchandise)", 以指代那些物品 (Ware); 比较"物品拜物教 (Warenfetischismus)"与"商品拜物教 (commodity fetishism)"。中文版参见第 261-2 页。

[29] Ibid., p. 299. 中译本参见第 297 页。

[30] Ibid., p. 264. 中译本参见第 262 页。

[31] Ibid., pp. 285-6. 中译本参看第 283 页, 有改动。

[32] Ibid., p. 297. 中译本参看第 295 页, 有改动。

[33] Ibid., pp. 221, 193, 226.

[34] Ibid., p. 221. 中译本参看第 217 页。

[35] Ibid., p. 229. 中文版参看第 225 页。

[36] Ibid., p. 367. 中文版参看第 367 页。

[37] Walter Benjamin, *Illuminations*, trans. Harry Zohn (Glasgow, 1973), p. 262.

[38] Herbert Marcuse, *Eros and Civilization: A Philosophical Inquiry into Freud* (Boston, 1955), p. 232.

[39] Adorno, *Negative Dialectics*, pp. 365-6. 中文版参看第 366-367 页，有改动。

[40] Ibid., p. 373. 中文版参看第 374 页，有改动。

[41] Robert Paul Wolff, Barrington Moore, Jr, and Herbert Marcuse, *A Critique of Pure Tolerance* (Boston, 1965; repr. with 'Postscript' by Marcuse, Boston, 1969).

[42] Herbert Marcuse, *One-Dimensional Man: Studies in the Ideology of Advanced Industrial Society* (Boston, 1964), pp. 244-5. 此书德语版于 1967 年出版。中文版参看张峰、昌世平译《单向度的人：发达工业社会意识形态研究》，重庆出版社 1988 年版，第 206-207 页。另参看刘继译《单向度的人：发达工业社会意识形态研究》，上海译文出版社 1989 年版，第 219-220 页。

[43] Ibid., p. 245. 参见张峰中译本第 207 页。

[44] Ibid., pp. 256-7; cf. pp. 390-1 above. 参见张峰中译本第 216 页，刘继中译本第 230-231 页，有改动。

[45] Jean-Paul Sartre, 'Preface', in Frantz Fanon, *The Wretched of the Earth*, trans. Constance Farrington (Harmondsworth, 1967); cf. p. 9.

[46] Ibid., p. 18.

[47] Herbert Marcuse, 'Repressive Tolerance', in Wolff et al., *Critique of Pure Tolerance*, p. 103.

[48] Ibid., pp. 116-17. 马尔库塞后来解释说，这段引用围绕"自然权利"而讨论只是为了表明这是政治理论中的一个传统的技术性用语。

[49] Ibid., p. 110.

[50] Adorno to Horkheimer, 8 December 1966.

[51] Herbert Marcuse, 'Die Analyse eines Exempels', *Neue Kritik* (June/August 1966), p. 37.

[52] Ibid., p. 33.

[53] Ibid., p. 38.

[54] Marcuse to Adorno, La Jolla, California, 5 April 1969

[55] The AStA, Allgemeiner Studentaasschuss.

[56] The *Burschenschaften*, 这个"联谊会"是右翼色彩的击剑联谊会。

[57] Jürgen Habermas, *Bedingungen und Organisation des Widerstandes: Der Kongress*

in Hannover. Protokolle, Flugblätter, Resolutionen (Berlin, 1967), pp. 44−6.

[58] Ibid., p. 48.

[59] Jürgen Habermas, *Kleine politische Schriften* (Frankfurt am Main, 1981), pp. 519−20.

[60] Adorno to Horkheimer, 13 February 1967.

[61] *Der Spiegel*, 19 (1969).

[62] 'Das Ende der Utopie'; 'Das Problem der Gewalt in der Opposition'; 'Moral und Politik in der übergangsgesellschaft'; 'Vietnam - Die Dritte Welt und die Opposition in den Metropolen'.

[63] Herbert Marcuse, *Das Ende der Utopie. Vorträge und Diskussionen in Berlin*, 1967 (Berlin, 1980), pp. 27−8.

[64] Ibid., p. 20.

[65] Herbert Marcuse, 'Professoren als Staatsregenten?', *Der Spiegel*, 35 (1967), pp. 112−18.

[66] Draft of a letter to Marcuse, enclosure with the letter from Adorno to Horkheimer, 7 September 1962.

[67] Max Horkheimer, *Critical Theory: Selected Essays*, trans. Matthew J. O' Connell et al. (New York, 1986), p. viii.

[68] Max Horkheimer, 'Die Juden und Europa', *ZfS*, 8 (1939), p. 115.

[69] Max Horkheimer, *Dämmerung. Notizen in Deutschland* (Zurich, 1934), in *Gesammelte Schriften* (Frankfurt am Main, 1985-), vol. 2, p. 381; cf. *Dawn and Decline: Notes 1926 −1931 and 1950 −1969*, trans. Michael Shaw (New York, 1978), p. 41.

[70] Adorno, *Gesammelte Schriften*, vol. 8, p. 368.

[71] 'Studentenprotest in der Bundesrepublik', in Jürgen Habermas, *Protest-bewegung und Hochschulreform* (Frankfurt am Main, 1969), pp. 175−6.

[72] [Oskar Negt (ed.), *Die Linke antwortet Jürgen Habermas* (Frankfurt am Main, 1968).]

[73] Hans-Jürgen Krahl, 'Zur Ideologiekritik des antiautoritären Bewusstseins', *Konstitution und Klassenkampf. Zur historischen Dialektik von bürgerlicher Emanzipation und proletarischer Revolution. Schriften, Reden und Entwürfe aus den Jahren 1966 −1970* (Frankfurt am Main, 1971), p. 279.

[74] Marcuse to Adorno, La Jolla, 5 April 1969.

[75] Marcuse to Adorno, London, 4 June 1969.

[76] Jürgen Habermas, *Erkenntnis und Interesse* (Frankfurt am Main, 1968); *Knowledge and Human Interests*, trans. Jeremy J. Shapiro (New York, 1972), pp. 255, 257 −8. 本书中文译本标题为《认识与兴趣》(郭官义、李黎译，学林出版社 1999 年版)，此段译文参考该书第 256 页，有较大改动。

[77] Ibid., p. 282. 参看中译本第 278−279 页，有改动。

[78] Ibid., p. 284. 参看中译本第 280 页。

[79] Jürgen Habermas, *Technik und Wissenschaft als "Ideologie"* (Frankfurt am Main, 1968), p. 91. 参见中译本《作为"意识形态"的技术与科学》，李黎、郭官义译，上海：学林出版社 1999 年版，第 72 页，有改动。

[80] 'Dogmatism, Reason, and Decision: On Theory and Praxis in our Scientific Civili-zation', in Jürgen Habermas, *Theory and Practice*, trans. John Viertel (Cambridge, 1988), p. 256.

[81] Jürgen Habermas, *Legitimationsprobleme im Spätkapitalismus* (Frankfurt am Main, 1973); *Legitimation Crisis*, trans. Thomas McCarthy (Cambridge, 1988), p. 113. 中文译本参见《合法化危机》，刘北成、曹卫东译，上海人民出版社 2000 年版，第 150 页，有改动。

[82] 埃里希·罗塔克尔 (Erich Rothacker, 1888−1965)，波恩大学哲学教授，他关注的主要问题是文化人类学和人文学科理论。

[83] Habermas, *Technik und Wissenschaft als 'Ideologie'*, pp. 90−1. 参见中译本《作为"意识形态"的技术与科学》，李黎、郭官义译，学林出版社 1999 年版，第 70−71 页，有较大改动。

[84] Ibid., p. 98. 参看中译本第 76 页，有较大改动。

[85] Jürgen Habermas and Niklas Luhmann, *Theorie der Gesellschaft oder Sozialtechnologie-Was leistet die Systemforschung?* (Frankfurt am Main, 1971), pp. 265−6. 中文参见《合法化危机》，刘北成、曹卫东译，上海：上海人民出版社 2000 年版，第 94, 95 页，有改动。

[86] Habermas, *Legitimation Crisis*, pp. 71, 72. 参看中译本第 95 页，有较大改动。

[87] Theodor W. Adorno, 'Oftener Brief an Max Horkheimer', *Die Zeit*, 12 February 1965.

[88] Adorno, *Ästhetische Theorie*, p. 373.

[89] 'Das Altern der Neuen Musik', in Theodor W. Adorno, *Dissonanzen. Musik in der verwalteten Welt* (Göttingen, 1956), pp. 120−43.

[90] Adorno, *Ästhetische Theorie*, pp. 126-7. 可参考王柯平中文译本《美学理论》，四川人民出版社 1998 版，第 146-147 页。由于该中文译本所据英文版（Lodon：Routledge & Kegan Paul, 1984, tr. By C. Lenhardt）与本书英译者的译文多有出入，因此，此处所译出的相关段落与王柯平先生译本有较多差异，特此说明。

[91] Ibid., p. 168. 参看中译本第 194 页。

[92] Ibid. pp. 66-7.

[93] Ibid. pp. 238 and 30. 参看中译本第 159 和第 26 页。

[94] Ibid. pp. 315-16.

[95] Ibid.. p. 179.

[96] Ibid. p. 121. 参看中译本第 139 页。

[97] Ibid. p. 172. 参看中译本第 199 页。

[98] Ibid. pp. 192-3.

[99] Ibid. p. 173.

[100] Ibid. p. 129. 参见中译本第 149 页。

[101] 'A Contribution to the Critique of Hegel's Philosophy of Right. Introduction', trans. Gregor Benton, in Karl Marx, Early Writings (Harmondsworth, 1975), p.257. 此处有以下这句话："德国人的解放就是人的解放。这个解放的头脑是哲学，它的心脏是无产阶级。哲学不消灭无产阶级，就不能成为现实；无产阶级不把哲学变成现实，就不可能消灭自身。"参见中文版《马克思恩格斯选集》(第一卷)，人民出版社 1995 年版，第 16 页。

[102] *Der Spiegel*, 30 June 1969, p. 109.

[103] Habermas to Horkheimer, 22 April 1971.

[104] Michaela von Freyhold, *Autoritarismus und politische Apathie. Analyse einer Skala zur Ermittlung autoritätsgebundener Verhaltungsweisen* (Frankfurt am Main, 1971).

[105] See *Leviathan*, 4 (1981), special issue entitled 'Institut fur Sozialforschung：Gesellschaftliche Arbeit und Rationalisierung. Neuere Studien aus dem Institut für Sozialforschung in Frankfurt/M'.

后记

　　到 1960 年代末、1970 年代初，批判理论基本上不再充当抗议运动的指导者。一些团体转向正统的马克思主义—列宁主义—托洛茨基主义—斯大林主义—毛主义的方式，其他团体彻底离开了理论。另外，一个改良主义时代似乎开始了。批判理论的年轻一代的代表分散在各个方面，而且以更确定的立场继续发挥着影响力。但是，最早在 1972 年，预示着联邦德国春天结束的第一个征兆已经很明显了。1972 年初，德国总理社会民主党人维利·勃兰特同联邦德国各州总理一起，通过了一项针对激进教师和公务员的禁令。[1] 禁令旨在杜绝新一代具有批判性的学生"激进主义"代表从事"制度内的长征"，这项禁令很快就导致了一些不受控制的稽查和开除公职的事件。"法兰克福学派"这一术语在德国依然是一个人所熟知的概念，而且从学生造反那天起就被有些人当作便利的标签来使用，他们喜欢把不满、抗议和指向激进改革和恐怖活动的努力归咎于是受了年轻的知识骗子的煽动。1977 年发生了一系列谋杀，如对联邦首席检察官西格弗里德·布巴克（Siegfried Buback）及其司机的谋杀，对德莱斯德纳尔银行董事会主席于尔根·彭托（Jürgen Ponto）的谋杀，对德国工业联合会会长汉斯—马丁·施赖耶尔（Hans-Martin Schleyer）的保镖的谋杀，而汉斯—马丁·施赖耶尔本人遭绑架并于 10 月 16 日被杀害。[2] 在同一个月，巴登—符腾堡州总理汉斯·菲尔宾格（Hans Filbinger）在庆祝图宾根大学 500 周年庆典上发表演说时，以及黑森州基督教民主联盟主席阿尔弗雷德·德莱格尔(Alfred-Dregger)在 ARD 电视台向全德播放的巴伐利亚州电视节目上，都说法兰克福学派是导致恐怖主义的原因之一。恐怖主义以及要求对其根源进行政治和学术分析的要求，成为了对所谓恐怖主义同情者、对批判社会的那些人、谈论社会主义的那些人进行诽谤的借口。保守的学院派，以及那些转向保守的学者，感到已经到了对左派知识分子尤其是法兰克福学派进行清算的时候了。

君特·罗尔默泽尔 (Günther Rohrmoser) 是受雇于菲尔宾格的社会哲学家。他在"二战"后期担任过海军军事法庭的法官，有一次枉断死刑的经历，但直到 1970 年还为此辩护，说那时的法律和今天的法律一样公正。他在 1970 年出版了《批判理论的贫困》[3]一书，此后他以不同的方式不断散播如下观点：马尔库塞、阿多诺和霍克海默是恐怖主义分子在思想上的养父，他们用文化革命摧毁西方基督教传统。恩斯特·托比什 (Ernst Topitsch) 和库尔特·宋特海默 (Kurt Sontheimer) 这样的学者们则把自己看作教育者和自由民主派，他们也延续着罗尔默泽尔的思路。1972 年，这位在格拉茨任哲学教授的批判理性主义者托比什指出，在"理性讨论"和"非支配性对话"的口号掩盖之下，"某种前所未有的、甚至在纳粹专制压迫下也未曾有过的带有明显政治信念的恐怖主义"[4]已经在大学里逐渐确立了。在 1960 年代以《魏玛共和国时期的反民主思想》[5]这本研究著作而引人注目的宋特海默在 1970 年代宣称，左派革命理论是滋生恐怖主义的温床，并认为联邦共和国受到左翼思想的威胁，与魏玛共和国受反民主的右派思想威胁在方式上完全相同。[6]罗尔默泽尔的一名学生，现任科隆大学教育学教授的亨宁·君特(Henning Günther)与几个人合写了一个粗糙的小册子，标题是《否定的暴力：批判理论及其后果》，此书让自己俨然成为一种学术分析，[7]表达了一种被教授们和政客们广泛接受的观点。就像联邦共和国重建的第一阶段那样，在这个第二阶段，有许多措施被采用来打击形形色色的违宪反对派，这些措施同样以难以察觉的方式被扩展成反对合法反对派的种种手段。保守的反民主派把所有改革的努力都诋毁为对"根本的自由民主秩序"的背离，他们在这一点上得到了包括维纳尔·迈霍夫（Werner Maihofer）在内的力主"军事民主"和强力国家的"自由派"的支持。当时迈霍夫担任内政部长之职。

就在这样的氛围中，法兰克福市市长、基督教民主党人瓦尔特·瓦尔曼（Walter Wallmann）把西奥多·W.阿多诺奖金授予了哈贝马斯，瓦尔曼颁发此奖可以看作是试图抵消那种"公众敌意的公开表达"所产生的影响的尝试。此时，克劳斯·奥弗、阿尔布莱希特·韦尔默，特别是于尔根·哈贝马斯和奥斯卡·耐格特，以及更为年轻的批判理论家们，都继续坚守着批判理论。由于"法兰克福学派"和"批判理论"从来都不是对某个统一现象的描述，因此只要可以被视为批判理论组成部分的那些本质要素还在以与现时代同步的方式发展着，就不存在批判理论的衰落的问题。法兰克福学派、批判理论和新马克思主义三者的不可分性说明，1930年代以来，在德语国家，理论上丰富多产的左派思想中心是霍克海默、阿多诺和社会研究所，而诸如恩斯特·布洛赫、君特·安德斯、乌尔利希·索纳曼（Ulrich Sonnemann）这些单打独斗的理论家们则可以被视为与这个中心有着一定的关系。界定法兰克福学派最好的办法就是，用这个称呼去特指老批判理论的那个时期，由霍克海默和阿多诺领导的社会研究所乃是老批判理论的某种机构性象征。相反，批判理论则应从宽泛的意义上去理解，它有别于霍克海默、阿多诺和社会研究所这个中心，它应指某种思维方式，即坚决废除支配并坚持把马克思主义传统与其他学说广泛联系的思维方式。从阿多诺反体系思想和随笔文体到霍克海默的跨学科社会理论研究计划，无不体现了这种思维方式。

自1970年代以来，这两极特征便由哈贝马斯和耐格特两人以给人印象至深并独具原创性的方式体现着。哈贝马斯在慕尼黑附近（慕尼黑大学拒不授予他荣誉教授称号）的施塔恩贝格设立的马克斯·普朗克科学和技术世界生存状况研究所试图再一次严肃认真地开始跨学科社会理论的研究计划。当他十年之后返回法兰克福大学任哲学教授的时候，他认为这项计划已经失败了。不管怎么说，他发表了《交往行为理论》。[8] 这本书旨在为这两卷书的结尾勾勒的那个计划和一种合乎时代的社会批判理论提供规范基础和基本的概念框架，而这项跨学科的研究计划旨在寻找可替代资本主义现代化的社会形态，因为资本主义的现代形态已经在以下两种必然要求——经济制度、政治制度与原创的、倾向于交流的生活世界结构——之间造成了严重冲突。而在与作家兼电影导演亚历山大·克吕格（Alexander Kluge）的合作中，耐格特则试图从组织理论和"无产阶级"抵抗资本主义工业化的历史哲学出发，让阿多诺的微观逻辑分析及其对非同一性——受压抑的和未被记录的事物——的怀疑主义认识论能够奏效。耐格特和克吕格尔将他们合著的《公共领域和经验》题献给阿多诺并于 1972 年出版，其中包括对以歪曲的、剥夺性的形式组织社会经验的资产阶级公共领域的分析，也包括无产阶级公共领域的概念，后者是一种"共同创造的过程，这一过程的目标就是协调的人类感性"。[9] 在《历史与新异》(1981) 一书中，耐格特致力于对资本的对立面——现存劳动力的历史——进行分析。[10] 他对个体劳动能力历史的分析同时也是在尝试"创造抗衡微观权力物理学的东西"[11]，福柯对那种东西已有详细论述。

这本关于法兰克福学派和批判理论之历史的书所能接近的道路在这里便告终止了。更多有关第二代批判理论家的材料，可参阅威廉·冯·赖金（Willem van Reijen）的《作为批判的哲学》。[12] 于尔根·哈贝马斯 1984 年 12 月在亚历山大·冯·洪堡基金会举办的讨论会上所作的题为"法兰克福学派受容史三论"的演讲，全面地概括了法兰克福学派被接受的情况及其影响。[13] 尽管批判理论从来都是具有很强的容纳性并愿意融合外在的影响；尽管它所产生的而且直到目前仍在产生着的激励因素在其发展的各个形态和阶段中呈现出非常多样化的状态；尽管理论与社会科学界及哲学界之间的许多边界现在已经变得相当模糊，社会科学界和哲学界因而也呈现出较以往丰富得多的多样性——但是，批判理论仍然具有一副可以辨认的面孔，哈贝马斯和耐格特这样的"哲学家们"就是它的代表，他们有非教条的却坚定的思想方法，他们有各自不同的观点。

注释：

[1] 此禁令名为 "*Radikalenerlass*"，即 "对激进公务员的雇佣禁令"。由于在德国教师是公务员，所以这条针对公务员中 "激进主义者" 的禁令意味着，有激进观点的学生将被禁止进入学校担任教职。参看 Dennis L. Bark and David R. Gress, *A History of West Germany* (Oxford, 1989), vol. 2: *Democracy and its Discontents*, *1963—1988*, p. 250。

[2] 施赖耶尔是德国雇主联盟 (Bundesvereinigung der Deutschen Arbeitgeberverbände, BDA) 的主席，也是德国工业联合会 (Bundesverband der Deutschen Industrie) 的会长。

[3] Günther Rohrmoser, *Das Elend der kritischen Theorie* (Freiburg im Breisgau, 1970).

[4] Ernst Topitsch, 'Die Neue Linke-Anspruch und Realität', in Willy Hochkeppel (ed.), *Die Rolle der Neuen Linken in der Kulturindustrie* (Munich, 1972), p. 34.

[5] Kurt Sontheimer, *Antidemokratisches Denken in der Weimarer Republik. Die politischen Ideen des deutschen Nationalismus zwischen 1918 und 1933* (1960; Munich, 1978).

[6] Kurt Sontheimer, *Das Elend unserer Intellektuellen. Linke Theorie in der Bundesrepublik Deutschland* (Hamburg, 1976).

[7] H. Günther, C. Willeke and R. Willeke, *Die Gewalt der Verneinung. Die Kritische Theorie und ihre Folgen* (Stuttgart, 1978).

[8] Jürgen Habermas, *Theorie des kommunikativen Handelns* (Frankfurt am Main, 1981); *The Theory of Communicative Action*, trans. Thomas McCarthy (Cambridge, Mass., 1984—9).

[9] [Oskar Negt and Alexander Kluge, *Öffentlichkeit und Erfahrung. Zur Organisationsanalyse von bürgerlichen und proletarischen Öffentlichkeit* (Frankfurt am Main, 1972), p. 486.]

[10] [Oskar Negt and Alexander Kluge, *Geschichte und Eigensinn* (Frankfurt am Main, 1981).]

[11] Alexander Kluge, in 'Die Geschichte der lebendigen Arbeitskraft. Diskussion mit Oskar Negt und Alexander Kluge', *Ästhetik und Kommunikation* (June 1982), p. 102.

[12] Willem van Reijen, *Philosophie als Kritik. Einführung in die kritische Theorie* (Königstein, 1984).

[13] [Jürgen Habermas, 'Drei Thesen zur Wirkungsgeschichte der Frankfurter Schule', in Axel Honneth and Albrecht Wellmer (eds), *Die Frankfurter Schule und die Folgen. Referate eines Symposiums der Alexander von Humboldt-Stiftung vom 10.—15. Dezember 1984 in Ludwigsburg* (Berlin, 1986) pp. 8—12.]

参考文献

缩写

MHA 马克斯·霍克海默档案

SPSS 《哲学与社会科学研究》

ZfS 《社会研究学刊》

档案和征引文献目录

I. 档案：

社会研究所在各类小册子、备忘录、报告和信函中的计划书

文件

通信

社会研究所研究报告

II. 研究所出版物，研究所最重要的合作者的出版作品，法兰克福学派的主要代表人物的出版物

III. 二手材料

IV. 有关背景的著作以及构成背景的组成部分的著作

I. 档案

社会研究所在各类小册子、备忘录、报告和信函中的计划书（只收入较长和较为重要的文本，按时间顺序排列）

Denkschrift über die Begründung eines Instituts für Sozialforschung. 5pp. Enclosure with letter from Felix Weil to Kuratorium der Universität Frankfurt a. M. , 22 September 1922 (MHA: IX 50a. 2; extract printed in the following pamphlet).

Gesellschaft für Sozialforschung (ed.). *Institute für Sozialforschung an der Universität Frankfurt a. M.* , 1925. 29pp. (University Library, Frankfurt am Main).

Felix Weil/Gesellschaft für Sozialforschung to Ministerium für Wissenschaft, Kunst und Volksbildung, 1 November 1929 (letter). 31pp. (MHA: IX 51a. 1b).

Friedrich Pollock. 'Das Institut für Sozialforschung an der Universität Frantfurt a. M. ' In *Forschungsinstitute.* 2 vols. Ed. Ludolph Brauer, Albrecht Mendelssohn Bartholdy, Adolf Mayar and Johannes Lemcke. Hamburg: Hartung, 1930. Vol. 2, pp. 347−54.

Institut für Sozialforschung a. d. Universität Frankfurt a. M. 5 pp. (probably 1931) (MHA: IX 51).

International Institute of Social Research, American Branch. *International Institute of Social Research : A Short Description of its History and Aims.* New York, 1934. 15 pp. (MHA: IX 51a. 2).

Dr Horkheimer's Paper Delivered on the Occasion of an Institute Luncheon given to the Faculty of Social Sciences of Columbia University on Jan. 12th *, 1937.* 12 pp. (MHA: IX 53. 3) .

International Institute of Social Research. *International Institute of Social Research : A Report on its History , Aims and Activities , 1933−1938.* New York, 1938. 36 pp. (MHA: IX 51a. 4).

Institutsvortrag 1938. Repr. under the title 'Idee, Aketivität und Programm des Instituts für Sozialforschung', in Max Horkheimer, *Gesammelte Schriften*, vol. 12, pp. 135−64.

Institute of Social Research (Columbia University). *Supplementary Memorandum on the Activities of the Institute from 1939 to 1941 , supplemented to December , 1942.* 5 pp. (MHA: IX 60b).

Statement of Prof. Dr Max Horkheimer , Research Director of the Institute of Social Research , on June 9 , 1943. Re.: Certain Charges made against the Institute of Social Research (Columbia University). 6 pp. (MHA: IX 63).

Institute of Social Research. *Ten Years on Morningside Heights: A Report on the Institute's History*, *1934 to 1944*. 36 pp. (MHA: IX 65. 1).

Memorandum über das Institut für Sozialforschung an der Universität Frankfurt/M. November 1950 (MHA: IX 70).

Institut für Sozialforschung an der J. W. Goethe-Universität Frankfurt a. M. *Ein Bericht über die Feier seiner Wiedereröffnung, seine Geschichte und seine Arbeiten*. Frankfurt am Main, 1952 (MHA).

Memorandum über Arbeiten und die Organisation des Instituts für Sozialforschung, *Mai 1953* (MHA: IX 77).

Institut für Sozialforschung, *Frankfurt/*M. 1958 (Library, Institute of Social Research).

Institut für Sozialforschung, *Frankfurt/*M. 1978 (Library, Institute of Social Research).

（有关研究所活动及计划和研究所成员及合作者的更进一步的信息见于：其他论文和报告；社会研究国际协会和社会研究协会活动年度报告；霍克海默提交给哥伦比亚大学校长尼古拉斯·M.巴特勒的报告；霍克海默提交给库尔特·格拉赫纪念基金董事会的报告，等等）

美因河畔法兰克福大学校长办公室所藏社会研究所档案文件

（参看我在致谢中的说明）

Kuratoriumsakten 3/30−17: Institut für Sozialforschung. (See also the list of individual documents in Ulrike Migdal, *Die Frühgeschichte des Frankfurter Instituts für Sozialforschung*, Frankfurt am Main: Campus, 1981, pp. 130−3.)

美因河畔法兰克福城市档案馆（Stadtarchiv）所藏社会研究所文件

In the Magistratsakten, *1. Ablieferung*:
S 1694 Gründung des Vereins/Instituts [Founding of the Institute], 1922−6.
U 1178 Erwerb eines Grundstücks [Land purchase], 1922−6.

In the Magistratsakten, *2. Ablieferung*:
6603/10 Institut für Sozialforschung 1933 ff.
6610 Bd. 1 Lehrkräfte der Universität/Rektoratsübergabe (Horkheimer) [University teaching

staff/Appointment of rector (Horkheimer)], 1951−2.

In the files of Dept 3 of the City Archives:

Kulturamt 498 B175: Daten des Instituts für Sozialforschung (1922 ff.).

Stadtkämmerei 251 Wiederaufbaudarlehen [Reconstruction Loan], 1949−61.

Stiftungsabteilung 73 McCloy-Spende [McCloy Grant], 1950 ff.

美因河畔法兰克福大学前哲学系所藏档案文件

Theodor Adorno file, 1924−68.

Habilitation file for Walter Benjamin (published in Burkhardt Lindner, 'Habilitationsakte Benjamin', *Lili. Zeitschrift für Literaturwissenschaft und Linguistik*, 53/54 [1984]).

Max Horkheimer file, 1922−65.

重要通信及具重要性的私人信件

Max Horkheimer to Theodor W. Adorno, 1927−69 (MHA: VI 1-VI 5).

Max Horkheimer to Walter Benjamin, 1934−40 (MHA: VI 5. 152−366, VI 5a).

Max Horkheimer to Juliette Favez, 1934−40 (MHA: VI 7-VI 8).

Max Horkheimer to Erich Fromm, 1934−46 (MHA: VI 8-VI 9).

Max Horkheimer to Henryk Grossmann, 1934−43 (MHA: VI 9. 220−409).

Max Horkheimer to Rose Riekher, later Maidon Horkheimer, 1915−67 (MHA: XVIII 1-XVIII 3).

Max Horkheimer to Marie Jahoda, 1935−49 (MHA: VI 11.216−86).

Max Horkheimer to Otto Kirchheimer, 1937−47 (MHA: VI 11).

Max Horkheimer to Paul F. Lazarsfeld, 1935−71 (MHA: I 16, II 10, V 111).

Max Horkheimer to Leo Lowenthal, 1933−55 (MHA: VI 11-VI 25).

Max Horkheimer to Herbert Marcuse, 1935−73 (MHA: VI 27. 377−402, VI 27a. 1−293, VI 118).

Max Horkheimer to Franz Neumann, 1934−54 (MHA: V 128. 230−68, VI 30).

Max Horkheimer to Friedrich Pollock, 1911−57 (MHA: VI 30-VI 38a).

Max Horkheimer to Felix Weil, 1934−49 (MHA: I 26. 148−313, II 15. 1−200).

Max Horkheimer to Ministerium für Wissenschaft, Kunst und Volksbildung, Geneva, 21 April 1933 (MHA: I 6. 41−2).

Max Horkheimer to Paul Tillich, Pacific Palisades, 12 August 1942 (MHA: IX 15. 3).

Theodor W. Adorno to Siegfried Kracauer, 1925—65 (Deutsches Literaturarchiy, Marbach am Neckar).

Theodor W. Adorno to Academic Assistance Council, 1933 — 8. Bodleian Library, Oxford (filed under: 'Philosophy *Wiesengrund* ' as part of the Papers of the Academic Assistance Council, now the Society for the Protection of Science and Learning, London).

Theodor W. Adorno to Paul F. Lazarsfeld (the letters referred to are filed as part of the Horkheimer-Adorno correspondence).

Theodor W. Adorno to Mr David, New York, 3 July 1941 (MHA: VI 1b. 81 ff.).

社会研究所研究报告

Srudies in Anti-Semitism: A Report on the Cooperative Project for the Study of Anti-Semitism for the Year ending March 15 , 1944. Hectographed research report. August 1944 (MHA: 121a).

Anti-Semitism among Labor: Report on a Research Project Conducted by the Institute of Social Research (Columbia University) in 1944 —1945. Hectographed research report. 4 vols (MHA).

Die Wirksamkeit ausländischer Rundfunksendungen in Westdeutschland. Hectographed research report. 1952. (This and the following research reports from the newly founded Institute are in the Library of the Institute of Social Research.)

Umfrage unter Frankfurter Studenten im WS 1951/52. Hectographed research report. 1952.

Gruppenexperimenteüber Integrationsphänomene in Zwangssituationen. Hectographed research report. 1953.

Universität und Gesellschaft I-Studentenbefragung. Hectographed research report. 1953.

'Universität und Gesellschaft II- Professorenbefragung ' . In *Probleme der deutschen Universität*. Ed. Hans Anger. Tübingen: Mohr, 1960.

Universität und Gesellschaft III-Expertenbefragung. Hectographed research report. 1953. Abstract in Ulrich Gembardt, 'Akademische Ausbildung und Beruf', *Kölner Zeitschrift für Soziologie und Sozialpszchologie*, 11:2 (1959).

Image de la France. Un sondage de l'opinion publique allemande. Hectographed research report. 3 vols. 1954.

Die subjektiven und objektiven Abkehrgründe bei sieben Zechen des westdeutschen Steinkohlenbergbaus. Hectographed research report. 1955.

Zum politischen Bewusstsein ehemaliger Kriegsgefangener. Hectographed research report. 1957.

Aufnahme der ersten Belegschaftsaktien der Mannesmann AG. Hectographed research report. 1957.

Mechanisierungsgrad und Entlohnungsform. Hectographed research report. 1958.

Entwicklung eines Interessenverbandes. Research report, typescript. 1959. (Published as a Frankfurt philosophy dissertation by Manfred Teschner, 1961.)

Grenzen des Lohnanreizes. Hectographed research report. 2 vols. 1962.

Zum verhältnis von Aufstiegshoffnung und Bildungsinteresse. Hectographed research report. 1962. (Published as vol. 4 of the 'Schriftenreihe des Landesverbandes der Volkshochschulen von Nordrhein-Westfalen', 1965)

Totalitäre Tendenzen in der deutschen Presse. Hectographed research report. 1966.

Nichtwähler in Frankfurt am Main. In E. Mayer, 'Die Wahl zur Stadtverordnetenversammlung am 25. Oktobr 1964 in Frankfurt am Main. Wähler und Nichtwähler', *Statistische Monatsberichte* (Frankfurt am Main), 28 (1966), Sonderheft 19.

Angestellte und Streik. Eine soziologische Untersuchung der Einstellungen organisierter Angestellter zum Dunlop-Streik. Hectographed research report. 1968.

Kritische Analyse von Schulbüchern. Zur Darstellung der Probleme der Entwicklungsländer und ihrer Positionen in internationalen Beziehungen. Hectographed research report. 1970.

被提及或多次使用过的其他档案材料

T. W. Adorno. Critique of *Die totalitäre Propaganda Deutschlands und Italiens*, pp. 1—10 by Siegfried Kracauer (MHA: VI 1. 317—20).

T. W. Adorno. *Zur Philosophie der neuen Musik*. New York, 1941. 93 pp. (Theodor W. Adorno Archive: Ts 1301 ff.).

T. W. Adorno. *Notes by Dr Adorno on Mrs Frenkel-Brunswik's Article on the Antisemitic Personality*. August 1944. Enclosure with letter from Adorno to Horkheimer, 25 August 1944 (MHA: VI 1b. 213 ff.).

T. W. Adorno. *What National Socialism Has Done to the Arts*. 1945. 22 pp. (Part of the Institute's lecture series of '*The Aftermath of National Socialism*'.) (MHA: XIII 33).

T. W. Adorno. *Remarks on 'The Authoritarian Personality' by Adorno, Frenkel-Brunswik, Levinson, Sanford*. 1948. 30 pp. (MHA: VI 1d. 71—100).

American Jewish Committee. *Progress Report of the Scientific Department*. 22 June 1945. 27

pp. (MHA: IX 66).

Approach and *Techniques of the Berkeley Group*. 1943 (MHA: VI 34. 37−43).

Draft Letter to President Hutchins. (Probably October or November 1940.) (MHA: VI 1a. 2).

M. Horkeimer and F. Pollock . *Materialien zur Neuformulierung von Grundsätzen*. New York, August 1935. 6 pp. (MHA: XXIV 97).

M. Horkeimer and (?) T. W. Adorno. *Memorandum über Teile des Los Angeles Arbeitsprogramms, die von den Philosophen nicht durchgeführt werden können*. 1942 (MHA: VI 32. 1 ff.).

P. F. Lazarsfeld. *Princeton Radio Research Project: Draft of Program*. (Apparently 1938.) (MHA: I 16. 153−66).

H. Marcuse. *Paper of February 1947* (MHA: VI 27a. 245−67).

Minutes of Adorno's Seminar on Walter Benjamin's 'Ursprung des deutschen Trauerspiels '. Summer semester 1932. (Courtesy of Kurt Mautz.)

F. Pollock. *Rapport Annuel sur le Bilan et le Compte de Recettes et Dépenses de 1937, présenté á la 6 éme Assemblée Générale Ordinaire du 9 avril 1938*. 32 pp. (MHA: IX 277. 7).

F. Pollock. *Memorandum for P. T. on Certain Questions regarding the Institute of Social Research*. 1943 (MHA: IX 258).

F. Pollock. *Prejudice and the Social Classes*. 1945. 33 pp. (MHA: IX 36a. 1).

Sample (for a letter to donors). June 1951 (MHA: IX 75).

F. Weil. *Zur Entstehung des Instituts für Sozialforschung*. (Based on a lecture given by Felix Weil on 14 May 1973 in Frankfurt am Main, put at my disposal during a seminar of the Catholic Students' Association, Frankfurt am Main, by Wolfgang Kraushaar.)

Studentenakte Felix José Weil (Archives of Tübingen University, 258/20281 a). (For information on this file, I am grateful to Helmuth R. Eisenbach.)

Ⅱ 研究所出版物，研究所最重要的合作者的出版作品，法兰克福学派的主要代表人物的出版物

社会研究所出版物

"Schriften des Instituts für Sozislforschung" 丛书

1 Henryk Grossmann. *Das Akkumulations-und Zusammenbruchsgesetz des kapitalistischen Systems*. Leipzig: Hirschfeld, 1929.

2 Friedrich Pollock. *Die planwirtschaftlichen Versuche in der Sowjetunion* 1917–1927. Leipzig: Hirschfeld, 1929.

3 Karl August Wittfogel. *Wirtschaft und Gesellschaft Chinas. Versuch der wissenschaftlichen Analyse einer grossen asiatischen Agrargesellschaft. Vol.* 1: *Produktivkräfte, Produktions- und Zirkulationsprozess*. Leipzig: Hirschfeld, 1931.

4 Franz Borkenau. *Der Übergang vom feudalen zum bürgerlichen Weltbild. Studien zur Geschichte der Philosophie der Manufakturperiode*. Paris: Alcan, 1934.

5 *Studien über Autorität und Familie. Forschungsberichte aus dem Institut für Sozialforschung*. Paris: Alcan, 1936.

Zeitschrift für Sozialforschung. Leipzig: Hirschfeld, 1932. Paris: Alcan, 1933 – 5. New York: Alcan, 1936 – 9.

Studies in Philosophy and Social Science. New York: Institute of Social Research, 1940–1.

"Publications of the International Institute of Social Research, Morningside Heights, New York City" 丛书

Georg Rusche and Otto Kirchheimer. *Punishment and Social Structure*. New York: Columbia University Press, 1939.

Mirra Komarovsky. *The Unemployed Man and his Family: the Effect of Unemployment upon the Status of the Man in Fifty-Nine Families*. Introduction by Paul F. Lazarsfeld. New York: Dryden Press, 1940.

Mimeographed volumes published by the Institute of Social Research.

Max Horkheimer and Theodor W. Adorno. *Walter Benjamin zum Gedächtnis*. New York, 1942.

Max Horkheimer and Theodor W. Adorno. *Philosophische Fragmente*. New York, 1944.

社会研究所主持出版的出版物

Felix José Weil. *Argentine Riddle*. New York: Day, 1944.

Olga Lang. *Chinese Family and Society*. New Haven: Yale University Press, 1946.

"Frankfurter Beiträge zur Soziologie" 丛书

1 *Sociologica I. Aufsätze, Max Horkheimer zum sechzigsten Geburtstaggewidmet*. Frankfurt am Main: Europäische Verlags-Anstalt, 1955. 2nd edn, 1974 (Basis Studienausgabe).

2 *Gruppenexperiment. Ein Studienbericht*, ed. Friedrich Pollock, introd. Franz Böhm. Frankfurt: Europäische Verlags-Anstalt, 1955. 2nd edn, 1963

3 *Betriebsklima. Eine industriesoziologische Untersuchung aus dem Ruhrgebiet*, ed. Ludwig von Friedeburg. Frankfurt: Europäische Verlags-Anstalt, 1955.

4 *Soziologische Exkurse. Nach Vorträgen und Diskussionen*. Frankfurt: Europäische Verlags-Anstalt, 1956. (Cited from 5th edn, 1972 [Basis Studienausgabe] .)

5 Friedrich Pollock. *Automation. Mateerialien zur Beurteilung der ökonomischen und sozialen Folgen*. Frankfurt: Europäische Verlags-Anstalt, 1956. 7th edn, 1966.

6 *Freud in der Gegenwart. Materialien zru Beruteilung der Universitäten Frankfurt und Heidelberg zum hundertsten Geburtstag*. Frankfurt: Europäische Verlags-Anstalt, 1957.

7 Georges Friedmann. *Grenzen der Arbeitsteilung*, trans. Burkart Lutz. Frankfurt: Europäische Verlags-Anstalt, 1959. [French original: *Le Travail en Miettes*.]

8 Paul W. Massing. *Vorgeschichte des politischen Antisemitismus*, ed. and trans. Felix J. Weil. Frankfurt: Europäische Verlags-Anstalt, 1959. [German translation of *Rehearsal for Destruction: A Study of Political Anti-Semitism in Imperial* Germany (New York: Harper, 1949).]

9 Werner Mangold. *Gegenstand und Methode des Gruppendiskussionsverfahrens*. Frankfurt: Europäische Verlags-Anstalt, 1960.

10 Max Horkheimer and Theodor W. Adorno. *Sciologica II. Reden und Vorträge. Frankfurt*: Frankfurt: Europäische Verlags-Anstalt, 1962. 3rd edn, 1973 (Basis Studienausgabe).

11 Alfred Schmidt. *Der Begriff der Natur in der Lehre von Marx*. Frankfurt: Europäische Verlags-Anstalt, 1962. (Cited from 3rd rev. edn, 1971 [Basis Studienausgabe] .)

12 Peter von Haselberg. *Funktionalismus und Irrationalität. Studien über Thorstein Veblens 'Theory of the Leisure Class '*. Frankfurt: Europäische Verlags-Anstalt, 1962.

13 Ludwig von Friedeburg. *Soziologie des Betridbsklimas. Studien zur Deutung empirischer Untersuchungen in industriellen Grossbetridben*. Frankfurt: Europäische Verlags-Anstalt, 1963. (Cited from 2nd edn, 1966.)

14 Oskar Negt. *Strukturbeziehungen zwischen den Gesellschaftslehren Comtes und Hegels.* Frankfurt: Europäische Verlags-Anstalt, 1964. 2nd edn, 1974.

15 Helge Pross. *Manger und Aktionäre in Deutschland. Untersuchungern zum Verhältnis von Eigentum und Verfügungsmacht.* Frankfurt: Europäische Verlags-Anstalt, 1965.

16 Rolf Tiedemann. *Studien zur Philosophie Walter Benjamins*, introd. Theodor W. Adorno. Frankfurt: Europäische Verlags-Anstalt, 1965.

17 Heribert Adam. *Studentenschaft und Hochschule. Möglichkeiten und Grenzen studentischer Politik.* Frankfurt: Europäische Verlags-Anstalt, 1965.

18 Adalbert Rang. *Der politische Pestalozzi.* Frankfurt: Europäische Verlags-Anstalt, 1967.

19 Regina Schmidt and Egon Becker. *Reaktionen auf politische Vorgange. Drei Meinungsstudien aus der Bundesrepublik.* Frankfurt: Europäische Verlags-Anstalt, 1967.

20 Joachim E. Bergmann. *Die Theorie des sozialen Systems von Talcott Parsons. Eine kritische Analyse.* Frankfurt: Europäische Verlags-Anstalt, 1967.

21 Manfred Teschner. *Politik und Gesellschaft im Unterricht. Eine soziologische Analyse der politischen Bildung an hessischen Gymnasien.* Frankfurt: Europäische Verlags-Anstalt, 1968.

22 Michaela von Freyhold. *Autoritarismus und politische Apathie. Analyse einer Skala zur Ermittlung autoritätsgebundener Verhaltensweisen.* Frankfurt: Europäische Verlags-Anstalt, 1971.

'Frankfurter Beiträge zur Soziologie' 特辑

1 Ludwig von Friedeburg and Friedrich Weltz. *Altersbild und Altersvorsorge der Arbeiter und Angestellten.* Frankfurt: Europäische Verlags-Anstalt, 1958.

2 Manfred Teschner. *Zum Berhältnis von Betriebsklima und Arbeitsorganisation. Eine betriebssoziologische Studie.* Frankfurt: Europäische Verlags-Anstalt, 1961.

3 Peter Schönbach. *Reaktionen auf die antisemitische Welle im Winter 1959/60.* Frankfurt: Europäische Verlags-Anstalt, 1961.

研究所其他出版物

Max Horkheimer (ed.). Zeugnisse. *Theodor W. Adorno zum 60. Geburtstag.* Frankfurt: Europäische Verlags-Anstalt, 1963.

社会研究所发起或进行的研究成果出版物

Max Horkheimer and Samuel H. Flowerman (general eds). *Studies in Prejudice.* New York: Harper, 1949—50.

T. W. Adorno, Else Frenkel-Brunswik, Daniel J. Levinson, R. Nevitt Sanford. *The Authoritarian Personality*. *New York: Harper*, 1950.

Bruno Bettelheim and Morris Janowitz. *Dynamics of Prejudice: A Psychological and Sociological Study of Veterans*. New York: Harper, 1950.

Nathan W. Acherman and Marie Jahoda. *Anti-Semitism and Emotional Disorder: A Psychoanalytic Interpretation*. New York: Harper, 1950.

Paul W. Massing. *Rehearsal for Destruction: A Study of Political Anti-Semitism in Imperial Germany*. New York: Harper, 1949. (The German translation, *Vorgeschichte des politischen Antisemitismus*, appeared as vol. 8 of the 'Trankfurter Beiträge aur Soziologie' series.)

Leo Lowenthal and Norbert Gutermann. *Prophets of Deceit: A Study of the Techniques of the American Agitator*. New York: Harper, 1949.

Jürgen Habermas, Ludwig von Friedeburg, Christoph Oehler and Friedrich Weltz. *Student und Politik. Eine soziologische Untersuchung zum politischen Bewusstsein Frankfurter Studenten*. Neuwied: Luchterhand, 1961.

西奥多·W. 阿多诺

相关文献

Schultz, Klaus. 'Vorläufige Biblioguaphie der Schrifern Th. W. Adornos'. In H. Schweppenhäuser (ed.), *Theodor W. Adorno zum Gedächtnis. Eine Sammlung*, Frankfurt am Main: Suhrkamp, 1971, pp. 177−239.

Pettazzi, Carlo. 'Kommentierte Bibliographie zu Th. W. Adorno'. In H. L. Arnold (ed.), *Theodor W. Adorno, Text + Kritik*, special issue, Munich: Edition Text und Kritik, 1977, pp. 176−91.

Lang, Peter Christian. 'Kommentierte Auswahlbibliographie 1969−1979'. In Burkhardt Lindner and W. Martin Lüdke (eds), *Materialien zur ästhetischen Theorie Th. W. Adornos. Konstruktion der Moderne*, Frankfurt am Main: Suhrkamp, 1980, pp. 509−56.

Goertzen, Ren é. 'Theodor W. Adorno. Vorläufige Bibliographie seiner Schriften und der Sekundärliteratur'. In Ludwig von Fredeburg and Jürgen Habermas (eds), *Adorno-Konferenz 1983*, Frankfurt am Main: Suhrkamp, 1983, pp. 404−71.

论著（专著）

1933 *Kierkegaard. Konstruktion des Ästhetischen*. Beiträge zu Philosophie und ihrer Geschichte, 2. Tübingen: Mohr. (Cited from the 1974 edn, Suhrkamp Taschenbuch Wissenschaft, 74 (Frankfurt am Main: Suhrkamp, 1962, repr. 1974).)

1947 (with Max Horkeimer) *Dialektik der Aufklärung. Philosophische Fragmente*. Amsterdam: Querido.

1949 *Philosophie der neuen Musik*. Tübingen: Mohr. (Ctied from the 1958 edn, Frankfurt am Main: Europäische Verlags-Anstalt.)

1950 (with Else Frenkel-Brunswik, Daniel J. Levinson and R. Nevitt Sanford) *The Authoritarian Personality*. New York: Harper.

1951 *Minima Moralia. Reflexionen aus dem beschädigten Leben*. Berlin: Suhrkamp.

1952 *Versuch über Wagner*. Berlin: Suhrkamp. (Cited from the 1964 den, Munich: Droemersche Verlagsanstalt Knaur.)

1955 *Prismen. Kulturitik und Gesellschaft*. Berlin: Suhrkamp.

1956 *Dissonanzen. Musik in der verwalteten Welt*. Kleine Vandenhoeck-Reihe, 28/29a. Göttingen: Vandenhoeck and Ruprecht.

1956 *Zur Metakritik der Erkenntnistheorie. Studien über Husserl und die phänomenologischen Antinomien*. Stuttgart: Kohlhammer.

1957 *Noten zur Literatur I*. Bibliothek Suhrkamp, 47. Berlin: Suhrkamp.

1959 *Musikalische Schriften I. Klangfiguren*. Berlin: Suhrkamp.

1960 *Mahler. Eine musikalische Phzsiognomik*. Frankfurt am Main: Suhrkamp.

1961 *Noten zur Literatur II*. Bibliothek Suhrkamp, 71. Frankfurt am Main: Suhrkamp.

1962 *Einleitung in die Musiksoziologie. Zwölf theoretische Vorlesungen*. Frankfurt am Main: Suhrkamp.

1962 (with Max Horkheimer) Sociologica II. *Reden und Vorträge*. Frankfurter Beiträge zur Soziologie, 10. Frankfurt am Main: Europäische Verlags-Anstalt.

1963 *Drei Studien zu Hegel*. Frankfurt am Main: Suhrkamp.

1963 *Eingriffe. Neun kritische Modelle*. Edition Suhrkamp, 10. Frankfurt am Main: Suhrkamp.

1963 *Der getreue Korrepetitor. Lehrschriften zur musikalischen Praxis*. Frankfurt am Main: Suhrkamp.

1963 *Musikalische Schriften II. Quasi una fantasia*. Frankfurt am Main: Suhrkamp.

1964 *Jargon der Eigentlichkeit. Zur deutschen Ideologie*. Edition Suhrkamp, 91. Frankfurt am Main: Suhrkamp.

1965 *Noten zur Literatur III*. Biliothek Suhrkamp, 146. Frankfurt am Main: Suhrkamp.

1966 *Negative Dialektik*. Frankfurt am Main: Suhrkamp.

1967 *Ohne Leitbild. Parva Aesthetica*. Edition Suhrkamp, 201. Frankfurt am Main: Suhrkamp.

1968 *Impromptus. Zweite Folge neu gedruckter musikalischer Aufsätze*. Edtion Suhrkamp, 267. Frankfurt am Main: Suhrkamp.

1968 *Berg. Der Meister des kleinsten Übergangs*. Österreichische Komponisten des 20. Jahrhunderts, 15. Vienna: Lafite: Österreichischer Bundesverlag.

1969 *Sitichworte. Kritische Modelle 2*. Edition Suhrkamp, 347. Frankfurt am Main: Suhrkamp.

1969 (with Hans Albert, Ralf Dahrendorf, Jürgen Habermas, Harald Pilot and Karl R. Popper) *Der Positivismusstreit in der deutschen Soziologie*. Neuwied: Luchterhand.

1970 *Ästhetische Theorie*, ed. Gretel Adorno and Rolf Tiedemann. Frankfurt am Main: Suhrkamp.

1970 *Aufsätze zur Gesellschaftstheorie und Methodologie*. Frankfurt am Main: Suhrkamp.

1970 *Erziehung zur Mündigkeit. Vorträge und Gespräche mita Hellmut Becker 1959 –1969*, ed. Gerd Kadelbach. Suhrkamp-Taschenbuch, 11. Frankfurt am Main: Suhrkamp.

1970 *Vorlesungen zur Ästhetik. Gehalten in Frankfurt. Oktober-Dezember 1967*, ed. V. C. Subik. Vienna: Gruppe Hundsblume.

1970 *Über Walter Benjamin*, ed. R. Tiedemann. Bibliothek Suhrkamp, 260. Frankfurt am Main: Suhrkamp.

1971 *Kritik. Kleine Schriften zur Gesellschaft*, ed. R. Tiedemann. Edition Suhrkamp, 469. Frankfurt am Main: Suhrkamp.

1972 *Vorlesung zur Einleitung in die Erkenntnistheorie*. Frankfurt am Main: Junius-Drucke. (Transcript of recordings made during a lecture course held in the winter semester of 1957 – 8 at the University of Frankfurt.)

1973 *Vorlesung zur Einleitung in die Soziologie*. Frankfurt am Main: Junius-Durcke. (Transcript of recordings made during a lecture course held in the summer semester of 1968 at the University of Frankfurt.)

1973 *Philosophische Terminologie*, vol. 1: Zur Einleitung, ed. Rudolf zur Lippe. Frankfurt am Main: Suhrkamp. (Transcript of recordings made during a lecture course held in the summer semester of 1962 at the University of Frankfurt.)

1973 *Studien zum autoritären Charakter*, trans. Milli Weinbrenner. Frankfurt am Main: Suhrkamp. (A German translation of *The Authoritarian Personality* consisting of the introductory chapter and, almost complete, the chapters written or co-written by Adorno, together with 'Die psychologische Technik in Martin Luther Thomas's Rundfunkreden'.)

1974 *Philosophische Terminologie* , vol. 2, ed. Rudolf zur Lippe. Frankfurt am Main: Suhrkamp. (Transcript of recordings made during a lecture course held in the summer semester of 1962－3 at the University of Frankfurt.)

1974 *Noten zur Literatur IV*. Biliothek Suhrkamp. 395. Frankfurt am Main: Suhrkamp.

ZfS 和 *SPSS* 中的论文

'Zur gesellschaftlichen Lage der Musik'. ZfS, 1 (1932), 103－24; ZfS, 1, no. 3 (1932), 356－78.

'Über Jazz'. [Pseud. : Hektor Rottweiler.] ZfS, 5, no. 2 (1936), 235－59.

'Über den Fetischcharakter in der Musik und die Regression des Hörens'. ZfS, 7, no. 3 (1938), 321－56.

'Fragmente über Wagner'. ZfS, 8, no. 1/2 (1939), 1－49.

'On Kierkegaard's Doctrine of Love'. SPSS, 8 (1939－40), 413－29.

'On Popular Music'. (With the assistance of George Simpson.) SPSS, 9, no. 1 (1941), 17－48.

'spengler Today'. SPSS, 9, no. 2 (1941), 305－25.

'Veblen's Attack on Culture'. SPSS, 9, no. 3 (1941), 389－413.

文集和以前未出版材料的版本

(a) *Gesammelte Schriften*, ed. Rolf Tiedemann. 20 vols. Frankfurt an Main: Suhrkamp, 1970－86. (Contains everything published by Adorno himself, and completed works that remained unpublished at the time of his death.)

1 *Philosophische Frühschriften*. 1973.

2 *Kierkegaard*. 1979.

3 *Dialektik der Aufklärung*. 1981.

4 *Minima Moralia*. 1980.

5 *Zur Metakritik der Erkenntnistheorie; Drei Studient zu Hegel*. 1970.

6 *Negative Dialektik; Jargon der Eigentlichkeit*. 1973.

7 *Ästhetische Theorie*. 1970.

8 *Soziologische Schriften I*. 1972.

9 *Soziologische Schriften II. Erste Hälftle*. 1975.

10 *Soziologische Schriften II. Zweite Hälfte*. 1975.

   10. 1 *Kulturkritik und Gesellschaft I : Prismen; Ohen Leitbild*. 1977.

   10. 2 *Kulturkritik und Gesellschaft II : Eingriffe; Neun kritische Modelle;*

Stichworte; Kritische Modelle 2; Kritische Modelle 3. 1977.

11 *Noten zur Literatur.* 1974.

12 *Philosophie der neuen Musik.* 1975.

13 *Die musikalischen Monographien; Versuch über Wagner; Mahler; Berg.* 1971.

14 *Disonanzen; Einleitung in die Musiksoziologie.* 1973.

15 *Komposition für den Film; Der getreue Korrepetitor.* 1976.

16 *Musikalische Schriften I-III; Klangfiguren. Musikalische Schriften I; Quasiuna fanta-*
sia. Musikalische Schriften II; Musikalische Schriften III. 1978.

17 *Musikalische Schriften IV. Moments musicaux; Impromptus.* 1982.

18 *Musikalische Schriften V.* 1984.

19 *Musikalische Schriften VI.* 1984.

20 *Vermischte Schriften.* 1986.

(b) Publications of the Theodor W. Adorno Archive

The Adorno Archive plans to publish, in some twenty volumes, the fragments, lectures, philo-sophical diaries and letters that form Adorno's unpublished posthumous papers.

讨论打印稿

Horkheimer, Max. *Gesammelte Schriften*, vol. 12。 *Nachgelassene Schriften 1973 −1949*, ed. Gunzelin Schmid Noerr. Frankfurt am Main: Fischer, 1985, pp. 349−605. (Transcripts of discussions, mostly between Horkheimer and Adorno.)

Eturas fehlt... Über die Widersprüche der utopischen, Schnsucht. Ein Gerspräche mit Theodor W. Adorno, 1964 In: Rainer Traub/Harald Wieser (eds.), Gerspräche mit Ernst Bloch. Frankfurt an Main: Suhrkamp, 1975.

Adorno, Theodor W. and Gehlen, Arnold. 'Ist die Soyiologie eine Wissenschaft vom Men-schen? Ein Streitgespräch (1965)'. In Friedemann Grenz, *Adornos Philosophie in Grundbe-griffen: Aufläsung einiger Deutungsprobleme.* Frankfurt am Main: Suhrkamp, 1974.

通信

'Offener Brief an Max Horkheimer'. In *Die Zeit*, 12 February 1965, p. 32. Benjamin, Walter. *Briefe*, ed. Gershom Scholem and Theodor W. Adorno. 2 vols. Frankfurt am Main: Suhrkamp, 1966.

Adorno, Theodor W. et al. *Über Walter Benjamin*, ed. Rolf Tiedemann. Frankfurt am Main: Suhrkamp, 1968, pp. 103−60: 'Aus Briefen Adornos an Benjamin'.

Adorno, Theodor W. and Krenek, Ernst. *Briefwechsel*, ed. Wolfgang Rogge. Frankfurt am Main: Suhrkamp, 1974.

Löwenthal, Leo. *Mitmachen wollte ich nie. Ein autobiographisches Gespräch mit Helmut Dubiel.* Frankfurt am Main: Suhrkamp, 1980. (The appendix contains three letters from Adorno.)

Löwenthal, Leo. *Schriften* 4, ed. Helmut Dubiel. Frankfurt am Main: Suhrkamp, 1984, pp. 183-81: 'Briefwechsel Leo Lowenthal-Theodor W. Adorno'.

Bloch, Ernst. *Briefe* 1903-1975, ed. Karola Bloch et al. 2 vols. Frankfurt am Main: Suhrkamp, 1985, pp. 407-56. (Letters from Bloch to Adorno, 1928-68.)

Der Schatz des Indianer Joe. Singspiel nach Mark Twain, ed. R. Tiedemann. Frankfurt am Main: Suhrkamp, 1979.

作曲作品

Kompositionen, ed. Heinz-Klaus Metzger and Rainer Riehm. Munich: Edition Text und Kritik, 1980.

1 *Lieder für Singstimme und Klavier*.

2 *Kammermusik, Chöre, Orchestrales*.

以英文出版的作品

Aesthetic Theory, trans. C. Lenhardt, ed. Gretel Adorno and Rolf Tiedemann. International Library of Phenomenology and Moral Sciences. London: Routledge & Kegan Paul, 1984.

Against Epistemology: A Metacritique-Studies in Husserl and the Phenomenological Antinomies, trans. Willis Domingo. Oxford: Blackwell, 1982.

'Alienated Masterpiece: *Missa Solemnis*'. *Telos*, 28 (1976).

(with Leo Lowenthal and Paul W. Massing) 'Anti-Semitism and Fascist Propaganda'. In Ernst Simmel (ed.), *Anti-Semitism: A Social Disease*. New York: International Universities Press, 1946.

(with Else Frenkel-Brunswik, Daniel J. Levinson and R. Nevitt Sanford) *The Authoritarian Personality*. New York: Harper, 1950; repr. New York: Norton, 1969; abridged edn, New York: Norton, 1982.

'Commitment'. *New Left Review*, 87/88 (December 1974), 75-89. Trans. Francis McDonagh, in Andrew Arato and Eike Gebhardt (eds), *The Essential Frankfurt School Reader*, Oxford: Blackwell, 1978, pp. 300-18.

(with Hanns Eisler) *Composing for the Films*. New York: Oxford University Press, 1947.

'Contemporary German Sociology'. *Transactions of the Fourth World Congress of Sociology/Actes du quatrieme congres mondial du sociologie*, Milan and Stresa, *8–15 Sept.*, *1959*. *General Theme: Society and Sociological Knowedge*, vol. 1. London: International Sociological Association, 1959, pp. 33–56.

'Cultural Criticism and Society', trans. Samuel Weber and Shierry Weber. In Paul Connerton (ed.), *Critical Sociology: Selected Readings*. Harmondsworth: Penguin, 1976, pp. 19–34. (From Prisms.)

'Culture and administration'. *Telos*, 37 (Fall 1978), 97.

'Culture Industry Reconsidered', trans. Anson G. Rabinbach. *New German Critique*, 6 (1975), 12–19.

(with Max Horkhermer) *Dialectic of Enlightenment*, trans. John Cumming. London: Verso, 1979.

'The Essay as Form', trans. Bob Hullot-Kentor and Frederic Will. *New German Critique*, 32 (1984), 151–71.

'On the Fetish Character in Music and the Regression in Listening'. In Andrew Atato and Eike Gebhatdt (eds), *The Essential Frankfurt School Reader*, Oxford: Blackwell, 1978, pp. 270–99.

'Freudian Theory and the Pattern of Fascist Propaganda'. *Psychoanalysis and the Social Sciences*, 3 (1951), 408–33. In Andrew Arato and Eike Gebhardt (eds), *The Essential Frankfurt School Reader*, Oxford: Blackwell, 1978, pp. 118–37.

'How to Look at Television'. *Quarterly of Film, Radio, and Television*, 3 (1954), 213–35. Repr. as' Television and the Patterns of *Mass Culture*', in Bernard Rosenberg and David White (eds), Mass Culture, Glencoe, Ill.: Free press, pp. 474–88.

'Husserl and the Problem of Idealism'. *Journal of Philosophy*, 37 (1940), 5–18. *Introduction to the Sociology of Music*, trans. E. B. Ashton. New York: Seabury Press, 1976.

'Is Marx Obsolete?' *Diogenes*, 64 (Winter 1968), 1–16.

The Jargon of Authenticity, trans. Knut Tarnowski and Frederic Will. London: Routledge &. Kegan Paul, 1973.

'Letters to Walter Benjamin'. *New Left Review*, 81 (September-October 1973).

'Lyric Poetry and Society'. *Telos*, 20 (Summer 1974), 56–71.

Minima Moralia: Reflections from Damaged Life, trans. E. F. N. Jephcott. London: New Left Books, 1974.

Negative Dialectics, trans. E. B. Ashton. London: Routledge &. Kegan Paul, 1973.

Notes to literature, vol. 1, trans. Shierry Weber Nicholsen. New York: Columbia University

Press, 1991.

Philosophy of Modern Music, trans. Anne G. Mitchell and Wesley V. Bloomster. London: Sheed & Ward, 1973.

(with others) *The Positivist Dispute in German Sociology*, trans. Glyn Adley and David Frisby. London: Heinemann, 1976.

Prisms, trans. Samuel Weber and Shierry Weber. London: Spearman, 1967.

'The Psychological Techquie of Martin Luther Thomas' Radio Addresses'. *Gesammelte Schriften*, vol. 9, part 1. Frankfurt am Main: Suhrkamp, 1975.

'The Radio Symphony: an Experiment in Theory'. Radio Research 1941. New York: Harper, 1941, pp. 110−39. In *Gesammelte Schriften*, vol. 15, pp. 378−9.

'Scientific Experiences of a European Scholar in America', trans. Donald Fleming. *Perspectives in American History*, 2 (1968), 338−70. Repr. in Donald Fleming and Bernard Bailyn (eds), The *Intellectual Migration*, Cambridge, Mass: Belknap Press /Harvard University Press, 1969, pp. 338- 70.

In Search of Wagner, trans. Rodney Livingstone. London: New Left Books, 1981.

'A Social Critique of Radio Music'. *Kenyon Review*, 8 (1945), 208−17.

'Society'. *Salmagundi*, 11/12 (Fall-Winter, 1969−70), 144−53.

'Sociology and Empirical Research', trans. Graham Bartram. In Paul Connerton (ed.), *Critical Sociology: Selected Readings*, Harmondsworth: Penguin, 1976, pp. 237−57. (From Sociologica II.)

'Sociology and Psychology'. *New Left Review*, 46/47 (December 1967-January 1968), 79−90.

'The Sociology of Knowledge and its Consciousness', trans. Andrew Arato and Eike Gebhardt. In Andrew Arato and Eike Gebhardt (eds), *The Essential Frankfurt School Reader*, Oxford: Blackwell, 1978, pp. 452−65.

'The Stars Down to Earth: the Los Angeles Times Astrology Column-a Study in Secondary Superstition'. *Jahrbuch für Amerikastudien*, 2 (1957), 19−88. Repr. in Telos, 19 (Spring 1974), 13−90.

' "Static" and "Dynamic" as Sociological Categories'. *Diogenes*, 33 (Spring 1961), 28−49.

'Subject and Object', trans. Andrew Arato and Eike Gebhardt. In Andre Arato and Eike Gebhardt (eds), *The Essential Frankfurt School Reader*, Oxford: Blackwell, 1978, pp. 497−511.

'Theses against Occultism'. *Telos*, 19 (Spring 1974), 7−12.

'Theses on the Sociology of Art'. *Working Papers in Cultural Studies*, 2 (1972), 121−8.

'Theses upon Art and Religion Today'. *Kenyon Review*, 7 (1945), 677—82.

'Transparencies on Film', trans. Thomas Y. Levin. *New German Critique*, 24/25 (1981—2), 199—205.

'Wagner, Nietzsche and Hitler'. *Kenyon Review*, 9 (1947), 155—62.

'Why Philosophy?', trans. Margaret D. Senft-Howie. In Walter Leifer (ed.), *Man and Philosophy*. German Opinion on Problems of Today, 4. Munich: Hueber, 1964, pp. 11—24.

瓦尔特·本雅明

相关文献

Tiedemann, Rolf. 'Bibliographie der Erstdrucke von Benjamins Schriften'. In Siegfried Unseld (ed.), *Zur Aktualität Walter Benjamins*, Frankfurt am Main: Suhrkamp, 1972, pp. 227—97.

Lindner, Burkhardt. 'Kommentierte Bibliographie (1950—1970) und Benjamin Bibliographie 1971—1978'. Text + Kritik, 31/32 (1979), 107—20 (special issue on Walter Benjamin).

Brodersen, Momme. Walter Benjamin. *Bibliografia critica generale (1913—1983)*. Aesthetica, pre-print no. 6. Palermo, 1984.

Witte, Bernd. *Walter Benjamin*. Reinbek bei Hamburg: Rowohlt, 1985, pp. 147—54.

专著（本雅明生前发表的著作，以及身后发表的部分作品）

1920 *Der Begriff der Kunstkritik in der deutschen Romantik*. Neue Berner Abhandlungen zur Philosophie und ihrer Geschichte, 5. Berne: Scholem. (Cited from the 1973 paperback edition.)

1923 (translator) Charles Baudelaire, *Tableaux parisiens. Deutsche Übertragung mit einem Vorwort über die Aufgabe des Übersetzers von Walter Benjamin*. Drucke des Argonautenkreises, 5. Heidelberg: Weissbach.

1925 *Goethes Wahlverwandtschaften*. Munich, n. d. (Offprint from the first and second issues (April 1924 and January 1925) of series I (I. Folge) of the journal *Neue Deutsche Beiträge*.)

1928 *Ursprung des deutschen Trauerspiels*. Berlin: Rowohlt. (Cited from the 1963 edition published in Frankfurt am Main.)

1928 *Einbahnstrasse*. Berlin: Rowohlt.

1936 Detlef Holz (pseud.). *Deutsche Menschen. Eine Folge von Briefen*. Lucerne: Vita Nova.

1965 *Zur Kritik der Gewalt und andere Aufsätze. Mit einem Nachwort versehen von Herbert Marcuse*. Frankfurt am Main: Suhrkamp.

1966 *Versuche über Brecht*, ed. Rolf Tiedemann. Frankfurt am Main: Suhrkamp. (Cited from the 5th, enlarged edition of 1978.)

1970 *Berliner Chronik*, ed. Gershom Scholem. Frankfurt am Main: Suhrkamp.

1972 *Über Haschisch. Novellistisches, Materialien*, ed. Tillman Rexroth. Frankfurt am Main: Suhrkamp.

1974 *Charles Baudelaire. Ein Lyriker im Zeitalter des Hochkapitalismus. Zwei Fragmente*, ed. Rolf Tiedemann. Frankfurt am Main: Suhrkamp.

1980 *Moskauer Tagebuch*, ed. Gary Smith. Frankfurt am Main: Suhrkamp.

ZfS 中的文章

'Zum gegenwärtigen gesellschaftlichen Standort des französischen Schriftstellers'. *ZfS*, 3, no. 1 (1934), 54−78.

'Probleme der Sprachsoziologie'. *ZfS*, 4, no. 2 (1935), 248−68.

'L'Œuvre dart a lepoque de sa reproduction mecanisee. *ZfS*, 5, no. 1 (1936), 40−68.

'Eduard Fuchs, der Sammler und der Historiker'. *ZfS*, 6, no. 2 (1937), 346−81.

'Über einige Motive bei Baudelaire'. *ZfS*, 8, no. 1/2 (1939), 50−91.

文集

Schriften, ed. Theodor W. Adorno and Gretel Adorno. 2 vols. Frankfurt am Main: Suhrkamp, 1955

Illuminationen. Ausgewählte Schriften, ed. Siegfried Unseld. Frankfurt am Main: Suhrkamp, 1961.

Angelus Novus. Ausgewählte Schriften 2. Frankfurt am Main: Suhrkamp, 1966.

Gesammelte Schriften, ed. Rolf Tiedemann and Hermann Schweppenhäuser. Frankfurt am Main: Suhrkamp.

1 *Abhandlungen*. 3 vols. 1974.

2 *Aufsätze, Essays, Vorträge*. 3vols. 1972.

3 *Kritiken und Rezensionen*. 1972.

4 *Kleine Prosa, Baudelaire-Übertragungen*. 2vols. 1972.

5 *Das Passagen-Werk*. 2vols. 1982.

6 *Fragmente vermischten Inhalts, Autobiographische Schriften*. 1985.

7 *Nachträge*. 2vols. 1989.

通信

Briefe, ed. Gershom Scholem and Theodor W. Adorno. 2vols. Frankfurt am Main: Suhrka-
mp, 1966.

Walter Benjamin-Gershom Scholem, *Briefwechsel 1933—1940*, ed. Gershom Scholem. Frank-
furt am Main: Suhrkamp, 1980.

Bloch, Ernst. *Breife 1903—1975*, ed. Karola Bloch et al. 2vols. Frankfurt am Main: Suhrka-
mp, 1985, pp. 649—68. (Letters from Bloch to Benjamin, 1934—7.)

本雅明与研究所合作者的通信选本可见 *Passagen-Werk* (*Gesammelte Schriften*, vol. 5),
ed. Rolf Tiedemann, pp. 1081—1205 ('Zeugnisse zur Entstehungsgeschichte'), 以及 *Gesa-
mmelte Schriften* 第一卷中为本雅明在 *ZfS* 上发表的文章所配的学究气的参考文献。

以英文出版的著作

'The Author as Producer', trans. Edmund Jephcott. In Andrew Arato and Eike Gebhardt
(eds), *The Essential Frankfurt School Reader*, Oxford: Blackwell, 1978, pp. 254—69.

Charles Baudelaire: A Lyric Poet in the Era of High Capitalism, trans. Harry Zohn and
Quintin Hoare. London: New Left Books, 1973.

'Doctrine of the Similar', trans. Knut Tarkowski. *New German Critique*, 17 (1977), 65—9.

'Eduard Fuchs: Collector and Historian', trans. Knut Tarnowski, *New German Critique*, 5
(1975), 27—58. Trans. Andrew Arato and Eike Gebhardt, in Andrew Arato and Eike Geb-
hardt (eds), *The Essential Frankfurt School Reader*, Oxford: Blackwell, 1978, pp. 225—
53. Trans. Kingsley Shorter, in Benjamin, *One-Way Street*, *and Other Writings*, London:
New Left Books, 1979, pp. 349—86.

Illuminations, trans. Harry Zohn, ed. and introd. Hannah Arendt. New York: Harcourt,
Brace & World, 1968.

Moscow Diary, trans. Richard Sieburth, ed. Gary Smith. Cambridge, Mass: Harvard Uni-
versity Press, 1986.

One-Way Street, *and Other Writings*, trans. Edmund Jephcott and Kingsley Shorter. Lon-
don: New Left Books, 1979.

The Origin of German Tragic Drama, trans. John Osborne, introd. George Steiner. Lon-
don: New Left Books, 1977.

'Paris, Capital of the Nineteenth Century'. *Dissent*, 17, no. 5 (1970).

Reflections: Essays, *Aphorisms*, *Autobiographical Writings*, trans. Edmund Jephcott, ed.
Peter Demetz. New York: Schocken, 1986.

'The Storyteller and Artisan Cultures'. Trans. Harry Zohn, in Paul Connerton (ed.), *Critical Sociology: Selected Readings*. Hamondsworth: Penguin, 1976, pp. 277−300. (From *Illuminations*.)

'Theories of German Fascism', trans. Jerolf Wikoff. *New German Critique*, 17 (1977), 120−8.

Understanding Brecht, trans. Anna Bostock, introd. Stanldy Mitchell. London: New Left Books, 1973.

埃里希·弗洛姆

相关文献

Fromm, Erich. *Gesamtausgabe*, vol. 10. Stuttgart: Deutscher Verlags-Anstalt, 1981. (Contains a list of works, compiled by Rainer Funk.)

专著

1930 'Die Entwicklung des Christusdogmas. Eine pszchoanalztische Studie zur sozialpszchologischen Funktion der Religion'. *Imago* (Vienna), 16 (1930), 305−73. (Cited from the reprint in *Das Christusdogma und andere Essays*, trans. Carola Dietlmeier, Munich: Szczesny, 1965.)

1941 *Escape from Freedom*. New York: Farrar & Rinehart. [Published in Britain as *The Fear of Freedom*, London: Routledge & Kegan Paul, 1942.]

1947 *Man for Himself: An Inquiry into the Psychology of Ethics*. New York: Rinehart, 1947.

1950 *Psychoanalysis and Religion*. New Haven: Yale University Press.

1951 *The Forgotten Language: An Introduction to the Understanding of Dreams, Fairy Tales, and Myths*. New York: Rinehart.

1955 *The Dogma of Christ, and other Essays on Religion, Psychology, and Culture*. New York: Holt, Rinehart & Winston.

1955 *The Sane Society*. New York: Rinehart.

1956 *The Art of Loving*. New York: Harper.

1959 *Sigmund Freud's Mission*. New York: Harper.

1960 (with D. T. Suzuki and R. de Martino) *Zen Buddhism and Psychoanalysis*. New York: Harper.

1961 *Marx's Concept of Man*. New York: Ungar.

1964 *The Heart of Man*. New York: Harper & Row.

1966 *You Shall Be as Gods: A Radical Interpretation of the Old Testament and its Tradition*. New York: Holt, Rinehart & Winston.

1968 *The Revolution of Hope*. New York: Harper & Row.

1970 *The Crisis of Psychoanalysis: Essays on Freud, Marx, and Social Psychology*. New York: Holt, Rinehart & Winston.

1970 (with Michael Maccoby) *Social Character in a Mexican Village*. Englewood Cliffs, NJ: Prentice-Hall.

1973 *The Anatomy of Human Destructiveness*. New York: Holt, Rinehart & Winston.

1976 *To Have or to Be?* New York: Harper & Row.

1980 *Arbeiter und Angestellte am Vorabend des Dritten Reiches. Eine sozialpszchologische Untersuchung*, ed. Wolfgang Boness. Stuttgart: Deutsche Verlags-Anstalt.

发表于 *ZfS* 和 *Studien über Autorität und Familie* 的文章

'Über Methode und Aufgabe einer analytischen Sozialpsychologie'. *ZfS*, 1, no. 1/2 (1932), 28—54.

'Die psychoanalytische Charakterologie und ihre Bedeutung für die Sozialpszchologie'. *ZfS*, 1, no. 3 (1932), 253—77.

'Die sozialpszchologische Bedeutung der Mutterrechtstheorie'. *ZfS*, 3, no. 2 (1934), 196—227.

'Die gesellschaftliche Bedingtheit der psychoanalytischen Therapie'. *ZfS*, 4, no. 3 (1935), 365—97.

'Sozialpszchologischer Teil'. In *Studien über Autorität und Familie. Forschungsberichte aus dem Institut für Sozialforschung*. Schriften des Instituts für Sozialforschung, 5. Paris: Alcan, 1936.

'Zum Gefühl der Ohnmacht'. *ZfS*, 6, no. 1 (1937), 95—118.

文集

Gesamtausgabe, ed. Raine Funk. 10vols. Stuttgart: Deutscher Verlags-Anstalt, 1980—1.

1 *Analytische Sozialpsychologie*.

2 *Analytische Charakterologie*.

3 *Empirische Untersuchungen zum Gesellschafts-Charakter*.

4 *Gesellschaftstheorie*.

5 *Politik und sozialistische Gesellschaftskritik*.

6 *Religion.*

7 *Aggressionstheorie.*

8 *Psychoanalyse.*

9 *Sozialistischer Humanismus und humanistische Ethik.*

10 *Register.*

以英文发表的其他著作

Beyond the Chains of Illusion: My Encounter with Marx and Freud. New York: Simon & Schuster, 1962.

'A Counter-Rebuttal'. *Dissent*, 3, no. 1 (1956).

On Disobedience and Other Essays. New York: Seabury Press, 1981.

Greatness and Limitations of Freud's Thought. London: Cape, 1980.

'The Human Implications of Instinctive "Radicalism"'. *Dissent*, 2, no. 4 (Autumn 1955).

May Man Prevail? Garden City, NY: Doubleday, 1961.

'The Method and Function of an Analytic Social Psychology: Notes on Psychoanalysis and Historical Materialism', trans. Andrew Arato and Eike Gebhardt. In Andrew Arato and Eike Gebhardt (eds), *The Essential Frankfurt School Reader*, Oxford: Blackwell, 1978, pp. 447—96.

(ed.) *Socialist Humanism: An International Symposium.* Garden City, NY: Doubleday, 1965; London: Allen Lane, 1967.

The Working Class in Weimar Germany: A Psychological and Sociological Study, trans. Barbara Weinberger, ed. Wolfgang Boness. Leamington Spa: Berg, 1984.

库尔特·阿尔伯特·格拉赫的作品

1911 *Dänemarks Stellung in der Weltwirtschaft unter besonderer Berücksichtigung der Handelsbeziehungen zu Deutschland, England und Skandinavien.* Probleme der Weltwirtschaft, 3. Kiel: Academia Christiana Albertina.

1913 *Die Bedeutung des Arbeiterinnenschutzes. Eine Studie an der Entwicklung der englischen Fabrikgesetze.* Habilitation thesis. Jena: Fischer.

1913 *Theorie und Praxis des Syndikalismus.* Munich: Duncker and Humblot.

1913 '*Der Syndikalismus in England*'. *Der Staatsbürger*, 4, no. 1.

1918 *Die Frau und das Genossenschaftswesen. Erweiterter Vortrag.* Jena: Fischer.

1920 Allgemeine Gutachten IV. In Ignaz Jastrow (ed.), *Die Reform der staatswissenschaftlichen Studien. Fünfzig Gutachten.* Schriften des Vereins für Sozialpolitik, 160. Munich:

Duncker and Humbolt, pp. 75-95.

海因里克·格罗斯曼

相关文献

Rosenbaum, Wolf. 'Bibliographie'. In Henryk Grossmann, *Das Akkumulations-und Zusammenbruchsgesetz des kapitalistischen Systems*. Frankfurt am Main: Verlag Neue Kritik, 1967, pp. 18-23.

专著

1914*Österreichs Handelspolitik mit Bezug auf Galizien in der Reformperiode 1772-1790*. Studien zur Sozial-, Wirtschafts-und Verwaltungsgeschichte, 10. Vienna: Konegen.

1929*Das Akkumulations-und Zusammenbruchsgesetz des kapitalistischen Systems*. Schriften des Instituts für Sozialforschung, 1. Leifzig: Hirschfeld.

1969*Marx, die klassische Nationalökonomie und das Problem der Dynamik*. Afterword by Paul Mattick. Frankfurt am Main: Europäische Verlags-Anstalt.

ZfS 上的文章

'Die Wert-Preis-Transformation bei Marx und das Krisenproblem'. *ZfS*, 1, no. 1/2 (1932), 55-84.

'Die gesellschaftlichen Grundlagen der mechanistischen Philosophie und die Manufaktur'. *ZfS*, 4, no. 2 (1935), 161-231.

通信

Some letters in: Grossmann, *Marx, die klassische Nationalökonomie und das Problem der Dynamik*. Frankfurt am Main: Europäische Verlags-Anstalt, 1969.

卡尔·格吕恩堡

相关文献

Nenning, Günther. 'Anhang 3 (Schriften Carl Grünbergs)' and 'Anhang 4 (Herausgebertätigkeit Carl Grünbergs) zur Biographie'. *In Indesband zum Archiv für die Geschichte des Sozialismus und der Arbeiterbewegung (Grünbergs Archiv)*, Graz, Austria: Akademische Druck-und Verlagsanstalt, 1973.

著作选目

1888 'Jean Meslier und sein Testament. Ein Beitrag zur Entwicklungsgeschichte des modernen Sozialismus'. *Neue Zeit* (Stuttgart), 6, 337−50.

1891 'Einige Beiträge zur Entwicklungsgeschichte des modernen Sozialismus: I. Francois Boissel'. *Zeitschrift für die gesamten Staatswissenschaften* (Tübingen), no. 2, 7−252.

1894 *Die Bauernbefreiung und die Auflösung des gutsherrlich-bäuerlichen Verhältnisses in Böhmen, Mähren und Schlesien.* 2vols. Leipzig: Duncker &. Humblot.

1898 'Anarchismus'; 'Sozialismus und Kommunismus'. In Ludwig Elster (ed.), *Wörterbuch der Volkswirtschaft*, Jena: Fischer, vol. 1, pp. 66−71; vol. 2, pp. 527−76.

1900 *Der Socialpolitische Gehalt der österreichischen Civilprocessgesetzgebung.* Vienna: Manz.

1911 *Die Agrarverfassung und das Grundentlastungsproblem in Bosnien und der Herzegowina.* Leipzig: Duncker &. Bergmann.

1916 *Die Internationale und der Weltkrieg.* Leipzig: Hirschfeld.

1922 *Agrarverfassung, Begriffliches und Zuständliches.* Grundriss der Sozialökonomie, 8. Tübingen: Mohr.

1924 *Festrede, gehalten zur Einweihung des Instituts für Sozialforschung an der Universität Frankfurt am Main am 22. Juni 1924.* Frankfurt Universitätsreden, 20. Frankfurt am Main: Blazek &. Bergmann.

1971 (with Henryk Grossmann) *Anarchismus, Bolschewismus, Sozialismus. Aufsätze aus dem 'Wörterbuch der Volkswirtschaft'*, ed. Claudio Pozzoli. Frankfurt am Main: Europäische Verlags-Anstalt.

格吕恩堡所编辑的文献

Archiv für die Geschichte des Sozialismus und der Arbeiterbewegung. Leipzig: Hirschfeld, 1911−30; repr. Graz, Austria: Akademische Druck-und Verlags-anstalt, 1966−73.

于尔根·哈贝马斯

相关文献

Görtzen, René. 'Bibliographie der Schriften von Jürgen Habermas 1952−1979'. In Thomas McCarthy, *Kritik der Verständigungsverhältnisse. Zur Theorie von Jürgen Habermas*, trans. Max Looser, Frankfurt am Main: Suhrkamp, 1980, pp. 523−51.

Görtzen, Ren é. *Jürgen Habermas: Eine Bibliographie seiner Schriften und der Sekundärliteratur 1952—1981.* Frankfurt am Main: Suhrkamp, 1982.

著作选目

1953 'Mit Heidegger gegen Heidegger denken. Zur Veröffentlichung von Vorlesungen aus dem Jahre 1935'. *Frankfurter Allgemeine Zeitung*, 25 July 1953.

1954 *Das Absolute und die Geschichte. Von der Zwiespältigkeit in Schellings Denken.* Doctoral dissertation. Bonn: University of Bonn.

1954 'Die Dialektik der Rationalisierung. Vom Pauperismus in Produktion und Kunsum'. Merkur, 8, 701—24.

1955 'Come back-der deutschen Soziologie'. *Frankfurter Allgemeine Zeitung*, 23 July 1955. (Review of Arnold Gehlen and Halmut Schelsky (eds), *Soziologie*, and of W. Bernsdorf and F. Bülow (eds) *Wörterbuch der Soziologie.*)

1956 'Notizen zum Missverhältnis von Kultur und Konsum'. *Merkur*, 10, 212—28.

1956 'Triebschicksal als politisches Schicksal. Zum Abschluss der Vorlesungen über Sigmund Freud an den Universitäten Frankfurt und Heidelberg'. *Frankfurter Allgemeine Zeitung*, 14 July 1956.

1957 'Das chronische Leiden der Hochschulreform'. *Merkur*, 11,265—84.

1957 'Literaturbericht zur philosophischen Diskussion um Marx und den Marxismus'. *Philosophische Rundschau*, 4, 165—235.

1958 'Philosoghische Anthropologie'. In A. Diemer and I. Frenzel (eds), *Fischer-Lexikon Philosophie.* Frankfurt am Main: Fischer.

1958 'Soziologische Notizen zum Verhältnis von Arbeit und Freizeit'. In Gerhard Funke (ed.) , *Konkrete Vernunft. Festschrift für E. Rothacker.* Bonn: Bouvier.

1959 'Die grosse Wirkung. Eine chronistische Anmerkung zu Martin Heideggers 70. Geburtstag'. *Frankfurt Allgemeine Zeitung*, 26 September 1959.

1961 (with L. von Friedeburg, C. Oehler and F. Weltz) *Student und Politik. Eine soziologische Untersuchung zum politischen Bewusstsein Frankfurter Studenten.* Darmstadt: Luchterhand.

1961 'Pädagogischer "Optimismus" vor Gericht einer pessimistischen Anthropologie. Schelskys Bedenken zur Schulreform'. *Neue Sammlung ; Göttinger Zeitschrift für Erziehung und Gesellschaft*, 1,251—78.

1962 *Strukturwandel der öffentlichkeit. Untersuchungen zu einer Kategorie der bürgerlichen Gesellschaft.* Darmstadt: Luchterhand.

1963 *Theorie und Praxis. Sozialphilosophie Studien.* Neuwied: Luchterhand. [Contains, among other essays: 'Die klassische Lehre von der Politik in ihrem Verhältnis zur Sozialphilosophie' (revised version of the Marburg inaugural lecture); 'Hegels Kritik der französischen Revolution' (revised version of the Heidelberg inaugural lecture); and 'Zwischen Philosophie und Wissenschaft. Marxismus als Kritik'.]

1963 'Analytische Wissenschaftstheorie und Dialektik. Ein Nachtrag zur Kontroverse zwischen Popper und Adorno'. In Max Horkheimer (ed.), *Zeugnisse. Theodor W. Adorno zum 60. Geburtstag.* Frankfurt am Main: Europäische Verlags-Anstalt.

1963 'Ein philosophierender Intellektueller. Zum 60. Geburtstag von Theodor W. Adorno'. *Frankfurter Allgenmeine Zeitung*, 11 September 1963.

1964 'Gegen einen positivistisch halbierten Rationalismus. Erwiderung eines Pamphlets'. *Kölner Zeitschrift für Soziologie und Sozialpszchologie*, 16, 336−59.

1965 'Erkenntnis und Interesse (Frankfurter Antrittsvorlesung) '. *Merkur*, 19, 1139−53.

1967 'Zur Logik der Sozialwissenschaften'. *Philosophische Rundschau*, Beiheft 5.

1968 *Technik und Wissenschaft als 'Ideologie'.* Frankfurt am Main: Suhrkamp.

1968 *Erkenntnis und Interesse.* Frankfurt am Main: Suhrkamp.

1968 'Die Scheinrevolution und ihre Kinder. Sechs Thesen über Taktik, Ziele und Situationsanalysen der oppositionellen Jugend'. *Frankfurter Rundschau*, 5 June 1968.

1969 *Protestbewegung und Hochschulreform.* Frankfurt am Main: Suhrkamp.

1969 'Odyssee der Vernunft in die Natur. Theodor W. Adorno wäre am 11. September 66 Jahre alt geworden'. *Die Zeit*, 12 September 1969.

1970 *Arbeit, Erkenntnis, Fortschritt. Aufsätze 1954−1970.* Amsterdam (pirated edition).

1971 *Philosophisch-politische Profile.* Frankfurt am Main: Suhrkamp.

1971 (with Niklas Luhmann) *Theorie der Gesellschaft oder Sozialtechnologie- Was leistet die Systemforschung?* Frankfurt am Main: Suhrkamp.

1973 *Kultur und Kritik. Verstreute Aufsätze.* Frankfurt am Main: Suhrkamp.

1973 *Legitimationsprobleme im Spätkapitalismus.* Frankfurt am Main: Suhrkamp.

1976 *Zur Rekonstruktion des Historischen Materialismus.* Frankfurt am Main: Suhrkamp.

1976 'Was heisst Universalpragmatik?' In K. O. Apel (ed.), *Sprachpragmatik und Philosophie.* Frankfurt am Main: Suhrkamp.

1977 'Linke, Terroristen, Sympathisanten. Ein Briefwechsel mit Kurt Sontheimer'. *Süddeutsche Zeitung*, 26−27 November 1977.

1981 *Theorie des kommunikativen Handelns.* 2vols. Frankfurt am Main: Suhrkamp.

1981 *Kleine politische Schriften (I-IV).* Frankfurt am Main: Suhrkamp.

参考文献

1981 *Philosophisch-politische Profile*. *Erweiterte Ausgabe*. Frankfurt am Main: Suhrkamp.

[Contains, among other essays, the two articles on Adorno; material on Marcuse- 'Einleitung zu dem Band Antworten auf Herbert Marcuse' (1968), the review article 'Herbert Marcuse über Kunst und Revolution' (1973), 'Gespräch mit Herbert Marcuse' (1978) and 'Psychischer Thermidor und die Wiedergeburt der rebellischen Subjektivität' (1980); on Walter Benjamin-'Bewusstmachende oder rettende Kritik' (1972); 'Die Frankfurter Schule in New York. Max Horkheimer und die Zeitschrift für Sozialforschung' (1980); and 'Ein Glückwunsch. Rede aus Anlass des 80. Geburtstags von Leo Löwenthal' (1980).]

1983 *Moralbewusstsein und kommunikatives Handeln*. Frankfurt am Main: Suhrkamp.

1984 *Vorstudien und Ergänzungen zur Theorie des kommunikativen Handelns*. Frankfurt am Main: Suhrkamp.

1985 *Der philosophische Diskurs de Moderne. Zwölf Vorlesungen*. Frankfurt am Main: Suhrkamp. [Contains a reprint of 'Die Verschlingung von Mythos und Aufklärung. Bemerkungen zur Dialektik der Aufklärung- nach einer erneuten Lektüre' (1983).]

1985 *Die neue Unübersichtlichkeit. Kleine politische Schriften V*. Frankfurt am Main: Suhrkamp.

访谈

Various interviews appear in: *Kleine politische Schriften* (*I-IV*). Frankfurt am Main: Suhrkamp, 1981.

'Dialektik der Rationalisierung. Jürgen Habermas im Gespräch mit Axel Honneth, Eberhardt Knödler-Bunte und Arno Widmann'. *Ästhetik und Kommunikation*, 45/46 (October 1981).

Communication and the Evolution of Society, trans. Thomas McCarthy. New York: Beacon Press, 1979.

'Consciousness-Raising or Redemptive Criticism: the Contemporaneity of Waleter Benjamin', trans. Philip Brewster and Carl Howard Buchner. *New German Critique*, 17 (1977), 30—59.

'The Entwinement of Myth and Enlightenment: Re-Reading *Dialectic of Enlightenment*', trans. Thomas Y. Levin. *New German Critique*, 26 (1982), 13—30.

Knowledge and Human Interests, trans. Jeremy J. Shapiro. New York: Beacon Press, 1972.

Legitimation Crisis, trans. Thomas McMarthy. New York: Beacon Press, 1976.

On the Logic of the Social Sciences, trans. Shierry Weber Nicholsen and Jerry A. Stark. Cambridge, Mass. : MIT Press, 1990.

'Modernity versus Postmodernity', trans. Seyla Benhabib. *New German Critique*, 22 (1981), 3—14.

The New Conservatism: Cultural Criticism and the Historians'Debate, trans. Shierry Weber Nicholsen. Cambridge, Mass. : MIT Press, 1990.

The Philosophical Discourse of Modernity, trans. Frederick Lawrence. Cambridge, Mass. : MIT Press, 1988.

Philosophical-Political Profiles, trans. Frederick G. Lawrence. London: Heinemann, 1983.

'Problems of Legitimation in Late Capitalism', trans. Thomas Hall. In Paul Connerton (ed.), *Critical Sociology: Selected Readings*, Harmondsworth: Penguin, 1976, pp. 363 – 87.

'The public Sphere: an Encyclopedia Article (1964) ', trans. Sara Lennox and Frank Lennox. *New German Critique*, 1 : 3 (1974), 49 – 55.

The Structural Transformation of the Public Sphere, trans. Thomas Burger and Frederick Lawrence. Cambridge, Mass. : MIT Press, 1989.

'Systematically Distorted Communication'. *Inquiry*, 13 (1970), 205 – 218. Repr. in Paul Connerton (ed.), *Critical Sociology: Selected Readings*. Harmondsworth: Penguin, 1976, pp. 348 – 62.

'A Test for Popular Injustice: the Accusations against Intellectuals', trans. Mark Franke. *New German Critique*, 12 (1977), 11 – 13.

The Theory of Communicative Action, trans. Thomas McCarthy. 2vols. Cambridge, Mass. : MIT Press, 1984 – 9.

Theory and Practice, trans. John Viertel. Boston, Mass. : Beacon Press, 1973.

'Theory and Practice in a Scientific Civilization'. In Paul Connerton (ed.), *Critical Sociology : Selected Readings*, Harmondsworth: Penguin, 1976, pp. 330 – 47.

Toward a Rational Society: Student Protest, *Science*, *and Politics*, trans. Jeremy J. Shapiro. Boston, Mass. : Beacon Press, 1971.

马克斯·霍克海默

相关文献

Schmid Noerr, Gunzelin. 'Bibliographie der Erstveröffentlichungen Max Horkheimers'. In Alfred Schmidt and Norbert Altwicker (eds), *Horkheimer heute: Werk und Wirkung*, Frankfurt am Main: Fischer, 1986, pp. 372 – 85.

Görtzen, René. 'Auswahlbibliogralphie der Horkheimer-Rezeption'. In Alfred Schmidt and Norbert Altwicker (eds), *Horkheimer heute: Werk und Wirkung*, Frankfurt am Main: Fischer, 1986, pp. 384 – 99.

论著（著作）

1925 *Kants 'Kritik der Urteilskraft' als Bindeglied zwischen theoretischer und praktischer Philosophie*. Habilitation thesis. Stuttgart: Kohlhammer.

1930 *Anfänge der bürgerlichen Geschichtsphilosophie*. Stuttgart: Kohlhammer.

1931 *Die gegenwärtige Lage der Sozialphilosophie und die Aufgaben eines Instituts für Sozialforschung*. Frankfurter Universitätsreden, 37. frankfurt am Main: Englert & Schlosser.

1934 (pseud.: Heinrich Regius) *Dämmerung. Notizen in Deutschland*. Zurich: Oprecht & Helbling.

1947 (with Theodor W. Adorno) *Dialektik der Aufklärung. Philosophische Fragmente*. Amsterdam: Querido.

1947 *Eclipse of Reason*. New York: Oxford University Press.

1952 *Survey of the Social Sciences in Western Germany: A Report on Recent Developments*. Washington, DC: Library of Congress.

1953 *Zum Begrff der Vernunft. Festrede bei der Rektoratsübergabe der Johann Wolfgang Goethe-Universität am 20. November 1951*. Frankfurter Universitätsreden, 7. Frankfurt am Main: Klostermann.

1962 *Um die Freiheit*. Frankfurt am Main: Europäische Verlags- Anstalt.

1962 (with Theodor W. Adorno) *Sociologica II. Reden und Vorträge*. Frankfurter Beiträge zur Soziologe, 10. Frankfurt am Main: Europäische Verlags-Anstalt.

1967 *Zur Kritik der instrumentellen Vernunft*, trans. Alfred Schmidt. Frankfurt am Main: Fischer. (Contains the German translation of *Eclipse of Reason*, together with selected lectures and *Aufzeichnungen in Deutschland*.)

1968 *Kritische Theorie. Eine Dokumentation*, ed. Alfred Schmidt. 2vols. Frankfurt am Main: Fischer.

1972 *Sozialphilosophische Studien. Aufsätze, Reden und Vorträge 1930 −1972*, ed. Werner Brede. Frankfurt am Main: Athenäum-Fishcer.

1972 *Gesellschaft im Übergang. Aufsätze, Reden und Vorträge 1942 −1970*, ed. Werner Brede. Frankfurt am Main: Athenäum-Fischer.

1974 *Aus der Pubertöt. Novellen und Tagebuchblätter*. Munich: Kösel.

1974 *Notizen 1950 bis 1969- Dämmerung. Notizen in Deutschland*, ed. Werner Brede. Frankfurt am Main: Fischer.

1930 年至 1942 年间发表于 *ZfS*，*SPSS* 以及研究所其他出版物上的作品

'Ein neuer Ideologiebegriff?' *Archiv für die Geschichte des Sozialismus und der Arbeiterbewegung* [Grünbergs Archiv], 15 (1930), 33−56.

'Hegel und das Problem der Metaphysik'. In *Festschrift für Carl Grünberg zum 70. Geburtstag*. Stuttgart: Kohlhammer, 1932.

'Bemerkungen über Wissenschaft und Krise'. *ZfS*, 1, no. 1/2 (1932), 1−7.

'Geschichte und Psychologie'. *ZfS*, 1, no. 1/2 (1932), 125−45.

'Materialismus und Metaphzsik'. *ZfS*, 2, no. 2 (1933), 162−97.

'Materislismus und Moral'. *ZfS*, 2, no. 2 (1933), 162−97.

'Zum Problem der Voraussage in den Sozialwissenschaften'. *ZfS*, 3, no. 1 (1933), 407−12.

'Zum Rationalismusstreit in der gegenwärtigen Philosophie'. *ZfS*, 3, no. 1 (1934), 1−53.

'Zu Bergsons Metaphysik der Zeit'. *ZfS*, 3, no. 3 (1934), 321−42.

'Bemerkungen zur philosophischen Anthropologie'. *ZfS*, 4, no. 1 (1935).

'Zum Problem der Wahrheit'. *ZfS*, 4, no. 3 (1935), 321−64.

'Allgemeiner Teil'. In *Studien über Autorität und Familie. Forschungsberichte aus dem Institut für Sozialforschung*. Schriften des Instituts für Sozialforschung, 5. Paris: Alcan, 1936.

'Egoismus und Freiheitsbewegung (Zur Anthropologie des bürgerlichen Zeitalters)'. *ZfS*, 5, no. 2 (1936), 161−234.

'Zu Theodor Haecker: Der Christ und die Geschichte'. *ZfS*, 5, no. 3 (1936), 372−83.

'Der neueste Angriff auf die Metaphysik'. *ZfS*, 6, no. 1 (1937), 245−94.

(with Herbert Marcuse) 'Philosophie und kritische Theorie'. *ZfS*, 6, no. 3 (1937), 625−47.

'Montaigne und die Funktion der Skepsis'. *ZfS*, 7, no. 3 (1938), 1−54.

'Die Philosophie der absoluten Konzentration'. *ZfS*, 7, no. 3 (1938), 376−87.

'Die Juden und Europa'. *ZfS*, 8, no. 1/2 (1939), 115−37.

'The Social Function of Philosophy'. SPSS, 8, no. 3 (1940), 322−37; repr. in Horkheimer, *Critical Theory* (see below).

'The Relation between Psychology and Sociology in the Work of Wilhelm Dilthey'. *SPSS*, 8, no. 3 (1940), 430−43.

'Art and Mass Culture'. *SPSS*, 9, no. 2 (1941), 290−305; repr. in Horkheimer, *Critical Theory* (see blow)

'The End of Reason'. *SPSS*, 9, no. 3 (1941), 366−88; repr. in Andrew Arato and Eike Gebhardt (eds), *The Essential Frankfurt School Reader*, Oxford: Blackwell, 1978, pp. 26−48.

'Autoritärer Staat'. In Max Horkheimer and Theodor W. Adorno (eds), *Walter Benjamin zum Gedächtnis* (mimeograph). New York: Institute of Social Research, 1942.

'Theismus- Atheismus'. In Max Horkheimer (ed.), *Zeugnisse. Thedor W. Adorno zum 60. Geburtstag.* Frankfurt am Main: Europäische Verlags-Anstalt, 1963.

文集

Gesammele Schriften in achtzehn Bänden, ed. Alfred Schmidt and Gunzelin Schmid Noerr. Frankfurt am Main: Fischer, 1985.

Published to date:

1 Aus der Pubertät. Novellen und Tagebücher 1914—1918. 1988.

2 Philosophische Früh Schriften 1922—1932. 1986.

3 Schriften 1931—1936. 1988.

4 Schriften 1936—1941. 1988.

5 Dialektik der Aufklärung. Schriften 1942—1950. 1986.

6 Zur Kuhte der instrumentellen Vernünft ünd Notizen 1949—1969. 1991.

7 Vorträge und Aufzeichnungen 1949—1973. 1985.

8 Vorträge und Aufzeichnungen 1949—1973. 1985.

9 Nachgelassene Schriften 1914—1931. 1985—90.

12 Nachgelassene Schriften 1931—1949. 1985.

13—14 Nachgelassene Schriften 1949—1972. 1988—89.

通信

Benjamin, Walter. *Briefe*, ed. Gershom Scholem and Theodor W. Adorno. 2vols. Frankfurt am Main: Suhrkamp, 1966.

Löwenthal, Leo. *Schriften*, vol. 4. frankfurt am Main: Suhrkamp, 1984, pp. 182—267. (Correspondence between Leo Lowenthal and Max Horkheimer.)

Bloch, Ernst. *Briefe 1903—1975*, ed. Karola Bloch et al. 2 vols. Frankfurt am Main: Suhrkamp, 1985, pp. 669—87. (Letters to and from Max Horkheimer and Herbert Marcuse.)

讨论

Various discussions in *Gesammelte Schriften*, vol. 7.

Minutes of discussions in *Gesammelte Schriften*, vol. 12.

以英文发表的其他作品

'Authoritarianism and the Family Today'. In Ruth Nanda Anshen (ed.), *The Family: Its Function and Destiny*, New York: Harper, 1949, pp. 359−74.

'The Authoritarian State', trans. People's Translation Service. Telos, 15 (Spring 1973), 3−20. Repr. in Andrew Arato and Eike Gebhardt (eds), *The Essential Frankfurt School Reader*, Oxford: Blackwell, 1978, pp. 95−117.

'On the Concept of Freedom'. *Diogenes*, 53 (Spring 1964), 73−81.

Critical Theory: Selected Essays, trans. Matthew J. O'Connell et al. New York : Seabury Press, 1972. [Contains: 'Art and Mass Culture'; 'Authority and the Family'; 'The Latest Attack on Metaphysics'; 'Materialism and Metaphysics'; 'Notes on Science and the Crisis'; 'Postscript' (to 'Philosophie und kritische Theorie', ZfS, 6, no. 3 (1937), 625−47); 'The Social Function of Phiosophy'; 'Thoughts on Religion'; 'Traditional and Critical Theory'.]

Critique of Instrumental Reason: Lectures and Essays Since the End of World War II, trans. Matthew J. O'Connell et al. New York: Seabury Press, 1974.

Dawn and Decline: Notes 1926−1931 and 1950−1969, trans. Michael Shaw, afterword Eike Gebhardt. New York: Seabury Press, 1978.

Dialectic of Enlightenment, trans. John Cumming. New York: Seabury Press, 1972.

'Ernst Simmel and Freudian Philosophy'. *International Journal of Psychoanalysis*, 29 (1949), 110−13.

'The Lessons of Fascism'. In Hadley Cantril (ed.), *Tensions that Cause Wars*, Urbana: University of Illinois Press, 1950, pp. 209−42.

'Notes on Institute Activities'. SPSS, 9, no. 1 (1941), 121−43.

'Preface'. SPSS, 9 (1941), 195−9.

'On the Problem of Truth'. In Andrew Arato and Eike Gebhardt (eds), *The Essential Frankfurt School Reader*, Oxford: Blackwell, 1978, pp. 407−43.

'Schopenhauer Today'. In Kurt H. Wolff and Barrington Moore, Jr (eds), *The Critical Spirit: Essays in Honor of Herbert Marcuse*, Boston: Beacon Press, 1967, pp. 55−71.

'Sociological Background of the Psychoanalytic Approach'. In Ernst Simmel (ed.), *Anti-Semitism: A Social Disease*, New York: International Universities Press, 1946.

'Traditional and Critical Theory', trans. Matthew J. O'Connell. In Horkheimer, *Critical Theory: Selected Essays*, New York: Continuum, 1986, pp. 188−243. Repr. in Paul Connerton (ed.), *Critical Sociology: Selected Readings*, Harmondsworth: Penguin, 1976, pp. 206−24.

奥托·基希海默

相关文献

Luthardt, Wolfgang. 'Auswahlbibliographie der Schriften Otto Kirchheimers'. In Otto Kirchheimer, *Funktionen des Staats und der Verfassung. 10 Analysen*, Frankfurt am Main: Suhrkamp, 1972. (This selected bibliography is reprinted from Frederic S. Burin and Kurt L. Shell (eds), *Politics, Law, and Social Change. Selected Essays of Otto Kirchheimer*, New York: Columbia University Press, 1969, pp. 479-83.)

论著（著作）

1930 *Weimar-und was dann? Entstehung und Gegenwart der Weimarer Verfassung*. Berlin: Laub.

1930 *Die Grenzen der Enteignung. Ein Bertrag zur Entwicklungsgeschichte des Enteignungsinstituts und zur Auslegung des Art. 153 der Weimarer Verfassung*. Berlin: de Gruyter.

1935 (pseud: Hermann Seitz) *Staatsgefüge und Recht des Dritten Reiches*. Der deutsche Staat der Gegenwart, 12. Hamburg: Hanseatische Verlagsanstalt.

1939 (with Georg Rusche) *Punishment and Social Structure*. New York: Columbia University Press.

1943 (with A. R. L. Gurland and Franz Neumann) *The Fate of Smell Business in Nazi Germany*. Washington, DC: US Government Printing Office. [Repr. New York: Fertig, 1975.]

1947 (anonymously) *A Constitution for the Fourth Republic*. Foundation pamphlet, 2. Washington, DC: Foundation for Foreign Affairs.

1961 *Political Justice: The Use of Legal Procedure for Political Ends*. Princeton: Princeton University Press.

1964 *Politik und Verfassung*. Frankfurt am Main: Suhrkamp.

1967 *Politik Herrschaft. Fünf Beiträge zur Lehre vom Staat*. Frankfurt am Main: Suhrkamp.

1969 *Politics, Law, and Social Change: Selected Essays of Otto Kirchheimer*, ed. Frederic S. Burin and Kurt L. Shell. New York: Columbia University Press. (With an introduction on Kirchheimer's life and work by J. H. Herz and E. Hula.)

1972 *Funktionen des Staats and der Verfassung*. Frankfurt am Main: Suhrkamp.

1976 *Von der Weimarer Republik zum Faschismus. Die Auflösung der demokratischen Recht-*

法兰克福学派：历史、理论及政治影响

sordnung, ed. Wolfgang Luthardt. Frankfurt am Main: Suhrkamp.

发表于 SPSS 和 *Sociologica* 的文章

'Criminal Law in National-Socialist Germany'. *SPSS*, 8, no. 3 (1940), 444−63.

'Changes in the Structure of Political Compromise'. *SPSS*, 9, no. 2 (1941), 264−89. Repr. in Andrew Arato and Eike Gebhardt (eds), *The Essential Frankfurt School Reader*, Oxford: Blackwell, 1978, pp. 49−70.

'The Legal Order of National Socialism'. *SPSS*, 9, no. 3 (1941), 456−75.

'Politische Justiz'. In *Sociologica I. Aufsätze, Max Horkheimer zum sechzigsten Geburtstag gewidmet*. Frankfurt Beiträge zur Soziologie, 1. Frankfurt am Main: Europäische Verlags-Anstalt, 1955.

以英文发表的著作

'Franz Neumann: an Appreciation'. *Dissent*, 4, no. 4 (Autumn 1957).

列奥·洛文塔尔

相关文献

Dubiel, Helmut. 'Bibliographie'. In Leo Löwenthal, *Mitmachen wollte ich nie. Ein autobiographisches Gespräch mit Helmut Dubiel*. Frankfurt am Main: Suhrkamp, 1980.

论著（著作）

1949 (with Norbert Gutermann) *Prophets of Deceit: A Study of the Techniques of the American Agitator*. New York: Harper.

1957 *Literature and the Image of Man*. Boston: Beacon Press.

1961 *Literature, Popular Culture, and Society*. Englewood Cliffs, NJ: Prentice-Hall.

1971 *Erzählkunst und Gesellschaft. Die Gesellschaftsproblematik in der deutschen Literatur des 19. Jahrhunderts*. Neuwied: Luchterhand.

发表于 ZfS 和 *Sociologica* 的文章

'Zur gesellschaftlichen Lage der Literatur'. *ZfS*, 1, no. 1/2 (1932), 85−102.

'Conrad Ferdinand Meyers heroische Geschichtsauffassung'. *ZfS*, 2, no. 1 (1933), 34−62.

'Die Auffassung Dostojewskis in Vorkriegsdeutschland'. *ZfS*, 3, no. 3 (1934), 343−82.

'Das Individuum in der individualistischen Gesellschaft. Bemerkungen über Ibsen'. *ZfS* 5, no. 3 (1936), 321—63.

'Knut Hamsun. Zur Vorgeschichte der autoritären Ideologie'. *ZfS*, 6, no. 2 (1937), 295—345.

'Die biographische Mode'. In *Sociologica. Aufsätze, Max Horheimer zum sechzigsten Geburtstag gewidmet*. Frankfurter Beiträge zur Soziologie, 1. Frankfurt: Europäische Verlags-Anstalt, 1955.

选集

Schriften, ed. Helmut Dubiel. Frankfurt am Main: Suhrkamp, 1980.

1*Literatur und Massenkultur*. 1980.

2*Das bürgerliche Bewusstsein in der Literatur*. 1981

3*Zur politischen Psychologie des Autoriarismus* (*Falsche Propheten. Studien zum Autoritarismus*). 1982.

4*Judaica, vorträge, Briefe*. 1984

5*Philosophische Frühschriften*. 1987.

访谈

'Wir haben nie im Leben diesen Ruhm erwartet'. In Matthias Greffrath, *Die Zerstörung einer Zukunft. Gespräche mit emigrierten Sozialwissenschaftlern*. Reinbek bei Hamburg: Rowohlt, 1979.

Mitmachen wollte ich nie. Ein autobiographisches Gespräch mit Helmut Dubiel. Frankfurt am Main: Suhrkamp, 1980.

Other works available in English

(with Seymour M. Lipset, eds) *Culture and Social Character: The Work of David Riesman Reviewed*. New York: Free Press of Glencoe, 1961. 'German Popular Biographies: Culture's Bargain Counter'. In Kurt H. Wolff and Barrington Moore, Jr (eds), *The Critical Spirit: Essays in Honor of Herbert Marcuse*, Boston: Beacon Press, 1967, pp. 267—83.

'Historical Perspectives of Popular Culture'. *American Journal of Sociology*, 55 (1950), 323—32. Repr. in Bernard Rosenberg and David White (eds), *Mass Culture: The Popular Arts in America*. Glencoe Ill. ; Free Press, 1957.

'Knut Hamsun'. In Andrew Arato and Eike Gebhardt (eds), *The Essential Frankfurt School Reader*, Oxford: Blackwell, 1978, pp. 319—45.

'Terror's Atomization of Main'. *Commentary*, 1. no. 3 (January 1946).

An Unmastered Past: The Autobiographical Reflections of Leo Lowenthal, ed. Martin Jay. Berkeley, Cal: University of California Press, 1987.

赫伯特·马尔库塞

相关文献

Sahmel, Karl-Heinz. 'Ausgewählte Bibliographie der Schriften von und über Herbert Marcuse'. *Jahrbuch Arbeiterbewegung*, 6 (1979), 271−301.

Kellner, Douglas. *Herbert Marcuse and the Crisis of Marxism*. London: Macmillan, 1984, pp. 480−97.

早期论文:论著 (著作)

1928 'Beiträge zu einer Phänomenologie des Historischen Materialismus'. *Philosophische Hefte* (special issue on Heidegger's *Sein und Zeit*), 45−68.

1929 'Über konkrete Philosophie'. *Archiv für Sozialwissenschaft und Sozialpolitik*, 111−28.

1929 'Zur Wahrheitsproblematik der soziologischen Methode. Karl Mannheim: *Ideologie und Utopie*'. *Die Gesellschaft*, 6, 356−69.

1930 'Zum Problem der Dialektik'. *Die Gesellschaft*, 7, 15−30. (On S. Marck, *Die Dialektik in der Philosophie der Gegenwart*, part 1.)

1930 'Transzendentaler Marxismus'. *Die Gesellschaft*, 7, 304−26.

1931 'Zur Auseinandersetzung mit Hans Freyers Soziologie als Wirklichkeits-wissenschaft'. *Philosophische Hefte*, 83−91.

1931 'Zur Kritik der Soziologie'. *Die Gesellschaft*, 8, 270−80. (On S. Landshut, *Kritik der Soziologie*.)

1931 'Das Problem der geschichtlichen Wirklichkeit'. *Die Gesellschaft*, 8, 350−67.

1931 'Zum Problem der Dialektik. Zugleich ein Beitrag zur Frage nach den Quellen der Marxschen Dialektik bei Hegel'. *Die Gesellschaft*, 8, 541−57. (On S. Marck, *Die Dialektik in der Philosophie der Gegenwart*, part 2.)

1932 *Hegels Ontologie und die Grundlegung einer Theorie der Geschichtlichkeit*. Frankfurt am Main: Klostermann.

1932 'Neue Quellen zur Grundlegung des Historischen Materialismus'. *Die Gesellschaft*, 9, 136−74. (On the publication of Marx's *Economic and Philosophical Manuscripts*.)

1933 'Über die philosophischen Grundlagen des wirtschaftswissenschaftlichen Arbeitsbegriffs'.

Archiv für Sozialwissenschaft und Sozialpolitik, 257−92.

1933 'Philosophie des Scheiterns. Karl Jaspers 'Werk'. *Unterhaltungsblatt der Vossischen Zeitung*, 14 December 1933.

1941 *Reason and Revolution: Hegel and the Rise of Social Theory*. New York: Oxford University Press.

1955 *Eros and Civilization: A Philosophical Inquiry into Freud*. Boston: Beacon Press.

1958 *Soviet Marxism: A Critical Analysis*. New York: Columbia University Press.

1964 *One-Dimensional Man: Studies in the Ideology of Advanced Industrial Society*. Boston: Beacon Press.

1965 *Kultur und Gesellschaft*. 2vols. Frankfurt am Main: Suhrkamp.

1965 (with Robert P. Wolff and Barrington Moore) *Critique of Pure Tolerance*. Boston: Beacon Press.

1968 *Psychoanalyse und Politik*. Frankfurt am Main: Europäische Verlags-Anstalt.

1969 *An Essay on Liberation*. Boston: Beacon Press.

1972 *Counterrevolution and Revolt*. Boston: Beacon Press.

1975 *Zeit-Messungen. Drei Vorträge und ein Interview*. Frankfurt am Main: Suhrkamp.

1977 *Die Permanenz der Kunst. Wider eine bestimmte marxistische Ästhetik: Ein Essay*. Munich: Hanser.

1980 *Des Ende der Utopie. Vorträge und Diskussionen in Berlin 1967*. Frankfurt am Main: Verlag Neue Kritik.

发表于 *ZfS, SPSS* 和研究所其他出版物的文章

'Der Kampf gegen den Liberalismus in der totalitären Staatsauffassung'. *ZfS*, 3, no. 2 (1934), 161−95.

'Zum Begriff des Wesens'. *ZfS*, 5, no. 1 (1936), 1−39.

'Ideengeschichtlicher Teil'. In *Studien über Autorität und Familie. Forschungsberichte aus dem Institut für Sozialforschung*. Schriften des Instituts für Sozialforschung, 5. Paris: Alcan, 1936.

'Autorität und Familie in der deutschen Soziologie bis 1933.' In *Studien über Autorität und Familie. Forschungsberichte aus dem Institut für Sozialforschung*. Schriften des Instituts für Sozialforschung, 5. Paris: Alcan, 1936.

'Über den affirmativen Charakter der Kultur'. *ZfS*, 6, no. 1 (1937), 54−94.

(with Max Horkheimer) 'Philosophie und kritische Theorie'. *ZfS*, 6, no. 3 (1937), 625−47.

'Zur Kritik des Hedonismus'. *ZfS*, 8, no. 1/2 (1938), 55−89.

法兰克福学派：历史、理论及政治影响

'An Introduction to Hegel's Philosophy'. *SPSS*, 8, no. 3 (1940), 394–412.

'Some Social Implications of Modern Technology'. *SPSS*, 9, no. 3 (1941), 414–39. Repr. in Andrew Arato and Eike Gebhardt (eds), *The Essential Franfurt School Reader*, Oxford: Blackwell, 1978, pp. 138–62.

'Trieblehre und Freiheit'. In *Sociologica I. Aufsätze, Max Horkheimer zum sechzigsten Geburtstag gewidmet*. Frankfurter Beiträge zur Soziologie, 1. Frankfurt am Main: Europäische Verlags-Anstalt, 1955.

'Trieblehre und Freiheit: Die Idee des Fortschritts im Lichte der Psychoanalyse'. In *Freud in der Gegenwart. Ein Vortragszyklus der Universitäten Frankfurt und Heidelberg zum hundertsten Geburtstag*. Frankfurter Beiträge zur Soziologie, 6. Frankfurt: Europäishche Verlags-Anstalt, 1957.

'Zur Stellung des Denkens heute'. In Max Horheimer (ed.), *Zeugnisse. Theodor W. Adorno zum 60. Geburtstag*, Frankfurt am Main: Europäische Verlags-Anstalt, 1963.

选集

Schriften. Frankfurt am Main: Suhrkamp, 1978- . Suhrkamp Verlag.

Published to date:

1   *Der deutsche Künstlerroman. Frühe Aufsätze*. 1978.

2   Hegels Ontologie und die Theorie dr Geschichtlichkeit, 1989.

3   *Aufsätze aus der Zeitschrift für Sozialforschung*. 1979.

4   Vernunft und Revolution, 1989.

5   *Triebstruktur und Gesellschaft*. 1979.

6   Die Gesellschaftslehre des Sowjetischen Marxismus, 1989.

7   Der eindimen sionale, Mensch, 1989.

8   *Aufsätze und Vorlesungen 1941–1969. Versuch über die Befreiung*. 1984.

9   *Konterrevolution und Revolte. Zeit-Messungen. Die Permanenz der Kunst*. 1987.

本文涉及的访谈

'Professoren als Staatsregenten?' *Der Spiegel*, 35 (1967), 112–18.

Habermas, Jürgen, Bovenschen, Silvia, et al. *Gespräche mit Herbert Marcuse*. Frankfurt am Main: Suhrkamp, 1978.

The Aesthetic Dimension. *Toward a Critique of Marxist Aesthetics*. Boston: Beacon Press,

1978.

'Comes the Revolution'. *Partisan Review*, 32, no. 1 (Winter 1965), 159—60. (Reply to Berman's review of *One-Dimensional Man*.)

'The Concept of Negation in the Dialectic'. *Telos*, 8 (Summer 1971), 130—2.

'Contributions to a Phenomenology of Historical Materialism'. *Telos*, 4 (Fall 1969), 3—34.

'Dialectic and Logic Since the War'. In Ernest J. Simons (ed.), *Continuity and Change in Russian Thought*, Cambridge, Mass. : Harvard University Press, 1955, pp. 347—58.

'The Eclipse of the New Left?', trans. Biddy Martin. *New German Critique*, 18 (1979), 3—11.

'Epilogue to the New German Edition of Marx's 18ᵗʰ Brumâire of Louis Napoleon', *Radical America*, 3, no. 4 (July/August 1969), 55—9.

'Eros and Culture'. *Cambridge Review*, 1, no. 3 (Spring 1955) 107—23.

'Ethics and Revolution'. In Richard T. deGeorge, (ed.), *Ethics and Society*, New York: Anchor, 1966, pp. 130—46.

'Existentialism: Remarks on Jean-Paul Sartre's *L'Etre et le Néant*'. *Journal of Philosophy and Phenomenological Research*, 8 (1948), 309—36.

Five Lectures: Psychoanalysis, Politics and Utopia, trans. Jeremy J. Shapiro and Shierry M. Weber. Boston: Beacon Press, 1970.

'The Ideology of Death'. In Hermann Feifel (ed.), *The Meaning of Death*, New York: McGraw-Hill, 1959, pp. 66—76.

'The Individual in the Great Society'. *Alternatives*, 1, no. 1 (March/April 1966); Alternatives, 1, no. 2 (Summer 1966).

'Language and the Technological Society'. *Dissent*, 8 (1961), 66—74.

'Lord Acton: Essays on Freedom and Power'. *American Historical Review*, 54 (1949), 557—9.

'Love Mystified'. *Commentary*, 43, no. 2 (1967), 71—6. Repr. in *Negations* (see below) .

'Murder is not a Political Weapon', trans. Jeremy Herf. *New German Critique*, 12 (1977), 7—8.

Negations: Essays in Critical Theory, trans. Jeremy J. Shapiro. Boston, Mass. : Beacon Press, 1968. [Contains 'The Affirmative Character of Culture', 'Aggressiveness in Advanced Industrial Society'; 'The Concepte of Essence'; 'Industrialization and Capitalism in the Work of Max Weber'; 'Love Mystified: a Critique of Norman O. Brown'; 'On Hedonism'; 'Philosophy and Critical Theory' (Marcuse's section of Horkheimer and Marcuse, 'Philosophie und kritische

Theorie', *ZfS*, 6, no. 3 (1937), 625−47); and 'The Struggle against Liberalism in the To-
talitarian View of the State'].

'A Note on Dialectic'. In Andrew Arato and Eike Gebhardt (eds), *The Essential Frankfurt
School Reader*, Oxford: Blackwell, 1978, pp. 444−51. (The 1960 preface to *Reason and
Revolution*.)

'Notes on the Problem of Historical Laws'. *Partisan Review*, 26 (Winter 1959), 117−29.
Repr. as 'Karl Popper and the Problem of Historical Laws', in *Studies in Critical Philosophy*
(see below).

'The Obsolescence of Marxism'. In Nicholas Lobkowicz (ed.), *Marx and the Western
World*, Notre Dame, Ind. : University of Notre Dame Press, 1967, pp. 409/18.

'On the Philosophical Foundation of the Concept of Labor in Economics', trans. Douglas Kell-
ner. *Telos*, 16 (Summer 1973), 9−37.

'Preface'. In Raya Dunayevskaya, *Marxism and Freedom*, New York: Twayne, 1958, pp.
15−20.

'The Problem of Social Change in the Technological Society'. In Raymond Aron and Bert
Hoselitz (eds), *UNESCO Symposium on Social Development*, Paris: UNESCO, 1961, pp.
139−60.

'The Realm of Freedom and the Realm of Necessity: a Reconsideration'. *Praxis* (Zagreb),
1/2 (1969), 20−5.

'Recent Literature on Communism'. *World Politics*, 6 (1954), 515−25.

'Re-examination of the Concept of Revolution'. *New Left Review*, 56 (July/August 1969),
27−34.

'A Rejoiner to K. Löewith's Review of *Reason and Revolution*'. *Journal of Philosophy and
Phenomenological Research*, 2 (1942), 564−5.

'Remarks on a Redefinition of Culture'. *Daedalus*, 94 (1965), 190−207. Repr. in Gerald
Holton (ed.), *Science and Culture*, Cambridge, Mass. : Houghton Mifflin, 1965, pp. 218−
35.

'A Reply to Erich Fromm'. *Dissent*, 3 (1956), 79−81.

'A Reply to Lucien Goldmann'. *Partisan Review*, 28 (1971), 397−400.

'Repressive Tolerance'. In Robert Paul Wolff, Barrington Moore, Jr, and Herbert Marcuse,
A Critique of Pure Tolerance, Boston: Beacon Press, 1965, pp. 81−123. Repr. in Paul Con-
nerton (ed.), *Critical Sociology: Selected Readings*, Harmondsworth: Penguin, 1976, pp.
301−29.

'Review of Georg Lukács' *Goethe und seine Zeit*'. *Journal of Philosophy and Phenomeno-

logical Research, 9 (1950), 142−4.

'Revolutionary Subject and Self-Government'. *Praxis* (Zagreb), 5 (1969), 326−9.

'Sartre's Existentialism'. *Philosophy and Phenomenological Research*, 9 (1948). Repr. in *Studies in Critical Philosophy* (see below).

'On Science and Phenomenology'. *Boston Studies in the Philosophy of Science*, 2 (1965), 279−91. Repr. in Andrew Arato and Eike Gebhardt (eds), *The Essential Frankfurt School Reader*, Oxford: Blackwell, 1978, pp. 466−76.

'The Social Implications of Freudian "Revisionism"'. *Dissent*, 2 (1955), 221−40.

'Socialism in the Developed Countries'. *International Socialist Journal*, 2, no. 8 (April 1955), 139−52.

'Socialist Humanism?' In Erich Fromm (ed.), *Socialist Humanism*, New York: Doubleday, 1965, pp. 96−106.

'Statement on Vietnam'. *Partisan Review*, 32 (1965), 646−9.

Studies in Critical Philosophy, trans. Joris de Bres. London: New Left Books, 1972. (Contains: 'The Foundation of Historical Materialism'; 'Freedom and the Historical Imperative'; 'Karl Popper and the Problem of Historical Laws'; 'Sartre's Existentialism'; and 'A Study on Authority'.)

'Theory and Therapy in Freud'. *The Nation*, 185 (1957), 200−2.

'A Tribute to Paul A. Baran'. *Monthly Review*, 16 (1965), 114−15.

'World Without Logic'. *Bulletin of Atomic Scientists*, 20 (1964), 25−6.

弗朗茨·诺伊曼

相关文献

Luthardt, Wolfgang. 'Ausgewählte Bibliographie der Arbeiten von Franz Leopold Neumann'. In Franz Neumann, *Behemoth. Struktur und Praxis des Nationalsozialismus* 1933−1944, ed. Gert Schäfer, Frankfurt am Main: Europäische Verlags-Anstalt, 1977, pp. 777−84. Repr. in Franz L. Neumann, *Wirtschaft, Staat, Demokratie. Aufsätze 1930−1954*, ed. Alfons Söllner, Frankfurt am Main: Suhrkamp, 1978.

著作选目

1929 *Die politsche und soziale Bedeutung der arbeitsgerichtlichen Rechtsprechung*. Berlin: Laub.

1931 *Tarifrecht auf der Grundlage der Rechtsprechung des Reichsarbeitsgerichts*. Berlin:

Allgemeiner Deutscher Gewerkschaftsbund.

1932 *Koalitonsfreiheit und Reichsverfassung. Die Stellung der Gewerkschaften im Verfassungssystem.* Berlin: Heymann.

1934 *Trade Unionism, Democracy, Dictatorship.* Preface by Harold J. Laski. London: Workers'Educational Trade Union Committee. [Published in United States as *European Trade Unionism and Politics*, ed. Carl Raushenbuch. New York: League for Industrial Democracy, 1936.]

1935 (pseud.: Leopold Franz) *Die Gewerkschaften in der Demokratie und in der Diktatur.* Probleme des Sozialismus, 13. Karlsbad: Graphia.

1942 *Behemoth: The Structure and Practice of National Socialism.* London: Gollancz.

1944 *Behemoth: The Structure and Practice of National Socialism, 1933—1944.* 2nd re. edn, with new appendix. Toronto: Oxford University Press.

1957 *The Democratic and the Authoritarian State: Essays in Political and Legal Theory*, ed. Herbert Marcuse. Glencoe, Ill. : Free Press.

1978 *Wirtschaft, Staat, Demokratie. Aufsätze 1930—1954*, ed. Alfons Söllner. Frankfurt am Main: Suhrkamp.

1980 *Die Herrschaft des Gesetzes. Eine Untersuchung zum Verhältnis von politischer Theorie und Rechtssystem in der Konkurrenzgesellschaft*, trans. and ed. Alfons Söllner. Frankfurt am Main: Suhrkamp. (Translation of the 1936 doctoral dissertation, 'The Governance of *the Rule of Law*: an Investigation into the Relationship between the Political Theories, the Legal System, and the Social Background in the Competitive Society', London School of Economics, 1936 (supervisor: Harold J. Laski). Published in English in 1986 as The Rule of Law (see below)).

发表于 *ZfS*, *SPSS* 以及研究所其他出版物上的作品

'Der Funktionswandel des Gesetzes im Recht der bürgerlichen Gesellschaft'. *ZfS*, 6, no. 3 (1937), 542—96.

'Types of Natural Law'. *SPSS*, 8, no. 3 (1940), 338—61.

'Intellektuelle und politische Freiheit'. In *Sociologica I. Aufsätze, Max Horkheimer zum sechzigsten Geburtstag gewidmet.* Frankfurter Beiträge zur Soziologie, 1. Frankfurt am Main: Europäische Verlags-Anstalt, 1955.

通信

A few letters in Rainer Erd (ed.), *Reform und Resignation. Gespräche über Franz L. Neu-*

mann. Frankfurt am Main: Suhrkamp, 1984.

以英文出版的其他著作

'Approaches to the Study of Political Power'. *Political Science Quarterly*, 65 (1950), 161−80.

'The Intelligentsia in Exile'. In Paul Connerton (ed.), *Critical Sociology: Selected Readings*, Harmondsworth: Penguin, 1976, pp. 423−41. (From Neumann's chapter, 'The Social Sciences', in W. Rex Crawford (ed.), *The Cultural Migration: The European Scholar in America*, Philadelphia, University of Pennsylvania Press, 1953, pp. 4−25.)

The Rule of Law: Political Theory and the Legal System in Modern Society, ed. Matthias Ruete. Leamington Spa: Berg, 1986.

弗雷德里希·波洛克

著作

1926 *Sombarts 'Widerlegung' des Marxismus*. Beihefte zum Archiv für die Geschichte des Sozialismus und der Arbeiterbewegung, 3, ed. Carl Grünberg. Leipzig: Hirschfeld.

1929 *Die planwirtschaftlichen Versuche in der Sowjetunion 1917−1927*. Schriften des Instituts für Sozialforschung, 2. Leipzig: Hirschfeld, 1929.

1964 *Automation. Materialien zur Beurteilung der ökonomischen und sozialen Folgen*. Frankfurter Beiträge zur Soziologie, 5. Frankfurt am Main: Europäische Verlags-Anstalt, 1956.

1975 *Stadien des Kapitalismus*, ed. Helmut Dubiel. Munich: Beck. (Contains Pollock's *ZfS* und SPSS articles.)

发表于 *ZfS*, SPSS 以及研究所其他出版物上的作品

'Zur Marxschen Geldtheorie'. *In Archiv für die Geschichte des Sozialismus und der Arbeiterbewegung*, 13 (1927), 193−209.

'Sozialismus und Landwirtschaft'. In *Festschrift für Carl Grünberg zum 70. Geburtstag*. Stuttgart: Kohlhammer, 1932.

'Die gegenwärtige Lage des Kapitalismus und die Aussichten einer planwirtschaftlichen Neuordnung'. *ZfS*, 1, no. 1 (1932), 8−27.

'Bemerkungen zur Wirtschaftskrise'. *ZfS*, 2, no. 3 (1933), 321−54.

'State Capitalism: Its Possibilities and Limitations'. *SPSS*, 9, no. 2 (1941), 200−25. Repr. in Andrew Arato and Eike Gebhardt (eds), *The Essential Frankfurt School Reader*,

Oxford: Blackwell, 1978, pp. 71—94.

'Is National Socialism a New Order?' *SPSS*, 9, no. 3 (1941), 440—55.

'Automation in USA. Betrachtungen Zur "zweiten industriellen Revolution" '. In *Sociological I. Aufsätze, Max Horkheimer zum sechzigsten Geburtstag gewidmet*. Frankfurter Beiträge zur Soziologie, 1. Frankfurt am Main: Europäische Verlags-Anstalt, 1955.

'Die sozialen und ökonomischen Auswirkungen der Anwendung der Elektronenrechners in der hochindustrialisierten Gesellschaft'. In Max Horkheimer (ed.), *Zeugnisse. Theodor W. Adorno zum 60. Geburtstag*, Frankfurt am Main: Europäischen Verlags-Anstalt, 1963.

以英文发表的著作

The Economic and Social Consequences of Automation, trans. W. O. Henderson and W. H. Chaloner. Oxford: Blackwell, 1957.

'Empirical Research into Public Opinion', trans. Thomas Hall. In Paul Connerton (ed.), *Critical Sociology: Selected Readings*, Harmondsworth: Penguin, 1976, pp. 225 — 36. (From *Gruppenexperiment.*)

费利克斯·韦尔

著作

1922 *Sozialisierung. Versuch einer begrifflichen Grundlegung nebst einer Kritik der Sozialisierungspläne*. Praktischer Sozialismus, ed. Karl Korsch, vol. 7. Berlin: Verlag für Gesellschaft und Erziehung, 1921.

1944 *Argentine Riddle*. New York: Day.

1967 *How to Conduct your Case before a California Assessment Appeals Board: A Guide for Property Taxpayers*. Pacific Palisades, Cal. : Tax Facts.

发表于 *Grünberg's Archiv* 和 *ZfS* 的重要文章

'Die Arberiterbewegung in Argentinien. Ein Beitrag zu ihrer Geschichte'. *Archiv für die Geschichte des Sozialismus und der Arbeiterbewegung*, 11 (1925), 1—51.

'Rosa Luxemburg über die russische Revolution. Einige unveröffentlichte Manuskripte', ed. Felix Weil. *Archiv für die Geschichte des Sozialismus und der Arbeiterbewegung*, 13 (1928), 283—98.

'Neuere Literatur zum "New Deal" '. *ZfS*, 5, no. 3 (1936), 404—10.

'Neuere Literatur zur deutschen Wehrwirtschaft'. *ZfS*, 7, no. 1/2 (1938), 200—18.

卡尔·奥古斯特·魏特夫

相关文献

Ulmen, Gary L. 'Chronological Bibliography of the Published Writings of Karl August Wittfogel'. In Gary L. Ulmen, *The Science of Society: Toward an Understanding of the Life and Work of Karl August Wittfogel*, The Hague: Mouton, 1978, pp. 509–23.

专著

1924 *Geschichte der bürgerlichen Gesellschaft: Von ihren Anfängen bis zur Schwelle der grossen Revolution*. Wissenschaft und Gesellschaft, 2. Berlin: Malik. [Repr. Frankfurt am Main: Rote Texte, 1972.]

1926 *Das erwachende China. Ein Abriss der Geschichte und der gegenwärtige Probleme Chinas*. Vienna: Agis.

1931 *Wirtschaft und Gesellschaft Chinas. Versuch der wissenschaftlichen Analyse einer grossen asiatischen Agrargesellschaft*. Schriften des Instituts für Sozialforschung, 3. Leizig: Hirschfeld, 1931.

1936 (pseud.: Klaus Hinrichs) *Staatliches Konzentrationslager VII. Eine "Erziehungsanstalt" im Dritten Reich*. London: Malik. [A novel.]

1947 *Economic and Political Features in China's Social Heritage*. Princeton: Princeton University Press, 1947.

1949 (with Feng China-Sheng) *History of Chinese Society: Liao, 907–1125*. Philadelphia: American Philosophical Society.

1957 *Oriental Despotism: A Comparative Study of Total Power*. New Haven: Yale University Press.

1977 *Beiträge zur marxistischen Ästhetik*, ed. Andreas W. Mytze. Berlin: Verlag Europäische Ideen.

发表于 *ZfS* 和 *Studien über Autorität und Familie* 的文章

'The Foundations and Stages of Chinese Economic History'. *ZfS*, 4, no. 1 (1935), 26–59.

'Wirtschaftsgeschichtliche Grundlagen der Entwicklung der Familienau-torität'. In *Studien über Autorität und Familie. Forschungsberichte aus dem Institut für Sozialforschung*. Schriften des Instituts für Sozialforschung, 5. Paris: Alcan, 1936.

'Die Theorie der orientalischen Gesellschaft'. *ZfS*, 7, no. 1/2 (1938), 90–122.

'Bericht über eine grössere Untersuchung der sozialäkonomischen Struktur Chinas'. *ZfS*, 7, no. 1/2 (1938), 123−32.

'The Society of Prehistoric China'. *ZfS*, 8, no. 1/2 (1939), 138−86.

访谈

'Die hydraulische Gesellschaft und das Gespenst der asiatischen Restauration. Gespräch mit Karl August Wittfogel '. In Mathias Greffrath (ed.), *Die Zerstörung einer Zukunft. Gespräche mit emigrierten Sozialwissenschaftlern*, Reinbek bei Hamburg: Rowohlt, 1979.

法兰克福学派圈子在所讨论的阶段发表的文章或成果中所提及的其他著作

(批判理论第二代的文献信息可参看 Willem van Reijen, *Philosophie als Kritik. Einführung in die kritische Theorie*, Königstein im Taunus : Athenäum, 1984.)

Haag, Karl Heinz. *Kritik der neueren Ontologie*. Stuttgart: Kohlhammer, 1960.

——*Philosophischer Idealismus. Untersuchungen zur Hegelschen Dialektik mit Beispielen aus der Wissenschaft der Logik*. Frankfurt am Main: Europäische Verlags-Anstalt, 1967.

Negt, Oskar. *Soziologische Phantasie und exemplarisches Lernen. Zur Theorie der Arbeiterbildung*. Frankfurt am Main: Europäische Verlags-Anstalt, 1968. (Cited from the espanded edition of 1971.)

——and Kluge, Alexander. *öffentlichkeit und Erfahrung. Zur Organisations-analyse von bürgerlicher und proletarischer öffentlichkeit*. Frankfurt am Main: Zweitausendeins, 1981.

——and Kluge, Alexander. *Geschichte und Eigensinn*. Frankfurt am Main: Zweitausendeins, 1981.

Wellmer, Albrecht. *Methodologie als Erkenntnistheorie. Zur Wissenschaftslehre Karl R. Poppers*. Frankfurt am Main: Suhrkamp, 1967.

——*Kritische Gesellschaftstheorie und Positivismus*. Frankfurt am Main: Suhrkamp, 1969

III. 二手材料 (选择范围较小，只涉及最主要著作)

Adorno, Theodor W. 'Scientific Experiences of a European Scholar in America', trans. Donald Fleming. *Perspectives in American History*, 2 (1968), 338 − 70. Repr. in Donald Fleming and Bernard Bailyn (eds), *The Intellectual Migration*, Cambridge, Mass. : Belknap Press/

Harvard University Press, 1969, pp. 338—70.

Arendt, Hannah. *Walter Benjamin-Bertolt Brecht. Zwei Essays.* Munich: Piper, 1971.

Arnold, Heinz Ludwig (ed.). *Theodor W. Adorno. Text + Kritik*, special issue (1977).

Beier, Christel. *Zum Verhältnis von Gesellschaftstheorie und Erkenntnistheorie. Untersuchungen zum Totalitätsbegriff in der kritischen Theorie Adornos.* Franfurt am Main: Suhrkamp, 1977.

Benjamin. Walter. 'Ein deutsches Institut freier Forschung'. In *Gesammelte Schriften*, vol. 3, Frankfurt am Main: Suhrkamp, 1972, pp. 518—26.

—— ' "Kierkegaard" Das Ende des philosophischen Idealismus'. In *Gesammelte Schriften*, vol. 3, Frankfurt am Main: Suhrkamp, 1972, pp. 380—3.

Bernstein, Richard J. (ed.). *Habermas and Modernity.* Cambridge: Polity Press, 1985.

Bonss, Wolfgang. *Die Einübung des Tatsachenblicks. Zur Struktur und Veränderung empirischer Sozialforscung.* Frankfurt am Main: Suhrkamp, 1982.

—— 'Kritische Theorie und empirische Sozialforschung. Anmerkungen zu einem Fallbeispiel'. In Erich Fromm, *Arbeiter und Angestellte am Vorabend des Deritten Reiches. Eine sozialpsychologische Untersuchung*, ed. Wolfgang Bonss. Stuttgart: Deutscher Verlags-Anstalt, 1980.

——and Honneth, Axel (eds). *Sozialforschung als Kritik. Zum sozialwissenschaftlichen Potential der Kritischen Theorie.* Frankfurt am Main: Suhrkamp, 1982.

Brandt, Gerhard. 'Ansichten kritischer Sozialforschung 1930—1980'. *Leviathan*, special issue, 4 (1981).

Breuer, Stefan. *Die Krise der Revolutionstheorie. Negative Vergesellschaftung und Arbeitsmetaphysik bei Herbert Marcuse.* Frankfurt am Main: Syndikat Autoren- und Verlagsgesellschaft, 1977.

Brunkhorst, Hauke. 'Paradigmakern und Theoriendynamik der Kritischen Theorie der Gesellschaft'. *Soziale Welt*, 3 (1983).

——and Koch, Gertrud. *Herbert Marcuse zur Einführung.* Hamburg: Junius, 1987.

Buckmiller, Michael. Die "Marxistrische Arbeitswoche" 1923 und die 'Gründung des " Instituts für sozialferschung" '. In van Reijen, W. and Schmid Noerr, 6. (eds). *Grand Hotel Abgrund. Eine Photobiographie der Frankfurter Schule.* Hamburg: Junius, 1990.

Buck-Morss, Susan. The Origin of Negative Dialectics: Theodor W. Adorno, Walter Benjamin and the Frankfurt Institute. Hassocks, Sussex: Harvester, 1977.

Bulthaup, Peter (ed.). *Materialien zu Benjamins Thesen 'Über den Begriff der Geschichte' . Beiträge und Interpretationen.* Frankfurt am Main: Suhrkamp, 1975.

Christie, Richard and Jahoda, Marie (eds). *Studies in the Scope and Method of 'The Autho-*

ritarian Personality'. Glencoe, Ill. : Free Press, 1954.

Claussen, Detlev. *Spuren der Befreiung-Herbert Marcuse. Ein Materialienbuch zur Einführung in sein politisches Denken*. Darmstadt: Luchterhand, 1981.

Connerton, Paul. *The Tragedy of Enlightenment : an Essay on the Frankfurt School*. Cambridge: Cambridge University Press, 1980.

Dahmer, Helmut. *Libido and Gesellschaft. Studien über Freud und die Freudsche Linke*. Frankfurt am Main: Suhrkamp, 1973.

Dallmayr, Winfried (ed.). *Materialien zu Jürgen Habermas 'Erkenntnis und Interesse'*. Frankfurt am Main: Suhrkamp, 1974.

Dubiel, Helmut. *Identität und Institution. Studien über moderne Sozialphilosophien*. Konzepte Sozialwissenschaft, 5. Düsseldorf: Bertelsmann, 1973.

——*Wissenschaftsorganisation und politische Erfahrung. Studien zur frühen Kritischen Theorie*. Frankfurt am Main: Suhrkamp, 1978.

Düver, Lthar. *Theodor W. Adorno. Der Wissenschaftsbegriff der Kritischen Theorie in seinem Werk*. Bonn: Bouvier, 1978.

Eisenbach, Robert Hellmuth. 'Millionär, Agitator und Doktorand. Die Tübinger Studentenzeit des Felix Weil (1919) '. *Bausteine zur Tübinger Universitätsgeschichte*, 3 (1987).

Erd, Raniner (ed.). *Reform und Resignation. Gespräche über Franz L. Neumann*. Frankfurt am Main: Suhrkmap, 1985.

Feuer, Lewis S. 'The Frankfurt Marxists and the Columbia Liberals'. *Survey* (Summer 1980).

Friedebrug, Ludwig von and Habermas, Jürgen (eds). *Adorno-Konferenz 1983*. Frankfurt am Main: Suhrkamp, 1983.

Fuld, Werner. *Walter Benjamin. Zwischen den Stühlen. Eine Biographie*. Munich: Hanser, 1979.

Funk, Rainer. *Erich Fromm mit Selbstzeugnissen und Bilddokumenten*. Reinbek bei Hamburg: Rowohlt, 1983.

Gamm, Gerhard (ed.). *Angesichts objektiver Verblendung. über die Paradoxien Kritischer Theorie*. Tübingen: Konkursbuchverlag, 1985.

Geyer, Carl-Friedrich. *Kritische Theorie. Max Horkheimer und Theodor W. Adorno*. Freiburg: Alber, 1982.

Glazer, Nathan. 'The Study of Man: the Authoritarian Personality in Profile'. *Commentary* (June 1950).

Görlich, Bernhard. 'Die Kulturismus-Revisionismus-Debatte. Anmerkungen zur Problemgeschichte der Kontroverse um Freud'. In Bernhard Görlich, Alfred Lorenzer and Alfred Schmidt (eds), *Der Stachel Freud. Beiträge und Dokumente zur Kulturismus-Kritik*, Frankfurt am Main: Suhrkamp, 1980.

Grenz, Friedemann. *Adornos Philosophie in Grundbegriffen. Auflösung einiger Deutungsprobleme. Mit einem Anhang : 'Ist die Soziologie eine Wissenschaft vom Menschen? Ein Streitgespräch', von Thedodor W. Adorno und Arnold Gehlen.* Frankfurt am Main: Suhrkamp, 1974.

Gumnior, Helmut and Ringguth, Rudolf. *Max Horheimer in Selbstzeugnissen und Bilddokumenten.* Reinbek bei Hamburg: Rowohlt, 1973.

Günther, Henning, Willeke, Clemens and Willeke, Rudolf. Die Gewalt der Verneinung. *Die Kritische Theorie und ihre Folgen.* Stuttgart: Seewald, 1978.

Habermas, Jürgen. 'Drei Thesen zur Wirkungsgeschichte der Frankfurter Schule'. In Axel Honneth and Albrecht Wellmer (eds), *Die Frankfurter Schule und die Folgen. Referate eines Symposiums der Alexander von Humboldt-Stiftung vom 10.−15. Dezember 1984 in Ludwigsburg.* Berlin: Walter de Gruyter, 1986, pp. 8−12.

——*Der philosophische Diskurs der Moderne. Zwölf Vorlesungen.* Frankfurt am Main: Suhrkamp, 1985.

——*Philosophiesch-politische Profile. Erweiterte Ausgabe.* Frankfurt am Main: Suhrkamp, 1981.

——*Theorie des kommunikativen Handelns.* Frankfurt am Main: Suhrkamp, 1981.

—— (ed.). *Antworten auf Herbert Marcuse.* Frankfurt am Main: Suhrkamp, 1968.

Hansen, Klau (ed.). *Frankfurter Schule und Liberalismus : Beitrag zum Dialogzwischen kritischer Gesellschaftstheorie und politischem Liberalismus.* Baden-baden: Nomos, 1981.

Heimann, Bodo. 'Thomas Manns Doktor Faustus und die Musikphilosophie Adornos'. *Deutsche Vierteljahresschrift für Literaturwissenschaft und Geistesgeschichte*, 38 (1964).

Heintz, Peter. 'Zur Problematik der "autoritären Persönlichkeit" '. *Kölner Zeitschrift für Soziologie und Sozialpsychologie*, 9 (1957), 28−49.

Heiseler, Johannes Henrich von , Steigerwald, Robert and Schleifstein, Josef (eds). *Die 'Frankfurter Schule' im Lichte des Marxisus. Zur Kritik der Philosophie und Soziologie von Horkheimer, Adorno, Marcuse, Habermas.* Frankfurt am Main: Verlag Marxistische Blätter, 1970.

Held, David. *Introduction to Critical Theory : From Horkheimer to Habermas.* London: Hutchinson, 1980.

Herz, John H. and Hula, Erich. 'Otto Kirchheimer: an Intoduction to his Life and Work'. In

法兰克福学派：历史、理论及政治影响

Otto Kirchheimer, *Politics, Law, and Social Change : Selected Essays*, ed. Frederic S. Burin and Kurt L. Shell, New York: Columbia University Press, 1969.

Hesse, Heidrun. *Vernunft und Selbstbehauptung. Kritische Theorie als Kritik der neuzeitlichen Rationalität*. Frankfurt am Main: Fischer, 1984.

Honneth, Axel. *Kritik der Macht. Reflexionsstufen einer kritischen Gesellschaftstheorie*. Frankfurt am Main: Suhrkamp, 1985.

——and Wellmer, Albrecht (eds). *Die Frankfurter Schule und die Folgen. Referate eines Symposiums der Alexander von Humboldt-Stiftung vom 10. −15. Dezember 1984 in Lud-wigsburg*. Berlin: Walter de Gruyter, 1986.

Jacoby, Russell. *Social Amnesia : A Critique of Conformist Psychology from Adler to Laing*. Boston: Beacon Press, 1975.

Jaerisch, Ursula. *Sind Arbeiter autoritär? Zur Methodenkritik politischer Psychologie*. Frankfurt am Main: Europäische Verlags-Anstalt, 1975.

Jay, Martin. *Adorno*. London: Fontana, 1984.

——*The Dialectical Imagination : A History of the Frankfurt School and the Institude of Social Research, 1923−1950*. London: Heinemann, 1973.

Kaiser, Gerhard. *Benjamin. Adorno. Zwei Studien*. Frankfurt am Main: Athenäum-Fischer, 1974.

Kaltenvrunner, Gerd-Klaus and Riedel, Manfred. 'Der Denker Herbert Marcuse'. *Merkur*, 236 (1967).

Katz, Barry. *Herbert Marcuse and the the Art of Liveration : An Intellectual Biography*. London: New Left Books, 1982.

Kecskemeiti, Paul. 'Prejudice in the Catastrophic Perspective: Liberalism, Conservatism, and Anti-Semitism'. *Commentary* (March 1951).

Kellner, Douglas. *Herbert Marcuse and the Crisis of Marxism*. London: Macmillan, 1984.

Kluke, Paul. *Die Stiftungsuniversität Frankfurt am Main, 1914 −1932*. Frankfurt am Main: Kramer, 1973.

Knapp, Gerhard P. *Theodor W. Adorno*. Berlin: Colloquium, 1980.

Kolleritsch, Otto (ed). *Adorno und die Musik*. Vienna: Universal, 1979.

König, René. 'Max Horkheimer, Theodor W. Adorno. Die Kritische Theorie'. In Kurt Fassmann (ed.), *Die Grossen der Weltgeschichte*, vol. 11, Zurich, 1978.

Korthals, Michiel. ' Die kritische Gesellschaftstheorie des frühen Horkheimer. Missverständnisse über das Verhältnis von Horkheimer, Lukács und dem Positivismus'. *Zeitschrift für Soziologie* (June 1985).

Küsters, G.-W. *Der Kritikbegriff der Kritischen Theorie Max Horkheimers. Historisch-systematische Untersuchung zur Theoriegeschichte.* Frankfurt am Main: Campus, 1980.

Lacis, Asja. *Revolutionär im Beruf. Berichte über proletarisches Theater, über Meyerhold, Brecht, Benjamin und Piscator,* ed. Hildegard Brenner. Munich: Rogner & Bernhard, 1976.

Lazarsfeld, Paul F. 'An Episode in the History of Social Research: a Memoir'. *Perspectives in American History,* 2 (1968), 270—337. Repr. in Donald Fleming and Bernard Bailyn (eds), *The Intellectual Migration,* Cambridge, Mass: Belknap Press/Harvard University Press, 1969, pp. 270—337.

Lindner, Burkhardt. 'Habilitationsakte Benjamin'. *Lili. Zeitschrift für Literaturwissenschaft und Linguistik* (Göttingen), 53/54 (1984).

—— (ed.). *'Links hatte noch alles sich zu enträtseln...* ' *Walter Benjamin im Kontext.* Frankfurt am Main: Syndikat Autoren- und Verlagsgesellschaft, 1978

——and Lüdke, W. Martin (eds). *Materialien zur ästhetischen Theorie Theorie Theodor W. Adornos. Konstruktion der Moderne.* Frankfurt am Main: Suhrkamp, 1980.

Löbig, Michael and Schweppenhäuser, Gerhard (eds). *Hamburger Adorno-Symposion.* Lüneburg: Klampen, 1984.

Löwenthal, Leo. *Mitmachen wollte ich nie. Ein autobiographisches Gespräch mit Helmut Dubiel.* Frankfurt am Main: Suhrkamp, 1980. Trans. as 'I Never Wanted to Play Along: Interviews with Helmut Dubiel', in Martin Jay (ed.), *An Unmastered Past : The Autobiographical Reflections of Leo Lowenthal,* Berkeley: University of California Press, 1987, pp. 15—159.

Löwith, Karl. Review of F. C. Fischer, *Die Nullpunktexistenz,* and Theodor Wiesengrung-Adorno, *Kierkegaard. Deutsche Literaturzeitung,* 28 January 1934.

Lunn, Eugene. *Marxism and Modernism : A Historical Study of Lukács, Brecht, Benjamin, and Adorno.* Berkeley: University of California Press, 1982.

Luthardt, Wolfgang. 'Bemerkungen zu Otto Kirchheimers Arbeiten bis 1933'. In Otto Kirchheimer, *Von der Weimarer Republik zum Faschismus : Die Auflösung der demokratischen Rechtsordnung,* ed. Wolfgang Luthardt. Frankfurt am Main: Suhrkamp, 1976.

Lyotard, Jean-Francois. 'Adorno com diavolo'. In Jean-Francois Lyotard, *Intensitäten,* trans. Lothar Kurzawa and Volker Schaefer. Berlin : Merve, 1977.

McCarthy, Thomas. *The Critical Theory of Jürgen Habermas.* London: Hutchinson, 1978.

Maier, Joseph. 'Contributions to a Critique of Critical Theory'. In Baidya Nath Varma (ed.), *The New Social Sciences,* Westport, Conn. : Greenwood Press, 1976.

Maor, Maimon. *Max Horkheimer.* Berlin : Colloquium, 1981.

Marcus, Judith and Tar, Zoltán (eds). *Foundations of the Frankfurt School of Social Research*. New Brunuswick: Transaction Books, 1984.

Martin, Kurt (*alias* Kurt Mandelbaum). 'Staatskapitalismus? Probleme der Planbarkeit der kapitalistischen Gesellschaft-Ein Rückblick auf die Diskussionen im alten Frankfurter Institut für Sozialforschung'. In Werner Schulte (ed.), *Soziologie in der Gesellschaft. Referate aus dem... 20. Deutschen Soziologentag*, Bremen, *16.—19. September 1980*, Universität Bremen, Tagungsberichte, 3, Bremen: University of Bremen, 1981, pp. 903—7.

Mattick, Paul. *Critique of Marcuse : One-Dimensional Man in Class* Society. London: Merlin Press, 1972.

Mayer, Hans. 'Die im Dunkel und die im Licht. Die Geburt der "Kritischen Theorie" und die *Zeitschrift für Sozialforschung*'. *Die Zeit*, 31 October 1980, pp. 42—3.

——*Der Repräsentant und der Märtyrer. Konstellationen der Literatur*. Frankfurt am Main: Suhrkamp, 1971.

Migdal, Ulrike. *Die Frühgeschichite des Frankfurter Instituts für Sozialforschung*. Frankfurt am Main: Campus, 1981.

Mörchen, Hermann. *Adorno und Heidegger. Untersuchung einer philosophischen Kommunikationsverweigerung*. Stuttgart: Klett-Cotta, 1981.

Morrison, David E. 'Kultur and Culture: the Case of Theodor W. Adorno and Paul F. Lazarsfeld'. Social Research, 45 (1978), 331—55.

Negt, Oskar. '50 Jahre Institut für Sozialforschung'. *Der neue Egoist* (Hanover), 2 (1976).

Nenning, Günther. 'Biographie C. Grünberg'. *Archiv für die Geschichte des Sozialismus und der Arbeiterbewegung*, index volume for reprint, Zurich, 1973.

Perels, Joachim (ed.). *Recht, Demokratie und Kapitalismus. Aktualität und Probleme der Theorie Franz L. Neumanns*. Baden-Baden: Nomos, 1984.

Pflasterstrand, 209 (1985), 37 — 8. 'Flaschenpost? Horkheimer, Adorno, Marcuse und Nachkriegsdeutschland'.

Post, Werner. *Kritische Theorie und metaphysischer Pessimismus. Zum Spätwerk Max Horkheimers*. Munich: Kösel, 1971.

Puder, Martin. 'Zur Ästhetischen Theorie Adornos'. *Neue Rundschau*, 82 (1971), 465—77.

Reif, Adelbert. *Erich Fromm. Materialien zu seinem Werk*. Vienna: Europaverlag, 1978.

Reijen, Willem van. *Philosophie als Kritik. Einführung in die kritische Theorie*. Königstein im Taunus : Athenäum, 1984.

——and Schmid Noerr, Gunzelin (eds). *Vierzig Jahre Flaschenpost : 'Dialektik der*

Aufklärung' 1947 bis 1987. Frankfurt am Main: Fischer, 1971.

Ritsert, Jürgen and Rolshausen, Claus. *Der Konsercativismus der Kritischen Theorie*. Frankfurt am Main: Europäische Verlags-Anstalt, 1971.

Roghmann, Klaus. *Dogmatismus und Autoritarismus. Kritik der theoretischen Ansätze und Ergebnisse dreier westdeutscher Untersuchungen*. Kölner Beiträge zur Sozialforschung und angewandte Soziologie, 1. Meisenheim am Glan: Hain, 1966.

Rohrmoser, Günther. *Das Elend der Kritischen Theorie. Theodor W. Adorno, Herbert Marcuse, Jürgen Habermas*. Freiburg im Breisgau: Romabach, 1970.

Rose, Gillian. *The Melancholy Science: An Introduction to the Thought of Theodor W. Adorno*. London: Macmillan, 1978.

Russo, Valeria E. 'Profilo di Franz Borkenau'. *Rivista di Filosofia* (Turin) (June 1981). (Contains a bibliography of Borkenau's writings.)

Scheible, Hartmut. *Wahrheit und Subjekt. Ästhetik im bürgerlichen Zeitalter*. Berne: Francke, 1984.

Schiller-Lerg, Sabine. *Walter Benjamin und der Rundfunk. Programmarbeit zwischen Theorie und Praxis*. Munich: Saur, 1984.

Schivelbusch, Wolfgang. *Intellektuellendämmerung. Zur Lage der Frankfurter Intelligenz in den zwanziger Jahren: Die Universität, das Freie Jüdische Lehrhaus*. Frankfurt am Main: Insel, 1982.

Schmid Noerr, Gunzelin. 'Kritische Theorie in der Nachkriegsgesellschaft'. In Max Horkheimer, *Gesammelte Schriften*, vol. 8, Frankfurt am Main: Fischer, 1985.

Schmidt, Alfred. 'Die geistige Physiognomie Max Horkheimers'. Introduction to Max Horkheimer, *Notizen 1950 bis 1969 und Dämmerung*, Frankfurt am Main: Fischer, 1974.

——*Zur Idee der Kritischen Theorie. Elemente der Philosophie Max Horkheimers*. Munich: Hanser, 1974.

——and Altwicker, Norbert (eds). *Max Horkheimer heute: Werk und Wirkung*. Frankfurt am Main: Fischer, 1986.

Schmidt, Friedrich W. 'Hegel in der Kritischen Theorie der "Frankfurter Schule"'. In Oskar Negt (ed.), *Aktualität und Folgen der Philosophie Hegels*, Frankfurt am Main: Suhrkamp, 1971.

Schmucker, Joseph F. *Adorno. Logik des Zerfalls*. Stuttgart: Frommann-Holzboog, 1977.

Schoeller, Wilfried F. (ed.). *Die neue Linke nach Adorno*. Munich: Kindler, 1969.

Scholem, Gershom. *Walter Benjamin: The Story of a Friendship*. London: Faber, 1982.

Schwarz, Ullrich. *Rettenden Kritik und antizipierte Utopie. Zum geschichtlichen Gehalt ästhetischer Erfahrung in den Theorien von Jan Mukarovský, Walter Benjamin und Theodor W. Adorno.* Munich: Fink, 1981.

Schweppenhäuser, Hermann (ed.). *Theodor W. Adorno zum Gedächtnis. Eine Sammlung.* Frankfurt am Main: Suhrkamp, 1971.

Shils, Edward. 'Geschichte der Soziologie: Tradition, ökologie und Institutionalisierung'. In Talcott Parsons, Edward Shils and Paul Lazarsfeld, *Soziologie-autobiographisch.* Stuttgart: Enke, 1975.

Skuhra, Anselm. *Max Horkheimer: eine Einführung in sein Denken.* Stuttgart: Kohlhammer, 1974.

Slater, Phil. *Origin and Significannce of the Frankfurt School: A Marxist Perspective.* London: Routledge &. Kegan Paul, 1977.

Söllner, Alfons. *Franz L. Neunmann-Skizzen zu einer intellektuellen und politischen Biographie.* Frankfurt am Main: Suhrkamp, 1978.

——*Geschichte und Herrschaft. Studien zur materialistischen Sozialwissenschaft 1929 — 1942.* Frankfurt am Main: Suhrkamp, 1982.

——*Neumann zur Einführung.* Hanover, 1982.

Stoessel, Marleen. *Aura. Das vergessene Menschliche. Zu Sprache und Erfahrung bei Walter Benjamin.* Munich: Hanser, 1983.

Szondi, Peter. *Über eine 'Freie (d. h. freie) Universität'. Stellungsnahmen eines Philologen*, ed. Jean Bollack. Frankfurt am Main: Suhrkamp, 1973. (Contains 'Über Adornos Vortrag "Zum Klassizismus von Goethes *Iphigenie*" ', pp. 55—6.)

Tar, *Zoltán. The Frankfurt School: The Critical Theories of Max Horkheimer and Theodor W. Adorno.* New York: Wiley, 1977.

Text und Kritik, 31/32 (1979). Special issue on Walter Benjamin.

Theunissen, Michael. *Gesellschaft und Geschichte. Zur Kritik der kritischen Theorie.* Berlin: de Gruyter, 1969.

Tiedemann, Rolf, Gödde, Christoph, and Lonitz, Henri (eds), *Walter Benjamin 1892 — 1920.* Marbacher Magezin 55/1990.

Tiedemann, Rolf. *Dialektik im Stillstand. Versuche zum Spätwerk Walter Benjamin.* Frankfurt am Main: Suhrkamp, 1983.

——*Studien zur Philosophie Walter Benjamins.* Frankfurt am Main: Suhrkamp, 1973.

Ulmen, Gary L. *The Science of Society: Toward an Understanding of the Life and Work of Karl August Wittfogel.* The Hague: Mouton, 1978.

Vogler, Jan et al. [*The Social Philosophy of the Frankfurt School*]. Moscow, 1975 [in Russian].

Wellmer, Albrecht. *Zur Dialektik von Moderne und Postmoderne. Vernunftkritik nach Adorno*. Frankfurt am Main: Suhrkamp, 1985.

—— 'Kommunikation und Emanzipation. Überlegungen zur "sprachanalytischen Wende" der Historischen Theorie'. In Urs Jaeggi and Axel Honneth (eds), *Theorien des Historischen Materialismus*, Frankfurt am Main: Suhrkamp, 1977.

—— *Kritische Gesellschaftstheorie und Positivismus*. Frankfurt am Main: Suhrkamp, 1969.

Wiggershaus, Rolf. *Theodor W. Adorno*. Munich: Beck, 1987.

Wilson, Michael. *Das Institut für Sozialforschung und seine Faschismusanalysen*. Frankfurt am Main: Campus, 1982.

Witte, Bernd. *Walter Benjamin, mit Selbstzeugnissen und Bilddokumenten*. Reinbek bei Hamburg: Rowohlt, 1985.

Wohlfarth, Irving. 'Zu Walter Benjamin Briefwechsel mit Gershom Scholem'. *Merkur* (February 1981).

Wolin, Richard. *Walter Benjamin: An Aesthetic of Redemption*. New York: Columbia University Press, 1982.

Zeitschrift für Musiktheorie, 1 (1973). Sepcial issue on Adorno.

IV. 论及背景的著作以及对背景构成有影响的著作

Abelshauser, Werner. *Wirtschaftsgeschichte der Bundesrepublik Deutschland 1945 −1980*. Frankfurt am Main: Suhrkamp, 1983.

Abendroth, Wolfgang. *Ein Leben in der Arbeiterbewegung. Gespräche*, ed. Barbara Dietrich and Joachim Perels. Frankfurt am Main: Suhrkamp, 1976.

——et al. *Die Linke antwortet Jürgen Habermas*, ed. Oskar Negt. Frankfurt am Main: Europäische Verlags-Anstalt, 1968.

Achinger, Hans. *Wilhelm Merton in seiner Zeit*. Frankfurt am Main: Kramer, 1965.

Adorno, Theodor W. (ed.). *Spätkapitalismus doer Industriegesellschaft? Verhandlungen des 16. Deutschen Soziologentages vom 8.−11. April 1968 in Frankfurt am Main*. Stuttgart: Enke, 1969.

Agnoli, Johannes and Brückner, Peter. *Die Transformation der Demokratie*. Frankfurt am Main: Voltaire-Verlag, 1967.

Aktiver Streik. Dokumentation zu einem Jahr Hochschulpolitik. Am Beispiel der Universität Frankfurt. Darmstadt: Melter, 1969.

Alemann, Heine von. 'Leopold von Wiese und das Forschungsinstitut für Sozialwissenschaften in Köln 1919 bis 1934'. In Wolf Lepenies (ed.), *Geschichte der Soziologie*, vol. 1, Frankfurt am Main: Suhrkamp, 1981.

Aragon, Louis. *Le Paysan de Paris*. Paris : Gallimard, 1926. *Paris Peasant*, trans. Simon Watson Taylor. London : Cape, 1971.

Arato, Andrew and Breines, Paul. *The Young Lukács and the Origins of Western Marxism*. New York: Seabury Press, 1979.

Baumgartner, Hans Michael and Sass, Hans-Martin. *Philosophie in Deutschland* 1945 — 75. *Standpunkte, Entwicklungen, Literatur*. Meisenheim am Glan: Hain, 1978.

Becker, Carl Heinrich. *Gedanken zur Hochschulreform*. Leipzig: Quelle &-Meyer, 1919.

Bedingungen und Organisation des Widerstandes. Der Kongress in Hannover. Protokolle, Flugblätter, Resolutionen. Voltaire Flugschriften, 12. Berlin: Voltaire-Verlag, 1967.

Bettelheim, Bruno. *Erziehung zum Überleben. Zur Psychologie der Extremsituation*. Munich: Deutsche Verlags-Anstalt, 1982.

——*Surviving, and Other Essays*. New York: Knopf, 1979.

—— 'The Victim' Image of the Anti-Semite: the Danger of Stereotyping the Adversary'. *Commentary*, 5 (1948), 173—9.

Bloch, Ernst. *Erbschaft dieser Zeit*. Zurich: Oprecht &- Helbling, 1935, espanded edn, Frankfurt am Main: Suhrkamp, 1962. *Heritage of Our Times*, trans. Neville Plaice and Stephen Plaice. Cambridge: Polity Press, 1990.

——*Geist der Utopie*. Munich and Leipzig: Duncker &- Humblot, 1918.

(Gesamtausgabe, vol. 16: *Geist der Utopie. Erste Fassung*. Frankfurt am Main: Suhrkamp, 1977.)

Böhm, Franz and Dirks, Walter (eds). *Judentum. Schicksal, Wesen und Gegenwart*. 2 vols. Wiesbaden: Steiner, 1965.

Borsdorf, Ulrich and Niethammer, Lutz (eds). *Zwischen Befreiung und Besatzung. Analysen des US-Geheimdienstes über Positionen und Strukturen deutscher Politik 1945*. Wuppertal: Hammer, 1976.

Boveri, Margret. 'Im Dienst der Macht. Kurt Riezler'. *Merkur* (December 1974).

——*Der Verrat im 20. Jahrhundert*, 3: *Zwischen den Ideologien-Zentrum Europa*. Reinbek bei Hamburg: Rowohlt, 1957.

——*Der Verrat im* 20. *Jahrhundert*, 4: *Verrat als Epidemie*: *Amerika-Fazit*. Reinbek bei Hamburg: Rowohlt, 1960.

Bracher, Karl Dietrich. *Die Auflösung der Weimarer Republik. Eine Studie zum Problem des Machtverlustes in der Demokratie.* Königstein im Taunus: Athenäum, 1978.

Brecht, Bertolt. *Arbeitsjournal*, ed. Werner Hecht. 2 vols. Frankfurt am Main: Suhrkamp, 1974.

Broszat, Martin. *Der Staat Hitlers. Grundlegung und Entwicklung seiner inneren Verfassung.* Weltgeschichte des 20. Jahrhunderts, 9. Munich: Deutscher Taschenbuch-Verlag, 1969.

Buber, Martin et al. *Gabe Herrn Rabbiner Dr. Nobel zum 50. Geburtstag.* Frankfurt am Main: Kauffmann, 1921.

Buckmiller, Michael. 'Karl Korsch und das "Institut für Sozialforschung".' *Links* (September 1986), 30−1.

——*Karl Korsch und das Problem der materialistischen Dialektik.* Hanover, 1976.

Burian, Wilhelm. *Psychoanalyse und Marxismus. Eine intellektuelle Biographie Wilhelm Reichs.* Frankfurt am Main: Makol, 1972.

Cahn, Peter. 'Zum Frankfurter Musikleben in den zwangziger Jahren'. In Gerhard König and Adam Seide (eds), *Ein halbes Jahrhundert Kunst und Literatur. Was da ist in Frankfurt anhand von Beispielen*, Frankfurt am Main: Eichborn, 1983.

Cantril, Hadley (ed.). *Tensions that Cause Wars*: *Common Statements and Individual Papers by a Group of Social Scientists Brought Together by UNESCO.* Urbana. Ill. : University of Illinois Press, 1950.

Caute, David. *The Great Fear*: *The Anti-Communist Purge under Truman and Eisenhower.* London: Secker & Warburg, 1978.

Coon, Horace. *Columbia*: *Colossus on the Hudson.* New York: Dutton, 1947.

Cornelius, Hans. *Das philosophische System von Hans Cornelius. Eigene Gesamtdarstellung.* Berlin: Junker & Dünnhaupt, 1934.

——*Transzendentale Systematik. Untersuchungen zur Begründung der Erkenntnistheorie.* Munich: Reinhardt, 1916.

Dahrendorf, Ralf. *Die angewandte Aufklärung. Gesellschaft und Soziologie in Amerika.* Frankfurt am Main: Fischer, 1968.

Deák, István. *Weimar Germany* ' *Left-Wing Intellectuals*: *A Political History of the Weltbühne and its Circle.* Berkeley: University of California Press, 1968.

Deakin, Frederick W. R. And Storry, *George R. The Case of Richard Sorge.* New York: Harper & Row, 1966.

Deutscher, Isaac. *The Non-Jewish Jew and other Essays*, ed. Tamara Deutscher. London: Oxford University Press, 1968.

Dirks, Walter. *Der singende Stotterer. Autobiographische Texte*, Munich: Kösel, 1983.

——*War ich ein linker Sprinner? Republikanische Texte*, *von Weimar bis Bonn.* Munich: Kösel, 1983.

Drüner, Hans. *Im Schatten des Weltkrieges. Zehn Jahre Frankfurter Geschichte von 1914 – 1924.* Veröffentlichung der Historischen Kommission der Stadt Frankfurt am Main, 9. Frankfurt am Main: Hauser, 1934.

Dünner, Joseph. *Zu Protokoll gegeben. Mein Leben als Deutscher und Jude.* Munich: Desch, 1971.

Eckert, Christian. 'Aufriss und Aufgaben des Forschungsinstituts für Sozialwissenschaften'. *Kölner Vierteljahreshefte für Sozialwissenschaften*, 1 (1921).

—— 'Das Forschungsinstitut für Sozialwissenschaften in Köln'. In Ludolph Brauer, Albrecht Mendelssohn Bartholdy, Adolf Mayer and Johannes Lemcke (eds), *Forschungsinstitute*, 2 vols, Hamburg: Hartung, 1930.

Eisenberg, Götz and Linke, Hans-Jürgen (eds). *Fuffziger Jahre.* Giessen: Focus, 1980.

Erdmann, Karl Dietrich. *Die Weimarer Republik.* Handbuch der deutschen Geschichte, 19. Munich: Deutscher Taschenbuch-Verlag, 1980.

Evers, Hans Gerhard (ed.). *Das Menschenbild in unserer Zeit.* Darmstädter Gespräche, 1. Darmstadt: Neue Darmstädter Verlagsanstalt, 1950.

Fekete, Éva and Karádi, Éva (eds). *Georg Lukács. Sein Leben in Bildern*, *Selbstzeugnissen und Dokumenten*, trans. Miklós Pogány. Stuttgart: Metzler, 1981.

Feuersenger, Marianne (ed.). *Gibt es noch ein Proletariat?* Frankfurt am Main: Europäische Verlags-Anstalt, 1962.

Fichter, Tilman and Lönnendonker, Siegward. *Kleine Geschichte des SDS. Der Sozialistische Deutsche Studentenbund von 1946 bis zur Selbstauflösung.* Berlin: Rotbuch, 1977.

Flechtheim, Ossip K. *Die KPD in der Weimarer Republik.* Frankfurt am Main: Europäische Verlags-Anstalt, 1969.

Fleming, Donald and Bailyn, Bernard (eds). *The Intellectual Migration : Europe and America, 1930–1960.* Cambridge, Mass. : Belknap Press/Harvard University Press, 1969.

Flowerman, Samuel H. and Jahoda, Marie. 'Polls on Anti-Semitism: How Much Do They Tell Us?' *Commentary* (April 1946).

Fraenkel, Ernst. *Reformismus und Pluralismus. Materialien zu einer ungeschriebenen politischen Autobiographie*, ed. Falk Esche and Frank Grube. Hamburg: Hoffmann & Campe, 1973.

Franzen, Winfried. *Martin Heidegger*. Stuttgart: Metzler, 1976.

Freud, Sigmung. *Civilization, Society, and Religion : Group Psychology, Civilization and its Discontents, and Other Works*, trans. James Strachey. Pelican Freud Library, 12. Harmondsworth:Penguin, 1985.

Freyer, Hans. *Schwelle der Zeiten. Beiträge zur Soziologie der Kultur*. Stuttgart: Deutscher Verlags-Anstalt, 1965.

——*Soziologie als Wirklichkeitswissenschaft, Logische Grundlegung des Systems der Soziologie*. Leipzig: Teubner, 1930; repr. Stuttgart: Teubner, 1964.

Friedeburg, Ludwig von et al. *Freie Universität und politisches Potential der Studenten. Über die Entwicklung des Berliner Modells und den Anfang der Studentenbewegung in Deutschland*. Neuwied: Luchterhand, 1968.

Gadamer, Hans-Georg. *Philosophische Lehrjahre. Eine Rückschau*. Frankfurt am Main: Klostermann, 1977.

Gay, Peter. *Weimar Culture : The Outsider an Insider*. New York: Harper & Row, 1968.

Gehlen, Arnold. *Die Seele im technischen Zeitalter. Sozialpsychologische Probleme in der industriellen Gesellschaft*. Reinbek bei Hamburg: Rowohlt, 1957.

——*Sozialpsychologische Prolbeme in der industriellen Gesellschaft*. Tübingen: Mohr, 1949.

——*Studien zur Anthropologie und Soziologie*. Neuwied: Luchterhand, 1963.

——and Schelsky, Helmut (eds). *Soziologie. Ein Lehr- und Handbuch zur modernen Gesellschaftskunde*. Düsseldorf: Diederichs, 1955.

Gehring, Hansjörg. *Amerikanische Literaturpolitik in Deutschland 1945 —1953. Ein Aspekt des Re-Education-Programms*. Stuttgart: Deutscher Verlags-Anstalt, 1976.

Geiger, Theodor. 'Zur Kritik der arbeiter-psychologischen Forschung'. In Theodor Geiger, *Arbeiten zur Soziologie. Methode, moderne Grossgesellschaft, Rechtssoziologie, Ideologiekritik*, ed. Paul Trappe. Soziologische Texte, 7. Neuwied: Luchterhand, 1962.

Giedion, Sigfried. *Bauen in Frankreich, Bauen in Eisen, Bauen in Eisenbeton*. Leipzig: Klinkhardt & Biermann [1928] .

——*Space, Time, and Architecture : The Growth of a New Tradition*, trans. Erwart Matthews. Charles Eliot Norton Lectures for 1938 — 9. Cambridge, Mass. : Harvard University Press, 1944.

Glaser, Hermann (ed.). *Bundesrepublikanisches Lesebuch. Drei Jahrzehnte geistiger Ausein-*

andersetzung. Munich: Hanser, 1978.

——and Stahl. Karl Heinz (eds). *Opposition in der Bundesrepublik. Ein Tagungsbericht*. N ürnberger Gespräche, 4. Freiburg: Rombach, 1968.

Glatzer, Nahum N. 'The Frankfort Lehrhaus'. *Leo Baeck Institute of Jews from Germany*, *Year Book 1965*. New York: Leo Baeck Institute, 1965.

Gleichmann, Peter R. , Goudsblom, Johann and Korte, Hermann (eds). *Human Figurations. Essays for/Aufsätze für Norbert Elias*. Amsterdam: Amsterdams Sociologisch Tijdschrift, 1977.

Graeber, Isacque and Britt, Steuart Henderson (eds). *Jews in a Gentile World : The Problem of Anti-Semitism*. New York: Macmillan, 1942.

Grebling, Helga. *Konservative gegen die Demokratie. Conservative Kritik an der Demokratie in der Bundesrepublik nach 1945*. Frankfurt am Main: Europäische Verlags-Anstalt, 1971.

Greffrath, Mathias (ed.). *Die Zerstörung einer Zukunft. Gespräche mit emigrierten Sozial - wissenschaftlern*. Reinbek bei Hamburg: Rowohlt, 1979.

Greiffenhagen, Martin. *Das Dilemma des Konservatismus in Deutschland*. Munich: Piper, 1977.

Grosz, George. *Briefe 1913 —1959* , ed. Herbert Knust. Reinbek bei Hamburg: Rowohlt, 1979.

——*Ein kleines Ja und ein grosses Nein. Sein Leben von ihm selbst erzählt*. Reinbek bei Hamburg: Rowohlt, 1974.

Grube, Frank and Richter, Gerhard. *Das Wirtschaftswunder. Unser Weg in den Wohlstand*. Hamburg: Hoffmann &- Campe, 1983.

Grunenberg, Antonia. *Bürger und Revolutionär. Georg Lukács 1918 — 1928*. Cologne: Europäische Verlags-Anstalt, 1976.

Haas, Willy. *Die literarische Welt. Erinnerungen*. Munich: List, 1957.

Hanak, Tibor. *Lukács war anders*. Monographien zur philosophischen Forschung, 114. Meisenheim am Glan: Hain, 1973.

Harms, Bernhard. *Das königliche Institut für Seeverkehr und Weltwirtschaft an der Christian-Albrechts-Universität zu Kiel*. 1916.

——*Das königliche Institut für Seeverkehr und Weltwirtschaft an der Christian-Albrechts-Universität zu Kiel , Kaiser Wilhelm Stiftung. Vierte , anlässlich der Feier der Grundsteinlegung für das neue Haus des Instituts veranstaltete Ausgabe*. Kiel: Broschek, 1918.

—— 'Das königliche Institut für Weltwirtschaft und Seeverkehr in Kiel'. In Ludolph Brauer, Albrecht Mendelssohn Bartholdy, Adolf Mayer and Johannes Lemcke (eds), *Forschungsinstitute, 2 vols, Hamburg: Hartung, 1930.

Hartley, Eugene. *Problems in Prejudice*. New York: King's Crown Press, 1946.

Heiber, Helmut. *Die Republik von Weimar*. Munich: Deutscher Taschenbuch-Verlag, 1978.

Heidegger, Martin. *Kant und das Problem der Metaphysik*. Bonn: Cohen, 1929; 4th edn, supplemented by the Davos debate, Frankfurt am Main: Klostermann, 1973. *Kant and the Problem of Metaphysics*, trans. James S. Churchill. Bloomington: Indiana University Press, 1962.

——*Zur Sache des Denkens*. Tübingen: Niemeyer, 1969.

　　Sein und Zeit. Tübingen: Niemeyer, 1927; 15th edn, supplemented with the author's marginalia, 1979. *Being and Time*, trans. John Macquarrie and Edward Robinson. Oxford: Blackwell, 1962.

——*Die Selbstbehauptung der deutschen Universität. Rede, gehalten bei der feierlichen Übernahme des Rektorats der Universität Freiburg i. Br. am 27. 5. 1933*. Freiburger Universitätsreden, 11. Breslau: Korn, 1933.

Heidegger, Martin. *Was ist Metaphysik*? 1929; 10th edn, Frankfurt am Main: Klostermann, 1969. 'What is Metaphysics?', trans. David Farrell Krell, in Martin Heidegger, Basic Writings, ed. David Farrell Krell, London: Routledge & Kegan Paul, 1978, pp. 91—112.

Heister, Hanns-Werner and Stern, Dietrich (eds). *Musik der 50er Jahre*. Argument-Sonderband, 42. Berlin: Argument-Verlag, 1980.

Heller, Agnes et al. *Die Seele und das Leben. Stugien zum frühen Lukács*. Frankfurt am Main: Suhrkamp, 1977.

Heller, Hermann. *Europa und der Faschismus*. Berlin: de Gruyter, 1929.

——*Rechtsstaat oder Diktatur*? Recht und Staat in Geschichte und Gegenwart, 68. Tübingen: Mohr, 1930.

Hellige, Hans Dieter. 'Generationskonflikt, Selbsthass und die Entstehung antikapitalistischer Positionen im Judentum. Der Einfluss des Antisemitismus auf das Sozialverhalten jüdischer Kaufmanns- und Unternehmersöhne im Deutschen Kaiserreich und in der K. u. K.-Monarchie'. *Geschichete und Gesellschaft*. *Zeitschrift für Historische Sozialwissenschaft*, 4 (1979)

Hempel, Henri Jacob (ed.). *Wenn ich schon ein Fremder sein muss. Deutsch-jüdische Emigranten in New York*. Frankfurt am Main: Ullstein, 1984.

Herhaus, Ernst. *Notizen während der Abschaffung des Denkens*. Frankfurt am Main: März, 1970.

Hilferding, Rudolf. *Organisierter Kapitalismus. Referat und Diskussion*. Sozialökonomische

Studientexte, 10. Berlin: Rotdruck, 1973. (Reprinted from *Protokoll der Verhandlungen des sozialdemokratischen Parteitags 1927 in Kiel*, Berlin, 1927, pp. 165—224.)

Hochkeppel, Willy (ed.). *Die Rolle der Neuen Linken in der Kulturindustrie.* Munich: Piper, 1972.

Hofstadter, Richard. *Anti-Intellectualism in American Life.* New York: Knopf, 1963.

Hughes, H. Stuart. *The Sea Change : The Migration of Social Thought, 1930 —1965.* New York: Harper & Row, 1975.

Hühnerfeld, Paul. *In Sachen Heidegger. Versuch über ein deutsches Genie.* Hamburg: Hoffmann & Campe, 1959.

Institut für Weltwirtschaft. *Die Feier der Einweihung des wiederaufgebauten Institutsgebäudes, verbunden mit einer Gedenkfeier für den Begründer des Instituts, Bernhard Harms, am 22. Juni 1951.* Kiel, 1951.

Jacoby, Henry. *Von des Kaisers Schule zu Hitlers Zuchthaus. Erlebnisse und Begegnungen. Geschichte einer Jugend links-aussen in der Weimarer Republik.* Frankfurt am Main: dipa, 1980.

Jahoda, Marie, Lazarsfeld, Paul F. and Zeisel, Hans. *Die Arbeitslosen von Marienthal. Ein soziographischer Versuch über die Wirkungen langandauernder Arbeitslosigkeit. Mit einem Anhang zur Geschichte der Soziographie.* Leizig: Hirzel, 1933; repr. Allensbach: Institut für Demoskopie, 1960; repr. Frankfurt am Main: Suhrkamp, 1975. Trans. , *Marienthal : The Sociography of an Unemployed Community*, ed Paul F. Lazarsfeld. London: Tavistock, 1972.

Jahrbuch für Amerikastudien, 10 (1965).

Janowsky, Oscar I. (ed.). *The American Jew : A Reappraisal.* Philadelphia: Jewish Publication Society of America, 1964.

Kasdorff, Hans. *Klages im Widerstreit der Meinungen. Eine Wirkungsgeschichte von 1895 — 1975.* Bonn: Bouvier, 1978.

Keil, Hartmut (ed.). *Sind oder waren Sie Mitglied? Verhörprotokolle über unamerikanische Aktivitäten, 1947 —1956*, trans. Anita Eichholz. Reinbek bei Hamburg: Rowohlt, 1979.

Kent, Donald Petersen. *The Refugee Intellectual : The Americaniyation of the Immigrants of 1933 —1941.* New York: Columbia University Press, 1953.

Kesten, Hermann (ed.). *Ich lebe nicht in der Bundesrepublik.* Munich: List, 1964.

Kettler, David. 'Culture and Revolution. Lukács in the Hungarian Revolution of 1918 —19'. Telos, 4 (Winter 1971).

Klages, Ludwig. *Der Geist als Widersacher der Seele.* Leipzig: Barth, 1929.

参考文献

——*Mensch und Erde. Zehn Abhandlungen. Stuttgart*: Kröner, 1956.

——*Vom kosmogonischen Eros*. Munich: Müller, 1922.

—— 'Vom Traumbewusstsein '. In Ludwig Klages, *Sämtliche Werke*, ed. Ernst Frauchinger, vol. 3: *Philosophische Schriften*. Bonn: Bouvier, 1974.

Knütter, Hans-Helmuth. *Die Juden und die deutsche Linke in der Weimarer Republik 1918—1933*. Dusseldorf: Droste, 1971.

Koch, Thilo (ed.). *Porträts deutsch-jüdischer Geistesgeschichte*. Cologne: DuMont Schauberg, 1961.

Kommerell, Max. *Briefe und Aufzeichnungen 1919—1944*, ed. Inge Jens. Olten: Walter, 1967.

König, René. *Leben im Widerspruch. Versuch einer intellektuellen Autobiographie*. Munich: Hanser, 1980.

——*Studien zur Soziologie. Thema mit Variationen*. Frankfurt am Main: Fischer, 1971.

Korn, Karl. *Lange Lehrzeit. Ein deutsches Leben*. Munich: Deutscher Taschenbuch-Verlag, 1979.

Korsch, Karl. 'Briefe an Paul Partos, Paul Mattick und Bert Brecht. 1934—1939 ', ed. Michael Vuckmiller and Götz Langkau. *Jahrbuch Arbeiterbewegung*, 2 (1974).

——*Gesamtausgabe*, ed. Michael Buckmiller. 2vols. Frankfurt am Main: Europäische Verlags-Anstalt, 1980.

——*Marxism and Philosophy*, trans. Fred Halliday, New York: New York Monthly Review Press, 1971.

Kracauer, Siegfried. *From Caligari to Hitler : A Psychological History of the German Film*. London: Dobson, 1947.

—— 'The Challenge of Qualitative Content Analysis'. *Public Opinion Quarterly*, 16 (Winter 1952—3).

——*Das Ornament der Masse. Essays*. Frankfurt am Main: Suhrkamp, 1977.

——*Schriften*, vol. 1, ed. Karsten Witte. Frankfurt am Main: Suhrkamp, 1978. (Contains: *Soziologie as Wissenschaft*, *Der Detektiv-Roman*; *Die Angestellten*.)

——*Schriften*, vol. 7, ed. Karsten Witte. Frankfurt am Main: Suhrkamp, 1973. (Contains: *Ginster. Roman, 1928*; *Georg. Roman, 1934*.)

Krahl, Hans-Jürgen. *Konstitution und Klassenkampf. Zur historischen Dialektik von bürgerlicher Emanzipation und proletarischer Revolution. Schriften, Reden und Entwürfe aus den Jahren 1966 bis 1970*. Frankfurt am Main: Neue Kritik, 1971.

Kreis, Gabriele. *Frauen im Exil. Dichtung und Wirklichkeit*. Düsseldorf: Classen, 1984.

Krockow, Christian von. *Die Enstscheidung. Eine Untersuchung über Ernst Jünger, Carl Schmitt, Martin Heidegger*. Stuttgart: Enke, 1958.

Krohn, Claus-Dieter. *Wissenschaft im Exil. Deutsche Sozial- und Wirtschafts-wissenschaftler in den USA und die New School for Social Research*. Frankfurt am Main: Campus, 1987.

Küster, Otto. *Erfahrungen in der deutschen Wiedergutmachung*. Tübingen: Mohr, 1967.

Laqueur, Walter. *Weimar: A Cultural History, 1918–1933*. New York: Putnam, 1974.

——and Mosse, George L. (eds). *The Left-Wing Intellectuals Between the Wars, 1919–1939*. New York: Harper & Row, 1966.

Lazarsfeld, Paul. *Jugend und Beruf*. Jena: Fischer, 1931.

—— 'Wissenschaft und Sozialforschung. Ein Gespräch mit Paul F. Lazarsfeld'. *Kälner Zeitschrift für Soziologie und Sozialpsychologie*, 28 (1976), 794.

Lederer, Emil. *Kapitalismus, Klassenstruktur und Probleme der Demokratie in Deutschland 1910–1940. Ausgewählte Aufsätze*, ed. Jürgen Kocka. Göttingen: Vandenhoeck & Ruprecht, 1979.

——*Planwirtschaft*. Tübingen: Mohr, 1932.

——*State of the Masses : The Threat of the Classless Society*. New York: Norton, 1940.

Leichter, Käthe. *Leben und Werk*, ed. Herbert Steiner. Vienna: Europaverlag, 1973.

Lepenies, Wolf (ed.). *Geschichte der Soziologie. Studien zur kognitiven, sozialen und historischen Identität einer Disziplin*. 4vols. Frankfurt am Main: Suhrkamp, 1981.

Lepsius, M. Rainer (ed.). 'Soziologie in Deutschland und österreich 1918–1945'. *Kölner Zeitschrift für Soziologie und Sozialpsychologie*, special issue, 23 (1981).

Leschnitzer, Adolf. *Saul und David. Die Problematik der deutsch-jüdischen Lebensgemeinschaft*. Heidelberg: Schneider, 1954.

Leser, Norbert. *Zwischen Reformismus und Bolschewismus. Der Austro-marxismus als Theorie und Praxis*. Vienna: Europaverlag, 1968.

Lessing, Theodor. *Der jüdische Selbsthass*. Berlin: Jüdischer Verlag, 1930.

Levenstein, Adolf. *Die Arbeiterfrage. Mit besonderer Berücksichtigung der sozialpsychologischen Seite des modernen Grossbetriebes und der psychophysischen Einwirkungen auf die Arbeiter*. Munich: Reinhardt, 1912.

Levin, Murray B. *Political Hysteria in America : The Democratic Capacity for Repression*. New York: Basic Books, 1971.

Lewin, Kurt. *Resolving Social Conflicts : Seleted Papers on Group Dynamics, 1935–1946*, ed. Gertrud Weiss Lewin. New York: Harper, 1948.

Loewenstein, Rudolph M. *Christians and Jews: A Psychoanalytic Study*, trans. Vera Damman. New York: International Universities Press, 1951.

Löwith, Karl. 'Curriculum Vitae'. In Karl Löwith, *Sämtliche Schriften*, ed. Klaus Stichweh and Marc B. de Launay, vol. 1. Stuttgart: Metzler, 1981.

——*Mein Leben in Deutschland vor und nach 1933. Ein Bericht*. Stuttgart: Metzler, 1986.

Lukács, Georg. 'Der Bolschewismus als moralisches Problem', introd. Judith Marcus Tar. *Brecht-Jahrbuch* (1979).

——*Briefwechsel 1902–1917*, ed. Éva Karádi und Éva Fekete. Stuttgart: Metzler, 1982.

——*Entwicklungsgeschichte des modernen Dramas*, ed. Frankfurt Benseler. Darmstadt: Luchterhand, 1981.

——*History and Class Consciousness: Studies in Marxist Dialectics*, trans. Rodney Livingstone. London: Merlin Press, 1971.

Lüschen, Günther (ed.). 'Deutsche Soziologie seit 1945'. *Kölner Zeitschrift für Soziologie und Sozialpsychologie*, special issue, 21 (1979).

Lynd, Robert S. *Knowledge for What? The Place of Social Science in American Culture*. Princeton: Princeton University Press, 1939.

Lyon, James K. *Bertolt Brecht in America*. Princeton: Princeton University Press, 1980.

Magnum: Zeitschrift für das moderne Leben (Cologne). Special issue, *Woher-Wohin. Bilanz der Bundesrepublik* (1961).

Mann, Katia. *Meine ungeschriebenen Memoiren*, ed. Elisabeth Plessen and Michael Mann. Frankfurt am Main: Fischer, 1976.

Mann, Thomas. *Die Entstehung des Dorktor Faustus. Roman eines Romans*. Frankfurt am Main: Suhrkamp, 1949.

——*Politische Schriften und Reden. Betrachtungen eines Unpolitishen*. 3vols. Frankfurt am Main: Fischer, 1968.

——*Schriften und Reden zur Literatur, Kunst und Philosophie*. 3vols. Frankfurt am Main: Fischer, 1968.

Mannheim, Karl. *Die Gegenwartsaufgaben der Soziologie. Ihre Lehrgestalt*. Tübingen: Mohr, 1932.

Marcuse, Ludwig. *Mein zwanzigstes Jahrhundert. Auf dem Weg zu einer Autobiographie*. Zurich: Diogenes, 1975.

Marx-Engels-Archiv. Zeitschrift des Marx-Engels-Instituts in Moskau, ed. D. Ryazanov (Frankfurt am Main). 2 vols. 1926–8.

Massing, Hede. *Die grosse Täuschung. Geschichte einer Sowijetagentin*. Freiburg: Herder,

1967.

Maus, Heinz. 'Geschichte der Soziologie'. In Werner Ziegenfuss (ed.), *Handbuch der Soziol-ogie*, Stuttgart: Enke, 1956.

——*Die Traumhölle des Justemilieu. Erinnerung an de Aufgabe der Kritischen Theorie*, ed. Michael T. Greven and Gerd van de Moetter. Frankfurt am Main: Europäische Verlags-Anstalt, 1981.

Mayer, Gustav. *Erinnerungen. Vom Journalisten zum Historiker der deutschen Arbeiterbewe-gung*. Zurich: Europaverlag, 1949.

Mayer, Hans. *Ein Deutscher auf Widerruf. Erinnerungen*, vol. 1. Frankfurt am Main: Suhrkamp, 1982.

Meng, Heinrich. *Leben als Begegnung*. Stuttgart: Hippokrates, 1971.

Meyer-Levin é, Rosa. *Inside German Communism : Memoirs of Party Life in the Weimar Republic*, ed. David Z. Mairowitz. London: Pluto Press, 1977.

Michel, Ernst (ed.). *Die Akademie der Arbeit in der Universität Frankfurt am Main 1921—1931*. Frankfurt am Main: Union, 1931.

Middell, Eike et al. *Exil in den USA. Mit einem Bericht : 'Shanghai, eine Emigration am Rande'*. Frankfurt am Main: Röderverg, 1980.

Mitscherlich, Margarete. 'Freuds erste Rebellin. Karen Horney '. *Emma : Magazin von Frauen für Frauen* (Cologne), 12 (1978), 34—5.

Morse, Arthur D. *While Six Million Died*. London: Secker & Warburg, 1968.

Mosse, George L. *Germans and Jews : The Right, the Left, and the Search for a 'Third Force' in Pre-Nazi Germany*. New York: Fertig, 1970.

Myrdal, Gunnar. *An American Dilemma : The Negro Problem and Modern Democracy*. New York: Harper, 1944.

Neue Blätter für den Sozialismus. Zeitschrift für geistige und politische Gestaltung, ed. Eduard Heimann, Fritz Klatt and Paul Tillich (Frankfurt am Main). 1930—3.

Neuloh, Otto. *Die deutsche Betriebsverfassung und ihre Sozialformen bis zur Mitbestim-mung*. Tübingen: Mohr, 1956.

——*Der neue Betriebsstil. Untersuchungen über Wirklichkeit und Wirkungen der Mitbestim-mung*. Tübingen: Mohr, 1960.

Neumann, Franz et al. *The Cultural Migration : The European Scholar in America*. Philadel-phia: University of Pennsylvania Press, 1953.

Neumark, Fritz (ed.). *Individuum und Organisation*. Darmstädter Gespräche, 4. Darmstadt: Neue Darmstädter Verlagsanstalt, 1954.

参考文献

Neurath, Otto. *Empiricism and Sociology*, ed. Marie Neurath and Robert S. Cohen. Vienna Circle collection, 1. Dordrecht: Reidel, 1973.

Noth, Ernst Erich. *Erinnerungen eines Deutschen*. Hamburg: Classen, 1971.

Oppenheimer, Franz (ed.). *Erlebtes, Erstrebtes, Erreichtes. Lebenserinnerungen.* Düsseldorf: Melzer, 1964.

Otto, Karl A. *Vom Ostermarsch zur APO. Geschichte der ausserparlamentarischen Opposition in der Bundesrepublik 1960−70*. Frankfurt am Main: Campus, 1977.

Parker, James. *Antisemitismus*. Munich, 1964.

Pfeiffer, Arnold (ed.). *Religiöse Sozialisten*. Dokumente der Weltrevolution, 6. Olten: Walter, 1976.

Pirker, Theo et al. *Arbeiter, Management, Mitbestimmung. Eine industriesoziologische Untersuchung der Struktur, der Organisation und des Verhaltens der Arbeiterbelegschaften in Werken der deutschen Eisen- und Stahlindustrie, für die das Mitbestimmungsgesetz gilt.* Stuttgart: Ring, 1955.

Plessner, Monika. 'Die deutsche "University in Exile" in New York und ihr amerikanischer Gründer'. *Frankfurter Hefte* (March 1964).

Popitz, Heinrich et al. *Das Gesellschaftsbild des Arbeiters. Soziologische Untersuchungen in der Hüttenindustrie*. Tübingen: Mohr, 1957.

Preller, Ludwig. *Sozialpolitik in der Weimarer Republik*. Stuttgart: Mittelbach, 1949.

Pross, Helge. *Die deutsche akademische Emigration nach den Vereinigten Staaten 1933−41.* Berlin: Duncker & Humblot, 1955.

Radkau, Joachim. *Die deutsche Emigration in den USA. Ihr Einfluss auf die amerikanische Europapolitik 1933−1945*. Studien zur modernen Geschichte, 2. Düsseldorf: Bertelsmann, 1971.

Radnitzky, Gerard. *Contemporary Schools of Metascience*. 3rd edn. Chicago: Regnery, 1973.

Regler, Gustav. *Das Ohr des Malchus. Eine Lebensgeschichte*. Cologne: Kiepenhauer & Witsch, 1958.

Reich, Willi. *Arnold Schönberg oder Der konservative Revolutionär*. Munich: Deutscher Taschenbuch-Verlag, 1974.

Reinhardt, Stephan (ed.). *Lesebuch: Weimarer Republik. Deutsche Schriftsteller und ihr Staat von 1918 bis 1933*. Berlin: Wagenbach, 1982.

Riezler, Kurt. *Tagebücher, Aufsätze, Dokumente*, ed. Karl Dietrich Erdmann. Göttingen: Vandenhoeck & Ruprecht, 1972.

Ringer, Fritz K. *The Decline of the German Mandarins : The German Academic Communi-*

ty, *1890 –1933*. Cambridge, Mass.: Harvard University Press, 1969.

Rogin, Michael Paul. *The Intellectuals and McCarthy : The Radical Specter*. Cambridge, Mass. : MIT Press, 1967.

Rosenberg, Arthur. *Demokratie und Klassenkampf. Ausgewählte Studien*, ed. Hans- Ulrich Wehler. Frankfurt am Main: Ullstein, 1974.

——*Die Entstehung der Weimarer Republik*, ed. Kurt Kersten. Frankfurt am Main: Europäische Verlags-Anstalt, 1961.

——*Geschichte der Weimarer Republik*, ed. Kurt Kersten. Frankfurt am Main: Europäische Verlag-Anstalt, 1961.

Rühmkorf, Peter. *Die Jahre die Ihr kennt. Anfälle und Erinnerungen*. Reinbek bei Hamburg: Rowohlt, 1972.

Ruppin, Arthur. *Soziologie der Juden*. 2vols. Berlin: Jüdischer Verlag, 1930.

Salmagundi, 10/11 (Fall 1969/ Winter 1970). Special issue, *The Legacy of the German Refugee Intellectuals*.

Sartre, Jean-Paul. *Anti-Semite and Jew*, trans. George J. Becker. New York : Schocken, 1965. [*Réflexions sur la Question Juive*. Paris : Morihien, 1946.]

Schäfer, Gert and Nedelmann, Carl (eds). *Der CDU-Staat. Analysen zur Verfassungseirklichkeit der Bundesrepublik*. 2vols. Frankfurt am Main: Suhrkamp, 1969.

Schäfers, Bernhard (ed.). *Soziologie und Sozialismus. Organisation und Propaganda. Abhandlungen zum Lebenswerk von Johann Plenge*. Stuttgart: Enke, 1967.

Schelsky, Helmut. *Auf der Suche nach Wirklichkeit. Gesammelte Aufsätze*. Düsseldorf: Diederichs, 1965.

——*Ortsbestimmung der deutschen Soziologie*. Düsseldorf: Diederichs, 1959.

——*Soziologie der Sexualität. Über die Beziehungen zwischen Geschlecht, Moral, und Gesellschaft*. Reinbek bei Hamburg: Rowohlt, 1955.

——*Wandlungen der deutschen Familie in der Gegenwart. Darstellung und Deutung einer empirisch-soziologischen Tatbestandsaufnahme*. Dortmund: Ardey, 1953.

Schmidt, Eberhard. *Die verhinderte Neuordnung 1945 –1952. Zur Auseinandersetzung um die Demokratisierung der Wirtschaft in den westlichen Besatzungszonen und in der Bundesrepublik Deutschland*. 8th edn. Frankfurt am Main: Europäische Verlags-Anstalt, 1981.

Schnädelbach, Herbert. *Philosophie in Deutschland 1831 –1933*. Frankfurt am Main: Suhrkamp, 1983.

Schneeberger, Guido. *Nachlese zu Heidegger. Dokumente zu seinem Leben und Denken*. Berne: Schneeberger, 1962.

参考文献

Schoenberg, Arnold. *Theory of Harmony*, trans. Robert D. W. Adams. [Abridged.] New York: Philosophical Library, 1948.

——*Style and Idea*, ed. and trans. Dika Newlin. New York: Philosophical Library, 1950.

Scholem, Gershom. *From Berlin to Jerusalem: Memories of My Youth*, trans. Harry Zohn. New York: Schocken, 1980.

——*Über einige Grundbegriffe des Judentums*. Frankfurt am Main: Suhrkamp, 1970.

—— 'Zur Sozialpsychologie der Juden in Deutschland 1900 – 1930'. In Rudolf von Thadden (ed.), *Die Krise des Liberalismus zwischen den Weltkriegen*. Göttingen: Vandenhoeck &. Ruprecht, 1978.

Schraepler, E. and Michaelis, Herbert (eds). *Ursachen und Folgen. Vom deutschen Zusammenbruch 1918 und 1945 bis zur staatlichen Neuordnung Deutschlands in der Gegenwart. Eine Urkunden-und DokumentenFsammlung*, vol. 3: *Der Weg in die Weimarer Republik*. Berlin, 1959.

Schulz, Walter. 'Über den philosophiegeschichtlichen Ort Martin Herdeggers'. In Otto Pöggeler (ed.), *Heidegger. Perspektiven zur Deutung seines Werks*, Cologne: Kiepenhauer &. Witsch, 1969, pp. 95 – 139.

Silone, Ignazio. *Der Fasczismus. Seine Entstehung und seine Entwicklung*. Zurich: Europaverlag, 1934.

Simmel, Ernst (ed.). *Anti-Semitism: A Social Disease*. New York: International Universities Press, 1946.

Smith, R. Harris. OSS: *The Secret History of America's First Central Intelligence Agency*. Berkeley: University of California Press, 1948.

Söllner, Alfons (ed.). *Zur Archäologie der Demokratie in Deutschland. Analysen politischer Emigranten im amerikanischen Geheimdienst*, vol. 1: 1943 – 1945. Frankfurt am Main: Europäische Verlags-Anstalt, 1982.

Sontheimer, Kurt. *Antidemokratisches Denken in der Weimarer Republik. Die politischen Ideen des deutschen Nationalismus zwischen 1918 und 1933*. Munich: Deutscher Taschenbuch-Verlag, 1978.

Staiger, Emil. *Die Kunst der Interpretation. Studien zur deutschen Literaturgeschichte*. Zürich: Atlantis, 1955.

Stollberg, Gunnar. *Die Rationalisierungsdebatte* 1908–1933. *Freie Gewerkschaften zwischen Mitwirkung und Gegenwehr*. Frankfurt am Main: Campus, 1981.

Stolper, *Toni. Ein Leben in Brennpunkten unserer Zeit-Wien, Berlin, New York-Gustav Stol-*

per *1888—1947*. Stuttgart: Klett-Cotta, 1979.

Stuchlik, Gerda. *Goethe im Braunhemd*. *Universität Frankfurt 1933 —1945*. Frankfurt am Main: Röderberg, 1984.

Szondi, Peter. *Über eine* '*Freie* (*d. h. freie*) *Universität*'. *Stellungsnahmen eines Philologen*, ed. Jean Bollack. Frankfurt am Main: Suhrkamp, 1973.

Tillich, Hannah. *From Time to Time*. New York: Stein & Day, 1973.

Tillich, Paul. *Gesammelte Werke*, *vol.* 4: *Philosophie und Schicksal*. *Schriften zur Erkenntnislehre und Existenzphilosophie*. Stuttgart: Evangelisches Verlagswerk, 1961. [Includes German translations of various works originally published in English: *Philosophy and Fate*, Chicago, 1948; 'Realism and Faith', *The Protestant Era*, Chicago, 1948; 'Participation and Knowledge: Problems of an Ontology of Cognition', in *Sociologica I*. *Aufsätze*, *Max Horkheimer zum sechzigsten Geburtstag gewidmet*, Frankfurt am Main, 1955; 'Existential Philosopy', *Journal of the History of Ideas*, 5 (1944); 'The Nature and Significance of Existentialist Thought', *Journal of Philosophy*, 53 (1956); 'Estrangement and Reconciliation in Modern Thought', *Review of Religion*, 9 (1944).]

——*Gesammelte Werke*, *vol.* 12: *Begegnungen*. *Paul Tillich über sich selbst und andere*. Stuttgart: Evangelisches Verlagswerk, 1971. [Includes German translations of various works originally published in English: 'Autobiographical Reflections', in Charles W. Kegley and Robert W. Brettal (eds), *The Theology of Paul Tillich*, New York: Macmillan, 1952, pp. 3— 21; 'How Much Truth is in Karl Marx?', *Christian Century* (Chicago), 65 (1948), 906 — 8; 'Marx' View of History', in *Culture in History : Essays in Honor of Paul Radin*, New York: Columbia University Press, 1960, pp. 631—41; 'Psychoanalysis and Religion', *Pastoral Psychology*, 2, 15 (1951), 62—6, etc.]

——*Die sozialistische Entscheidung*. Potsdam: Protte, 1933.

Töpner, Kurt. *Gelehrte Politiker und politisierende Gelehrte*. *Die Revolution von* 1918 *im Ureil deutscher Hochschullehrer*. Veröffentlichungen der Gesellschaft für Geistesgeschichte, 5. Götingen: Musterschmidt, 1970.

Vagts, Alfred. *Deutsch-Amerikanische Rückwanderung*. *Probleme- Phänomene- Statistik- Politik- Soziologie- Biographie*. Jahrbuch für Amerikastudien, supplement 6. Heidelberg: Winter, 1960.

Vogt, Hans. *Neue Musik seit 1945*. stuttgart: Reclam, 1972.

Wagenbach, Klaus, Stephan, Winfried and Krüger, Michael (eds). *Vaterland*, *Muttersprache*. *Deutsche Schriftsteller und ihr Staat seit 1945*. *Ein Nachlesebuch für die Oberstufe*. Berlin: Wagenbach, 1979.

参考文献

Walter, Hans-Albert. *Deutsche Exilliteratur 1933 −1950* , vol. 1: *Bedrohung und Verfolgung bis 1933*. Darmstadt: Luchterhand, 1972.

——*Deutsche Exilliteratur 1933 −1950* , vol. 2: *Asylpraxis und Lebensbedingungen In Europa*. Darmstadt: Luchterhand, 1972.

——*Deutsche Exilliteratur 1933 −1950* , vol. 4: *Exilpresse*. Stuttgart: Metzler, 1978.

Weber, Hermann. *Die Wandlung des deutschen Kommunismus. Die Stalinisierung der KPD in der Weimarer Republik*. 2vols. Frankfurt am Main: Europäische Verlags-Anstalt, 1969.

Wehr, Gerhard. *Paul Tillich*. Reinbek bei Hamburg: Rowohlt, 1979.

Wende, Erich. *C. H. Becker. Mensch und Politiker. Ein biographiescher Beitrag zur Kulturgeschichte der Weimarer Republik*. Stuttgart: Deutscher Verlags-Anstalt, 1959.

Werk und Wirken Paul Tillichs. Ein Gedenkbuch. Stuttgart: Evangelisches Verlagswerk, 1967.

Westernhagen, Dörte von. 'Wiedergutgemacht?' *Die Zeit* , 5 October 1984, pp. 34 − 5.

Wiese, Leopold von. 'Zur Einführng. Die gegenwärtigen Aufgaben einer deutschen Zeitschrift für Soziologie'. *Kölner Vierteljahreshefte für Sozialwissenschaften* , 1 (1921).

Wilbrandt, Robert. *Ihr glücklichen Augen. Lebenserinnerungen*. Stuttgart: Mittelbach, 1947.

—— 'Sind die Sozialisten sozialistisch genug?' *Sozialismus und Kultur* (Berlin), 3 (1919).

——*Sozialismus*. Jena: Diederichs, 1919.

Wissenschaftliche Schriftenreihe des Instituts zur Förderung öffentlicher Angelegenheiten , vol. 13: *Empirische Sozialforschung. Meinungs-und Marktforschung. Methoden und Probleme*. Frankfurt am Main: Roter Stern, 1977.

Wolff, Frank and Windaus, Eberhard (eds). *Studentenbewegung 1967 − 69. Protokolle und Materialien*. Frankfurt am Main: Roter Stern, 1977.

Wolff, Kurt (ed.). *Gespräche mit Sozialisten*. Munich, 1971.

Wyss, Dieter. *Psychoanalytic Schools from the Beginning to the Present* , trans. Gerald Onn. New York: Arnoson, 1973.

Young-Bruehl, Elisabeth. *Hannah Arendt : For Love of the World*. New Haven: Yale University Press, 1982.

Ziegler, Heinz O. *Autoritärer oder totaler Staat*. Recht und Staat in Geschichte und Gegenwart, 90. Tübingen: Mohr, 1932.

Zudeick, Peter. *Der Hintern des Teufels. Ernst Bloch-Leben und Werk*. Moos, Baden-Baden: Elster, 1985.

索引

法兰克福学派：历史、理论及政治影响

法兰克福学派：历史、理论及政治影响

法兰克福学派：历史、理论及政治影响

法兰克福学派：历史、理论及政治影响

法兰克福学派：历史、理论及政治影响

法兰克福学派：历史、理论及政治影响

译后记

　　此书的翻译，经历了七八年的时间。此书厚达 700 页的篇幅，一开始也曾让我们这些初涉译事的译者有点望而生畏。法兰克福学派的整个历史涉及的理论家为数众多，涉及的理论流派及理论表述复杂多样，均增加了此书的翻译难度。我们在翻译过程当中，请教了不少同行，查阅了不少相关资料，确实学到了比翻译更多的东西。我们深切地感受到，如果我们青年学者想深入了解西方思想，翻译是一个必经的思想训练过程，尽管其中充满艰险但也充满思想的快乐。我们深知自己在学识、外语和翻译经验方面有诸多的局限，即使尽了最大的努力，译出的文字也会存在诸多不尽人意之处，因此真切希望各位学界同仁给予认真指正。

　　此书"导言"部分和第一、二、四、五章由赵文初译，第三章由刘凯初译，第六、七、八章及"后记"部分由孟登迎初译，赵文和孟登迎对整个译文进行了数次相互校对。"参考文献"相关内容由赵文译出，"索引"由孟登迎译出。应该说，这既是我们三人集体合作的结晶，也是我们献给母校（陕西师范大学）中文系数十年来培育我们的各位老师的一份薄礼。

　　在此，首先应该感谢陈燕谷老师和曹卫东兄，他们的信任让我们有机会真正去深入接触法兰克福学派的整个历史。另外，还要衷心感谢上海外国语大学英语学院周敏博士、北京师范大学文学院赵勇教授、台湾政治大学新闻学院冯建三教授、清华大学外语系陈永国教授以及北京外国语大学英语系马海良教授等师友，他们为此书的翻译提供了持久

　　　　　　　　　　　法兰克福学派：历史、理论及政治影响

的支持和帮助。

世纪文景的编辑石楠先生，为此译作的出版付出了辛苦而认真的努力，在此一并致谢。

孟登迎　赵文　刘凯

2009 年 11 月 16 日

图书在版编目（CIP）数据

法兰克福学派：历史、理论及政治影响 /（德）魏
格豪斯（Wiggershaus, R. ）著；孟登迎，赵文，刘凯译.
—上海：上海人民出版社，2010

书名原文：The Frankfurt School: Its history, theories,
and political significance

ISBN 978-7-208-09225-9

I.① 法… II.① 魏… ② 孟… ③ 赵… ④ 刘…
III.① 法兰克福学派—研究 IV.① B089.1

中国版本图书馆 CIP 数据核字（2010）第 055018 号

责任编辑　石　楠
封面设计　王小阳

世纪文景

法兰克福学派：历史、理论及政治影响

[德] 罗尔夫·魏格豪斯　著

孟登迎　赵文　刘凯　译

出版　世纪出版集团　上海人民出版社
　　　（200001 上海福建中路 193 号 www.ewen.cc）
出品　世纪出版股份有限公司　北京世纪文景文化传播有限责任公司
　　　（100027 北京朝阳区幸福一村甲 55 号 4 层）
发行　世纪出版股份有限公司发行中心
印刷　北京鹏润伟业印刷有限公司
开本　635×965毫米　1/16
印张　62
插页　4
字数　777,000
版次　2010 年 11 月第 1 版
印次　2010 年 11 月第 1 次印刷
ISBN　978-7-208-09225-9/C·359
定价　98.00元

根据 Michael Robertson 所译的英文版译出，英文版名称：*The Frank-furt School：Its History，Theories，and Political Significance*，由 Pol-ity Press and Massachusetts Iinstitute of Technology 于 1994 年出版

德文原版（Rolf Wiggershaus 所著 *Die Frankfurter Schule*），1986 年由

慕尼黑 Carl Hanser 出版社出版